박탈과 비행

-반사회적 행동에 대한 정신분석학적 이해-

박탈과 비행
반사회적 행동에 대한 정신분석학적 이해

발행일   2001년 10월 20일

지은이   도널드 위니캇

옮긴이   이재훈·박경애·고승자

펴낸이   이준호

펴낸곳   현대정신분석연구소 (구 한국심리치료연구소)

주소   서울시 종로구 새문안로5가길 28, (적선동, 광화문플래티넘) 918호

전화   02) 730-2537~8

팩스   02) 730-2539

홈페이지   www.kicp.co.kr

E-mail   kicp21@naver.com

등록   제22-1005호(1996년 5월 13일)

정가   25,000원

ISBN   89-87279-23-5 (93180)

박탈과 비행

-반사회적 행동에 대한 정신분석학적 이해-

도널드 위니캇 지음

이재훈 · 박경애 · 고승자 옮김

현대정신분석연구소
Korean Institute for Contemporary Psychoanalysis

목 차

클레어 위니캇의 서문

　우리 사회에 만연되어 있는 청소년 비행이 핵폭탄 만큼이나 위협적이라고 하는 것은 조금도 과장된 말이 아닐 것이다. 실제로 청소년 비행의 위협과 핵폭탄의 위협 사이에는 관련성이 있다. 왜냐하면 사회에서 발생하는 반사회적 요소는 우리 내부에 있는 파괴적인 잠재력을 위험한 수준으로 솟아오르게 하기 때문이다. 현재 우리는 그 위험 수준에 대처하기 위해 분투하고 있으며, 또 그 과제를 감당하기 위해 모든 자원을 끌어 모으고 있다. 이러한 자원 중에 실제로 비행 청소년 사례를 담당해온 사람들이 쌓아온 지식이 있다는 점에는 의심의 여지가 없을 것이다. 도날드 위니캇이 바로 그러한 사람이다. 그는 정신과 의사로서 이차 세계대전 당시 영국 내에 침공 받은 지역에 대한 정부의 대피 계획에 자문을 맡았던 이 분야의 전문가이다.

　당시의 상황이 비록 전쟁이라는 비정상적인 시기이기는 하였지만, 비행아가 되는 아동의 근본적인 문제는 어떤 상황에서든지 같은 방식으로 나타나기 때문에 비행 청소년에 관한 위니캇의 지식은 일반적인 상황에서도 적용할 수 있는 가능성을 갖고 있다. 사실상 위니캇이 맡았던 아동들은 전쟁 이전부터 평범한 가정에는 정착할 수 없기 때문에 특별한 사회적인 대책이 필요한 아동들이었다. 따라서 그들에게 전쟁은 오히려 그들이 겪고 있던 힘든 상황에서 빠져 나올 수 있는 계기를 마련해준 특별한 사건이었다.

전쟁 중에 겪은 대피 경험은 위니캇에게 커다란 영향을 미쳤다. 그는 가정이 붕괴된 데서 비롯된 혼란에 대응해야 했고, 분리와 상실, 파괴와 죽음의 영향에 직면해야 했다. 동시에 그는 지역사회의 실무자들과 함께 일하면서 범죄행동으로 나타나는 개인적인 반응들을 관리하며 보호해야 했다. 그는 이 일을 통해서 아동에 대한 이해의 폭을 넓혀갔다. 당시 아이들은 한계상황에 처해 있었으며, 무엇보다 그들에게는 더 이상 갈 곳이 없었다. 따라서 그 아이들의 수용문제가 가장 시급한 과제였다.

이전에 위니캇은 병원이나 개인 상담소에서 부모가 데려온 아동들을 치료했다. 임상 초기에 그는 가능한 한 비행사례를 피했다. 왜냐하면 병원에는 그들을 다루는데 필요한 자원이 없었으며, 그 자신 역시 시간이 많이 소모되고, 자신에게 없는 기술과 시설이 필요한 분야에 깊이 개입하는 것이 바람직하지 않다고 생각했기 때문이다. 그는 먼저 가정과 지역사회에서 만날 수 있는 평범한 부모와 아동에 대한 치료 경험을 쌓아야 한다고 생각했다. 이러한 아동들에게 임상치료는 대개 도움이 되었고, 정신과적 병리로 문제가 악화되는 것을 막을 수 있었다. 그러나 이미 비행이 시작된 아동들에게는 임상치료 이상의 그 무엇인가가 필요했다. 그들에게는 보살핌과 관리(care and management)가 필요하였다.

전쟁이 시작되었을 때 위니캇은 청소년 비행의 문제를 더 이상 피할 수 없었다. 그는 자원해서 대피 계획의 자문을 맡았으며, 이로써 그는 아주 새로운 경험을 하게 되었다. 이러한 임상 경험을 통해서 그는 비행 청소년의 치료에는 보살핌과 관리의 측면이 포함되어야 한다고 생각하게 되었다.

위니캇이 자문을 맡은 계획이 시작되고 얼마 지나지 않아서, 나는 정신과 사회사업가로서 그 일에 합류했으며 일반 가정에서 다루기 어려운 장애가 심한 아이들을 위하여 설립된 다섯 군데의 호스텔(치료적 보호시설)을 관리하는 행정관의 일을 맡았다. 나는 위니캇이 주마다 방문하는 시간을 최대한 활용하여 치료효과를 극대화할 수 있는 작업방식을 개발하는 것을 나의 첫 번째 임무로 삼았다. 시설에서 생활하는 직원들은 아동들이 겪고 있는 혼돈과 절망, 그에 따르는 문제행동들을 감당해야 했다. 그들은 무엇을 해야 할지 알고 싶어했고, 지침에서 주어진 대로 따르는 일에 종종 실망감을 느꼈다. 또 그들은 위니캇이 자신들처럼 일상 생활 속에서 일어나는 상황에 개입할 수 없기 때문에, 자신들과는 할 일이 다르다는 것을 받아들이는데 시간이 걸렸다. 점차 우리는 주어진 상황 속에서 아동들과 함께 최선을 다함으로써 모두가 함께 책임을 져야 한다는 것을 이해하게 되었다. 우리는 아이들과 지내면서 있었던 일들을 먼저 생각해보고 나서, 위니캇이 방문했을 때 될 수 있는 대로 솔직하게 그 일에 대해 토론하였다. 이것은 아주 좋은 방법이었고, 또 당시 상황에서는 유일한 방법이었다. 위니캇과 갖는 시간은 한 주 중 가장 소중한 시간이었고, 그를 포함한 우리 모두가 함께 배우는 가치 있는 시간이 되었다. 그는 각 아동의 상황과 직원들이 받는 스트레스에 관해 상세하게 기록했다. 그는 늘 조심스럽게 묻는 방식으로 의견을 말하면서 폭넓은 토론으로 이끌었고, 개인의 감정을 상하게 하는 일은 결코 없었다. 평가회 후에, 위니캇과 나는 많은 실제 자료의 내용을 정리하였고, 그것에 관한 잠정적인 이론을 설정해 보았다. 하나의 이론이 세워지고 나면 곧 폐기되거나 수정되어야 했기 때문에, 이 일은 집중력이 크게 요구되는 작업이었다. 더구나 나는 주로 시설에서 일하고 있는 직원들의 의사를 반영하고, 어려움이 있을 때에는 언제든지 그들을 지원하는 일을 맡았기 때문에, 그 일은 내게 아주 중요했다. 나는 당시에 재난을 가져올 수 있는 위험이 따를 때에는 그와 같은 사실을 책임있는 행정관에게 알리고 위니캇에게 보고하는 자리에 있었다.

위니캇은 정서적 박탈을 경험한 아동을 치료하는 일에서 자신의 사상과 실천에 새로운 차원을 열어갔다. 그리고 이 일은 정서 발달과 성숙에 대한 그의 기본 개념들에 많은 영향을 끼쳤다. 아주 일찍부터 그는 반사회적 경향성 뒤에 숨겨진 충동에 관한 이론의 뼈대를 세우고 표현하기 시작했다. 그의 이론은 호스텔에서 일어나는 일과 직원들이 아이들을 다루는 방법에 영향을 끼쳤으며, 그 결과를 항상 자세한 기록으로 남겼다. 지금까지 남아 있는 그 기록은 위니캇의 주의 깊은 관찰과 세심한 관심을 보여주고 있다. 점차 아이들의 문제를 새로운 접근법으로 다루고 그들을 새로운 시각으로 바라보게 되었으며, 방어와 비행 뒤에 숨어 있는 요소와 접촉하기 위한 노력이 이루어졌다. 기적은 없었다. 그러나 위기를 만났을 때 그 위기에 반응하기(reacted to)보다는 함께 극복해(lived through) 나갈 때 긴장을 풀 수 있었고 신뢰를 쌓고 새로운 희망을 가질 수 있었다.

앞에서 밝혔듯이, 나는 호스텔에서 일하고 있는 직원들이나 아이들과 항상 접촉하며 지냈기 때문에 이 일을 할 수 있었다. 또한 이 계획에 관련된 모든 사람들, 즉 담당 위원, 지역의 행정 공무원, 아동의 부모, 기타 관련 공공 부처와 솔직하고 분명하게 의사소통하는 것이 아주 중요했다. 이 과정에서 많은 사람들이 분리와 상실이 아동에게 미치는 영향과 아동을 돕는 일이 지닌 특성에 관해 정보를 주었다. 전국의 대피 지역에서 얻은 직접적인 지식은 부모에게서 격리된 아동의 양육에 대해 조사를 맡은 법제정 위원회를 설립하는 원동력이 되었으며, 이 위원회는 영국의 사회사에 큰 획을 그은 아동법(The Children Act. 1948) 을 제정하는데 크게 공헌하였다. 위니캇과 나는 그 법 제정 위원회에 문서와 구두로 근거자료를 제시하였다.

위니캇이 없었다면, 그와 같은 일을 실행에 옮길 수 있었을까? 그는 우리 모두의 경험을 한데 모으고 파악하여 의미있는 것으로 만듦으로써 자기중심적이고 변덕스러운 아이들에게 오랜 기간 시달리는 직원들이 건강을 유지하면서 아이들과 함께 지낼 수 있도록 도왔다. 우리는 삶의 자세는 말로 가르칠 수 없으며, 삶의 관계 속에 직접 동화되어야만 아이들이 삶의 자세를 배울 수 있다는 중요한 사실을 경험에서 배웠다.

나는 종종 다음과 같은 질문을 받았다. "위니캇과 함께 일할 때 어떠했습니까?" 나는 실제로 대답한 적은 없었지만, 아마도 다음과 같이 대답했을 것이다: 나는 그와 함께 일할 때 서로의 할 일을 인정하고 책임을 지며 결코 논쟁할 필요가 없는, 전적인 상호관계 안에서 지냈다. 이러한 분위기 안에서 전쟁이 가져다준 혼돈과 폐허에서 벗어나기 위한 창조성있는 일을 하는데 필요한 안정감과 자유로움을 느꼈다. 그리하여 창조적인 작업이 여러 차원에서 나타났고, 그 일에 참여하는 우리 모두는 만족감을 느꼈다. 우리는 우리 자신과 다른 사람들 안에서 새로운 차원을 발견하였다. 우리는 우리의 잠재력을 실현하고 최대로 확장할 수 있었으며, 새로운 능력을 얻을 수 있었다. 위니캇과 함께 일할 때 나는 이러한 경험을 하였다.

이 책에서는 먼저 임상에서 배운 박탈의 영향에 대해 설명하는 글을 싣고, 반사회적 경향성의 본질과 그 기원에 대한 위니캇의 생각을 서술했고, 2부에서는 비행아동을 치료하기 위해 사회가 세워야 할 대책에 대해 서술하였다. 3부에서는 박탈된 아동을 치료하는데 필요한 개별치료와 그 실제적인 활용방안에 대한 세 편의 논문을 제시하였다. 4부에서는 그가 전쟁 중에 경험한, 가정생활을 박탈당한 아동에 관한 글을 실었다.

이 글이 비록 역사적 상황과 관련된 것이기는 하지만, 그렇다고 해서 역사를 서술한 것은 아니다. 오히려 이 글은 반사회적인 요소와 상실된 것을 다시 찾아 회복시키고자 하는 건강하고 온건한 세력들 사이에서 끊임없이 나타나는 문제에 관해 서술한 것이다. 우리는 이러한 문제가 가지고 있는 복잡한 특성을 올바로 이해해야 할 필요가 있다. 우리가 이 문제를 치료할 때에 돌보는 사람과 돌봄을 받는 사람 사이에서 일어나는 상호작용이 항상 중요한 초점이 된다는 점을 깊이 생각해야 한다. 이 일은 또한 이 문제에 관심을 가지고 있는 전문가의 지속적인 지원이 있어야 하며, 의식 있는 행정가의 책임 있는 뒷받침이 있어야 한다. 늘 그렇듯이 오늘날에도, 비행아동은 자신을 보살펴주고 수용해주는 것과 자신에게 도움을 주는 사람을 절실히 필요로 하면서도 막상 그것을 찾았을 때에는 있는 힘을 다하여 파괴해버린다. 이때 이 아동을 포용하는 환경, 즉 인간애를 느낄 수 있으면서도 견고한 환경을 어떻게 유지할 수 있느냐 하는 것이 우리의 과제로 남는다.

제 1 부

반사회적 경향성의
특성과 기원

편집자 서문

　제1부에서는 반사회적 행동에 대한 전반적인 내용을 다룬다. 여기에 실린 논문들은 반사회적 행동으로 나타나는 여러 현상들을 다루고 있고, 독자들이 논문의 내용을 쉽게 이해할 수 있도록 그 순서를 배열하였다. 파괴성이 청소년 비행의 하나로서 아주 자주 드러난다는 점에서, 공격성의 뿌리에 대한 논문 두 편을 먼저 소개하였는데, 이 논문은 어린 아동을 양육하고 있는 부모와 그 밖의 사람들을 위해서 쓴 논문이다. 1939년에 쓴 첫 번째 논문은 「아동과 가족」이라는 책에 실렸고, 두 번째 논문은 1964년에 나온 「아동, 가족 그리고 외부 세계」(펭귄 출판사)라는 책 안에 실려 있다. 이 두 논문에서, 공격성은 타고난 것으로서 인격의 심층에 자리잡고 있으며 사랑과 함께 존재하는 것으로 간주되고 있다. 첫 논문은 멜라니 클라인의 영향을 많이 받은 것으로서, 클라인은 공격성을 아동의 내적 세계 안에 있는 파괴적인 충동의 표현으로 보았으며, 그 충동은 회복시키고, 건설하며, 책임을 지려는 소망으로 변화하게 된다고 보았다. 두 번째 논문은 더욱 본질적인 내용을 서술하고 있다. 즉 생의 초기에 나타나는 공격성

은 신체 움직임과 같은 것이고, 자기 자신에 대한 느낌을 구성하는 요소라는 것이다. 여기에서의 강조점은 놀이와 상징을 사용하여 내적인 파괴성을 담아주는데 있다. 이 주제는 제4부에서 '가정으로 돌아온 아동'(Home Again)이라는 제목으로 한 강연에서 제시되었다. 위니캇은 파괴성을 인격 안에 놀이의 영역을 형성하지 못한, 반사회적인 아동의 특성으로 이해했다. 이때에 놀이는 행동화(acting out)로 대치된다. 파괴성에 대한 여러 가지 측면들은 멜라니 클라인의 「사랑, 죄책감 그리고 회복」(*Love, Guilt and Reparation*, 1960)에서 논의되고 있고, 또한 이 책 제2부에 실린 '진보주의 학교는 아동에게 지나치게 많은 자유를 주는가?' (1965)라는 제목으로 쓴 글에서 다른 관점을 가지고 논의되고 있다.

제1부의 두 번째 논문에서는 관심—인간 본성 안에 있는 파괴성에 대한 개인의 책임 의식에 대한—의 능력을 발달시키는 과정에 대한 내용을 다루고 있다. 이것은 클라인의 '우울적 자리'(depressive position) 개념을 위니캇 자신의 방식으로 새롭게 발전시킨 것이다. 위니캇은 아동 내부에 있는 관심에 대한 본래적 경향성을 발달시키는데 인간 환경(특히 어머니)이 중요한 영향을 끼친다고 강조한 점에서 클라인과 달랐다. 위니캇은 대략 6개월에서 2세 사이에 관심의 능력이 발달하며, 이 시기에 아동이 박탈이나 상실을 경험하면, 인격이 황폐화되고 아동의 사회화 과정의 초기 단계들이 상실될 수 있다고 보았다.

그 뒤에 이어지는 논문, '죄책감의 결여' (1966)에서는 관심을 가질 수 있는 능력에 장애가 있을 경우, 그것은 곧 반사회적인 경향성으로 나타난다는 주장을 다루고 있다. 위니캇에 따르면, 사회적인 도덕성은 하나의 타협이다. 그러나 건강한 타협은 결코 자신을 배신하지 않는 유아기의 도덕성을 바탕으로 할 때만 가능한 것이다. 그는 1958년에 사회복지사를 대상으로 쓴 '분리 (separation)의 심리학'에서도 이러한 생각들을 다루고 있다. 이 논문에서 그는 애도에 관한 프로이트의 진술을 다루었고, 상실한 사랑하는 대상에 대한 증오를 견디어 낼 수 있는 능력이 있을 때 애도할 수 있다는 사실을 보여준다. 이 두 논문은 지금까지는 출판되지 않았다.

'반사회적 경향성'(1956)이란 논문의 주제는 제1부의 중심 내용으로서, 위니캇은 여기에서 이 주제에 관해 결론을 내리고 있다. 그는 이 글에서 반사회적 행동 안에 있는 두 가지의 주요 경향을 서술했다. 그 하나는 거짓말과 훔치기이고, 다른 하나는 파괴 행동이다. 반사회적 행동의 기원은 유아기와 어린 아동기로 거슬러 올라간다. 위니캇은 이 글에서 청소년 비행을 희망의 징조로 보고 있다. 이 논문에 뒤 이어서 실린 '청소년 비행의 심리적 측면'이란 글은 위니캇이 십여 년 전에 치안판사들에게 한 강연으로서, 그가 쓴 논문 '반사회적 경향성'에서 진술했던 내용 중 많은 부분을 쉬운 언어로 기술한 것이다. 그는 이 글에서 청소년 비행의 특성인 파괴적인 경향성을 안전하고 믿을 만한 틀을 찾고자 하는 충동과 자발성의 표현으로 보고 있다. 위니캇은 이 강연에서 후기 연구의 핵심 내용을 다루고 있다.

제1부의 마지막 두 논문인 '침울 상태에서 벗어나기 위한 청소년의 투쟁'(1961)과 '청소년은 잠들지 않는다'(1964)에서 위니캇은 청소년기와 반사회적 행동 사이의 연관성에 대해 논의하고 있다. 이 두 논문에서 위니캇은 청소년기의 특징적 행동으로 나타나는 타협을 거부하는 문제를 정서 발달 이론의 맥락에서 설명하려고 했고, 그 결과 하나의 새로운 이론적 근거를 제시할 수 있었다. 여기서 반사회적 행동은 사회에 대한 하나의 도전으로 제시되고 있다. 즉 사회 안에 그런 행동을 담아줄 수 있는 성숙

한 사람이 있느냐는 것이다. 그러나 그는 청소년 문제에 대한 유일한 '치료'는 시간의 경과에 있다고 여겼다. 심리학자 중에서 위니캇만큼 청소년 문제에 대하여 긍정적으로 접근한 사람은 아무도 없을 것이다.

1장

공격성과 그 뿌리

공격성

(교사를 위한 글, 1939.)

사랑과 증오는 모든 인간사를 구성하는 두 가지 중요한 요소이다. 사랑과 증오는 모두 공격성을 포함한다. 다른 한편, 공격성은 두려움에 대한 하나의 증상일 수 있다.

위의 진술과 관련된 모든 주제들을 검토하는 것은 매우 방대한 작업이 될 것이기 때문에, 이 논문에서는 비교적 단순한 주제인 공격성에 관해 다룰 것이다.

이 논의는 하나의 가정(假定)에서 출발하고 있다. 물론 나는 모든 사람이 나의 생각에 공감할 것이라고 생각하지는 않는다. 그 가정은, 인간 관계에서 부딪치는 선과 악은 개인의 마음에서 오는 것이라는 것이다. 나는 이 가정을 더 끌고 나아가서, 유아에게도 사랑과 미움이라는 강렬한 감정이 존재한다는 사실을 말하려고 한다.

유아가 삶을 살아가는데 사랑과 증오를 필요로 한다는 사실을 인정한다면, 어린 아동이 어른보다 더욱 격렬한 사랑과 증오를 경험할 것이라는 결론에 쉽게 도달할 수 있을 것이다.

성인이나 아동 또는 유아를 살펴보면, 그 마음속에 사랑과 증오가 있다는 사실을 알 수 있다. 그러나 문제는 그처럼 단순하지 않다. 모든 인간의 특성 중 공격성은 특히 감춰져 있고 위장되어 있으며 잘 드러나지 않는다. 또한 공격성의 원인이 외부에 있는 것처럼 보인다. 공격성이 나타날 때, 그 기원을 추적하기란 아주 어려운 일이다.

교사는 잠재되어 있거나 겉으로 드러난 학생들의 공격 충동에 대해 알고 있으며, 공격 행동을 폭발시키는 아동을 다루어야 한다. 이 글을 쓰던 중에 나는 우연히 다음과 같은 이야기를 들었다. '그 여학생은 적절한 분출구를 찾지 못한 채, 넘치는 에너지 때문에 고통받고 있는 것이 분명해요.' (이것은 내가 대학의 잔디밭에 앉아서 쉬고 있을 때 그곳에서 교사들이 자유롭게 나눈 대화 내용 중 일부이다.)

이 말 속에는, 본능 에너지가 갇혀 있을 때 그것은 그 개인과 사회에 잠재적인 위험이 된다는 생각이 내포되어 있다. 그러나 그러한 사실을 실제에 적용하게 될 때에는 복잡한 문제가 생긴다. 따라서 우리는 공격성의 기원에 대해 많은 것을 알아야 할 필요가 있다.

다시 교사들의 이야기로 돌아가면, '…또 그 여학생이 지난 학기에 어땠는지 알아요? 내게 바이올렛 한 다발을 주었어요. 나는 속을 뻔했어요. 그 꽃은 그녀가 이웃집 정원에서 훔쳐 온 것이었어요! 나는 "가이사의 것은 가이사에게 바쳐라(주인에게 돌려줘라) …"고 말했지요. 왜 그 아이는 돈을 훔쳐서 다른 아이들에게 사탕을 사주는지 모르겠어요 …!'

물론 이 아동의 행동은 단순한 공격성의 표현이 아니다. 아동은 사랑받고 싶지만, 그렇게 될 희망이 없다고 느낀다. 그녀는 선생님과 아이들을 속이는 그 순간에는 사랑을 느낄 수 있을 것이라고 생각했을 것이다. 또한 그녀는 사랑받을 만한 사람이 되려면 자신 바깥에 있는 어떤 것에서 무엇인가를 얻어야만 한다는 생각에 사로잡혔을 것이다.

그 소녀의 문제를 이해하려면, 먼저 그녀의 무의식적 환상들을 이해해야 한다. 이때 우리는 그녀를 절망에 빠뜨리고, 그녀의 반사회적인 행동의 원인이 된 공격성이 그 무의식적 환상 안에 있음을 발견할 것이다. 교사의 관심을 끌게 되는 아동의 공격 행동을 단순히 원초적 공격 본능의 출현으로 보아서는 안 된다. 그와 같은 잘못된 전제 위에서는 아동의 공격성을 이해하는데 도움이 되는 이론을 세울 수 없다.

환상 내용을 검토하기 전에 외적인 관계에서 나타나는 일차적 공격성에 대해서 살펴볼 것이다. 어떻게 이 문제에 접근할 수 있을까?

우리는 사람의 마음속에 존재하는 증오를 있는 모습 그대로 볼 수는 없다는 사실을 인정해야 한다. 아이가 집짓기 장난감을 쌓은 후에 그것을 쳐서 넘어뜨리고 싶을 때, 그 순간 아이 자신이 절망감을 느끼지 않고 다시 그 탑을 세울 수 있다는 느낌을 느낄 수 있을 때에만 그러한 파괴 충동을 표현할 수 있다.

다소 소심한 4세 된 소년이 별다른 이유없이 공격을 한다. 소년은 보모나 어머니, 또는 아버지에게 이렇게 고함을 친다. '지-집을 부-불태워 버릴꺼야! 창자를 꺼내 찢어 버릴꺼야!'

이러한 말에 익숙하지 않은 사람들은 그 표현을 아주 강하게 공격하는 말로 느낄 것이다. 유아들은 마술적으로 파괴한다. 그러나 시간이 흐르면서 아동은 마술이 통하지 않는다는 것을 알게 되고, 욕설을 퍼붓는 것으로 공격 행동을 변형시킨다. 아이의 입에서 나오는 욕설은 매우 효과가 있어서 실제로 폭력은 일어나지 않는다.

아동이 부모에게서 받은 것을 즐기지 못한다면, 그는 실제로 부모에게 상처를 입힌다. 예를 들어, 소풍을 나갔을 때 아동의 공격성이 발동하면, 가족들은 완전히 지친 상태로 집으로 돌아오게 된다. 이처럼 어린 아이는 부모를 지치게 하는 방식으로 공격성을 표현한다. 처음에 아동은 그러한 사실을 알지 못한 채 부모를 지치게 만들지만, 그 다음에는 자신이 부모를 지치게 만드는 것을 그들이 좋아할 것이라고 기대한다. 그리고 마침내 아동은 부모에게 화가 났을 때 그들을 지치게 만든다.

두 살 반된 남자 아이가 치료 받으러 왔다. 그 아동은 보통 때는 모범적이었으나, '갑작스럽게 흥분하면 사람을 피가 나도록 물곤 했다.' 그는 때때로 자신을 돌보는 사람의 머리칼을 잡아뜯거나 도자기를 넘어뜨려 깨뜨리기도 했다. 그리고 발작이 끝나면, 자신이 한 행동으로 인해 슬퍼하곤 했다.

그 아동은 자신이 아주 많이 좋아하는 사람만을 골라서 상처를 입히는 것으로 드러났다. 그는 주로 병약한 외할머니에게 상처를 입혔는데, 평소에는 외할머니의 의자를 가져다가 편안하게 돌봐드리며 마치 어른이 하듯이 외할머니에게 관심을 보였다.

여기에서 우리는 일차적 공격성이라고 말할 수 있는 어떤 것을 볼 수 있다. 왜냐하면 소년은 끊임없이 어머니와 외할머니에게 자극을 받는 것으로 보였고, 어머니와 할머니는 '그가 흥분하여 어떻게 해야 할지 모를 때에만 문다'고 느끼고 있었기 때문이다. 그 나이에 일차적인 공격성이 드러난다는 것은 그리 흔한 일이 아니다. 공격 후에 뒤따르는 양심의 가책은 대개 (그 또래 아동의 경우) 실제적인 해(害)로부터 그 사람을 보호하는 역할을 한다. 나는 이 아동의 분석에서 그의 공격 행동 안에는 확실히 일차적 공격성 이상의 무엇인가가 존재한다는 사실을 알게 되었다.

아주 어린 유아를 살펴보자. 유아가 온 힘을 다하여 손상을 입히려고 한다 해도 실제로 그리 큰 손상을 입힐 수는 없다. 이런 점에서 유아는 자신의 공격성을 순수한 형태 그대로 우리에게 보여줄 수 있는 것은 아닐까?

사실, 이 점이 명확하게 인식되지는 않았다. 유아가 어머니의 젖가슴을 피가 나도록 물어뜯는다는 사실이 잘 알려져 있다. 잇몸으로 젖꼭지를 물어 상처를 입히고, 이가 나면 더 큰 상처를 입히게 된다. 한 어머니는 다음과 같이 말했다. '아기가 갑자기 내 가슴을 파고들어 오더니 잇몸으로 젖꼭지를 물었는데 잠시 후 젖꼭지에서 피가 흘렀어요. 나는 살점이 떨어져 나가는 것 같은 아픔과 공포를 느꼈어요. 이 조그만 자식을 미워하는 마음이 생겼고 그 마음은 오래 갔지요. 나는 이 사건이 그 아이가 좋은 음식에 대한 확신을 발달시키지 못한 주된 이유라고 생각해요.'

이것은 실제로 일어난 일일뿐만 아니라 어머니 자신의 환상을 드러내고 있다. 그 아기가 실제로 어떻게 했던 간에, 비록 아기들이 젖가슴을 파괴하려 하고, 그들이 젖을 먹음으로써 젖가슴을 파괴한다는 믿음을 갖는다는 증거가 있다 하더라도, 유아들 대부분은 실제로 어머니 젖을 파괴하지는 않는다.

보통 아기는 이삼 백 회 정도 젖을 먹는 동안에 엄마 젖을 깨무는 경우는 열두 번 미만으로 알려져 있다. 그리고 아기들은 주로 흥분했을 때나 좌절되었을 때 문다.

내가 알고 있는 한 아기는 날 때부터 아래 앞니가 나 있어서 처음부터 깨물기도 하고 젖꼭지를 다치게 할 수 있었는데, 그는 젖가슴이 다치는 것을 막으려고 스스로 젖을 먹지 않는 고통을 겪었다. 젖가슴을 무는 대신, 아기는 자기 아랫입술의 안쪽을 씹었고, 그래서 그 부분이 짓물렀다.

아기가 손상을 입힐 수 있고 그러한 충동을 가지고 있다는 사실을 인정하더라도, 또한 그가 사랑하는 대상이 위험에 빠지는 것을 막기 위해 자신의 공격 충동을 억압한다는 것도 이해해야 한다. 이미 출생 직후부터 유아들은 자신의 감정을 표현하거나 숨기는 정도가 각기 다르다. 즉 노여움을 타고 소리를 질러대는 아기가 있는가 하면 깨면 먹고 먹으면 자는 순한 아기도 있다. 아기를 키우는 어머니는 순한 아기가 그렇지 않은 아기보다 반드시 더 좋은 정신건강의 토대를 가지고 있다고 말 할 수 없다는 사실을 아는 것이 도움이 될 것이다. 죄책감을 느끼지 않는 유아기에 유아가 격노할 수 있는 기회를 갖는 것은 정서 발달을 위해 가치있는 일이 된다. 유아가 18개월 쯤 되어 처음으로 화를 내게 될 때, 그것은 그 자신에게도 정말 공포스러운 경험이 될 것이다.

유아가 엄청난 파괴 능력을 가지고 있는 것이 사실이듯이, 그가 자신의 파괴력으로부터 자신이 사랑하는 대상을 보호하기 위한 엄청난 능력을 가지고 있는 것 또한 사실일 것이다. 이때 파괴는 주로 유아의 환상 안에서 일어난다. 이러한 본능적 공격성과 관련해서 눈여겨보아야 할 점은, 공격성이 곧 미움에 봉사하는 것으로 변할 수 있지만, 그것은 본래 식욕의 일부분이거나 본능적인 사랑의 한 형태라는 사실이다. 그 공격성은 흥분하면 증가하며, 또한 그 공격성을 표출하는 것은 아주 즐거운 일이다.

탐욕(greed) 안에는 사랑과 공격성이 융합되어 있다고 말할 수 있다. 물론 이때 이 사랑은 구강기적 사랑을 말한다.

지금까지 나는 세 가지 사실을 서술했다.

(1) 유아의 사랑은 잔인하고, 상처를 입힐 수 있으며, 위험하지

만, 의도적이지 않은 탐욕이거나 일차적 식욕-사랑(appetite-love)이다. 그것은 잔인하고 상처를 줄 수 있고 우연히 발생한다. 유아는 욕구를 충족시키고, 마음과 몸의 평화를 얻는 것을 목표로 한다. 유아는 욕구가 충족되어야 평화를 얻을 수 있는데, 그 욕구를 충족시키기 위해서 사랑하는 대상을 위험에 빠뜨린다. 보통 유아는 아주 위험한 행동은 하지 않는 선에서 타협하면서 자신의 욕구를 충족시킨다. 그러나 유아는 어느 정도의 좌절을 경험한다. 이때 만일 유아가 자신을 좌절시킨 대상을, 그리고 자신의 미움을 받아줄 누군가를 외부세계에서 발견하지 못하면, 유아는 자신의 일부를 미워하게 된다.

(2) 유아는 차츰 상처를 입을 수 있는 것과 상처를 입을 가능성이 적은 것을 분리시킨다. 예를 들어, 유아는 아픔을 느끼지 못하는 물건을 깨무는 것을 통해서 사랑하는 사람을 깨물지 않고도 자신의 본능적 욕구를 즐길 수 있다. 유아는 이런 식으로 식욕 안에 있는 공격 요소들을 따로 격리시키고, 자신이 화가 날 때 나쁜 것으로 지각되는 외적 실재와 싸울 때 사용하기 위하여 저장한다.

(3) 우리의 계획은 유아연구를 통해서 공격성의 순수한 형태(naked aggression)를 발견하려는 것이었고, 이러한 우리의 계획은 많은 성과가 있었으나 실패한 부분도 있었다. 그러나 우리는 그 실패를 거울삼아 도움을 얻을 수 있을 것이다. 나는 이미 환상이라는 단어를 언급하면서 그 계획이 실패한 이유의 단서를 제공하였다.

우리는 유아와 아동의 행동에 대해 세밀하게 묘사한 기록자료를 가지고 순수한 공격성을 연구하려고 했고, 이러한 우리의 계획은 적어도 반 정도는 성취되었다고 본다. 아동은 어떤 것을 정신적으로 받아들이고 내보내는 과정을 통하여 내적 세계를 형성하는데, 이 과정을 거치면서 성격이 풍부해진다. 이러한 정신 과정은 음식을 신체 안으로 받아들이고 그것을 다시 신체 바깥으로 내보내는 과정과 평행을 이룬다.

개인은 이러한 내적 실재를 세계의 주요 부분으로서, 신체 내부에 있거나 인격 안에 포함되어 있다고 느낀다. 이때 개인이 수없이 반복되는 본능적 표현들을 통해 내적 실재의 속성들을 구분해내지 못하게 되면, 그 내적 실재들은 무의식으로 남게 된다.

우리는 지금 아동의 성격 안에 파괴 세력들이 실제로 작용한다는 새로운 사실을 알게 되었다. 이것은 지금까지 우리가 전혀 생각하지 못했던 일이다. 또한 여기에서 우리는 성격 안에 좋은 세력과 나쁜 세력이 다투고 있음(예컨대, 정신분석 과정에서)을 알게 되었다.

사람이 내적 실재 안에서 드러나는 모든 것을 수용한다는 것은 한 개인으로서 직면하는 아주 큰 어려움 중 하나이다. 그러나 사람은 그러한 내면세계를 직면함으로써 자신의 내적 및 외적 실재를 조화로운 관계로 만드는 것을 중요한 목표로 삼기도 한다.

성격의 내부에서 투쟁하는 세력들의 기원에 대해 깊이 다루지 않고서 사람의 파괴적인 행동을 설명하려면, 다음과 같은 사실을 눈여겨 보아야 할 것이다. 잔인하고 파괴적인 세력이 사랑하는 사람을 위협할 때, 그 개인은 자신을 구하기 위해서 무엇인가를 해야 한다. 그때 그는 내적 세계를 외부 세계에서 극화하고, 스스로 파괴 행동을 함으로써 외부의 권위에 의한 통제를 불러들인다. 통제는 이런 방식으로 환상을 극화함으로써 본능을 크게 억압하지 않으면서 형성될 수 있다. 이와는 대조적으로 내부로부터의 통제는 임상적으로 우울한 상태를 가져올 것이다. 그러나 이러한 내부적인 통제야말로 보다 건강한 사람들에게 적용되는 것이다.

인간의 내면적인 요소들에 대하여 희망을 가질 수 있을 때 본능적인 삶은 활성화되며, 개인은 공격성을 포함하는 본능 충동을 즐겁게 사용할 수 있고, 이를 통해 환상 속에서 입은 상처를 실재의 삶 속에서 치유할 수 있다. 그리고 이러한 온전한 환상 세계야말로 놀이와 일의 기초가 된다. 이 이론에 따르면, 아동이 어떤 내적 세계를 갖고 있는가에 따라 그의 승화 과정에 어느 정도 도움을 줄 있는가가 결정된다. 만약 파괴 충동이 관리할 수 없을 정도로 지나치게 강하다면, 회복은 거의 불가능하고 따라서 그를 돕는 것도 거의 불가능하다. 이때 아동이 할 수 있는 일은 나쁜 환상이 있다는 것을 부인하거나 그 환상을 과장되게 표현하는 것뿐이다.

교사가 아동을 관리할 때 심각한 문제가 되는 공격성은 거의 대부분 감당하기 어려운 아주 나쁜 내적 실재가 극화된 것이다. 종종 그것은 자위나 지나친 감각 활동으로 나타날 수 있는데, 그러한 행동은 성공적일 경우 외적 실재와 내적 실재사이를, 그리고 신체적 감각과 환상사이(그 환상은 주로 무의식적 환상이다)를 연결시켜준다. 자위 행위를 포기하는 것과 반사회적 행동이 시작되는 것 사이에는 연관성이 있으며(안나 프로이트가 강연에서 언급한 내용임), 이는 아동이 인식하기에는 너무 끔찍스러운 내적 실재를 외적 실재 안으로 가져오기 때문이다. 자위와 반사회적 행동은 서로를 대신할 수 있는 방법이긴 하지만, 그것들은 모두 그 목적을 이루는데 실패한다. 왜냐하면 외적 실재와 내적 실재 사이의 연결은 내적 실재와 이를 구성하고 있는 최초의 본능 경험이 연결되어야만 하기 때문이다. 이 연결은 정신분석적 방법에 의해서만 추적될 수 있으며, 그 환상은 지나치게 두려운 것이어서 받아들일 수도 견뎌낼 수도 없기 때문에 승화하는데 사용될 수 없다.

  건강한 사람들은 그렇지 못한 사람들이 분석 치료를 통해서 경험하는 것, 즉 안으로 받아들이고 바깥으로 내보내는 새로운 경험을 통해서 끊임없이 내적 자기를 변화시킨다. 나쁜 요소를 처리하는 안전한 방법을 찾는 것은 아동과 성인 모두의 끊임없는 과제이다. 신체로부터 생겨나는 물질을 배출하는 것에 대한 환상을 통해서 많은 것들이 극화되고 (환상적으로) 다룰 수 있게 된다. 오락활동이나 일을 하는 또 다른 방법이 있는데, 그것은 좌절감과 슬픔을 아주 많이 제거해준다. 소년들은 권투나 축구를 하면서 좋은 기분을 느끼는데, 그것은 한편으로는 부딪치고 차는 것을 즐기기 때문이고, 다른 한편으로는 무의식적으로(환상에서) 자신의 주먹과 발로 나쁜 것을 몰아냈다고 느끼기 때문이다.

  소녀가 아기를 갖고 싶어하는 것은 자신이 좋은 것을 받아들였고 그것을 가지고 있으며, 자신 안에서 좋은 것이 성장하고 있다는 (환상일지라도) 것을 확인하려는 것이다. 그녀는 자신이 텅 비어 있거나 나쁜 것으로 가득 차 있을지도 모른다는 무의식적인 감정 때문에 그런 확신을 필요로 한다. 이러한 소녀의 생각은 바로 그 소녀 자신의 공격성에서 비롯된다. 그녀는 또한 본능적 욕구가 충족될 때 얻게 되는 평안한 상태를 추구하는데, 이것은 그녀가 흥분이 좌절될 때 자신을 지배할 수도 있는 공격성을 두려워한다는 것을 의미한다. 자위 행위는 후자(공격적 요소에 대한 두려움을 피하는데)를 위해서는 도움이 되지만, 전자(평안을 얻는데)를 위해서는 도움이 되지 못한다.

  따라서 환경에 의해 자극되는 증오나 좌절은 개인의 무의식적 환상 안에 존재하는 긴장의 정도에 따라, 개인이 다룰 수 있는 반응과 다룰 수 없는 반응을 일으킨다는 것을 알 수 있다. 그리고 그와 같은 반응들의 유형을 다음과 같이 몇 가지로 나누어 볼 수 있다.

첫째 내적 실재 안에 있는 공격성을 다루는 또 다른 방법은 피학적인 방법이다. 이것은 개인이 한편으로 공격성을 표현하는 동시에 다른 한편으로 벌을 받는데 고통을 사용함으로써, 죄책감에서 벗어나 성적인 흥분과 만족을 얻기 위한 방법이다. 이것에 대한 상세한 논의는 본 연구 범위를 벗어난다.

둘째 여기에는 두려움으로 인한 공격성, 즉 끔찍스러운 내적 세계에 대한 극화된 반응을 관리하는 문제가 따른다. 이 공격성의 대상은 그 공격성에 대한 통제를 불러낸다. 성인들의 임무는 확고한 권위를 제공함으로써 이 공격성이 통제를 벗어나지 않도록 예방하며, 일정 테두리 안에서 위험을 느끼지 않고 어느 정도의 나쁨을 극화하고 즐길 수 있도록 해주는 것이다. 청소년을 다루는데 있어서 권위를 점진적으로 철수하는 것은 중요한 부분이며, 청소년들의 건강은 권위의 철수를 받아들이고 자신의 권위를 세워 가는 능력에 따라 분류될 수 있다.

부모와 교사의 임무는 권위가 너무 약해서 아이들이 미쳐 날뛰거나, 두려움 때문에 스스로 권위를 떠맡는 일이 일어나지 않도록 해주는 것이다. 불안 때문에 권위를 떠맡는다면 그것은 독재가 된다. 아동으로 하여금 스스로 자신의 운명을 통제하도록 허용하는 실험을 해온 사람들은 아동이 과도하게 책임을 떠맡았을 때 어른 못지 않은 잔인한 관리자가 된다는 사실을 밝혀냈다.

셋째 (여기서 성에 따라 차이가 난다) 성숙한 공격성을 관리하는 문제가 있다. 이것은 청소년기의 남자 아동에게서 명백히 드러나며, 대개는 게임과 학업 등에서 그들의 경쟁심을 일으키는 원동력으로 작용한다. 여기에서 힘있는 공격성은 경쟁자를 죽이는 생각을 감당하는 것을 의미한다(이것은 인기 없는 생각이기는 하지만, 전쟁이 지닌 가치의 문제로 인도한다).

성숙한 공격성은 치료해야 할 어떤 것이 아니다. 그것은 인정해주고 허용해주어야 할 어떤 것이다. 만약에 그 공격성이 관리될 수 없는 것이라면, 우리는 뒤로 물러나고 대신 법이 그 관리를 떠맡게 된다. 법은 청소년의 공격성을 존중하는 방법을 배우고 있고, 국가는 전쟁 중에 이 방법을 배웠다.

마지막으로, 부인하지 않으면서 개인이 책임질 수 있는 모든 공격성은 회복과 보상의 작업을 위한 능력이 될 수 있다. 모든 놀이, 일 그리고 예술의 배후에는 무의식적 환상과 무의식직 갈망(현실을 올바로 인식하기 시작하면서 갖게 되는) 속에서 행하여진 해악에 대한 무의식적 죄책감이 존재한다.

감상주의는 건설적인 것의 근저에 놓여 있는 파괴성에 대한 무의식적 부인을 내포하고 있다. 감상주의는 아이의 발달을 시들게 하며, 결국에는 직접적인 형태의 파괴를 통해서 자신의 파괴성에 대해 깨닫게 한다. 만약 환경이 감상적이지 않았다면, 그는 건설적인 것을 갈망하는 것만으로도 자신의 파괴성을 간접적으로 깨달았을 것이다.

우리가 아동에게 창조적인 표현의 기회를 주기 위해 아동으로 하여금 파괴적 충동을 표현하게 해야 한다고 말하는 것은 부분적으로 옳지 않다. 여기에서 모든 결과물에 대한 감상적이지 않은 태도가 필요한데, 그것은 재능을 인정해주는 것이라기보다는 아주 작더라도 모든 성취의 배후에 있는 노력을 인정해주는 것을 의미한다. 감각적인 사랑과는 달리 모든 인간적인 사랑은 공격성이 인정되고 절제될 때에만 가치 있는 것이 될 수 있다.

인격 형성이 지닌 목표중의 하나는 본능적인 것을 보다 잘 사용할 수 있게 되는 것이다. 이것은 자기 자신의 잔인성과 탐욕을 인정하게 되는 것을 의미하는데, 그때에만 그것은 승화된 활동을 위해 사용될 수 있다.

아동이 장난감 벽돌로 세운 탑을 무너뜨리기를 원하고, 그가

그것을 다시 세울 수 있다는 것을 우리가 알고 있을 때에만, 그
것을 무너뜨리는 행동은 아동에게 가치 있는 일이 될 것이다.

공격성의 뿌리
(「아동, 가정 그리고 외부 세계」에 실린 글, 1964.)

이 책에 실린 여러 글에서 어린아이들이 소리지르고 물고 차
고 어머니의 머리카락을 잡아당기는, 공격 충동이나 파괴 충동
을 가지고 있다는 내용을 다루었다.

아기와 아이들을 돌보는 일은 그들의 파괴적인 행동들을 관
리해야 하기 때문에 복잡해진다. 내가 진술하려고 하는 공격성
의 뿌리에 대한 이론은 아동의 이러한 일상적인 파괴행동을 이
해하는데 도움이 될 것이다. 많은 독자들이 심리학을 공부하는
학생이 아니라 실제로 아동과 유아를 돌보는 사람이라는 점을
고려할 때, 과연 내가 이 광범위하고 어려운 주제를 올바로 다룰
수 있을지 의문이 생긴다.

아주 간단히 요점을 말하자면, 공격성은 두 가지 의미를 갖는
다. 한 가지는 공격성이 직접적이든 간접적이든 좌절에 대한 반
응이라는 것이다. 또 다른 한 가지는, 공격성은 개인이 가지고 있
는 에너지의 두 가지 근원 중의 하나라는 것이다. 이 단순한 진
술을 좀더 깊이 생각해 본다면, 무한히 복잡한 문제들이 드러나
게 되는데, 여기서 나는 그 중심 주제만을 설명해보겠다.

독자들은 우리가 아동의 삶에서 드러나는 공격성만을 이야기
할 수 없다는 것에 동의할 것이다. 이 주제는 보다 광범위한 것
을 포함한다. 아동은 항상 발달 과정에 있으며, 우리의 가장 깊은
관심사는 성숙에 관한 것이다.

때때로 공격성은 평범한 모습으로 나타나기도 하고, 나타났다가 저절로 없어지기도 하며, 또는 싸움을 걸 대상을 필요로 하기도 하고, 그 공격에 대상이 손상을 입지 않도록 무엇인가를 해야 하는 등, 다양한 양상을 띤다. 종종 공격 충동은 표면으로 드러나지 않고, 반대 양상으로 나타나기도 한다. 어쩌면 반대 양상으로 나타나는 공격성의 몇 가지 형태를 살펴보는 것이 도움이 될 것이다.

먼저 나는 일반적인 설명을 해보겠다. 원래 모든 인간은 본질적으로 같다는 사실이다. 이 점은 설령 모든 인간이 독특한 존재 유형과 개인적인 특성을 갖게 하는 유전적인 요인을 갖고 있다고 인정한다 해도 성립될 수 있는 가정이다. 다시 말해서, 모든 유아와 아동들 그리고 나이와 상관없이 모든 사람들에게서 발견되는 인간 본성의 몇 가지 특징들이 있으며, 초기 유아기로부터 성인에 이르는 동안의 성격 발달에 대한 포괄적인 진술은 성, 인종, 피부색, 신념이나 사회적 조건에 관계없이, 모든 인간에게 적용될 수 있다. 외형상으로는 다양하게 나타나지만 모든 인간사에는 공통 분모가 있다. 물론 겉보기에 어떤 유아는 공격적인 경향이 있고, 또 다른 유아는 처음부터 거의 공격성을 보이지 않는다. 그러나 그 두 아동은 단지 다른 방식으로 자신들의 공격 충동을 다루고 있을 뿐이라고 말할 수 있다.

우리는 개인의 공격성이 시작되는 초기 형태를 유아의 운동에서 찾아볼 수 있다. 이것은 출생 전에 꿈틀거리는 태아의 움직임에서뿐만 아니라 어머니가 느끼는 태아의 팔다리의 움직임에서도 나타난다. 유아의 신체 한 부분이 움직이면, 유아는 그 움직임으로 인하여 무엇인가와 마주치게 된다. 관찰자는 이것을 툭툭 치거나 발로 차는 것이라고 말할 수 있지만, 유아(태어나지 않았거나 갓 태어난)는 명확한 이유를 가지고 행동할 수 있는 인간(person)이 아니기 때문에 유아의 그런 행동을 툭툭 치거나 발로차는 것이라고 볼 수는 없다.

따라서 모든 유아는 움직이면서 그 움직임 속에서 일종의 근육의 쾌감을 얻고, 움직이면서 무엇인가를 만나는 경험을 하고, 이 경험을 통해 무엇인가를 얻으려는 성향을 갖고 있다. 우리는 이러한 특성으로부터 시작해서 단순한 움직임이 분노나 증오를 나타내거나 그것을 조절하는 상태로 발달해 가는 유아의 발달과정을 묘사할 수 있을 것이다. 또한 우리는 유아가 아무 이유 없이 누군가를 치는 행동이 상처를 입히는 결과를 가져오는 경우를 볼 수 있으며, 그 다음에는 그가 사랑하기도 하고 증오하기도 하는 대상을 보호하는 모습을 발견할 수 있을 것이다. 더 나아가 우리는 한 아동의 파괴적인 생각과 충동이 어떠한 행동 유형으로 조직화되는 방식을 추적할 수 있을 것이다. 또 건강한 발달과정에서, 이 모든 것은 아동의 의식적이고 무의식적인 파괴적인 생각과 그러한 생각에 대한 반응으로 나타난다. 그리고 우리는 이것들을 아동의 꿈과 놀이에서, 그리고 아동이 마음놓고 공격할 수 있는 수용적인 환경 안에서 표현되는 공격 행동에서 찾아볼 수 있다.

이러한 초기 유아기의 공격 행동은 유아가 주관세계 바깥의 세계를 발견하고 외부 대상들과 관계를 맺을 수 있도록 이끈다. 따라서, 공격성의 가장 초기 형태는 움직이고 탐색을 시작하도록 하는 단순한 충동에서 찾아볼 수 있다. 공격성은 항상 자기와 자기가 아닌 것 사이를 명확하게 구분할 수 있는 능력과 연결되어 있다.

나는 각 개인이 본질적으로 다르면서도 모든 인간은 유사성을 갖는다는 사실을 분명히 밝혔다. 이제 나는 공격성과 관련해서 나타나는 대극 현상들을 일부 언급해보겠다.

하나의 예로, 대담한 아동과 소심한 아동을 들 수 있다. 전자의 경우는 공격성과 적대감을 개방적으로 표현함으로써 공격성에서 벗어나는 성향이 있으며, 후자는 공격성을 자기 안이 아닌 다른 곳에서 발견하고, 공격성을 두려워하거나, 공격이 외부 세계로부터 자신에게 올 것이라고 염려하는 경향이 있다. 대담한 아동이 표현하는 적대감에는 한계가 있으며, 그렇게 표현함으로써 적대감이 제거될 수도 있다는 점에서 다행스러운 일이다. 반면에, 소심한 아동은 결코 만족스럽게 절정에 도달하지 못하고, 계속 문제가 생기지 않을까 염려하고 또 기대한다. 많은 경우에 문제는 실제로 그 기대 안에 놓여있게 된다.

어떤 아동들은 자신의 억압된 공격 충동을 다른 사람의 공격성 안에서 찾으려는 경향이 있다. 이것은 건강하지 않은 모습으로 발전할 수 있다. 왜냐하면 실제로 박해가 없는 경우, 그는 박해망상을 만들어내기 때문이다. 이런 경우 아동은 항상 박해를 기대하고, 자신을 방어하기 위해서 상상 속의 공격자를 공격한다. 이것은 일종의 질병이다. 그러나 이 유형은 대부분의 아동이 발달하는 과정에서 거쳐가는 하나의 단계에서 나타나는 특징이기도 하다.

다음과 같은 또 다른 대극 현상이 공격성과 관련되어 나타난다. 공격성을 쉽게 잘 표현하는 아동과, 그와는 반대로 공격성을 '내부'에 간직한 채 긴장하고 지나치게 통제적이며 진지한 아동이 있다. 이때 아동의 모든 충동과 창조성은 상당한 정도로 억제된다. 왜냐하면 창조성은 책임을 느끼지 않는 유아기와 아동기의 자유로운 삶 속에 그 뿌리가 있기 때문이다. 그런데도 공격성을 내부에 간직할 경우, 아동은 내적 자유를 어느 정도 잃는다 하더라도, 타자를 배려하고 세상을 보호하고자 하는 의욕과 함께 자기 통제력을 발달시킬 수 있다. 아이의 이런 자기 통제력이 발달되지 않으면, 세상은 아동의 무자비함에 의한 희생물이 되고 말 것이다. 따라서 건강한 경우, 아동은 다른 사람의 처지에서 볼 수 있고 외부의 대상들이나 사람들과 동일시할 수 있는 능력을 발달시킨다.

자기 통제가 지나칠 때 나타나는 문제 중의 하나는 파리 한 마리도 해치지 못하는 착한 아이가 주기적으로 감정을 폭발하거나 공격 행동을 하고, 짜증을 내거나 또는 사악한 행동을 저지를 수 있다는 것이다. 그런 행동은 아무에게도 도움이 되지 않는다. 아동은 그런 행동을 저지른 뒤에 무슨 일이 일어났었는지 기억하지 못하기 때문에 그런 사건을 통해서 아무 것도 배우지 못한다. 여기서 부모가 아이에게 해줄 수 있는 것은 그러한 힘든 상황을 벗어나는 방법을 찾아주는 것과 아동이 성장하면서 공격성을 보다 의미있게 표현할 수 있게 되기를 희망하는 것뿐이다.

공격적인 행동에 대한 보다 성숙한 대안 중의 하나는 꿈을 꾸는 것이다. 아동은 꿈에서 파괴와 살생을 경험하며, 이 꿈은 신체의 흥분과 관련된다. 꿈은 실제 경험이지 지적인 연습이 아니다. 아동이 꿈을 감당할 수 있게 되면, 혼자서 또는 다른 아동과 함께 온갖 종류의 놀이를 할 수 있는 준비가 된 것이다. 그 꿈이 지나치게 파괴적이거나 신성한 대상에 대한 위협이 지나치거나 혼돈 상태가 지배하게 될 때, 아동은 소리를 지르며 꿈에서 깨어난다. 이때에 어머니는 부드러운 목소리로 아이를 달래줌으로써 악몽에서 깨어나도록 도와야한다. 그렇게 함으로써 어머니는 아동이 안전감을 느낄 수 있도록 돕는 외부 현실의 역할을 담당하게 된다. 꿈에서 깨어나는 과정은 반시간 넘게 걸릴 수도 있다. 그때 이상하게도 악몽 자체는 아동에게 만족스러운 경험이 될 수 있다.

여기서 꿈과 백일몽 사이를 명확하게 구별할 필요가 있다. 내가 말하고자 하는 것은 깨어있는 시간 동안 환상들을 엮어내는 백일몽에 관한 것이 아니다. 백일몽과는 달리, 꿈은 잠이 들어 있는 상태에서 시작되는 것이고 잠에서 깨어남과 동시에 끝이 난다. 꿈은 잊혀질 수 있지만, 실제로 이루어진 사건이고, 이 점은 매우 중요한 의미를 갖는다. (깨어 있는 삶 전체에 영향을 미치는 미래에 대한 아동의 꿈이 있지만, 그것은 여기에서 논의하고 있는 꿈과는 다른 것이다.)

이미 말했듯이, 놀이는 환상에서, 즉 깊은 무의식의 층에 있는 전체 저장고에서 그 원재료를 공급받는다. 아동이 성장하는 과정에서 상징을 수용하는 것이 건강에 얼마나 중요한 의미를 갖는지를 아는 것은 어려운 일이 아니다. 상징을 사용하게 되면서 어떤 하나가 다른 하나를 대신할 수 있게 됨으로써, 그 결과 아동은 냉엄한 현실에서 부딪치는 힘든 갈등으로부터 상당한 안도감을 얻을 수 있게 된다.

아동이 어머니를 사랑하면서도 또한 어머니를 잡아먹기를 원할 때, 혹은 아버지를 사랑하면서 동시에 미워할 때, 그러면서도 그 증오나 사랑을 삼촌에게로 전치시키지 못할 때, 혹은 갓 태어난 아기를 없애버리고 싶지만, 그 대신 장난감을 없애는 것으로는 자신의 감정을 만족스럽게 표현할 수 없을 때, 아동은 매우 힘든 상황을 만나게 된다. 이러한 순간에 아동들은 종종 고통을 겪는다.

보통, 아이는 초기부터 상징을 받아들이기 시작한다. 아동은 상징을 받아들임으로써 삶의 경험 안에 넉넉한 공간을 갖게 된다. 예를 들면, 유아가 아주 초기에 자신이 귀여워하는 특별한 물건을 갖게 될 때, 그 물건은 아동과 어머니 모두를 나타낸다. 그것은 아동의 입안에 있는 엄지손가락처럼 결합의 상징이며, 이 상징은 나중에 어떤 소유물보다 더 가치 있는 것이 되기도 하고 또한 공격을 받는 대상이 되기도 한다.

놀이는 상징을 받아들이는데 기초해 있으며, 또한 무한한 가능성을 지니고 있다. 놀이는 아동으로 하여금 자신의 개인적인 내적 정신 실재를 경험할 수 있도록 하며, 이러한 내적 정신 실재의 경험이야말로 정체감 발달을 위한 기초가 된다. 그 내적 실재 안에는 사랑 뿐 아니라 공격성도 존재한다.

아동이 성숙해가는 과정에서 파괴에 대한 또 다른 태도가 나타나는데, 그것은 건설적인 충동이다. 이 사실은 아주 중요하다. 나는 좋은 환경에서, 이 건설적인 충동이 아동 자신의 본성에 있는 파괴적인 측면에 대한 책임성을 아동 스스로 수용하는 것과 관련되어 있다는 사실을 설명하고자 노력해왔다. 아동이 건설적인 놀이를 하기 시작하고 놀이를 계속한다면, 그것은 아주 중요한 건강의 징표가 된다. 그것은 신뢰할 수 있는 능력과 마찬가지로 외부에서부터 옮겨 심을 수 없는 어떤 것이다. 건설적인 놀이는 시간의 흐름과 함께 아동이 부모 또는 대리 부모가 만들어주는 환경 안에서 경험하는 삶의 총체적인 결과로서 나타나는 것이다.

아동이나 성인에게서 나타나는 공격성과 건설적인 충동의 관계는, 사랑하는 사람을 위해 무엇인가를 할 수 있는 기회나 가족의 욕구를 만족시키는데 '기여'하고 참여할 수 있는 기회를 아동에게서 빼앗을 때 부정적인 것으로 될 수 있다. 여기서 '기여'한다는 말은 누군가를 즐겁게 해주기 위해서 무엇인가를 하거나 누구처럼 되는 것을 의미하며, 동시에 그것은 어머니를 행복하게 해드리고 가정을 유지하기 위해서 무엇이 필요한지를 발견하는 것이기도 하다. 그것은 마치 가정에서 자신이 할 일을 발견하는 것과 같다. 아동은 아기를 돌보거나 침대를 정리하거나 진공청소기로 청소를 하거나 빵을 만드는 시늉을 함으로써 엄마의 일에 동참하려고 한다. 이때 만족스러운 참여 조건은 누군가가 그러한 시늉들을 진지하게 받아주는 것이다. 만약 이때 아동을 비웃는다면, 그 아이의 행동은 단지 흉내내는 것으로 가치 절하되고 아이는 신체적 무력감을 느끼며 자신은 쓸모 없는 존재라는 느낌을 경험한다. 이 지점에서 아동의 직접적인 공격성이나 파괴성은 쉽게 분출할 수 있다.

아이가 받는 것보다 주는 것을 더 많이 필요로 한다는 사실을 이해하는 사람이 없을 때, 이러한 상황은 보통의 일상 생활에서도 종종 일어날 수 있다.

건강한 유아는 자연스럽게 움직이면서 무엇인가를 부숴버리는 행동 특징을 보인다. 그는 차츰 분노와 증오를 표현하고 보복을 하는데, 소리지르고 침을 뱉고 대소변을 싸는 행동을 사용하기 시작한다. 아동은 사랑하면서 동시에 미워할 수 있게 되고, 그 모순을 받아들이게 된다. 아동에게 있어 공격성과 사랑이 결합된 가장 중요한 예 중 하나가 깨무는 충동인데, 이것은 생후 약 5개월 이후부터 중요해진다. 결과적으로 이 깨무는 충동은 온갖 종류의 음식을 먹는 즐거움으로 통합된다. 본래, 깨물고 싶고 깨물고 싶은 생각을 일으키는 것은 좋은 대상, 즉 어머니의 몸이다. 따라서 음식은 어머니의 몸을 상징하는 것으로서, 또는 아버지나 그밖에 사랑하는 사람의 몸을 상징하는 것으로서 받아들이게 된다.

아기와 아동이 적절한 순간에 공격성을 표현할 수 있는 능력을 잃지 않으면서 공격적인 생각과 흥분을 관리하고 조절할 수 있게 되려면 매우 복잡한 과정을 거쳐야 하며, 따라서 시간이 아주 많이 걸린다.

오스카 와일드는 다음과 같이 말했다. '사람은 누구나 자신이 사랑하는 것을 죽인다.' 이 말은 사랑이 있는 곳에 상처가 있다는 것을 알아야 한다는 것이다. 아동을 돌보는 과정에서 우리는, 아이는 자신이 상처 입힌 것을 사랑하는 경향이 있음을 발견한다. 상처를 입히는 것은 아이의 삶에서 중요한 부분을 차지한다. 따라서 상처를 입히지 않는 것이 문제가 아니다. 문제는 아동이 '자신의 삶을 살아가고, 사랑하고, 놀이하고, 또 일하는데에 이러한 공격적인 힘을 사용하는 방법을 과연 발견할 수 있을 것인가' 이다.

물론 이것이 전부 다는 아니다. 그 외에도 또 다른 문제가 남아 있다. 그것은 '공격성의 기원은 어디인가?' 라는 것이다. 우리는 신생아의 발달 과정에서 아기가 자연적인 첫 움직임을 나타내고 또 소리를 지르는 모습을 보아왔다. 또 그러한 것들이 즐거운 것일 수는 있으나 그것들에서 공격적인 의미를 찾기란 어렵다고 간주했다. 왜냐하면 아직은 유아가 한 인간으로서 적절히 조직화되어 있지 않기 때문이다. 그러나 어떻게 해서 유아가 아주 초기에 세상을 파괴하게 되는지를 알아야 한다. 왜냐하면 우리가 살고 있고 사랑하는 세계를 실제로 파괴할 수 있는 요소는 바로 '사랑과 융합되지 못한' 유아의 파괴 충동의 잔재로부터 나오는 것이기 때문이다. 유아의 마술 세계 속에서는 눈을 감음으로써 세상을 사라지게 할 수 있으며, 다시 눈을 뜨고 새로이 봄으로써 그리고 새로운 욕구가 나타남으로써 세상을 재창조할 수 있다. 세계 속에 존재하는 독가스와 폭발물과 같은 무기는 유아의 마술 세계 안에 마술적인 것과는 정반대로 현실성을 제공한다.

대다수의 아동은 초기 단계에 충분히 좋은 양육을 받고, 어느 정도 인격의 통합을 성취함으로써 무자비한 파괴성을 대대적으로 폭발시키는 위험으로부터 자유롭게 된다. 예방적인 측면에서 가장 중요한 것은 부모가 가정에서 유아의 성숙 과정을 촉진시키는 사람으로서 자신이 해야 할 일을 인식하는 것이다. 특히 어머니와 유아의 관계가 신체적인 관계에서 정서적인 관계로 바뀔 때, 또는 신체적인 관계가 정서적인 요인들에 의해서 풍부해지고 복잡해지기 시작할 때, 어머니가 맡아야 할 역할에 대해 알아야 한다. 그리고 이 모든 것은 유아기에 일어나는 일이다.

그러나 우리에게는 다음 질문이 기다린다; 우리는 인간 존재 안에 내재하고 파괴적인 행동이나 피학적인 행동의 밑바닥에 놓여있는 이 세력의 기원에 대해 과연 알고 있는가? 드러난 현상의 배후에서, 모든 것은 마술적으로 파괴되고 있다. 이 마술적인 파괴는 아주 초기 유아 발달 단계에서 일어나는 정상적인 현상으로서, 그것은 마술적인 창조와 나란히 진행된다. 모든 대상을 유아가 원시적이거나 마술적으로 파괴한다는 것은 그 대상이 '나의' 부분에서 '내가 아닌' 부분으로, 또 주관적으로 지각된 현상에서 객관적으로 지각된 대상으로 바뀐다는 사실을 말한다. 보통 이러한 변화는 아동의 발달과정에서 점진적으로 조금씩 일어난다. 그러나 모성적 제공에 결함이 있다면, 이러한 변화는 급작스럽게 유아가 예측할 수 없는 방식으로 일어나게 된다.

어머니는 이 중요한 초기 발달 단계를 잘 통과할 수 있도록 민감하게 보살펴주어야 한다. 이러한 보살핌은 유아가 자신의 마술적인 통제 바깥에 객관적인 세계가 존재한다는 사실을 받아들여야 할 때, 그 충격을 감당할 수 있는 다양한 방법을 습득할 수 있는 시간을 벌어줄 수 있다. 성숙 과정에 필요한 시간이 주어진다면, 유아는 파괴적이 될 수 있고, 세계를 마술적으로 없애버리는 대신에 미워하고 발로 차며 소리를 지를 수 있게 된다. 이런 점에서 공격성은 하나의 성취로 볼 수 있다. 마술적인 파괴와 비교해 볼 때, 공격적인 생각과 행동은 긍정적인 가치를 지니며, 미움은 문명의 징표가 된다. 이러한 생각은 개인의 전체 정서

발달 과정을 고려할 때, 특히 초기 단계를 고려할 때 타당한 것으로 간주된다.

나는 다른 곳에서 이 미묘한 단계들에 대해 설명하고자 시도한 적이 있다. 그때 나는 충분히 좋은 어머니와 부모의 돌봄이 있을 때, 대부분의 유아는 건강을 획득하고, 마술적인 통제와 파괴성을 버리고 공격성을 즐길 수 있는 능력을 성취한다. 그리고 그러한 능력과 함께 만족을 느끼고 부드러운 관계들을 즐기며 아동기의 삶을 구성하는 개인적인 내적 풍부함을 성취한다.

2장

관심을 가질 수 있는 능력의 발달
(1963)

관심을 가질 수 있는 능력의 기원을 살펴보는 것은 복잡한 문제이다. 관심의 능력은 사회생활의 중요한 요소이며, 정신분석가들은 대체로 개인의 정서발달에서 그 기원을 찾는다. 같은 맥락에서 우리는 아동발달에서 관심의 능력이 나타나는 근원에 대해서, 관심 능력 형성의 실패에 대해서 그리고 어느 정도 형성된 관심의 능력을 상실하는 것에 대해 알고자 한다.

'관심'이란 용어는 '죄책감'이란 말에 의해 부정적인 방식으로 다루어진 현상을 긍정적인 방식으로 다루자는 의미에서 선택된 단어이다. 죄책감은 양가감정과 연결된 불안을 나타내며, 죄책감을 갖는다는 것은 자아가 좋은 대상-원상(object-imago)을 파괴시켰다는 생각과 함께 그 원상을 보유할 수 있을 정도로 통합이 이루어졌음을 암시한다. 관심의 능력은 통합과 성장을 뜻하며, 특히 본능적 욕동에 대해 책임을 지는 긍정적인 방식으로 대상과 관계를 맺을 수 있음을 의미한다.

관심은 개인이 무엇인가에 대해 배려하고 생각해주며, 책임감을 느끼고 또 책임지는 것을 말한다. 발달이론에서 말하는 성기기 수준의 관심은 가정(family)의 기초라고 할 수 있으며, 그것은 부부 모두가 —쾌락을 넘어서— 성교의 결과에 대해 책임을 지는 것을 의미한다. 그러나 개인의 전체적인 삶의 영역에서 관심의 주제는 훨씬 광범위한 문제로 다가오며, 관심의 능력은 모든 건설적인 놀이와 일을 가능케 하는 요소이다. 따라서 그것은 정상적인 건강한 삶에 속해 있는 것이며, 정신분석가의 주의를 끌만한 가치를 지닌 주제이다.

관심의 능력—긍정적인 의미로—은 아동이 각 사람을 전체 인간(whole person)으로 인식하는 단계, 즉 세 사람 사이의 관계와 관련된 고전적인 오이디푸스 콤플렉스 단계보다 더 앞선 초기의 정서발달 단계에서 나타난다고 볼 수 있다. 그러나 그 시기가 정확해야 할 필요는 없다. 그리고 실제로 초기 유아기에 시작하는 대부분의 성장과정은 결코 완전하게 확립되는 것이 아니며, 그것은 후기 아동기와, 성인기, 심지어 노년기까지도 지속되는 성장과정에 의해 계속 강화되어야 하는 것이다.

관심의 능력은 유아-어머니 관계 안에서 유아가 하나의 단위로서 확립되고, 어머니나 어머니 상을 전체 인간으로 인식하는 시기에 기원을 둔다. 그것은 본질적으로 두 몸 관계의 시기에 속하는 발달과제이다.

아동발달에 대한 진술에서 당연시되는 몇몇 원칙들을 고려할 필요가 있다. 여기서 나는 심리적 성숙과정은 해부학이나 생리학에서와 마찬가지로 유아발달과 아동발달의 기초를 형성한다고 생각한다. 그러나 정서발달에서 성숙의 잠재력이 현실로 이루어지기 위해서는 어떤 외적인 조건들이 필요하다. 즉 발달은 충분히 좋은 환경이 제공되어야 하며, 유아발달의 초기로 거슬러 올라가면 갈수록 충분히 좋은 어머니됨의 요소 없이는 발달 과정이 일어날 수 없다.

우리가 관심의 능력을 언급할 수 있으려면, 그전에 이미 아기의 발달과정에서 많은 일들이 일어났어야 한다. 관심의 능력은 건강의 문제이며, 이때 이 능력의 확립은 돌봄과 성장과정을 통한 복잡한 자아 조직화를 전제로 한다. 나는 검토하고자 하는 문제를 단순화하기 위해서, 초기 발달 단계에서 충분히 좋은 환경이 제공되있다는 선제하에 이 논의를 진행할 것이다. 따라서 내가 논의하고자 하는 것은 충분히 좋은 유아 돌봄과 아동의 돌봄을 통해 이룩된 성숙 과정 이후에 오는 것들이다.

프로이트와 그를 따랐던 정신분석가들이 묘사한 여러 단계들 중에서, 나는 '융합' 단계에 대해 말하고자 한다. 융합은 정서 발달과정에서 성취해야 할 과제이며, 아기는 이를 통해 동일한 대상에 대한 성애적이고 공격적인 욕동들을 동시에 경험할 수 있게 된다. 성애적인 측면에는 만족추구와 대상추구 모두가 존재하며, 공격적인 측면에는 근육 성애를 사용하는 복합적인 분노와 증오(비교를 위한 좋은 대상의 이미지를 보유하고 있는)가 있다. 또한 전체적인 공격-파괴적 충동에는 파괴 안에 사랑이 담긴 원시적 대상관계 유형이 포함되어 있다. 이것의 일부는 모호할 수밖에 없으며, 나의 논의는 아기가 성애적인 경험과 공격적인 경험을 결합할 수 있게 되었다는 것을 전제로 하기 때문에, 나의 논의에서 공격성의 기원에 대해 처음부터 다시 말할 필요는 없다. 즉 관심의 능력에 대해 논한다는 것은 아동이 양가감정을 경험할 수 있게 되었다는 것을 전제로 한다.

발달과정에서 양가감정을 경험하는 단계에 도달하게 되면, 유아는 신체 기능(환상은 원래 신체 기능의 상상적 전개물이다)에서 뿐만 아니라 환상 속에서 양가감정을 경험할 수 있게 된다.

또한 유아는 점점 덜 주관적이며, 보다 객관적으로 지각되는 '나-아닌' 대상들과 자신을 관련시키기 시작한다. 그는 신체적으로는 몸의 피부에 담기게 되고, 심리적으로는 통합된 하나의 단위인 자기(self)를 확립하기 시작한 것이다. 이 시기에 어머니가 아동의 정신 안에서 일관성을 지닌 상으로서 인식된다면, 아동은 대상을 전체대상으로 인식하게 된다. 이런 상태는 처음에는 매우 불안정하며 마치 어머니가 더 이상 돌보아 주지 않자 담장 위에 아슬아슬하게 앉아 있는 험티덤티(Humpty Dumpty: 만화에 나오는 달걀 모습의 존재)의 모습을 연상시킨다는 점에서, 험티덤티 단계라고 별명을 붙일 수 있을 것이다.

이 발달 단계에서 아동의 자아는 어머니의 보조적인 자아로부터 독립하기 시작한다. 그리고 이때 아기에게는 내면과 외부가 생긴다. 그는 서서히 신체에 대해 인식하기 시작하며, 보다 빨리 복잡한 것들을 발달시킨다. 이제부터 유아는 정신 신체적인 삶을 살게 된다. 프로이트가 존중하라고 가르쳤던 내적인 정신 실재는 이제 유아에게 현실적인 것이 된다. 이제 유아는 자기 내부에 개인적인 풍부함을 갖고 있다고 느낀다. 이런 개인적인 풍부함은 양가감정의 성취를 의미하는, 유아의 동시적인 사랑-증오 경험을 발달시킨다. 그 양가감정이 더욱 정화되고 발달되는 과정을 거쳐 관심의 능력이 출현한다.

미숙한 아동은 돌보는 어머니의 두 가지 측면을 필요로 한다. 우리는 그 어머니의 두 가지 측면을 대상-어머니와 환경-어머니로 부를 수 있을 것이다. 나는 이 명칭이 경직되게 고착되는 것을 원하지 않는다. 그러나 유아를 돌보는 어머니의 두 측면, 즉 유아의 긴급한 욕구를 만족시켜 주는 대상 또는 부분대상으로서의 어머니의 측면과, 예측을 불허하는 위험들을 막아주고 적극적으로 돌봄을 제공하는 사람으로서의 어머니의 측면 사이에 있는 커다란 차이점을 묘사하기 위해서, '대상-어머니'와 '환경-어머니'라는 개념을 사용할 수 있을 것이다. 나는 유아가 원본능-긴장을 다루기 위해 대상을 사용하는 것은 전체 환경의 일부분으로서 어머니를 사용하는 것과는 아주 다른 것으로 본다.[1]

여기에서 환경-어머니는 애정을 가지고 아동의 존재감을 받아 주는 사람이며, 대상 어머니는 원초적인 본능-긴장의 목표물이 되는 사람이다. 관심의 능력은 유아의 삶에서 대상-어머니와 환경-어머니가 함께 만나는, 고도로 정교화된 경험으로부터 발달한다. 이때 유아는 비록 독립성의 발달에 속하는 내적 안정성을 갖기 시작한다. 그러나 그럼에도 불구하고 환경 제공은 계속해서 결정적으로 중요하다.

좋은 상황에서, 아기가 성격발달의 필수적인 단계에 도달했을 때, 새로운 융합이 나타난다. 이를 위해 우선 아기는 본능에 기초한 대상관계의 영역에서 온전한 환상을 경험해야 한다. 이때 그 대상은 결과에 상관없이 무자비하게 (만일 우리가 진행되는 사실에 대한 우리의 견해를 묘사하기 위해 이 용어를 사용한다면) 사용될 수 있어야 한다. 이에 반해 아동과 환경-어머니와의 관계는 훨씬 더 조용한 특성을 갖는다. 이 두 가지가 함께 만나게 될 때 그 결과는 관심의 능력으로 나타난다. 이것이 내가 본질적으로 묘사하고자 하는 것이다.

이 단계에서 필수적인 좋은 상황은 이런 것들이다. 어머니는 계속해서 활발하게 살아 있어서 아동이 사용할 수 있어야 한다. 여기서 사용할 수 있다는 것은 아동이 어머니를 신체적으로 사용할 수 있으며 어머니가 다른 어떤 것에 빠져있지 않음을 의미

---

1 이것은 최근에 해롤드 써얼즈(Harold Searles)의 책(1960)에서 발달해 나온 주제이다.

한다. 이때쯤 대상-어머니는 유아의 구강기 가학적 환상의 세력과 융합한 모든 본능 충동으로부터 오는 공격에서 살아남아야 한다. 또한 환경-어머니는 계속해서 자신으로서 존재하고, 유아를 향해 공감적이며, 그의 자발적인 몸짓을 받아주고 즐거워하는 특별한 기능을 갖는다.

왕성한 원본능-욕동들을 수반한 환상은 대상에 대한 공격과 파괴를 담고 있다. 아기는 자신이 대상을 먹는다고 상상할 뿐 아니라 대상의 내용을 소유하기 원한다. 대상이 파괴되지 않는다면, 그것은 그 대상의 살아남는 능력 때문이지 아기가 대상을 보호하기 때문이 아니다.

이러한 상황의 다른 측면은 아기와 환경-어머니와의 관계에 관한 것이다. 이때 어머니의 보호가 지나칠 경우에는 아기의 공격성이 억압되거나 또는 아기가 대상과 직면하지 못하고 대상을 외면할 수도 있다. 유아가 젖을 떼는 과정에서 겪는 공격성의 경험이 이런 맥락에서 긍정적인 의미를 갖는다. 또 어떤 유아들은 공격성의 발달과정에서 스스로 젖을 떼기도 한다.

좋은 상황에서 유아는 이런 복잡한 형태의 양가감정을 해결하기 위한 기술을 발달시킨다. 그는 자신이 어머니를 소모해버리면 어머니를 잃게 될 것이라는 불안을 경험한다. 그러나 이런 불안은 아기가 환경-어머니를 위해 공헌함으로써 완화된다. 여기에서 환경-어머니에게 공헌할 수 있는 기회가 있을 것이라는 확신이 자라게 된다. 유아가 이러한 확신을 갖게 되면, 그는 불안을 감당할 수 있게 된다. 그리고 이때에 유아가 보유하고 있는 불안은 질적으로 수정되며 죄책감으로 발달한다.

본능-욕동은 주체로 하여금 대상을 무자비하게 사용하도록 이끈다. 그리고 나서 죄책감으로 인도한다. 이 죄책감은 유아가 대상을 무자비하게 사용한 후 몇 시간 안에 환경-어머니에게 공헌함으로써 완화된다. 또한 신뢰할 만한 환경-어머니가 현존함으로써 유아에게 제공되는 보상의 기회는 유아로 하여금 원본능-욕동들의 경험에서 더 대담해질 수 있게 한다. 다른 말로 하면, 유아의 본능적 삶이 자유로워진다. 이때에 죄책감은 휴지 중이거나 잠재적인 것이 되고, 보상의 기회가 실패할 때만 (슬픔이나 우울한 기분으로) 나타난다.

이런 선 순환과 보상의 기회가 제공된다는 확신을 갖게 될 때, 원본능 욕동과 관련된 유아의 죄책감은 더욱 수정된다. 이처럼 수정된 죄책감의 경우에 죄책감이라는 용어보다는 '관심'과 같은 보다 긍정적인 용어가 보다 더 적합해 보인다. 유아는 이제 관심을 가질 수 있으며 자신의 본능적 충동과 그것에 속한 기능들에 대해 책임을 질 수 있게 된다. 이것은 근본적이고 건설적인 놀이와 일의 요소들 중의 하나를 제공한다. 이런 과정을 통해서 아동은 관심의 능력을 획득한다.

특히, 어머니가 유아의 불안을 담아주는 것과 관련해서 나타나는 주목할 만한 특징은 시간에서의 통합이 보다 정적인 초기 단계의 통합에 추가된다는 점이다. 시간은 어머니에 의해 계속 다루어지며, 이것은 어머니의 보조적인 자아기능의 한 측면이다. 그럼으로써 유아는 처음에는 짧은 기간이기는 하지만 차차 개인적인 시간의 감각을 갖게 된다. 유아의 내적 세계 안에서 어머니의 상이 살아있는 기간이 짧은 것은 그 때문이다. 그 내적 세계는 유아의 본능적 경험으로부터 온 좋거나 박해적인 파편들을 담고 있다. 아동의 내적 정신 실재 안에 대상의 상이 살아있을 수 있는 시간의 길이는 부분적으로 성숙과정과 내적 방어조직의 상태에 달려 있다.

나는 관심 능력의 기원에 대한 몇 가지 측면을 유아의 초기 단계와 관련해서 설명하였다. 이 시기 동안에 유아에게는 어머니가 지속적으로 현존하는 것과, 그의 본능적 삶이 자유롭게 표현되는 것이 특히 중요하다. 이 두 가지 요소는 균형을 이루면서 계속해서 거듭 성취되어야 한다. 청소년기의 사례나 건설적인 사회 관계를 확립하기 위한 첫 걸음으로서 작업 치료를 받는 정신과 환자의 사례를 생각해 보라. 그에게서 일을 빼앗으면 그는 사회 안에서 있을 만한 곳을 갖지 못하게 될 것이다. 또한 그를 치료하는 의사를 생각해보라. 의사 또한 환자를 필요로 하며, 다른 사람들처럼 자신의 기술을 사용할 수 있는 기회를 필요로 한다.

나는 관심의 능력의 발달이 결여되어 있거나, 또는 아직 온전하게 확립되지 않은 관심의 능력을 상실하는 것에 대해서 상세히 논의하지는 않겠고, 다만 다음과 같이 간단하게 진술하려고 한다. 대상 어머니가 살아남지 못하고 실패할 경우 또는 환경 어머니가 믿을 수 있는 보상의 기회를 제공하지 못하고 실패할 경우, 유아는 관심의 능력을 상실하게 되며 원초적인 불안과 분열 또는 해체 같은 원초적인 방어를 사용하게 된다. 우리는 종종 분리불안에 대해 논한다. 그러나 나는 여기서 아직 어머니와 아기 사이가 분리되지 않았을 때 그리고 외적으로 아동 돌봄의 연속성이 깨지지 않았을 때, 어머니와 아기 사이에서 무슨 일이 일어나는가를 묘사하고 있다. 나는 아기와 어머니 사이에 심각한 분리의 상처가 없었다는 전제하에서 아동에게 어떤 일이 일어나는지를 설명하고 있다.

3장

죄책감의 부재

(Devon and Exeter 정신 건강 협회
강연, 1966. 12. 10.)

나는 여기에서 전통적인 의미에서 옳고 그름에 대해 논할 생각은 없다. 어떤 환경(어머니, 가족, 가정, 문화 단체, 학교 등)이든지 그곳에는 어떤 것은 좋고 어떤 것은 좋지 않다는 지배적인 생각이 있다. 아동은 그들의 생각에 맞추어 순응하거나, 또는 반항하고 상반되는 견해를 주장하기도 한다. 이러한 상태는 삶의 복잡한 상황에 대한 아동의 인식이 단순한 옳고 그름의 판단을 무의미하게 만들거나, 아동이 성숙하여 자기에 대한 감각을 확립하면서 모든 것에 대한 개인적 견해를 가질 수 있는 권리를 갖게 됨으로써 변화된다. 성숙한 아동은 자신과 지역사회 사이에 놓여 있는 현실을 확인하기 위해서라도 받아들여진 규범을 시험하고 싶어하고 또 그렇게 할 필요가 있다. 그리고 이것은 성숙한 어른에게서도 찾아볼 수 있는 항구적인 특징이다.

우선 이런 질문이 제기될 수 있다. 도덕적 규범은 어느 정도까지 학습될 수 있으며 어느 정도까지 타고나는 것인가? 실제적인 언어로, 여러분은 자녀가 변기를 사용하는 법을 배울 때까지 기다려주는가, 아니면 아이를 내버려두라는 말에 불편함을 느끼는가? 이러한 질문에 답하기 위해서는 아동의 삶이 발달해가는 과정에서 나타나는 미묘한 상호작용에 관한 연구, 유전적이거나 개인적인 발달의 경향성과 성숙 과정에 관한 연구, 그리고 아동의 욕구에 적응해주고 또 적절하게 적응에 실패해주는 사람을 가리키는 촉진적 환경에 관한 연구들이 필요할 것이다.

이러한 연구 과정에서 우리는 두 학파의 대립된 사상적 흐름이 존재한다는 것을 알게 된다.

(a) 아동이 발달과정에서 옳고 그름에 대한 분별력을 형성하는 경향을 타고난다는 것을 우리가 어떻게 알 수 있단 말인가? 그런 주장은 위험이 너무 크다. 우리는 백지 상태의 아동에게 도덕률을 심어 주어야만 하며, 아동 각 개인이 나이가 들어서 저항하는 것을 배우기 전에 그렇게 해야만 한다. 그렇게 함으로써 도덕성은 원죄에 크게 영향받지 않는 사람들 안에서 형성될 수 있다. 여기에서 도덕성은 '계시'의 형태로 받아들여진 것으로 간주된다.

또 다른 학파는 다음과 같은 견해를 갖는다.

(b) 가치 있는 유일한 도덕성은 개인적인 것이다. 사실, 다른 학파가 이야기하는 '계시된' 도덕성은 많은 세대와 많은 세월에 거쳐 적지 않은 예언자들의 도움을 받아 형성된 것이다. 따라서 각 아동이 자연스러운 과정을 통해서 개인적으로 옳

고 그름에 대한 분별력을 갖게 될 때까지 기다리는 것이 더 낫다. 중요한 것은 순응에 기초한 행동이 아니라 옳고 그름에 대한 진정한 감각(sense)을 갖는 것이다.

위의 두 다른 견해를 가진 사람들을 화해시키려 할 필요는 없다. 그들은 서로 싸우지 않도록 떨어져 있는 것이 더 좋다. 그들의 입장은 결코 절충될 수 없다.

나는 순응에 기초한 도덕성은 궁극적으로 가치가 없는 것이라고 믿는 삶의 방식이 존재한다고 생각한다. 그리고 아동의 발달과정에서 우리가 기대하는 것은 모든 타고난 성향의 발달과 함께 아동 개인의 옳고 그름에 대한 감각이 발달하는 것이라고 생각한다. 우리는 이러한 가정에서 출발하여 그러한 발달의 어려움들을 인식하고, 이론적으로나 실천적으로 그 어려움들에 대처하는 방법을 연구하려고 한다.

평범한 예로써, 어떤 어머니가 첫 두 아기를 키울 때는 아주 쉽게 키웠다. 두 아이는 제때에 소변과 대변을 가렸기 때문이었다. 얼마나 편리한가! 그러나 세 번째 아기는 계속해서 대소변을 가리지 못했으며, 그녀는 아기를 돌보느라 마침내 등에 통증이 생겼다. 어머니는 세 번째 아이에 대하여 생각할 때 이 아이는 본래 착한 아이로 태어나지 않았다고 생각하게 되었다. 그녀는 어떻게 하면 이 아이의 영혼을 파괴하지 않으면서 순응을 강요하는 쪽으로 선회할 수 있을 것인가를 생각하기 시작했다.

이런 방식으로 생각할 때, 우리는 다음의 사실을 충분히 고려해야 할 것이다.

(1) 초기 유아의 절대적 의존 상태는 곧 상대적 의존 상태로 바뀐다. 이것은 어머니(부모)의 능력에 따라 크게 좌우된다. 어머니는 완전하지 않은 인간으로서, 각 아동에게 각기 다른 태

도를 보이며, 그들 자신의 성장, 정서 경험, 사생활의 영향으로 인해 항상 변화한다. 물론 그들은 아기를 돌보기 위해서 자신의 사생활을 얼마동안 미루기도 한다.

(2) 각 아동마다 고유한 특성을 타고난다는 점에서 먼저 태어난 아동과 나중에 태어난 아동은 다르다. 일란성 쌍둥이조차도 유전적 성향은 유사하지만 동일하지는 않다. 이런 점에서, 유아와 어머니의 관계 경험은 일반적이지 않은 특정한 것이며, 이것은 아무런 비정상적인 특징을 볼 수 없을 때도 마찬가지이다.

(3) 여기에는 다양한 정도의 비정상적 특징들이 있을 수 있다. 어떤 경우에는 환경이 초기의 경험들을 촉진시키는데 반해, 또 다른 경우에는 환경이 침범함으로써 원시적 반응을 일으키기도 한다. 아마도 위에서 방금 언급된 어머니는 첫 두 아기를 키우는 동안에는 중요한 기술상의 실수를 범하지는 않았던 것 같다. 하지만 세 번째 아기를 키울 때는 그렇지 못했다(그녀는 넘어져서 손목이 부러졌다. 만일 그 순간에 어머니가 자신의 고통만을 생각하지 않았더라면, 이때 아기의 욕구가 반영된 미묘한 의사소통에 어머니로서 자연스럽게 응답했을 것이다. 그러나 어머니는 아기의 욕구보다는 자신의 손목에 관심을 가졌다). 만약 아기가 엄마에게 '좋아요, 청결에 대한 요구에 순응하는 척 연기할 수 있는 나의 권리를 엄마가 인정해준다면, 나는 이전처럼 엄마를 믿을 수 있을 거야'라고 말로 표현할 수만 있었다면, 아기는 그녀와 서로 조화로운 관계를 형성할 수 있었을 것이다. 대부분의 어머니와 부모들은 불가피하게 생기는 기술적인 실패와 그것들이 유아의 삶에 영향을 미친다는 측면에서 볼 때, 항상 성공적인 심리치료를 하고 있는 셈이다. 아동을 받아주는 어머니를 보면서, 우리는

'당신도 알다시피, 당신은 자녀를 "망치고" 있습니다' 라고 그들에게 말하기 쉬울 것이다. 이러한 식으로 우리는 사람들이 진료 시간에 아동에게 어느 정도의 자유를 허용하는 심리치료사를 비난하는 것처럼 그들을 비난하거나 심지어 반사회적 행동을 이해하려고 하는 사람들을 비난하면서 그런 행동은 사정없이 처벌해야 한다고 느낀다.

만일 신뢰할 만한 인간 관계가 있는 환경 안에서 성장하는 정상 아동의 발달과정을 살펴본다면, 아동이 옳고 그름에 대한 분별력을 어떻게 발달시키는지를 효과적으로 연구할 수 있을 것이다. 이 주제는 대단히 복잡한 문제를 안고 있지만, 우리는 이미 이 문제를 어떻게 풀어나가야 할지에 대한 방향감각을 가지고 있다.

프로이트가 내사된 부모상의 영향을 받아 정신의 일부로서 형성된 초자아라는 개념이 지닌 가치를 강조했듯이, 멜라니 클라인은 유아의 정신 안에 부모상의 내사와는 비교적 독립적으로 존재하는 초기 초자아 개념을 발달시켰다. 물론 이 초기 초자아는 부모의 태도로부터 완전히 독립적일 수는 없다. 이것은 아기가 어떤 대상을 향해 손을 뻗치는 순간에 어머니의 태도를 파악하기 위해 멈칫거리는 아기의 모습에서 확인할 수 있다. 이것은 광적일 수도 있고(초록색에는 모두 독이 들어있다고 생각한다), 온전한 생각일 수도 있다(소스팬에는 끓는 물이 있다). 아기가 객관적인 현실을 이해할 수 있게 되기까지 당분간은 모든 것이 어리둥절할 수밖에 없다. 이 모든 것을 잘 지탱해주는 일관성 있는 어머니를 가진 아기는 행복한 아기이다.

나는 다른 글에서 멜라니 클라인의 **우울적 자리**[1] (명칭이 적절

---

1 D. W. 위니캇, '정상적인 정서발달에서의 우울적 자리' (1954-55), 아동의학

하지는 않지만, 이 내용에서는 중요한) 개념을 요약한 바 있다. 물론 여기에서 이것에 대해 다시 논의하지는 않을 것이다. 내가 말하고 싶은 것은 다만 아기가 대상과 맺는 관계에서 파괴적인 충동과 생각(나는 너를 사랑한다, 나는 너를 먹는다와 같은)을 가질 수 있고, 또 그것에 대해서 개인적인 책임감과 죄책감을 느낄 수 있으려면, 그가 하나의 전체적 단위를 이룬 상태, 즉 나는 누구이다라고 말할 수 있을 정도로 통합된 상태에 도달해야 한다는 사실이다. 프로이트가 말한 것처럼 죄책감은 개인에게 사악한 행동을 할 수 있게 한다. 아동은 어떤 충동을 느끼고 깨물고 (또는 과자를 먹고) 대상(어머니의 젖가슴)을 먹는 생각을 하고 나서 죄책감을 느낀다. 나는 얼마나 끔찍스런 존재인가! 그러나 이 끔찍한 죄책감에서 건설적인 충동이 생겨난다.

만일 아동의 죄책감이 이러한 방식으로 형성되지 않는다면, 아동은 충동을 허용할 수 없게 된다. 그는 충동 대신에 공포를 느끼며, 이 충동을 둘러싸고 자연스럽게 형성되는 아동의 모든 감정이 금지된다.

나는 여기에서 죄책감의 부재에 대하여 말하고자 한다. 멜라니 클라인이 우울적 자리라고 부른 시기로, 즉 건강한 발달을 성취한 지점에서 거꾸로 거슬러 올라가 생각해볼 때, 아직 그런 자리에 도달하지 못한 아기가 존재할 수 있다는 사실을 발견하게 된다.

(1) 신뢰할 만한 어머니가 없다면 아기의 건설적인 노력은 허사가 된다. 그때 죄책감은 감당할 수 없는 것이 되고 아동은

에서 정신분석까지. 런던: Hogarth Press, 1975. 또는 '관심을 가질 수 있는 능력의 발달'(이 책 11장)을 보시오. 클라인의 개념을 발달시킨 위니캇의 개념이 포함되어 있음. 편집자.

다시 금지에로 내몰리거나 원초적 사랑의 일부인 그의 충동을 상실하게 된다.

(2) 더 나쁜 경우, 아기의 초기 경험들은 통합을 하고자 하는 아동의 타고난 경향성이 발현되지 못하게 가로막는다. 따라서 하나의 전체 단위로서의 나를 이룰 수 없고, 어떤 것에 대한 전체적인 책임감도 있을 수 없다. 충동과 생각들은 떠오르기도 하고 행동에 영향을 주기도 하겠지만, 우리는 이런 상황에 대해서 아기가 젖가슴을 먹으려는 충동을 가지고 있다고는 말할 수 없다.

지금 여기에서 이 주제를 더 깊이 탐구하기는 어렵다. 이제 반사회적 경향성의 문제로 관심을 돌려보자. 흔히 반사회적 경향성을 보이는 청소년들은 도덕성(임상적으로는 죄책감)이 없다는 말을 듣는다. 그러나 이 생각을 그대로 받아들이는 것은 문제가 있다. 왜냐하면 이런 아동에 대해 조사해본 결과, 그들은 특히 이차적 습득이 생기기 전 단계에서 죄책감을 느낀다는 사실이 밝혀졌기 때문이다. 아동은 바로 이 이차적 습득이 일어나기 전 단계 동안에 도움을 필요로 하고, 훔치고 파괴하고 싶은 충동에 내몰리는 것이다.

반사회적 경향성의 문제와 관련된 과정을 순서에 따라 정리하면 다음과 같다.

(a) 아동에게 충분히 좋은 과정이 있다.
(b) 무엇인가가 이 과정을 방해한다.
(c) 아동은 감당하기 어려운 부담으로 인해 고통을 받는다(자아 방어가 붕괴된다).

(d) 아동은 질적으로 열등한 새로운 유형의 자아 방어를 재조
직한다.

(e) 아동은 다시 희망을 갖기 시작하며 그 희망과 함께 반사회
적 행동을 조직한다. 그 희망은 사회가 아동의 발달과정에
서 빗나가기 시작한 그 자리로 되돌아가서 그 잘못된 사실
을 인식해야 한다는 신호이다.

(f) 만일 이것이 가능하다면(얼마 동안 아이의 퇴행을 받아주
거나 직접적인 정신치료를 제공해줌으로써), 아동은 박탈의
순간 이전 시기로 되돌아 갈 수 있다. 아동은 파괴성을 포
함한 충동을 경험할 수 있게 됨으로써 본래 형성했던 좋은
대상과 좋은 인간이 통제하는 내적 환경을 회복할 수 있다.

이 마지막 단계를 그 실행에 옮기는 것은 쉽지 않다. 우선 그
원리를 이해하고 수용해야 한다. 그리고 실제로 여러 자녀를 둔
부모는 되풀이하여 얼마 동안 특별한 적응 기술을 사용함으로써
치료가 성공적으로 이루어진다는 사실을 경험한다.

비록 실제에 적용하는 일이 어렵더라도, 아동은 본래 도덕성
을 갖지 않은 상태로 태어난다는 이론을 전적으로 버려야 한다.
인간이 도덕성을 가진 존재가 아니라는 생각은, 항상 촉진적 환
경과 타고난 성숙과정이 함께 얽혀서 이루어가는 개인의 발달이
라는 측면에서 볼 때, 아무런 가치가 없는 것이다.

마지막으로 분열증 환자에게서 우리가 배운 몇 가지 사실을
소개하겠다. 이 환자들은 어떤 점에서 보통 사람들보다 훨씬 더
도덕적이다. 그러나 물론 그들은 매우 불행한 상태에 놓여 있다.
그들은 아마도 '치료' 되지 않고 불행한 상태 그대로 머무르려고
할 것이다. 정신건강은 어느 정도 타협을 의미한다. 그러나 그들
은 타협을 악한 것으로 느낀다. 그들은 자기 자신을 배신한 사람

들이고, 그 배신에 비하면 그들의 혼외 정사는 아무것도 아니다. 보통 사람은 세상을 살아가면서 때로 속임수를 사용한다. 달리 말해서, 윤리적으로 인정받을 만한 건강한 정신을 획득했다는 말은 그 개인이 속임수가 사용되기 이전인 유아기 초기에 건강한 정신을 성취했음을 의미한다. 즉 유아가 아직 주관적 현상과 객관적 현상을 뚜렷하게 구분하기 전에 건강한 정신의 토대가 이루어진 것이다. (이때 아기는 자신의 주관적 대상을 창조하지만, 사실 대상은 이미 그곳에 있었다. 다른 의미로, 아기는 대상을 발견했고 그리고 나서 그것을 창조했다.) 그러나 건강한 정신의 성취가 전부는 아니다. 그것만으로는 충분하지가 않다. 각 아동은 세상을 창조할 수 있어야 하며(아동이 실제로 세상을 창조하려면 어머니의 적응 기술이 필요하다), 그렇지 않으면 세상은 그에게 아무런 의미가 없다. 각 아동이 외적 실재 또는 신에게 전능함을 부여할 수 있으려면, 그는 먼저 자신의 전능함을 충분히 경험해야만 한다.

따라서 실제로 먹는 것이 먹지 않는 것의 기초가 될 수 있고, 창조적이지 않은 상태와 고립된 상태가 의미있는 대상과 세상의 창조를 위한 토대가 될 수 있다. 개인의 본질적인 고립으로부터 발달해 나오지 않는 함께 있음을 즐길 수 있는 능력은 처음부터 존재하지 않는다. (그 고립은 그가 죽음을 맞이할 때 재출현할 것이다.)

어떤 사람은 진정으로 존재해보지 못한 상태에서 존재의 근거를 발견하기 위해 필사적으로 노력하면서 자신의 모든 삶을 소모한다. 분열성 성격 장애자들(비록 내가 그들이 너무 불행한 상태에 놓여 있기 때문에 그들을 치료하기 위해서 많은 시간과 정력을 쏟고 있지만, 나는 그들의 존재 앞에서 겸허함을 느낀다)에게, 악은 바로 그들이 순응하는 것을 통해서 마치 자신들이 살아있는 것처럼 속이는 데 있다. 나는 이것에 대해 더 많은 말을 하지 않겠다. 만일 누군가가 나의 이와 같은 엉성한 설명으로부터 무언가를 얻을 수 있다면, 그것은 가치 있는 것이 될 것이다. 결국 내가 말하고자 하는 것은 죄책감이 인간 본성의 근본적인 속성을 이룬다는 생각이며, 아기는 발달과정에서 이 죄책감으로 인해 심리적인 죽음을 거친다는 것이다. 그리고 만약 아기가 이런 죽음을 죽을 수 없다면, 그는 순응하는 자기나 거짓된 자기를 조직화한다. 이 거짓 자기는 겉보기에는 성공한 것처럼 보이기에 가치있는 것으로 여겨지기 쉽지만, 실은 참된 자기에 대한 배신이다.

이러한 강력한 힘과 비교할 때, 사회의 도덕적 관습은 대수로운 것이 못된다. 청소년들(그들 중 얼마는 환자들인)은 담배를 피우느냐 안 피우느냐, 또는 누구와 잠을 자느냐라는 문제보다는 자기 자신을 배반하지 않는 것에 더 많은 관심을 갖는다. 그들에게 있어서 거짓된 해결은 곧 끝장이라는 것을 알 수 있다.

이것은 어설프지만 진실이다. 조용히 살고 싶으면 아예 아이를 갖지 말거나(할 수만 있다면), 아니면 처음부터 아이를 돌보는 일에 적극적으로 뛰어들어서 그 아이가 현실 원리를 만날 수 있게 되기 전에, 그리고 전능감이 주관적인 경험이라는 사실을 감당할 수 있게 되기 전에 충분히 전능 환상에 의해 속을 수 있도록 해주는 것이 좋을 것이다. 전능감은 주관적인 경험일 뿐만 아니라 모든 것이 잘 진행되는 초기에는 실제적인 경험이기도 하다.

4장

청소년 비행의 심리적 측면

(치안 판사를 위한 강연, 1946)

나는 청소년 비행의 한 측면에 대해 단순하면서도 사실적으로 서술을 하고자 한다. 그것은 비행이 가정생활에서 경험한 박탈과 관련되어 있다는 것이다. 이러한 생각은 비행의 근본 원인을 이해하는데 도움을 줄 수 있을 것이다.

먼저 나는 무의식이라는 단어에 대해 생각해 보려고 한다. 이 강연은 증거를 꼼꼼하게 따지고 감정뿐만 아니라 논리적인 사고를 중요하게 생각하도록 훈련받은 치안판사를 위한 것이다. 프로이트는 무의식의 이해에 크게 기여했다. 그는 우리가 감정을 사고로 대체할 때, 무의식을 고려하지 않고 배제시킨다면 그것은 커다란 실수를 범하는 것임을 보여주었다. 사실 그것은 어리석은 일이다. 무의식은 모든 것이 정돈되어 있고 단순한 것을 좋아하는 사람에게는 성가신 것일 수도 있지만, 책임있게 사고하는 사람들에겐 분명히 간과될 수 없는 영역이다.

감정이 풍부하고 직관적인 사람은 무의식을 배제하기는커녕 항상 자신의 무의식의 영향을 받는다. 한편 사고형의 사람은 자신의 사고 안에 무의식이 포함될 수 있다는 것을 인식하지 못한다. 사고형의 사람은 논리적이고자 노력한 후에 그것에 깊이가 없음을 발견하고는 그것에 대한 반응으로 비이성적인 쪽으로 나아가기 쉬운데, 이는 참으로 위험한 경향성이다. 수준 높은 사상가들과 심지어 과학자들조차도 이 무의식에 관한 최근의 연구결과들을 활용하지 못하고 있는 것은 이상한 일이다. 무의식적 탐욕을 고려하지 않는 경제학자들, 억압된 증오심을 소홀히 여기는 정치가들, 류머티스나 다른 질병들의 근저에 놓여 있는 우울증과 건강 염려증을 인지하지 못하는 의사들을 보고 있지 않는가? 또한 자전거와 만년필을 훔친 도둑이 실은 자신이 훔친 것보다 더 중요한 어떤 것을 무의식적으로 찾고 있음을 알지 못하는 치안 판사도 있지 않은가?

대부분의 치안 판사들은 도둑이 무의식적 동기를 갖고 있다는 사실을 충분히 인식하고 있다. 나는 먼저 이와 같은 원리를 적용하는데 그 초점이 다를 수 있다는 점을 강조하고자 한다. 법을 집행하는 책임을 맡은 치안판사는 자신이 맡고 있는 일 때문에라도 무의식에 대한 이해를 갖고 있어야 한다.

나는 법정의 사례들을 조사하고 반사회적인 아이들을 관리하는 데 사용될 수 있는 심리학적 방법을 고대하고 있기 때문에, 이 분야의 발전에 가장 큰 위협이 되는 요소를 공격하고자 한다. 그 위협이란 범죄에 대해 감상적 태도를 갖는 것이다. 범죄자가 좋아지는 것처럼 보인다해도 그 진전이 감상에 기초한 것이라면 가치가 없다. 그것은 분명 반동을 불러올 것이며 그 진전은 없었던 것만 못할 것이다. 감상적인 곳에는 억압 또는 무의식적인 증오가 있으며, 이러한 억압은 건강하지 못한 것이다. 조만간 증오가 드러나게 될 것이다.

　범죄는 대중의 보복감정을 불러일으킨다. 법과 그 법을 실행하는 사람들이 없다면, 이 대중의 보복 감정은 위험한 결과를 가져올 수 있다. 치안 판사는 법정에서 대중의 보복 감정을 대신 표현해줌으로써 범법자를 인간답게 대우해줄 수 있는 토대를 마련한다.

　이러한 생각에 대해 강한 분노를 느끼는 사람도 있을 것이다. 내가 조사해 본 바로는, 많은 사람들이 범법자들에게 벌을 주는 것보다는 치료해주는 것을 원한다고 주장한다. 그러나 나의 생각은, 아주 명확한 전제들에 근거를 두고 있는 것으로서, 대중의 보복 감정을 강화시키지 않는 범죄란 없다는 것이다. 법의 기능 중의 하나는 대중의 무의식적 감정으로부터 그리고 맹목적인 보복으로부터 범죄자를 보호하는 것이다. 비록 범죄가 발생할 때마다 사회는 좌절을 느끼지만, 시간이 경과하고 열기가 식으면서 범죄자를 법정에서 다루도록 허용한다. 정의가 행해질 때 거기에는 만족감이 뒤따른다. 범죄자를 병든 사람으로(그들은 실제로 아픈 사람이다) 간주하고 그들이 치료되기를 바라는 사람들은 성공하는 것처럼 보이는 그 순간에 자신들의 기대가 무너지는 상황에 빠지기 쉬운데, 그것은 무의식적 보복의 가능성을 고려하지 않았기 때문이다. 판사의 입장에 처한 사람이 순수한 치료적인 관점을 받아들이는 것은 위험한 일이다.

　이제 매우 흥미로운 주제인, 심리적 질병으로서의 범죄에 대한 논의에로 들어가 보겠다. 이것은 복잡하고 광범위한 주제이지만, 나는 반사회적 아동에 대해 그리고 가정생활에서 경험한 박탈과 비행 사이의 관계에 대하여 간단히 서술해보겠다.

　공립학교에 다니고 있는 학생들 중 얼마를 조사해 본 결과, 그들의 진단 범위는 정상(또는 건강함)에서부터 분열증까지 분포되어 있음을 말해준다. 그러나 모든 청소년 비행에 공통되는 요소가 있다. 그것이 무엇일까?

평범한 가정의 경우, 남자와 여자, 즉 남편과 아내는 함께 자녀에 대해 책임을 진다. 아기가 태어나면, 어머니(아버지의 지원을 받으며)는 아기와 함께 살아가면서 서로의 성격을 알게 되고 서로의 성격 문제에 대처하는 것을 통해서 가장 작은 사회 단위인 가족과 가정에 영향을 미친다.

정상 아동은 어떤 아동인가? 단지 잘 먹고 잘 자라고 방싯거리기만 하는가? 그렇지는 않다. 정상 아동은 그렇지 않다. 그가 어머니와 아버지를 신뢰한다면, 그는 온갖 말썽을 피우기 시작한다. 정상 아동은 성장하는 과정에서 망가뜨리고 파괴하고 놀라게 하고 지치게 하고 소모시키고 소란스럽게 하고 제멋대로 하면서 자신의 힘을 시험해 볼 것이다. 사람들을 법정(또는 수용 시설)에 서게 만드는 것은 모두가 유아기나 아동기 초기에 가정에서 일으키는 정상적인 말썽들과 비슷한 것들이다. 만일 아동이 일으키는 모든 말썽을 가정에서 버텨준다면, 그는 놀이에 몰두할 수 있게 된다. 그러나 그러기에 앞서 아동은 먼저 시험을 한다. 특히 부모와 가정(단순한 집 이상의 의미를 갖는)의 안정성이 의심스러울 경우 이 시험은 더욱 중요해진다. 아동이 자유를 느끼고 놀 수 있고 자신의 그림을 그릴 수 있으며 결과에 대한 책임감에 사로잡히지 않을 수 있으려면, 그는 먼저 가정의 틀이 안전한지를 확인해야만 한다.

그것은 어째서인가? 아동 정서 발달의 초기 단계에는 갈등과 붕괴의 가능성으로 가득 차 있다. 외적 실재와 맺는 관계는 아직 견고하게 뿌리를 내리지 못하고 있으며, 성격은 아직 잘 통합되어 있지 않다. 원시적인 사랑은 그 안에 파괴적인 충동을 지니고 있으며, 어린 아동은 본능을 견뎌내고 대처하는 법을 잘 알지 못한다. 아동은 환경이 안정적이고 인격적일 때 이러한 본능 충동들을 처리하는 법을 배우게 된다. 아동은 초기에 절대적으로 사랑과 힘(관용할 수 있는 능력)이 있는 환경 안에서 살아야 한다. 그렇지 않으면 아동은 정서 발달에 필요한 자신의 생각과 상상의 내용을 너무나 두려운 것으로 경험하게 될 것이다.

만약 아동이 가정의 틀을 자신의 본성의 일부로 삼게 되기 전에 가정이 아동에게 필요한 것을 제공해주지 못한다면 어떻게 될까? 어떤 사람들은 아동이 '자유롭다'는 것을 발견하고 그 자유를 즐길 것이라고 생각한다. 그러나 이것은 진실과는 거리가 멀다. 아동은 자신의 삶의 틀이 붕괴되었다는 사실을 발견하면, 더 이상 자유를 느끼지 못한다. 아동은 붕괴된 틀을 갈망할 것이며, 만일 그가 희망을 갖는다면 가정이 아닌 다른 곳에서 그 틀을 찾으려 할 것이다. 가정에서 안정감을 얻을 수 없는 아동은 다른 곳에서 가정을 찾는다. 아직 희망을 갖고 있는 이 아동은 조부모, 아저씨, 아줌마, 친지와 학교에서 그의 가정을 찾는다. 아동은 자신을 통제하기 위해서 외부에서 안정감을 찾는다. 적절한 시기에 안정감을 찾는다면, 이 안정성은 아동의 성격 안에 자리를 잡을 것이며, 따라서 아동은 의존되어 있고 관리를 받아야만 하는 생후 첫 몇 달 또는 몇 해를 거쳐 차츰 독립을 향해 나아가게 될 것이다. 종종 아동은 실제 가정에서 얻지 못한 것을 학교와 다른 곳에서 얻는다.

반사회적 아동은 자신에게 필요한 안정성을 가정이나 학교대신에 약간 더 먼 곳, 즉 사회에서 찾고 있는 것이며, 이 안정성은 본래 그가 자신의 정서적 성장을 위한 필수적인 단계에서 찾지 못했던 바로 그것이다.

나는 그것을 이런 식으로 설명해보겠다. 아동이 설탕을 훔칠 때 그는 자기 자신의 것인 좋은 어머니를 찾는 것이다. 아동은 어머니에게서 달콤한 어떤 것을 얻을 권리가 있다고 여긴다. 실제로 이 달콤함은 그의 것이다. 왜냐하면 아동은 자신의 사랑의 능력, 즉 일차적 창조성으로부터 어머니와 그녀의 달콤함을 만들어냈기 때문이다. 아동은 또한 자신의 아버지를 찾고 있다. 이 아버지는 어머니에 대한 아동의 공격에서 어머니를 보호해준다. 그리고 어머니에 대한 이 공격은 아동의 원시적 사랑 안에 포함되어 있는 것이다. 아동이 집밖에서 무엇인가를 훔칠 때, 그는 여전히 어머니를 찾는 것이다. 다만 그는 깊은 좌절감을 가진 채 어머니를 찾고 있다. 그리고 그 아동은 그의 충동적인 행동에 한계를 그어주고, 흥분했을 때 자신의 생각들을 행동으로 표출하는 것을 제한해주는 아버지의 권위를 발견하고자 하는 욕구를 점점 더 강하게 느끼게 된다. 비행이 어느 수준에 도달하면 아동은 더 이상 어머니를 추구하는 것이 아니라 자신이 발견한 어머니를 보호해줄 엄격한 아버지를 추구하는 급박한 요구를 만나게 된다. 아동이 추구하는 엄격한 아버지는 동시에 자애로운 아버지일 수도 있지만, 그는 무엇보다도 엄격하고 강해야만 한다. 아동은 엄격하고 강한 아버지 상을 분명히 가지고 있을 때에만 그의 원시적 사랑의 충동과 죄책감, 회복하려고 하는 소망을 되찾을 수 있다. 비행 아동이 말썽을 일으키지 않는다면, 그의 사랑의 능력은 점점 더 금지되며 그 결과 점점 더 우울해지고 인격의 해체를 경험하게 되며, 마침내 폭력적 현실 외에는 아무것에도 현실감을 느낄 수 없게 된다.

청소년 비행은 그에게 아직 희망이 남아 있다는 사실을 가리킨다. 아동이 반사회적으로 행동할 때, 그것을 반드시 병적인 것으로만 볼 필요는 없다. 반사회적 행동은 종종 강하고 사랑이 있고 신뢰할 만한 사람들에 의해 통제받기를 원하는 일종의 조난신호(S.O.S)로 볼 수 있다. 대부분의 비행아동들은 어느 정도 병든 아동이라고 할 수 있지만, 그것은 많은 경우 아동이 삶의 초기에 자신의 믿음 안에 통합시킬 수 있을 만큼의 충분한 안정감을 경험하지 못했다는 점에서만 그렇게 말할 수 있다. 반사회적 아동은 강한 관리를 받는 동안에는 잘 지내는 것처럼 보일 수도 있다. 그러나 그에게 자유가 주어진다면 그는 곧 광증의 위협을 느낀다. 그래서 아동은 다시 한번 외부의 통제를 불러들이기 위하여 자신이 무엇을 하고 있는지도 알지 못한 채 사회에서 말썽을 피운다.

정서발달 초기에 자신의 가정에서 잘 양육받은 정상 아동은 자신을 통제하는 능력을 발달시킨다. 그는 좋은 환경을 발견하려는 경향성과 함께 '내적 환경'이라는 것을 발달시킨다. 반사회적인 병든 아동은 좋은 '내적 환경'을 형성할 기회를 갖지 못한 아동이다. 이들은 행복하기 위해서, 놀이와 일을 즐길 수 있기 위해서, 외부로부터의 통제를 절대적으로 필요로 한다. 정상 아동과 반사회적인 병든 아동이라는 이 두 극단 사이에 속해 있는 많은 아동들이 사랑을 가진 사람에 의해 몇 년 동안 통제를 받는다면, 그들은 안정된 믿음을 성취할 수 있는 아동들이다. 이런 점에서 6~7세 된 아동은 10~11세 된 아동에 비해 훨씬 더 좋은 도움의 기회를 얻을 수 있다.

전쟁 기간 동안 우리는 이처럼 가정생활을 박탈당한 아동들에게 뒤늦게 안정된 환경을 제공해주는 경험을 했다. 이 아동들은 폭격을 피해 대피했던 아동들, 특히 대피 기간 동안 그들에게 제공된 숙소에서 어려움을 겪은 아동들로서, 우리는 그들에게 호스텔이라는 특별한 환경을 제공했다. 이 호스텔은 보건부의 지원 아래 전쟁 기간 동안 반사회적인 경향성을 가진 아동들을 치료하는 일을 맡아 했다. 다행스럽게도 이 호스텔들은 폐쇄되지 않고 교육부 소관으로 옮겨지게 되었다. 이 호스텔들은 내무성에서 주관하는 예방 차원의 사업을 맡아 하고 있다. 이곳에서는 대부분의 비행 아동들을 환자로 다루었는데, 그것은 그들이 아직 소년 법정에 세워지지 않았기 때문이었다. 이곳은 분명코 비행을 개인의 질병으로 다룰 수 있는 장소이며, 연구를 위한 장소요, 경험을 얻을 수 있는 기회를 주는 장소라고 말할 수 있다. 우리는 몇몇 학교에서 이루어진 훌륭한 치료 노력에 대해서 잘 알고 있다. 그리고 그곳에 있는 대부분의 아동들이 법정에서 유죄 판결을 받았다는 사실이 그들의 치료를 어렵게 만드는 요인이었다는 것도 잘 알고 있다.

때때로 부적응 아동을 위한 생활관이라고도 하는 이 호스텔은 반사회적인 행동을 병든 아동이 보내는 조난 신호로 보는 사람들에게, 자신의 역할을 수행하면서 이 문제에 대해 좀더 배울 수 있는 기회를 제공해주었다. 전쟁 중에 각 호스텔이나 호스텔 연합체에는 관리 위원회가 있었는데, 내가 관계했던 위원회는 호스텔 그 자체에 커다란 관심을 갖고 있으며 그 업무에 책임을 지고 있었다. 이때 많은 치안 판사들이 이 위원회의 구성원으로 선출되었으며, 따라서 그들은 소년 법정에 아직 서지 않은 아동들을 실질적으로 보호 지도하는 일에 참여할 수 있었다. 청소년 선도를 위한 특수 학교 또는 호스텔을 방문하거나 사람들의 이야기를 듣는 것만으로는 충분하지 않다. 비록 간접적일지라도, 이런 문제를 해결하는데 도움이 되는 가장 바람직한 유일한 방법은 반사회적인 행동의 경향성이 있는 소년 소녀들을 관리하는 사람들을 적절하게 지원함으로써 책임을 함께 지는 것이다.

소위 부적응 아동을 위한 이러한 호스텔에서는 치료를 목적으로 자유롭게 활동할 수 있었는데, 이것이 커다란 변화를 가져왔다. 치료가 실패할 경우 아동은 결국 법정에 서게 되지만, 성공하면 선량한 시민이 된다.

규모가 작고 직원체계가 잘 되어 있는 이 호스텔에서는 보호사들이 치료작업을 맡아서 했다. 이 보호사들은 처음부터 좋은 사람을 선정해야 하지만, 그것 외에도 교육과 자신들이 하는 일에 대해 토론할 수 있는 기회를 가져야 한다. 또 그들과 공적 조직인 담당 부서 사이에서 서로를 연결시켜줄 누군가를 필요로 한다. 내가 관계했던 그 프로그램에서는 정신보건 사회복지사와 정신과 의사가 그 일을 맡았다. 이들은 다시금 호스텔 계획과 함께 성장하며 경험으로부터 배울 수 있는 위원회를 필요로 했다. 치안 판사가 유익하게 봉사할 수 있는 곳은 바로 이런 종류의 위원회였다.

이제 가정생활을 박탈당한 아동이라는 주제로 돌아가 보자. 방치된 아동들(비행아로서 소년 법정에 온 사례들)을 제외한다면, 그들은 두 가지 방식으로 다루어질 수 있다. 그것은 그들에게 개인 심리치료를 제공하거나, 아니면 개별적인 보살핌과 사랑을 주고 점차적으로 자유를 허용하는 안정된 환경을 제공하는 것이다. 사실 후자가 없다면, 전자(개인 심리치료)는 성공할 수 없을 것이다. 그리고 이들에게 안정된 대체 가정을 제공할 수 있다면, 심리치료는 필요하지 않을 수도 있다. 이것은 그 많은 아동에게 심리치료를 제공할 수 없는 현재 상황을 고려할 때 다행스러운 일이다. 적절하게 훈련받은 정신분석가들이 개인 심리치료를 할 수 있기까지는 여러 해가 지나야 할 것이다.

개인 심리치료는 아동의 정서 발달의 완성을 지향한다. 이것은 내적인 것과 외적인 것 모두를 포함한 실제 현실을 느끼는 능력을 확립하는 것과 개인 성격의 통합을 확립하는 것 등, 많은 것을 의미한다. 완전한 정서 발달은 이것 외에도 더 많은 것을 의미한다. 이러한 기본적인 발달이 성취된 후에 관심의 능력과 죄책감 그리고 초기 회복 충동이 뒤따른다. 그리고 나서 가족관계 안에서 최초의 삼각관계 상황이 발생하며, 모든 가정생활의 복잡한 대인관계들이 발달된다.

뿐만 아니라 이 모든 것이 잘 이루어져서 아동이 자신과 어른 및 다른 아동과의 관계를 잘 유지할 수 있게 된다고 해도, 그는 아직도 우울한 어머니, 이따금씩 광적인 행동을 하는 아버지, 잔인한 남자형제, 발작적인 행동을 하는 여자형제들의 복잡한 상황을 다루어야 한다. 이러한 사실들을 고려하면 할수록 우리는 유아와 어린 아동들에게 가족이라는 배경이 절대적으로 필요하며, 가능하다면 물리적인 환경의 안정성 또한 필요하다는 사실을 알 수 있다. 이러한 사실들을 고려할 때, 우리는 가정생활을 박탈당한 아동에게 그들이 아직 충분히 어릴 때 개인적이고 안정된 환경을 제공해 주어야 한다. 그렇지 않을 경우, 그들을 나중에 특수 학교 또는 최후에는 사면이 벽으로 된 감옥에 갈 수 밖에 없을 것이다.

5장

반사회적 경향성

(영국 정신분석학회 발표 논문, 1956. 6. 20.)

반사회적 경향성에 대한 정신분석은 이론적으로 뿐만 아니라 실제적으로 쉽지 않은 문제들을 제기한다. 프로이트는 아이히호른(Aichhorn)의 책, 「문제 청소년」(Wayward Youth)의 서문에서 기술하기를, 정신분석은 비행아동 및 청소년을 이해하고 그들을 도울 수 있는 방법에 대해 폭넓은 이해를 갖게 한다고 했다.

나는 비행에 대해서가 아니라 반사회적 경향성에 대해서 논의하고자 한다. 그 이유는 비행에서처럼 반사회적 행동이 조직화될 경우 거기에는 이차적 습득과 사회적 반동과 같은 치료자로 하여금 문제의 핵심에 도달하기 어렵게 만드는 문제들이 수반되기 때문이다. 이와는 대조적으로, 반사회적 경향성은 정상적인 또는 거의 정상에 가까운 아동에게서 나타나는 것이며, 이는 또한 정서발달 과정에 본래부터 내재되어 있는 어려움들과 관련된 것이다.

나는 우선 두 개의 임상 자료를 제시해보겠다.

나는 아동 분석의 첫 사례로 비행 아동을 선택하였다. 나는 이 소년을 1년 동안 만났으나, 그후 소년이 병원에서 문제를 일으켰기 때문에 치료가 중단되었다. 소년의 분석은 잘 진행되었고, 비록 그가 몇 번씩이나 곤욕스럽게 했지만, 그의 치료의 중단은 나와 소년 모두에게 고통스런 일이었다. 소년은 지붕 위에 올라가기도 했고 지하실이 넘쳐흐를 정도로 많은 물을 틀어 놓기도 했다. 또 나의 자동차 문을 부수고 1단 기어에 놓은 채 차를 몰고 다녔다. 병원에서는 다른 환자들의 안전을 생각하여 그의 치료를 끝내라고 명령하였다. 소년은 특수 학교로 갔다.

그는 지금 35세쯤 되었고 안정적이지는 못하지만 그런 대로 생활을 꾸려나가고 있다. 그는 결혼했고 서너 명의 자녀를 두고 있다. 하지만 나는 다시 반사회적인 인물과 관계되는 것을 원치 않았기 때문에 그 사례에 대한 추후 조사를 꺼렸다. 나는 개인보다는 사회가 그를 추후 관리하는 문제를 맡아주어야 한다고 생각한다.

이 소년을 위한 치료는 정신분석이 아니라 그가 생활할 수 있는 자리를 마련해주는 것이었다. 먼저 머무를 곳을 마련해준 다음에야 비로소 정신분석이 의미있는 것이 될 수 있었다. 이 사례 이후에 나는 온갖 부류의 분석가들이 반사회적 아동의 정신분석 치료에 실패하고 있다는 사실을 알게 되었다.

이와 대조적으로, 다음의 사례는 반사회적 경향성을 가진 아동의 치료도 특수한 환경적 돌봄과 함께 행해진다면 아주 쉽게 치료될 수 있다는 사실을 보여준다.

나는 한 친구로부터 그의 네 식구 중 맏아들에 관해 의논하고 싶다는 요청을 받았다. 그 친구는 종교적 배경을 이유로 심리학에 반대하는 남편 때문에 소년을 직접 데려올 수 없었다. 그녀는 아주 심각하게 진행되고 있는 아들의 훔치기 충동에 대해 나와 이야기하고 싶어했다. 그는 집에서 뿐 아니라 가게에서도 물건을 훔쳤다. 나는 그의 어머니와 음식점에서 간단한 식사를 같이 하면서 그녀가 겪고 있는 어려움에 대해 조언을 해주는 것 외에는 다른 방법이 없었다. 그때 나는 그녀에게 훔치기의 의미를 설명해주었고, 그녀가 적당한 순간에 아들에게 그의 행동에 대해 해석해줄 것을 제안하였다. 그녀는 매일 저녁 아들이 잠자리에 든 후 짧은 시간 동안 서로 좋은 관계를 갖기 위해 노력했고, 아이는 그 시간에 별과 달에 관해 이야기하곤 했다. 그 순간이 잘 활용될 수 있었다.

나는 다음과 같이 말하였다: '아들에게 그가 뭔가를 훔치는 것은 훔친 물건을 원하는 것이 아니라 자신이 잃어버린 어떤 것을 찾고 있는 것이라고 말해주면 어떨는지요. 다시 말해서 그는 박탈당했다고 느끼는 부모의 사랑을 어머니와 아버지에게 요구하고 있는 것이라고 말입니다.' 이때 나는 그녀에게 아이가 이해할 수 있는 말을 사용하라고 조언하였다. 사실 나는 이 소년의 가정에 대해 충분히 알고 있었다. 이 가정은 좋은 가정이었지만 부모가 모두 음악가인 탓에 아동이 불가피하게 어느 정도 박탈을 경험할 수밖에 없었다.

얼마 후에 나는 그 어머니로부터 내가 제안한 그대로 했다는 내용의 편지를 받았다. 그녀는 이렇게 썼다: '나는 아이에게, 네가 돈이나 음식, 그리고 물건을 훔칠 때 정말로 네가 원하는 것은 어머니일거라고 말해주었습니다. 그리고 나는 네가 엄마의 말을 이해하리라고 기대하지는 않는다고 말했는데, 오히려 아이는 이해하는 것처럼 보였습니다. 나는 아이에게, 엄마 아빠가 너를 사랑하지 않는다고 생각하니? 라고 물었습니다. 왜냐하면 아이는 때때로 너무 못되게 굴었기 때문이었습니다. 그는 즉각적으로 우리가 자신을 사랑하지 않는다고 말했습니다. 불쌍한 녀석! 나는 너무 떨려서 당신에게 말할 수조차 없습니다. 나는 아이에게 결코 다시는 부모의 사랑에 대해 의심하지 말라고, 그리고 만일 다시 의심스러워진다면 내게 말해달라고 했습니다. 그러나 오랫동안 이 사실을 그에게 상기시켜줄 필요는 없을 것 같습니다. 그것은 커다란 충격이었습니다. 사람들은 때로 이러한 충격을 필요로 하는 것 같습니다. 그래서 나는 의심으로부터 아이를 지키기 위해 그에 대한 나의 감정을 훨씬 더 많이 표현하고 있습니다. 그리고 지금까지 더 이상 훔치는 일은 없었습니다.'

어머니는 생활지도부 선생님과 면담을 했으며, 아이에게는 사랑과 존중이 필요하다는 것을 선생님에게 설명하였고, 그 결과 그후 아이가 학교에서 많은 문제를 일으켰는데도 선생님이 협조를 해주었다.

8개월이 지난 지금 그의 훔치기는 재발하지 않았으며, 가족과의 관계 또한 크게 변화되었다.

나는 그의 어머니가 청소년기에 어떠했는지를 아주 잘 알고 있었다. 그녀 자신도 어느 정도 반사회적인 시기를 거쳤던 일이 생각났다. 그녀는 대가족의 맏이로서 아주 좋은 가정에서 자라났지만, 어린 시절에 아버지의 매우 엄격한 훈육을 받고 자랐다. 따라서 내가 행한 것은 이중의 치료 효과를 얻었는데, 이 젊은 여성은 자신의 아들을 돕는 것을 통해서 자신의 문제에 대해 통찰할 수 있었다. 우리가 자녀를 돕고자 하는 부모를 도울 수 있을 때, 그것은 실제로 부모 자신을 돕는 것이 된다.

(반사회적 경향성을 가진 아동의 보호와 치료에 대한 임상 사례는 다른 논문에서 제시될 것이다. 여기서는 이러한 임상에서 나타나는 문제에 대한 나의 기본적 입장만을 간략하게 진술하고자 한다.)

반사회적 경향성의 특성들

반사회적 경향성은 **진단명**이 아니다. 이 용어를 신경증이나 정신병과 같은 다른 진단명칭으로 취급할 수는 없다. 반사회적 경향성은 정상적인 사람이나 신경증 또는 정신병을 앓는 모든 사람에게서 발견될 수 있다.

나는 아주 간단하게 아동에 대해서만 말하겠지만, 사실 반사회적 경향성은 어느 연령에서나 나타날 수 있다. 영국에서 사용하는 다양한 용어들을 모아본다면 다음과 같다.

아동은 가정생활에서 어떤 본질적인 요소를 박탈당할 때 **박탈을 경험한 아동**(deprived child)이 되며, '박탈 콤플렉스'(deprived complex)라는 것을 갖게 된다. 그때 그는 집에서 또는 더 넓은 바깥에서 **반사회적 행동**을 하게 될 것이다. 아동은 **반사회적 경향성** 때문에 마침내 **부적응 아동**으로 판별되어 **부적응 아동**을 위한 호스텔에서 치료를 받게 될 수도 있고, 아니면 **통제가 불가능할** 경우 법정에 서야 할 수도 있다. 그 아동은 이제 **비행 아동**이 되어 법의 명령에 따라 **집행유예**를 받거나 **비행 청소년**을 위한 특수 학교로 가게 될 수도 있다. 만일 아동의 가정이 맡아야 할 중요한 기능을 하지 못한다면, 아동은 아동위원회(아동 조례[1948]에 따라)에 인계되어 '보살핌과 보호'를 받게 되거나, 그를 받아주는 가정이 있다면 그 가정으로 가게 될 것이다. 이러한 조치가 실패할 경우, 아동은 반사회적 환자로 판명되거나 법정을 거쳐 **소년원**이나 감옥으로 가게 될 것이다. 그럴 경우, 그 아동은 범죄를 반복하는 경향성을 갖게 되고 따라서 **상습적 비행 아동**이 된다.

이 모든 것은 개별적인 정신의학적 진단에 관한 언급이 아니다.

반사회적 경향성은 **환경 요인의 중요성**을 강조한다는 점을 그 특징으로 갖는다. 그런 환자는 무의식적으로 누군가의 관리를 받도록 강요한다. 치료자의 과제는 이 환자의 무의식적 욕구에 동조하는 것이며, 그 작업은 관리와 인내 그리고 이해를 통해서 이루어진다.

반사회적 경향성은 희망을 의미한다. 물론 박탈을 경험한 아동이 항상 반사회적인 것은 아니다. 이런 아동의 기본적인 특성은 희망의 결핍이다. 그는 희망을 느끼는 동안에 반사회적 경향성을 드러낸다. 이것은 사회를 짜증나게 하는 것일 수 있다. 특히 만일 그가 훔친 물건이 여러분의 자전거라면 더욱 그럴 것이다. 그러나 이 도둑질에 직접 관련되지 않은 사람이라면, 이 훔치고자 하는 충동 밑바닥에 깔려 있는 희망을 볼 수 있을 것이다. 치료자가 비행 아동의 치료를 다른 사람에게 떠넘기려는 이유 중의 하나는 아마도 치료자 자신이 도둑맞는 것을 원치 않기 때문일 것이다.

반사회적 행동을 희망의 징표로 이해하는 것은 그런 행동의 경향성을 보이는 아동을 치료하는데 꼭 필요한 요소이다. 우리는 거듭해서 이 희망의 순간이 잘못 관리되거나 인내심의 부족으로 그냥 낭비되거나 시들어버리는 모습을 보아왔다. 다르게 표현한다면, 반사회적 경향성은 정신분석을 통해서가 아니라 희망의 순간을 만나주고 충족시켜주는 관리를 통해서 치료된다는 것이다.

임상 현장의 전문가들은 오래 전부터 반사회적 경향성이 박탈 경험과 직접적인 관계가 있다고 생각해왔다. 그러나 존 보울비의 연구를 통해서 유아기 후기와 걸음마 초기에 해당하는 한 두 살 경에 아동이 경험한 정서적 박탈이 반사회적 경향성의 원인이라는 인식이 지금처럼 널리 알려지게 되었다.

반사회적 경향성이 있다면 거기에는 **박탈**(절대 박탈과는 다른) 경험이 있다. 즉 어떤 시기까지 아동이 긍정적으로 경험한 어떤 좋은 것들이 철수되고, 아동이 그 좋은 경험을 생생하게 기억할 수 있는 시간을 넘어서 보다 더 오랫동안 그 철수된 시간[1]이 지속되었던 것이다. 박탈에 대한 진술은 초기와 후기의 박탈경험 모두와 직접적인 외상적 사건과 지속적인 외상적 조건 그리고 정상에 가까운 아동과 비정상적인 아동 모두의 경험을 포괄하는 것이어야 할 것이다.

참고사항

우울적 자리에 대한 클라인의 진술에서 나는 클라인의 우울적 자리 개념과 보울비가 강조한 박탈경험 사이에 밀접한 관계가 있다는 것을 밝히고자 하였다. 보울비는 병원에 입원한 두 살 난 아동의 임상적 반응에 대한 연구에서 3단계 이론을 체계화했는데, 그것은 아동이 내적 대상의 죽음이나 외적 대상이 내사되어 형성된 대상의 상실로 인하여 점차로 희망을 상실하게 된다는 것으로 설명될 수 있다. 이 점에 대해 앞으로 더 논의될 수

---

1 이것은 보울비의 「모성적 돌봄과 정신건강」(Maternal Care and Mental Health, 47쪽)에 나와 있다. 여기에서 보울비는 자신의 관찰내용과 다른 사람의 관찰내용을 비교하였고, 그 결과는 박탈된 시기에 따라, 즉 아동의 나이에 따라 다르게 나타난다고 설명하였다.

있는 것은 분노로 인한 내적 대상의 죽음이 갖는 중요성, 정신 안에서 좋은 대상이 증오와 만나는 것, 그리고 기억을 생생하게 유지할 수 있는 능력에 영향을 미치는 자아의 성숙 또는 미성숙의 문제이다.

보울비는 자신의 이론을 세우는데 있어서 프로이트와 아브라함[2]이 주장한 우울증(melancholia) 이해를 토대로 하여 체계화한 클라인의 이론을 사용했다. 마찬가지로 정신분석이 반사회적 경향성이라는 특수한 주제에 관심을 갖는다면 박탈에 관한 보울비의 이론이 필요할 것이다.

반사회적 경향성에는 두 가지의 특성이 있는데, 그 하나는 훔치기로 나타나고, 다른 하나는 파괴 행동으로 나타난다. 훔치기는 아동자신이 찾는데 실패한 무엇인가를 다른 곳에서 찾는 것이다. 그는 그곳에 희망이 있다고 믿고 있는 것이다. 파괴 행동은 아동 자신의 충동적 행동을 버텨줄 수 있는 안정된 환경을 찾고 있는 것이다. 즉 그는 잃어버린 환경을, 다시 말해서 아동이 신뢰할 수 있기 때문에 마음껏 움직이고 행동하고 흥분할 수 있게 허용해주는 인간다운 태도를 찾고 있는 것이다.

특히 아동의 이 파괴 행동은 사회 전체의 반동을 자극한다. 아동은 이때 엄마의 팔과 신체에서 시작해서 무한히 넓어질 수 있는 경계, 즉 그를 담아줄 수 있는 울타리를 찾고 있는 것이다. 우리는 어머니의 몸, 어머니의 팔, 부모와의 관계, 가정, 친척을 포함하는 가족 관계와 학교, 경찰서가 있는 지역사회, 법이 있는 나라 등으로 확장되는 일련의 울타리가 존재한다는 사실을 알 수 있다.

---

2 이 책의 6장을 보시오. (편집자 주)

개인 발달의 측면에서 반사회적 경향성의 초기 근원을 연구함에 있어서, 나는 이 두 가지 특성, 즉 대상의 추구와 파괴성을 항상 염두에 두고자 한다.

훔치기

훔치기는 거짓말과 함께 반사회적 경향성의 중심에 자리잡고 있다.

물건을 훔친 아이는 훔친 물건을 찾고 있는 것이 아니라 그가 권리를 갖고 있는 어머니를 찾고 있는 것이다. 이 권리는 어머니가 아이에 의해 창조되었다는 사실로부터 온 것이다. 어머니는 아동의 일차적 창조성과 만남으로 해서 아동이 발견하고자 하는 바로 그 대상이 된다. (아동이 어머니를 창조할 수는 없으나 어머니가 갖는 의미는 아동이 창조하는 것이다.)

훔치기와 파괴성, 대상추구와 반동을 일으키는 자극, 리비도적 충동과 공격 충동의 두 가지 특성을 결합하는 것이 가능할 것인가? 나는 아동 안에 이 두 특성을 결합시키고자 하는 성향이 존재한다고 제안한다. 그것은 본능들을 융합시킴으로써 이루어지는 자가 치료적 경향성을 가리킨다.

리비도적 요소와 공격 요소(또는 운동성)의 융합이 어느 정도 일어났을 때 첫 박탈이 있었다면, 아동 정서 발달의 특수한 내용에 따라 훔치기와 상처 입히기 그리고 더럽히기 등이 혼합된 형태를 띤 행동이 나타날 것이다. 융합이 덜 일어났을 경우에 첫 박탈이 있었다면, 아동의 대상추구와 공격성이 더욱 분리되어 나타날 것이며, 아동은 더 심한 해리 현상을 보일 것이다. 따라서 반사회적인 아동이 지닌 사람들을 괴롭히는 특성은 본질적으로 가치있는 것이라는 주장이 가능하며, 바람직할 경우 그것은 상실했던 리비도와 운동성(motility)의 융합을 다시 회복할 수 있는 가능성을 나타낸다고 말할 수 있다.

보통 어머니는 아기를 돌보면서 끊임없이 성가신 일을 겪는다. 예를 들어, 아기는 젖을 먹고 있는 동안 종종 어머니의 무릎 위에 오줌을 싼다. 이것은 후에 잠자는 동안이나 잠에서 깰 때 일어나는 퇴행과 오줌싸기 등으로 나타난다. 유아가 가진 성가시게 하는 특성이 과장될 때, 그것은 그에게 어느 정도의 박탈과 반사회적 경향성이 존재하고 있음을 나타낸다.

반사회적 경향성의 증상은 일반적으로 훔치기와 거짓말하기, 오줌싸기와 똥싸기 들을 포함한다. 비록 각각의 증상이 특정한 의미와 가치를 갖고 있다할지라도, 반사회적 경향성의 공통된 요소는 그 증상이 사람들을 성가시게 하면서도 그 나름의 가치를(nuisance value)를 가지고 있다는 것이다. 이러한 특성은 우연히 일어나는 것이 아니라 아동에 의해 이용되고 있는 것이다. 그리고 그러한 동기의 대부분은 무의식적이지만 전부 다 무의식적인 것은 아니다.

반사회적 경향성의 첫 징후

박탈의 첫 징후는 아주 평범하여 일상 생활 속에서 쉽게 정상적인 모습으로 간주된다. 예를 들면, 제왕처럼 멋대로 행동하는 것을 들 수 있는데, 대부분의 부모들은 그런 행동에 대해 복종과 반동이 혼합된 형태의 반응을 보인다. 이것은 유아기 전능성(infantile omnipotence)과는 다른 것이다. 유아기 전능성은 행동의 문제가 아니라 정신적 실재의 문제이다.

아주 일반적인 반사회적 증상은 탐욕으로서, 이것은 식욕의 금지와 서로 밀접히 관련되어 있다. 탐욕의 배후에는 박탈당했다는 무의식적 감정이 놓여 있다. 다시 말해서, 유아가 탐욕스럽다면 거기에는 어느 정도의 박탈경험이 있었다는 것을 말해주는 것이고, 또한 그것은 박탈을 회복하고자 하는 유아의 충동을 포함하고 있다는 것을 말해준다. 어머니들이 유아의 탐욕스러움에 기꺼이 응해준다는 사실은 이와 유사한 수많은 사례를 성공적으로 치료할 수 있는 방법이 무엇인지를 말해준다. 유아의 탐욕스러움은 성인의 탐욕과 같은 것이 아니다. 탐욕이라는 단어는 유아가 현실 원리를 수용하는 시기에, 즉 어머니를 분리된 존재로 수용하기 시작할 때 어머니를 소유하고자 하는 강한 욕망과는 다른 엄청난 본능 욕구를 지칭하는 용어이다.

어머니는 아이의 욕구에 적응하는데 점진적으로 실패해야 한다는 말이 있다. 그러나 원본능 욕구는 점차 좌절이 따라도 괜찮지만 자아의 욕구는 좌절되어서는 안된다. 어머니는 본능 욕구를 만족시키는데는 실패해야 한다. 그러나 그녀는 유아가 자아-지원적 어머니를 내사할 수 있을 때까지, 그리고 실제 자아 지원이 실패한다 하더라도 그 내사된 자아-지원적 어머니의 지원을 받을 수 있을 때까지, 유아의 자아 욕구를 충족시키는데 실패해서는 안된다.

원시적인 사랑 충동은 무자비한 탐욕스러움과 같지 않다. 유아의 발달 과정에서 원시적 사랑 충동과 탐욕스러움은 어머니의 적응에 힘입어 차츰 분화된다. 어머니는 원본능 욕구에 완벽하게 적응해주는데 실패해야 하며, 따라서 모든 유아는 어느 정도 박탈을 경험할 수밖에 없다. 그러나 이처럼 박탈경험에 따른 유아의 탐욕스러움과 더럽히기 같은 박탈의 증상에 어머니가 부응해준다면, 그에 따른 상처가 치료될 수 있다. 탐욕스러움은 박탈의 원인을 제공한 어머니로부터 치료를 받으려고 하는 유아의 충동의 일부이다. 이 탐욕스러움은 반사회적이다. 그것은 훔치기의 전조이며, 어머니가 치료적 관점을 가지고 적응해줄 때 충족되고 치료될 수 있다. 물론 이러한 어머니의 치료적 적응은 쉽게 아이의 버릇을 망치는 요인으로 오해받기도 한다. 그러나 이때 어머니가 무엇을 한다해도 그녀가 생후 초기에 유아의 자아 욕구에 적응해주지 못한 실패를 없었던 일로 할 수는 없다. 어머니가 유아의 강박적 요구를 일상생활 속에서 받아줄 때, 박탈이 일어났던 그 발생 지점 가까운 곳에서 박탈 콤플렉스를 성공적으로 치료할 수 있다. 박탈경험으로 인해 생긴 증상은 치료자인 어머니가 유아에게 박탈경험을 제공한 자신에 대해 증오를 표현할 수 있게 해줄 때 치료될 수 있다.

유아는 어머니가 자신의 원시적 사랑 충동을 충족시켜줄 때 어머니에게 아무런 의무감을 갖지 않는데 반해, 어머니에 의한 치료는 유아에게 어느 정도 의무감을 가져다준다. 이때 어머니에 의한 치료란 유아의 좌절에서 비롯되는 요구, 즉 성가시게 하는 요구를 기꺼이 받아주는 것을 말한다. 그러나 어머니에 의한 치료는 일반적으로 생각하는 어머니의 사랑과는 다른 것이다.

아기를 무작정 받아주는 어머니의 관대함에 대한 이러한 관점은 어머니다움에 대해 말할 수 있는 것 이상의 복잡한 진술을 포함하고 있다. 어머니의 사랑은 종종 이러한 관대함과 같은 것이라고 생각되기도 한다. 사실 이 관대함은 **어머니 사랑의 실패에 따른 상처를 치료하는 요소**이다. 그것은 치료요, 일차적인 사랑이라는 초기의 섬세한 과제를 성공적으로 수행하지 못한 어머니들에게 주어지는 두 번째 기회이다. 어머니가 아이의 퇴행 행동에 대해서 그녀 자신의 무의식적인 콤플렉스에 따라 자연스럽게 반응할 때, 그러한 어머니의 행동은 소위 아이의 버릇을 망치는 행동이 될 것이다. 그러나 어머니가 아동의 요구를 충족시켜주어야 하고 충동적인 탐욕스러움을 채워주어야 한다는 생각을 가지고 아동의 행동을 받아준다면, 그것 자체로서 성공적인 치료가 이루어진 것이다. 그리고 여기에는 어머니뿐만 아니라 아버지 그리고 온 가족이 포함될 수 있다.

임상적으로, 어머니의 치료가 성공적인 경우와 성공적이지 못한 경우는 그 경계가 뚜렷하지 않다. 우리는 종종 아기의 버릇을 망칠 정도로 퇴행을 받아주는 어머니가 치료에 성공하지 못하는 경우를 보게 되는데, 이것은 초기의 박탈이 너무 심각했기 때문에 일시적인 퇴행을 허용하는 '응급조치'로는 치료할 수 없는 경우에 속한다.

탐욕스러움이 박탈에 따른 반응이며 반사회적 경향성의 증상인 것처럼, 똥싸기와 오줌싸기, 그리고 강박적인 파괴 행동 또한 그러하다. 이러한 증상들은 서로 밀접하게 관련되어 있다. 흔히 있는 문제로 야뇨증은 꿈꾸는 순간에 발생한 퇴행 때문이거나 또는 어머니의 몸에 오줌을 쌀 권리를 주장하는 반사회적 충동 때문이다.

훔치기에 대한 보다 깊이 있는 연구는 물건을 사는 충동에 대한 언급도 포함해야 할 것이다. 이 또한 반사회적 경향성의 일반적인 표현으로서 정신분석을 받는 환자에게서 흔하게 발견된다. 아주 오랜 동안 분석을 받아도 이런 종류의 증상은 전혀 나아지는 기미를 보이지 않을 수도 있다. 이 증상은 환자의 신경증적 또는 정신병적 방어에 해당하는 것이 아니라, 특별한 시기에 발생한 박탈에 대한 반응인 반사회적 경향성에 해당하는 것이다. 이런 사실에 비추어 볼 때 생일 선물을 사주거나 용돈을 주는 것은 예상되는 반사회적 경향성의 일부를 흡수한다는 사실을 분명히 알 수 있다.

　강박적으로 물건을 사는 행동과 동일한 범주에 속하는 것으로서, 우리는 뚜렷한 목적없이 외출하는 행동과 무단 결석 등을 꼽을 수 있는데, 이것은 훔치기에 내포되어 있는 구심력에 의한 몸짓이 원심력에 의한 몸짓으로 대체된 것이다.

최초의 상실

　나는 한 가지 특별한 사실을 말하고자 한다. 반사회적 경향성의 밑바탕에는 초기에 잃어버린 좋은 경험이 있다. 유아가 재난의 원인이 환경의 실패에 있다는 것을 지각할 수 있는 능력을 성취한 시점에서 어떤 문제가 발생했다는 점이 반사회적 경향성의 본질적인 특수성이다. 우울증이나 인격 해체의 원인이 내적인 어떤 것이 아니라 외적인 어떤 것 때문이라는 뚜렷한 인식은 새로운 환경의 제공을 통해서 성격의 왜곡과 충동을 치료해야 한다는 충동을 불러일으킨다. 반사회적 경향성은 자아가 이러한 사실을 지각할 수 있을 때에 발달하는 것이며, 만일 자아가 그 만큼 성숙하지 못했다면 정신병적 질환이 발생했을 것이다. 아동은 수많은 반사회적 충동들을 드러내지만, 이것들은 대부분 부모에 의해 초기 단계에서 성공적으로 치료된다. 그러나 반사회적 아동은 자신이 치료받기 위해서 환경에 대해 끊임없이 요구하면서도(무의식적으로, 또는 무의식적 동기에 의해), 환경이 제공하는 것을 치료를 위해 사용하지 못하는 아동이다.

　최초의 박탈이 발생하는 시기는 유아나 어린 아동의 자아가 리비도적 요소와 공격적인(또는 운동성의) 요소를 융합해내는 시기인 것처럼 보인다. 희망적인 순간에 아동이 경험하는 것들은 다음과 같다.

신뢰할 만한 요소를 지닌 새로운 환경이 주어졌음을 지각한다.

대상추구라고 부를 수 있는 욕동을 경험한다.

무자비성이 특징적으로 드러난다는 사실을 인지한다.

이 무자비성은 직접적인 환경을 일깨우고 성가심의 요소를 견 더낼 수 있도록 환경을 조직화한다.

환경이 공격성을 견더낼 수 있는지, 파괴를 예방하거나 회복 시킬 수 있는지, 성가심을 견딜 수 있는지, 반사회적 경향성 안에 있는 긍정적인 요소를 인식할 수 있는지, 아동이 추구하 는 대상을 제공해주고 또 그가 발견한 대상을 보존할 수 있는 지, 아동은 여러 번 시험하고 확인한다.

광증이나 무의식적 충동이나 편집증적 조직화가 너무 지나치 지 않은 사례인 경우, 아동에게 호의적인 조건이 주어진다면, 그 는 시간이 흐르면서 상징적 가치를 잃어버린 대리 대상들 (substitute objects)을 끊임없이 추구하는 대신에 한 사람을 발견 하고 그를 사랑할 수 있게 될 것이다.

다음 단계에서 아동은 인간관계 속에서 희망만이 아니라 절 망을 경험할 필요가 있다. 이 절망을 넘어설 때 아동은 진정한 삶을 살 수 있는 가능성을 갖는다. 호스텔의 보호사들과 직원들 이 아동으로 하여금 이러한 모든 과정을 거칠 수 있도록 돕는 다면, 그들은 분석 치료에 견줄 만한 치료를 수행했다고 말할 수 있다.

보통, 부모들은 자신들의 아이들 중의 하나와 이러한 일을 해 낸다. 그러나 정상 아동을 잘 양육할 수 있는 대부분의 부모들도 자녀 중 하나가 반사회적 경향성을 드러낸다면, 그 아동을 성공 적으로 키우기는 어려운 일이다.

나는 반사회적 경향성과 관련된 다음과 같은 많은 요소들을 생략했다.

행동화

자위행위

병리적 초자아, 무의식적 죄책감

리비도 발달단계

반복충동

관심을 가질 수 있는 능력 이전(pre-concern)으로의 퇴행

편집증적 방어

성과 관련된 증상

치료

간략하게 말하면, 반사회적 경향성은 정신분석으로 치료할 문제가 아니다. 그 치료는 아동이 재발견할 수 있도록 돌봄을 제공해주는 것을 통해서, 즉 아동이 원본능 충동을 다시 실험하고 확인해볼 수 있도록 새롭고 안정적인 환경을 제공해주는 것을 통해서 이루어질 수 있다. 원본능 충동이 의미 있는 것이 되기 위해서는 아동이 그것을 자아 관계성(ego-relatedness)이라는 틀 안에서 경험할 수 있어야만 한다. 그리고 환자가 박탈을 경험한 아동이라면, 그는 치료자로부터 오는 자아-지원을 받아야 한다. 내 생각에 따르면, 이런 아동의 치료를 위해 환경은 자아 관계성 회복을 위한 새로운 기회를 제공해야 한다. 왜냐하면 이 아동이 반사회적 경향성을 갖게 된 것은 자아를 지원해주지 못한 환경의 실패에 그 원인이 있기 때문이다.

만일 아동이 분석을 받고 있는 중이라면, 분석가는 분석 시간

바깥에서 전이의 상당부분이 발달되도록 허용하든지, 아니면 분석 상황에서 반사회적 경향성이 맹위를 떨치게 될 것을 예상하고 맹공격을 받을 준비를 해야만 할 것이다.

6장

분리에 대한 심리학적 이해

(사회복지사를 위한 글, 1958. 3.)

최근에 분리와 그에 따른 영향에 관해서 많은 연구결과들이 발표되었다. 분리에 따른 영향은 임상적 발견이라는 측면에서 진술될 수 있었다. 이러한 연구들은 유아나 어린 아동이 너무 오랜 기간동안 부모와 분리될 때 어떤 일이 발생하는가에 대해서 상당히 일치된 견해를 보여주고 있다. 반사회적 경향성이 박탈과 관련되어 있다는 사실은 이런 연구들을 통해서 이미 입증되었다.

나는 프로이트의 논문, '애도와 우울증'(Mourning and Melancholia)에서 시작된 아주 풍부한 지식을 활용하여 상실에 대한 심리적 반응을 연구하고자 한다. (이 프로이트의 논문은 또한 칼 아브라함의 사고에 의해 영향을 받은 것이다.)

분리불안의 심리학을 충분히 이해하기 위해서 고려하지 않으면 안 되는 요소들이 있는데, 그것들은 젖떼기, 슬픔, 애도 그리고 우울함 등이다.

박탈을 경험한 아동의 치료를 위해 일하는 사람들이 이해해야 할 첫 번째 원리는, 질병은 상실 그 자체에서 발생하는 것이 아니라 상실에 대해 성숙한 반응을 할 수 없었던 유아 정서 발달의 어느 한 단계에서 상실을 경험했기 때문에 발생한 것이라는 사실이다. 미성숙한 자아는 애도할 수 없다. 따라서 박탈과 분리 불안에 대해 말하기 전에 먼저 애도의 심리를 이해해야 한다.

애도의 심리

애도 그 자체는 개인의 성숙을 가늠하는 지표이다. 애도의 기제는 복잡하며 다음과 같이 서술될 수 있다. 대상을 상실했을 때 개인은 그 대상을 내사하고 그 내사된 대상은 자아에 의해 증오받는 대상이 된다. 임상적으로 이 대상은 어떤 한 순간에는 보다 증오의 대상이 되고 다른 순간에는 보다 사랑의 대상이 되는데, 그에 따라 내사된 대상이 지닌 심각성은 다양해진다. 애도 과정에서 개인은 일시적으로 행복해질 수 있다. 그것은 대상이 개인 안에서 생생하게 살아남으로 해서 마치 그 대상이 살아 있는 것 같이 느껴지기 때문이다. 그러나 증오가 더 우세해지면 뚜렷한 이유없이 다시 우울해진다. 또한 개인은 대상과 관계 맺거나 대상이 존재하지 못하게 된 실패를 떠오르게 하는 기념일이나 사건들을 통해 다시 우울해지기도 한다. 건강한 경우라면, 시간이 흐름에 따라 내면화된 대상은 초기의 강력한 증오심으로부터 자유로워지기 시작한다. 시간이 지나면서 개인은 대상을 상실했음에도 불구하고 자아가 생기를 되찾음으로 해서 행복감을 느낄 수 있는 능력을 회복한다.

이 과정은 매우 복잡하며, 어느 정도의 성숙한 단계에 도달하지 못한 유아로서는 감당할 수 없는 것이다. 또한 이 단계에 도달한 개인도 애도 과정을 극복해내기 위해서는 어떤 조건들을 반드시 갖추어야만 한다. 환경은 이러한 애도 과정이 진행되는 동안 지속적으로 개인을 지원해주어야 하며, 그 개인은 애도를 불가능하게 하는 태도에서 자유로워져야 한다. 애도의 능력을 성취한 개인이라 해도 지적인 이해가 너무 없어서 이 과정을 극복해내지 못하는 경우도 있다. 예를 들면, 아동에게는 죽음에 대해서 말해주지 말아야 한다는 일종의 공모가 있을 수 있다. 그러나 이러한 경우, 사실에 관해 단순하게 알려줌으로써 아동이 애도 과정을 통과할 수 있도록 도울 수 있을 것이다. 그렇지 못할 때 아동은 혼란 상태에 빠지게 된다. 이것은 입양 사실을 아동에게 알려주는 것이 바람직한 것과 마찬가지이다.

상실한 대상에 대한 증오의 일부는 의식될 수 있다고 유용하게 지적되어 왔다. 그러나 거기에는 항상 의식될 수 있는 것 이상의 증오가 있다. 증오가 어느 정도 의식되고 상실된 대상에 대한 양가감정이 어느 정도 의식된다면, 그것은 분명코 건강을 나타내는 표이다.

애도의 심리에 대한 이와 같은 간단한 진술에 기초해서 박탈의 주제 전체를 살펴볼 수 있고, 또 사회복지사가 다루는 많은 문제들을 바라볼 수 있을 것이다. 사실 그것들은 개인이 애도 과정을 감당할 수 없을 때 경험한 상실의 문제와 관련된 것들이다. 사회복지사는 진단을 해야 한다. 이 말이 의미하는 것은, 사회복지사는 상실이 일어난 유아기나 초기 아동기의 정서발달 단계가 어떤 것이었는지를 이해해야 하며, 따라서 상실에 대한 반응의 유형을 측정할 수 있어야 한다는 것이다. 확실히 아동이 애도

할 수 있는 능력을 거의 획득한 상태라면, 비록 그에게 임상적으로 심한 질병이 있다하더라도 그를 도울 수 있는 희망은 더욱 커진다. 다른 한편 아주 원시적인 기제들이 작용할 경우에 사회복지사가 제공해줄 수 있는 도움에는 한계가 있다는 것도 알 필요가 있다.

애도가 일어나기에 충분히 성숙하지 않았음을 나타내는 상실에 대한 원시적인 반응을 여기에서 일일이 열거하지는 않겠지만 몇 가지 예를 들어보겠다. 유아에게 어머니의 젖가슴과 어머니를 상실하는 것은 대상 뿐 아니라 대상을 사용하는 자신의 신체기관, 즉 입을 상실하는 것으로 경험될 수 있다. 그 경우에 상실은 더욱 깊어지고 개인의 총체적인 창조 능력까지 상실될 수 있다. 따라서 그 개인은 대상을 발견할 수 없다는 절망감뿐만 아니라 대상을 발견할 수 있는 능력 자체가 없다는 절망감에 사로잡힐 수 있다.

상실과 애도에 대한 원시적 반응들 중에는 극단적이지는 않지만 중간 영역에 속하는 다양한 정도의 의사소통의 실패들이 존재한다. 우리는 이 영역에서 임상적으로 반사회적 경향성의 전체 증후군을 관찰할 수 있다. 여기에서 훔치기는 아주 일시적이기는 하지만 희망의 신호로서 나타난다. 훔치기가 지속되는 동안, 즉 아동이 절망 상태로 되돌아가기 전에는 아동에게 희망이 있다. 이 중간 영역 안에는 또 한 유형의 상실에 대한 반응이 있는데, 그것은 멜라니 클라인이 정서발달에서 우울적 자리의 발달을 취소시키는 반응이라고 부른 것이다. 매사가 순조로울 경우, 어머니나 어머니 인물은 유아가 본능적인 경험을 하는 순간에 현존해줌으로써 유아로 하여금 대상에 대한 완전한 인식을 형성할 수 있게 한다. 개인은 이 기간 동안에 점차 관심의 느낌을 형성해간다. 이 시기에 어머니를 상실하는 것은 그 과정을 역

전시킨다. 유아가 엄마에 대한 관심을 느끼기 시작할 때 그곳에
어머니가 존재하지 않는다면, 아동의 통합 과정은 취소되며 따라
서 본능적 삶은 금지되거나 전체 성격으로부터 떨어져나간다.
그 결과 관심의 느낌은 상실된다. 그러나 어머니가 계속해서 존
재하고 자신의 역할을 감당할 때 관심의 느낌은 점차로 강화된
다. 그리고 그 결과로서 애도의 능력이라 불리는 성숙이 따른다.

7장

공격성, 죄책감 그리고 회복

(진보 연맹에서 한 강연, 1960. 5. 8)

나는 정신분석가로서 활동한 경험을 토대로 분석 과정에서 반복적으로 다루어지는 매우 중요한 주제에 대해 서술하고자 한다. 그것은 건설적인 활동의 근원에 관한 내용이며, 건설과 파괴 사이의 관계에 관한 내용이다. 이 주제는 또한 멜라니 클라인이 '정서발달의 우울적 자리 이론'이라는 제목 아래 다룬 내용이기도 하다. 그녀가 붙인 우울적 자리라는 명칭이 좋은 것인지 아닌지는 별로 중요하지 않다. 중요한 것은 정신분석 이론은 항상 진화하고 있다는 사실이며, 멜라니 클라인은 인간 본성 안에 있는 파괴성을 이해하고 의미있는 정신분석 용어로 사용하기 시작했다는 사실이다. 그녀는 1차 대전 이후 10년 동안 중요한 발달을 이루는데 공헌했으며, 많은 분석가들은 프로이트가 진술한 인간의 정서발달 이론에 그녀의 중요한 발견이 첨가되지 않았더라면, 오늘의 정신분석학은 존재할 수 없었을 것이라고 느끼고 있다. 멜라니 클라인의 연구는 프로이트의 이론을 확장시켰으며, 결코 프로이트가 확립한 치료 기법을 변경시키려 하지 않았다.

이 주제를 정신분석 기술에 관한 것으로 생각할 수도 있으나 엄밀하게 생각해 본다면 그렇지는 않다. 그러나 내 생각에 이 주제는 죄책감을 한편으로는 파괴성에 다른 한편으로는 건설적인 활동에 연결시킴으로써 '죄책감'이란 용어의 이해를 넓혀주었다는 점에서, 사고하는 모든 사람들에게 중요한 것이 되고 있다.

이 주제는 아주 단순하고 명백한 것처럼 보인다. 즉 인간의 내면에 대상을 파괴하려는 생각이 생기고, 그 뒤를 이어 죄책감이 나타나며, 그 다음에 건설적인 활동이 일어난다는 것이다. 그러나 그것은 실제로 훨씬 더 복잡한 과정으로 이루어져 있다. 이 과정에 대한 포괄적인 서술에서 기억해야 할 사실은 개인 정서 발달의 성취를 통해서 이러한 단순한 연속 과정이 의미를 갖게 된다는 것이다.

정신분석가가 이러한 주제를 다룰 때에는 늘 발달하는 개인이라는 관점에서 생각한다. 이 말이 의미하는 바는 아주 초기 아동 발달 단계로 거슬러 올라가 죄책감의 기원이 어떤 것인지를 추적한다는 것이다. 확실히 아주 초기에 유아는 죄책감에 대한 능력을 갖고 있지 않다고 말할 수 있다. 아이는 좀더 나중에 그리고 건강하다면, 의식에 기록되는 일 없이도 죄책감을 느끼고 경험할 수 있다고 말할 수 있다. 죄책감의 능력이 전혀 없는 상태와 죄책감의 능력을 지닌 상태 사이에 그러한 능력이 형성되는 기간이 있다. 나는 이 기간에 일어나는 일들에 대해 아주 깊은 관심을 갖고 있다.

이 시기가 정확히 언제인지가 중요한 것은 아니다. 그러나 아동이 5세 이전에 자신의 파괴적인 생각에 대해 책임감을 느끼는 능력을 확립한다고 생각하는 사람은 물론 아무도 없겠지만, 부모는 종종 한 살 이전에 유아의 죄책감이 생기기 시작하는 것을 발견한다고 말할 수 있다. 이러한 발달에 대한 연구는 아동기 전 과정과 특히 청소년기에 대한 논의를 포함하지 않으면 안된다. 그리고 청소년기에 대한 논의는 성인에 대한 논의를 포함하지 않으면 안된다. 왜냐하면 성인들이 처음부터 성인으로 태어난 것은 아니기 때문이다. 사람은 어느 정도는 자신의 나이에만 국한되지 않고 모든 나이에 속해 있으며 나이와 무관한 상태로 존재할 수도 있다.

파괴성이 좌절에 따른 분노나 우리가 반대하는 어떤 것에 대한 미움 또는 두려움에 대한 반응과 관련되어 있을 때, 우리는 비교적 쉽게 그 파괴성을 이해할 수 있는 것 같다. 그러나 파괴성이 개인적으로 좋게 느껴지는 대상, 즉 사랑하는 대상과 관련되어 있을 때, 그 파괴성에 대해 개인적으로 책임을 지는 일은 결코 쉬운 일이 아니다.

여기에서 통합(integration)이라는 단어가 중요해진다. 충분히 통합된 사람은 생생하게 삶을 살아가는데 필요한 모든 감정과 생각들에 대해 완전하게 책임을 지는 사람이다. 대조적으로 우리가 싫어하는 것들을 외부에서 발견할 때 우리는 우리 자신에게 속해 있던 파괴성의 상실이라는 대가를 치르게 되는데, 그것은 통합의 실패를 가져온다.

나는 지금 개인의 감정과 생각 전체에 대해 책임을 지는 능력이 발달해가는 과정에 대해 이야기하고 있다. '건강'이란 말은 통합의 정도와 밀접하게 관련되어 있으며 이 통합은 책임을 지는 능력을 나타낸다. 건강한 사람에게서 볼 수 있는 한 가지 중요한 사실은 그가 자신의 파괴 충동과 생각들을 처리하는데 투사의 기법을 자주 사용하지 않는다는 것이다.

나는 지금 정서발달의 원시적인 측면과 관련된 가장 초기 단계들에 관한 내용은 건너뛴 채 이야기하고 있다. 처음 몇 주나 몇 달 동안에 이루어지는 기본적인 정서발달 단계에서 정신적 붕괴가 일어난다면, 이때 정신분열증의 소인이 발생한다. 그러나 여기에서는 이러한 초기 단계들과 관련된 내용은 생략하겠다. 이 글에서 나는 부모들이 초기 몇 달 동안에 유아에게 개인적 존재를 이루는데 필요한 조건을 잘 제공했다는 전제하에 이야기를 진행하고 있다. 내가 말하는 것은 특정 발달 단계에 있는 정상적인 아동을 돌보는 일이나 심리치료의 특정 단계에서 아동과 성인을 돌보는 일에 똑같이 적용될 수 있을 것이다. 왜냐하면 심리치료 과정에서 발생하는 것은 결코 정말 새로운 어떤 것이 아니기 때문이다. 최상의 심리치료는 개인 발달과정의 첫 단계에서 이루어내지 못한 것을 나중에 어느 정도 이루어내는 것이다.

이제 몇몇 정신분석 치료 사례를 제시해 보겠다. 나는 사례 설명에서 내가 말하고자 하는 생각과 관련된 내용만 기술하고 그 외의 것은 생략하겠다.

사례 1

이 사례는 심리치료사를 분석한 내용의 일부이다. 그는 자신의 환자 중 한 사람에 대해 나와 이야기하면서 첫 면담을 시작하였다. 그는 치료자와 환자 관계의 경계를 넘어 그 환자가 일하는 모습을 직접 보러 갔다고 말했다. 그의 일은 아주 재빠르고 고급 기술이 필요한 일이었는데, 그는 이 특이한 일을 아주 잘 해냈다. 그 일은 치료시간 동안에 별 의미를 갖지는 않았지만, 그 환자는 마치 무엇에 씌운 것처럼 소파 주변을 서성댔다. 나의 환자(심리치료사)는 그가 자신의 환자를 방문해서 일하는 모습을 직접 본 것에 대해서, 그것이 자신에게는 도움이 되는 일이라고 생각하고 있으면서도 정말 유익한 것이었는지에 대해서는 의문을 가지고 있었다. 그리고 그는 부활절 휴가 때 자신이 한 일에 대해 이야기하였다. 그는 시골에 별장을 가지고 있었고, 그곳에서 육체 노동을 하고 건축일과 관련된 다양한 활동을 즐겼으며, 또 기계 장비를 좋아해서 실제로 사용하고 있었다. 계속해서 그는 자신의 가정생활에서 일어난 사건들을 이야기하였다. 이 자리에서 나는 그 사건들이 지닌 모든 정서적인 측면을 묘사하지는 않을 것이다. 다만 그 당시 그의 분석에서 중요한 자료로 떠오른 여러 가지 기계에 관한 주제에 관해 서술할 것이다. 그는 분석 받으러 오는 중에 종종 우리 집 근처에 있는 상점 앞에 서서 진열장 안에 진열되어 있는 기계를 유심히 살펴보곤 했다. 그 기계는 아주 근사한 이빨을 가지고 있었다. 그러한 행동은 그가 자신의 구강기적 공격성, 즉 무자비함과 파괴성을 지닌 원시적 사랑 충동에 도달하는 방식이었다. 우리는 그것을 잡아먹는 것이라고 부를 수도 있을 것이다. 그를 치료하기 위해서는 이런 무자비성과 원시적인 사랑 충동을 다루어야 했다. 그리고 그러한 원시적 충동의 깊은 층에 도달하는 것은 엄청난 저항을 불러 일으켰다. (우연히도 그는 이러한 이론을 알고 있었으며, 이 모든 과정을 지적으로 설명할 수 있었다. 그러나 그는 생각의 문제가 아닌 본능적인 경험과 신체적인 느낌의 문제로서 자신의 원시적 충동과 접촉하길 원했기 때문에 분석을 받으러 다시 왔다.) 그 면담시간에는 '사람이 자신의 빵을 먹기도 하고 동시에 그것을 소유할 수 있을까?' 라는 문제를 포함하여 많은 내용을 다루었다.

이 사례에서 내가 강조하고자 하는 점은, 환자가 건축일에 관해 말하고 난 후에 자신의 원시적 사랑 충동 및 분석가에 대한 파괴 충동과 관련된 새로운 자료가 출현했다는 사실이다. 나는 그에게 나에 대한 그의 파괴 충동(먹음)에 관해 해석해 주면서, 그가 건축일에 대해 했던 말을 상기시켜 주었다. 나는 그가 격렬한 몸의 움직임을 의미있게 사용하면서 일하는 그 자신의 환자의 모습을 직접 보러갔던 것처럼, 나도 정원을 아름답게 가꾸기 위해 일하는 그의 모습을 보러갈 수 있다고 말했다. 그는 벽을 뚫고 나무를 베어내기도 했으며, 그러한 일을 매우 즐겼다. 만약 그가 어떤 건설적인 목표없이 그런 행동을 했다면, 그것은 무의미한 미친 증상에 지나지 않았을 것이다. 이것은 분석 작업에서 흔히 볼 수 있는 특성으로서, 바로 내가 이 강연에서 강조하고자 하는 주제이다.

사람은 누구나 생의 아주 초기에 자신의 사랑 안에 파괴적인 목표가 담겨있다는 사실을 인정하기가 어려울 것이다. 그러나 개인이 자신의 파괴적인 충동 안에 이미 건설적인 목표가 있다는 증거를 찾는다면, 그러한 생각을 감당할 수 있을 것이다.

나는 여기서 나에게 치료받은 한 여성을 생각하게 된다. 그 여성의 치료 초기에 나는 거의 치명적인 실수를 하였다. 그것은 바로 구강기 가학성, 즉 원시적인 사랑에 속하는 대상을 무자비하게 먹는 것을 해석한 것이었다. 나는 그렇게 해석할 만한 많은 증거를 가지고 있었으며 사실 그 해석은 옳은 것이었다. 그러나 그 해석은 10년쯤 앞서서 너무 일찍 주어진 것이었다. 나는 이 사례에서 교훈을 얻었다. 환자는 오랜 치료과정을 통하여 자신을 재조직화하였고, 자신의 원시적 충동을 수용할 수 있는 통합된 사람이 되었다. 그녀는 10년 내지 12년 동안 지속적인 분석을 받은 후에 마침내 이 해석을 받아들일 수 있게 되었다.

사례 2

한 남성 환자는 내 방에 들어와서 녹음기를 쳐다보았다. 그는 이 녹음기를 보더니 어떤 생각들을 떠올렸다. 그는 분석을 받기 위해 누워서 자신의 생각들을 끌어 모으면서 이렇게 말했다. '나는 이 치료를 마친 후에, 여기서 내게 일어났던 일이 어떻게든 세상을 위해 가치 있는 일이 될 것이라고 생각하고 싶습니다.' 나는 아무 말도 하지 않았지만, 그의 말은 지난 2년간의 치료과정에서 내가 반복적으로 다루었던 파괴성에 접근하고 있음을 가리키는 것일 수 있다고 마음속에 담아두었다. 그 면담이 끝나기 전에 환자는 나에 대해 시기심을 갖고 있음을 새롭게 인식하게 되었다. 그 시기심은 그가 나를 좋은 분석가라고 생각했기 때문에 생긴 것이다. 그는 내게 나의 좋음에 대해, 그리고 내가 그에게 해줄 수 있는 것에 대해 감사하는 마음을 가지고 있었다. 그러나 그는 어느 때보다 지금 자신이 좋다고 생각하는 그 대상에게 향하는 강한 파괴적인 감정과 접촉하게 되었다. 나는 그가 이 모든 것들을 분명히 인식하게 될 때, 그가 녹음기를 보고 말했던 것과 마찬가지로, 그의 치료가 모든 인류가 사용할 수 있는 어떤 가치있는 일이 될 수 있을 것이라고 말해주었다. (내가 그것을 상기시킬 필요는 물론 없었다. 왜냐하면 중요한 것은 그러한 일이 일어났다는 사실이지 그것에 대한 토론이 아니기 때문이다.)

내가 파괴와 건설이라는 두 가지 일을 연결시켰을 때 그는 내 말이 맞는다고 하면서, 만약 내가 처음에 그가 한 말에 근거해서 해석을 했다면, 즉 그가 쓸모 있는 사람이고 싶다는 소망을 표현했을 때 내가 그것은 파괴하고자 하는 그의 무의식적인 소망을 가리킨다고 해석했더라면, 그것은 매우 끔찍스러웠을 것이라고 덧붙였다. 그는 먼저 파괴적인 충동과 접촉해야 했고, 그것도 자신의 시간에 맞추어서, 그리고 자신의 방식으로 그 충동과 접촉해야 했다. 그가 자신의 파괴성과 보다 밀접하게 접촉할 수 있었던 것은 분명코 그가 궁극적으로 무엇인가를 위해 기여할 수 있다는 생각을 가질 수 있는 그의 능력 때문이었다. 그러나 그가 말했듯이 그가 먼저 파괴성과 접촉하지 못했다면, 그의 건설적인 노력은 거짓이며 의미 없는 것이 되었을 것이다. 그는 과거에 한 그의 분석이 적절한 토대 위에서 행해지지 못했다고 느꼈고, 이것 때문에 재분석을 받기 위해서 나에게 왔다. 그는 일에서 크게 성공한 사람이었다. 그러나 그는 어떤 일에 성공을 거둘 때마다 모든 것이 허망하고 거짓되다는 느낌을 느끼곤 하였고, 자신이 가치 없는 존재임을 증명하고 싶은 욕구를 느꼈다. 이러한 느낌은 유형화되어 지금까지 그의 삶을 지배해왔다.

사례 3

한 여자 동료 의사가 자신에게 치료받고 있던 남자 환자에 대해 이야기하였다. 그 환자는 분석가에게서 무엇인가를 훔치려는 충동으로 해석될 수 있는 자료를 제공했다. 실제로 그는 좋은 경험을 한 후에 그녀에게 말했다. '저는 지금 선생님이 저에게 필요한 도움을 주는 요소인 선생님의 통찰력을 미워하고 있어요. 저는 선생님으로 하여금 이 일을 할 수 있게 만드는 것이라면 무엇이든지 그것을 훔치고 싶은 충동을 가지고 있습니다.' 그는 이 말을 하기 직전에 지나가는 말로, 내가 돈을 많이 벌어서 치료비를 더 많이 낼 수 있었으면 얼마나 좋을까라고 말했다. 여기에서 우리는 그 환자가 관대함과 접촉하고 또 그것을 사용하게 되었을 때, 그는 그 관대함의 밑바닥에 놓여 있는 그리고 원시적인 사랑에 속하는 시기심, 즉 좋은 대상을 훔치고 파괴하고 싶은 충동이 자신 안에 있음을 인식하게 되었다는 사실을 발견하였다.

사례 4

다음의 사례는 청소년기 소녀에 대한 면담 기록의 일부이다. 이 소녀는 치료자의 집에서 살면서 치료를 받았는데, 그 가정에서 이 소녀를 치료하는 X부인은 자신의 자녀도 함께 돌보고 있었다. 이러한 상황은 장점과 단점을 모두 가지고 있다.

이 소녀는 심각한 질병을 앓고 있었다. 내가 말하려고 하는 사건이 일어날 무렵 소녀는 장기간의 의존과 유아상태로 철수했던 퇴행에서 차츰 벗어나고 있던 중이었다. 그녀는 가정에서나 가족과의 관계에서는 더 이상 퇴행하지 않았다. 그러나 그녀는 날마다 정해진 치료 상담 시간에는 여전히 심하게 퇴행하곤 했다. 이러한 퇴행은 정해진 저녁 시간 동안에 일어났다.

이 소녀가 X부인에 대한 깊은 증오심을 표현하는 시간이 다가왔다. 치료 시간을 제외한 나머지 시간 동안에는 모든 것이 순조로웠지만, 치료 시간에는 치료자를 혹독하고도 반복적으로 파괴하려고 하였다. 치료자를 죽여 없애버리려고 하는 소녀의 증오심이 얼마나 강한 것이었는지를 모두 다 설명하기란 불가능한 일이다. 이 사례는 치료자가 상담실에서 환자와 면담하는 경우와는 달랐다. 왜냐하면 치료자는 그녀를 책임지고 돌보고 있었고, 그들 사이에는 두 가지 관계가 동시에 유지되고 있었기 때문이다. 그런데 낮 동안에는 여러 가지 새로운 일들이 일어나고 있었다. 소녀는 집안을 청소하고 가구를 닦는 일을 하면서 자신이 쓸모 있는 사람이 되려고 노력하기 시작했는데, 이처럼 집안일을 거드는 행동은 그녀가 아프기 전에는 한번도 해본 적이 없는 아주 새로운 일이었다.

청소년기에 집안일을 전혀 돕지 않는 소녀들은 그렇게 많지 않을 것이다. 그런데 그전까지 그녀는 세탁일조차도 도운 적이 한번도 없었다. 이처럼 집안일을 도우려는 그녀의 행동은 전적으로 새로운 변화였는데, 이 변화는 그녀가 치료 시간에 치료자와의 관계 안에서 사랑의 원시적인 측면을 발견하기 시작하면서, 다시 말해서 전적인 파괴성의 출현과 함께 일어났다.

여기서도 같은 생각이 반복해서 제시되고 있다. 환자가 파괴성을 의식하게 되면서 자연스럽게 낮 동안에 건설적인 활동을 할 수 있게 되었다. 나는 여기서 그 반대의 경우도 마찬가지임을 강조하고 싶다. 그것은 건설적이고 창조적인 경험이 아동으로 하여금 자신의 파괴성을 경험할 수 있도록 만들었다는 것이다.

우리는 환자들에게 뭔가 기여할 수 있는 기회가 필요하다는 추론을 얻을 수 있다. 이 지점에서 나의 주제는 일상적인 삶과 연결된다. 우리는 모든 사람에게 창조적인 활동과 상상력이 풍부한 놀이, 건설적인 작업을 위한 기회를 제공해야 하며, 또 그 일을 위해 노력하고 있다. 나는 이것에 대해 다시 언급할 것이다.

사례를 통해 제시한 생각들을 종합해보면 다음과 같다.

우리는 지금 죄책감의 한 측면에 관해 말하고 있다. 죄책감은 원시적 사랑 안에 있는 파괴 충동을 감당하는 데서 생겨난다. 파괴적인 충동을 감당하는 것은 새로운 결과를 가져오는데, 그것은 사고를 즐길 수 있는 능력과 신체적 흥분을 즐길 수 있는 능력이다. 이러한 새로운 능력은 그 안에 파괴적인 요소를 포함하고 있으며, 그것 없이는 새로운 사고와 신체적인 흥분을 즐길 수 없다. 이러한 발달은 관심의 능력을 경험할 수 있는 넉넉한 공간을 제공하며, 이 관심을 가질 수 있는 능력이야말로 모든 건설적인 활동의 기초가 된다.

이 모든 것은 정서발달 단계에 따라 아래와 같은 몇 쌍의 단어로 표현될 수 있을 것이다.

멸절	창조
파괴	재창조
증오	강화된 사랑
잔인함	부드러움
더럽힘	청결함
손상 입힘	고침

내가 말하고자 하는 요점을 이렇게 설명해 보겠다. 어떤 사람이 무언가를 새로 고치는 것을 보면서, '아하, 저것은 무의식적 파괴를 의미하는 것이구나'라고 말할 수 있다. 그러나 그러한 생각은 세상에 아무런 도움이 되지 못한다. 그 생각과는 달리, 어떤 사람은 인간의 본성에 속하는 파괴성을 견뎌낼 수 있는 자기 능력을 구축하기 위해 무언가를 새로 고치려고 할 수 있다. 그런데 그 과정이 방해받는다면, 그때 그 사람은 어느 정도 자신의 파괴충동에 대해 책임을 질 수 없게 될 것이다. 그 결과 그 개인은 우울증을 앓게 되거나 투사라는 기제를 사용하여 자신의 파괴성을 자신이 아닌 다른 곳에서 발견하게 될 것이다.

이 거대한 주제에 관한 설명을 간단히 마무리하기 위하여 일상생활에서 적용할 수 있는 몇 가지 생각을 열거해 보겠다.

(a) 어떤 방식으로든 개인에게 기여할 수 있는 기회를 주는 것

은 우리 자신의 일부인 파괴성을 수용할 수 있도록 돕는다. 이 파괴성은 사랑 안에 속한 것이며, 또 먹는 것 안에 포함되어 있는 아주 기본적인 우리 자신의 구성 요소이다.

(b) 사람들이 건설적이 되는 순간을 지각하고 그렇게 할 수 있는 기회를 제공한다고 해도 그러한 시도가 항상 성공하는 것은 아니다. 그리고 왜 그런지에 대해서 우리는 알고 있다.

(c) 누군가에게 기여할 수 있는 기회를 제공한다면, 세 가지 결과를 얻을 수 있을 것이다.

> (1) 이것이 꼭 필요한 것이라는 긍정적인 반응을 얻는다.
> (2) 기회가 거짓되게 사용됨으로 인해 궁극적으로 건설적인 활동들이 거짓으로 느껴지고, 그에 따라 그 건설적인 활동이 위축되는 현상이 나타난다.
> (3) 파괴성에 도달할 수 없는 사람에게 기회가 제공됨으로 인해 그 기회는 자기 비난을 가져오며, 그 결과로 임상적인 재난을 불러온다.

(d) 이러한 생각들은 죄책감이 작용하는 방식에 대한 지적인 이해를 위해 사용될 수 있다. 이 죄책감은 파괴성이 건설적인 것으로 변형되는 지점에 자리잡고 있다. (내가 말하는 죄책감은 대체로 의식되지 않는 것이다. 그것은 건설적인 활동에 의해 해소되는 잠재적인 죄책감이다. 의식의 영역 안에 있는 임상적 죄책감은 별개의 문제이다.)

(e) 이제 우리는 어디서나 일어날 수 있는 충동적인 파괴성에 대한 이해를 갖게 되었다. 이 충동적인 파괴성은 청소년기의 특수한 문제이면서 동시에 반사회적 성향의 일반적인 특성이기도 하다. 만약 건설적인 경향성이 좋은 대상에 대한 파괴

충동을 수용함으로써 발생하는 죄책감에 토대를 두지 못한 것이라면, 그러한 건설적인 경향성보다는 파괴성이, 비록 그것이 충동적이고 변덕스러울지라도 더 정직한 것이다.

(f) 이러한 문제들은 부모가 삶을 시작하는 아기에게 좋은 것을 제공하고 있을 때 뚜렷하게 인식되지 않은 채 진행되는 아주 중요한 것들이다.

(g) 끝으로, 우리는 흥미있는 철학적 물음을 만나게 된다. '사람은 자신의 빵을 먹기도 하고 동시에 그것을 소유할 수도 있는 것인가?'

8장

침울 상태에서 벗어나기 위한
청소년의 투쟁

(런던 시의회 아동분과 간부연수회에서
한 강연, 1961. 2. 수정 출간, 1963.)

최근 청소년기와 청소년의 문제에 대한 범세계적인 관심은 우리가 살고 있는 특수한 시대 상황을 반영한다. 이러한 청소년 심리를 탐구하기 원한다면, 우리는 먼저 우리 자신에게 다음과 같이 물어야 할 것이다. 청소년은 이해 받기를 원하는가? 그 답은 '아니오' 일 것이다. 사실 성인들은 청소년에 대해 이해한 바를 자신들만 알고 있어야 할 것이다. 청소년기에 대한 주제로 청소년을 위한 책을 쓴다는 것은 어리석은 일이다. 왜냐하면 인생에서 이 청소년기는 책을 읽어서 이해해야 할 시기가 아니라 직접 부딪치는 것을 통해서 살아내야 하는 시기이기 때문이다. 청소년기는 본질적으로 개인이 자신을 발견해나가는 중요한 시기이다. 각 개인은 이 시기에 살아있는 경험, 존재의 문제 그리고 정체감 형성의 문제로 씨름한다.

사실 청소년을 치료하기 위한 유일한 방법은 성숙이다. 청소년은 이 성숙과정을 통해서 그리고 시간이 흘러감에 따라 어른이 되어간다. 이 성숙과정을 잘못 다룸으로 해서 손상되고 파괴될 수도 있지만, 또는 정신적인 질병 때문에 시들어버릴 수도 있지만, 결코 성급하게 서둘러서는 안된다. 청소년기는 항상 우리 안에 존재하는 것이지만, 우리는 청소년들이 각자 몇 년 동안의 시간을 거쳐 성인으로 성장한다는 사실을 기억해야 한다. 때때로 사람들은, 청소년이 사회 의식을 가진 책임감있는 어른이 되어가는 과정에 있다는 사실을 망각한 채, 마치 청소년기의 문제가 영구적인 것 인양 무책임하게 말하면서 청소년기 현상에 대해 짜증스런 반응을 보이기도 한다.

성숙과정을 조사해 본다면, 이 나이에 속한 소년 소녀는 사춘기의 중요한 변화를 다루고 있음을 알 수 있다. 이 사춘기에 소년 소녀의 성적인 능력이 발달되며, 이차적인 성징이 나타난다. 이 시기는 정서적 신체적 성장이 아주 빠르게 진행되는 초기 유아기와 유사한 발달 단계이며, 각 청소년이 이러한 변화에 대처하면서 자신 안에서 일어나는 불안을 다루는 방식은 유아기에 조직된 성격유형에 그 기초를 두고 있다. 아동이 생의 초기 단계에서 돌봄을 잘 받고 건강하게 자란다면, 오이디프스 콤플렉스 단계가 발달된다. 즉 이때 그들은 사랑할 수 있는 힘을 받아들이게 되고, 그 결과로 나타나는 문제에 대응할 수 있는 능력, 즉 삼각관계를 다룰 수 있는 능력이 발달된다.

건강한 아동은 새로운 감정을 다루고 고통을 견디며 감당하기 어려운 불안을 일으키는 상황에 대처할 수 있는 개인적인 방법을 갖춘 상태에서 청소년기를 맞이한다. 청소년은 초기 유아기와 아동기의 경험에서 유래한 요소들과 타고난 요소들을 사용하여 개인적인 특성들과 경향성을 발달시킨다. 따라서 청소년기에 나타나는 질병은 유아기와 걸음마기에 부모가 감당해주지 못한 관리의 실패에 그 기원을 갖는다. 유아기와 아동기 초기의 경험을 토대로 형성된 질병의 유형은 많은 부분이 무의식 상태에 머물러 있으며, 아동에게 잘 알려져 있지 않은데, 그것은 아동이 미처 경험해 보지 못한 것이기 때문이다.

항상 다음의 질문들이 제기된다. '이 성격 조직은 어떻게 새로운 본능적인 힘에 부응하는가?' '사춘기 변화는 소년과 소녀의 고유한 성격 유형에 어떻게 동화되는가?' '게다가 청소년 개인은 어떻게 전적으로 새로운 어떤 것, 즉 파괴하고 심지어 죽일 수 있는 힘과 걸음마기에 경험한 순수한 증오의 감정에서 오는 힘을 다루는가?'

이 시기에 환경은 엄청나게 중요한 영향을 미친다. 아동의 부모와 친척들이 계속해서 존재해주고 관심을 가져주는 것이 무엇보다 중요하다. 정신과 의사가 하는 일은 상당 부분 아동의 어느 한 발달 단계에서 생긴 환경의 실패와 관련되어 있으며, 이러한 사실은 환경과 가족이 결정적으로 중요하다는 것을 부각시킨다. 대다수의 청소년들은 충분히 좋은 환경에서 살고 있다고 할 수 있다. 비록 대부분의 청소년들이 성숙과정에서 부모의 골치를 썩이는 일이 있기는 하지만, 점차 어른으로 성숙되어 간다. 그러나 아주 좋은 환경 조건이 갖추어져 있다고 할지라도, 청소년 개인은 여전히 타협해야 할 많은 문제와 어려움을 가지고 있다.

개인의 고립

청소년은 본질적으로 고립되어 있는 존재이다. 그들은 이 고립된 자리에서 벗어나 관계 형성을 향해 나아간다. 청소년은 개인적 관계에서 시작해서 차츰 사회적 관계로 나아간다. 청소년기는 본질적으로 유아기를 반복하는 특징을 갖는다. 그것은 유아 또한 적어도 마술적 통제 너머에 있는 대상과 관계 맺을 수 있는 능력을 갖기 전까지는 고립된 존재이기 때문이다. 유아는 자신의 일부가 아닌 대상의 존재를 인식하고 환영하는데, 그것은 하나의 성취이다. 청소년은 이러한 유아기의 경험을 반복한다.

청소년은 고립 상태에서 출발할 수 밖에 없는 것 같다. 그는 먼저 주관 대상과 관계를 맺어야 한다. 어린 청소년들은 고립된 개체들이면서 동시에 같은 생각과 이상 그리고 옷을 입는 방식이나 삶을 살아가는 방식을 받아들이면서 하나의 집단을 형성하려고 한다. 그들은 공동 관심사와 흥미에 따라 서로 다른 집단으로 분류되기도 한다. 그들은 공격을 받을 경우에 하나의 집단을 형성할 수 있다. 그러나 그것은 공격에 대한 반응으로 형성된 집단이므로 박해가 끝나면 해체되고 만다. 그런 집단은 내부에서 나오는 역동이 없기 때문에 만족스런 집단이 되지 못한다.

이러한 고립 현상과 공통의 관심사에 따라 연합하고자 하는 욕구는 어린 청소년의 성적 경험에 영향을 미친다. 이 단계에서 소년 소녀는 자신이 동성애적인지, 이성애적인지, 혹은 단지 자기애적인지, 자신의 성적 성향에 대해 아직 잘 모른다. 어린 청소년이 단지 자기 외에는 아무도 사랑하지 못한다는 것을 깨닫는 것은 참으로 고통스러운 일이다. 그것은 소년의 경우 더욱 고통스러울 수 있는데, 그것은 사회가 소녀의 자기애적 요소는 어느 정도 참아주지만, 소년의 자기애적 요소에 대해서는 전혀 용납하지 않기 때문이다. 종종 소년 소녀는 오랫동안 성적인 충동이 출현할 것 같지 않은 시기를 갖기도 한다.

이 단계에서 소년 소녀의 충동적인 자위행위는 성적인 경험의 형태라기보다는 오히려 반복적으로 성을 제거하는 행위로 볼 수 있다. 말하자면, 그들이 성에 대한 온전한 의미를 이해하지 못한 상태에서 다급해진 생리적인 문제를 다루려는 반복적인 시도일 수 있다. 실제로 그들은 전인적 존재로서 연합을 이룰 수 있는 능력이 발달되지 않은 상태에서 강박적인 이성애적 또는 동성애적 활동들을 성적인 긴장을 제거하려는 목적으로 사용할 수 있다. 개인이 전인적 존재로서 이루는 연합은 처음에 성교가 아닌 성적 유희로 나타나거나, 의존성이나 상호의존성을 강조하는 다정한 애정 행위로 나타날 수 있다. 여기에 청소년은 다시금 새로운 본능이 발달하고 연합하기까지 기다리는 시간을 갖게 되며, 이 기다리는 오랜 시간 동안 성적 긴장을 발산할 수 있는 출구를 찾아야만 한다. 따라서 강박적 자위행위는 당연히 있을 수 있는 일이며, 청소년은 그 행위에 수반되는 무의미감(senselessness) 때문에 괴로움을 당할 수 있다.

자위행위는 반드시 즐겁기만 한 것이 아니며, 그것 자체로서 복잡한 문제를 만들어내기도 한다. 청소년에 관해 연구하는 사람들도 역시 이러한 비밀스런 문제들에 대해 제대로 진실을 밝혀내기가 어렵다. 그러므로 연구자들은 질문을 하는 사람은 누구나 거짓말을 들을 준비를 하라는 훌륭한 금언을 기억하는 것이 좋을 것이다.

시대적 배경

십대들이 사춘기 성장을 이루는 시기에 청소년일 수 있다는 사실은 그 사회가 건강하다는 하나의 징표가 아니겠는가? 원시 사회에서 청소년의 사춘기 변화는 금기로서 숨겨야 하거나, 청소년은 특정한 의식과 절차를 통하여 몇 주나 몇 개월 동안에 성인으로 변화되어야만 했다. 현대 사회에서 청소년은 성장의 경향성에 따라 진행되는 자연적인 발달 과정을 통하여 성인이 된다. 이로써 오늘날의 새로운 성인은 힘과 안정성 그리고 성숙성을 가지게 되었다.

따라서 어른이 이들 청소년을 받아주고 인내해주지 않으면 안된다. 때로는 이것이 사회에 무거운 짐이 되기도 한다. 왜냐하면 성인들은 청소년기의 소년 소녀들이 성장하지 못하고 계속 청소년으로 머물러 있는 모습을 보면서 실망하게 되고 따라서 고통을 겪기 때문이다.

청소년들에 대한 전반적인 조건을 변화시킨 다음과 같은 세 가지 주요한 사회적 요인이 있다.

더 이상 억제장치가 되지 못하는 성병

성병은 더 이상 유령같은 존재가 아니다. 매독과 임질은 더 이상 신의 징벌이 아니다. (50년 전에는 분명히 그렇게 느꼈다.) 성병은 페니실린과 항생 물질로 치료할 수 있게 되었다. 나는 1차 세계대전 후에 어디에선가 한 소녀를 만난 적이 있는데, 그 소녀는 자신이 창녀가 되지 않는 것은 성병에 대한 두려움 때문이라고 말했다. 내가 성병은 조만간 예방할 수 있고 치료할 수 있을 것이라고 말하자 그녀는 그 말에 경악했다. 그녀는 성병에 대한 두려움이 없었다면, 청소년기를 어떻게 무사히 보낼 수 있었을지 상상할 수 없다고 말했다. (그녀는 이제 막 그 시기를 통과하고 있었다.) 그녀는 현재 대가족의 어머니로서 정상적으로 살아가고 있다. 그러나 청소년기에 그녀는 여전히 청소년기 갈등과 본능의 도전에 직면해야 했다. 그녀는 어려운 시기를 겪었고, 훔치기와 거짓말을 했다. 그러나 마침내 그녀는 어른이 되었다.

피임

피임 기술이 발달하면서 청소년은 성적인 탐색을 할 수 있는 자유를 갖게 되었다. 이 자유는 부모가 되지 않고도, 그리고 원하지 않는 아기와 사생아를 낳지 않고도 성에 대해 알 수 있는 기회를 주는 이전 세대에는 없던 새로운 것이다. 물론 우발적인 일이 일어날 수 있고 또 일어날 것이다. 그리고 이러한 뜻하지 않은 사고는 불행하고 위험한 임신중절이나 사생아의 출산으로 이어질 수 있다.

그러나 청소년기의 문제를 연구할 때에, 어른들은 오늘의 청소년은 마음만 먹는다면 사고에 따른 임신으로 인해 고통받지 않고서도 감각적인 삶의 전체 영역을 탐구할 수 있다는 사실을 인정해야 할 것이다. 물론 이것은 사고의 후유증에 대한 두려움과 정신적인 고통이 따른다는 점에서 부분적으로만 진실이다. 그러나 이 문제는 피임이라는 새로운 요인에 의해 지난 30년 동안 변화되어 왔다. 현재 나타나고 있는 청소년의 정신적인 고통은 두려움에서라기보다는 개인의 죄책감에서 비롯된 것이다. 모든 아동이 태어나면서부터 타고난 죄책감을 갖는다는 의미에서가 아니라 아동이 건강할 경우 아주 복잡한 방식으로 옳고 그름에 대한 감각과 죄책감을 경험할 수 있는 능력을 발달시킨다는 의미에서 그러하다. 건강한 경우, 아동은 각자 이상을 갖고 있고 미래에 무엇이 되고 싶은지에 대해 생각하기 때문에 죄책감을 경험하게 된다.

여기에는 강력한 의식적 및 무의식적 요인들이 관련되어 있으며, 이 요인들 안에는 개인의 전체 환상이라는 측면에서만 설명될 수 있는 갈등적인 감정과 두려움이 포함되어 있다. 예를 들면, 한 소녀는 결혼해서 가정을 꾸리기도 전에 아버지 없는 아이

둘을 낳아서 어머니에게 떠맡기고 싶은 강한 무의식적 충동을 갖고 있었다. 그러한 동기에는 가족 관계에서 소녀로서 자신이 갖는 위치와 관련된 보복심이 포함되어 있었고, 어머니에게 두 아기를 빚지고 있다는 생각과 자신의 삶을 시작하기 전에 그 빚을 갚아야 한다는 생각이 포함되어 있었다. 청소년의 행동(실제로는 모든 연령의)에는 상당히 복잡한 동기들이 숨어있을 수 있으며, 그것을 단순화시키는 것은 진실에 대한 왜곡일 수 있다. 대부분의 청소년 문제에서 가족의 태도(그 성격상 복잡한)가 청소년의 행동화를 억제시키고, 소년 소녀들이 이 어려운 시기를 잘 넘기는데 도움이 된다는 사실은 다행스런 일이다.

전쟁의 종언

아마도 내가 위에서 말한 두 가지 요소, 즉 성병에 대한 공포에서 벗어나는 해방과 피임 기술의 발달보다 수소폭탄이 청소년들의 사고에 더 심각한 변화를 가져다준 요소일 것이다. 원자폭탄은 성인 사회와 끊임없이 밀려오는 청소년 문화 사이의 관계에 영향을 미친다. 그러나 이 새로운 폭탄이 광증을 상징하는 것 못지 않게, 유아가 설사를 하는 순간 그의 환상 안에서 일어나는 것 또한 광적인 것이다. 그 순간 유아는 그의 격노가 실제적인 파괴로 나타났다고 경험하기 때문이다. 화약은 이미 이러한 모든 것과 더욱 깊은 광증을 상징해왔고, 이미 오래 전에 현실을 마술에 맡기는 화약이 발명됨으로써 세상이 바뀌었다. 위협적인 핵전쟁의 결과는 사실상 **또 다른 전쟁은 있을 수 없다**는 것을 의미한다. 세계의 어느 한 곳에서 국지전이 가능하다고 논박할 수도 있겠지만, 이 새로운 폭탄 때문에 우리는 더 이상 전쟁을 통해서 사회 문제를 해결할 수 없다는 사실을 알고 있다. 따라서 이제는 강력한 군사 훈련이나 해상 훈련을 정당화할 수 없게 되었다. 우리는 사람 안에 있는 잔인성이나 보복감정에 호소하지 않고는 젊은이들에게 이와 같은 훈련을 시킬 수 없으며, 그런 훈련을 정당화할 수도 없다.

그동안은 청소년 문제를 다루는 방식으로서 어려움을 겪고 있는 청소년들을 왕과 나라를 위해 싸우도록 준비시켰는데, 이제는 그러한 방식이 더 이상 의미가 없게 되었다. 그런 점에서 우리는 그동안 관습적으로 사용해온 도구를 잃어버렸다. 이제 우리는 청소년 문제를 새롭게 다루지 않으면 안되게 되었다. 즉 사회가, 함께 사는 법을 배워야 하는 청소년기 자체가 존재한다는 사실을 깨닫게 되었다.

청소년기는 성적 능력을 갖추기 이전 단계라고 볼 수 있다. 남성의 상상적 삶에서 성적 능력은 단순히 적극적 또는 수동적 성교의 문제만이 아니다. 그것은 남성에 대한 남성의 승리라는 생각과 승리자에 대한 소녀의 찬사를 포함하고 있다. 이 모든 것이 커피 바에서 일어나는 이해하기 힘든 여러 사건들과 때때로 일어나는 칼부림 안에 담겨 있다. 이제 지금까지 결코 생각해본 적이 없는 새로운 방식으로 청소년기를 이해해야 한다. 그리고 청소년기가 매우 폭력적일 수 있음을 인식해야 한다.

최근 이따금씩 사회문제로 부각되는 청소년의 잔혹성에 대해 생각할 때, 우리는 그것을 이제는 끝이 난 전쟁 중에 경험한 죽음과 잔인성 그리고 성적 자유와 비교할 필요가 있다. 그렇게 할 때 우리는 말썽을 부리는 청소년들에 대해 좀더 너그러울 수 있으며, 청소년기 안에 내재된 폭력과 성의 문제와 함께 그들을 담아줄 수 있을 것이다.

앞에서 말한 세 가지 변화는 사회가 갖고 있는 관심사에 영향을 끼치고 있는 것들이다. 여기에서 우리는 청소년기는 거짓된 술책을 사용하여 얼른 벗어나야 하는 단계가 아니라는 제일 중요한 교훈을 얻을 수 있을 것이다.

삶을 생생하게 느끼기 위한 투쟁

거짓된 해결책을 받아들이지 않는 것이 청소년들의 가장 중요한 특성이 아니겠는가? 그들은 진정된 것으로 느끼는 것만을 받아들이는 강렬한 도덕성을 가지고 있는데, 이것은 또한 유아기를 특징짓는 도덕성이기도 하다. 그것은 일반적인 선악의 문제보다 훨씬 더 깊은 차원의 도덕성이며, '너 자신에게 진실하라'는 도덕적 신조를 가지고 있다. 청소년은 자신에게 진실하고자 하는 투쟁에 참여한다.

이것은 이미 말했듯이, 청소년기 문제에 대한 치료는 시간이 필요하다는 사실과 연결되어 있다. 그런데 이 사실은 거짓된 요소 때문에 어떠한 치료도 거부하는 청소년에게는 거의 의미가 없는 것이다. 일단 청소년이 타협할 수만 있다면, 진실의 냉혹함을 부드러운 것으로 완화시킬 수 있는 다양한 방법을 발견할 수 있을 것이다. 예를 들면, 부모상과의 동일시를 통한 해결, 성에 대한 조숙한 발달, 폭력이나 운동 경기에서 신체적 위용을 드러내기, 혹은 신체적인 기능에서 지적인 목표와 성취로 관심을 옮기는 방법 등이 그런 것들이다. 일반적으로, 청소년은 이런 도움들을 거부한다. 왜냐하면 그들이 아직 타협할 수 없기 때문이다. 대신에 그들은 모든 것을 허망하게 느끼는 단계인 침울한 상태를 통과해야 한다.

작은 아파트에서 어머니와 함께 살고 있는 한 소년이 있었다.

소년은 매우 영리했지만 중학교 교육을 받을 수 있는 기회를 낭비했다. 그는 약을 먹고 죽어버리겠다고 위협하면서 침대에서 누워지냈고, 축음기에서 흘러나오는 감상적인 재즈음악을 듣곤 하였다. 때때로 소년은 어머니가 들어오지 못하도록 방문을 잠갔고, 그때 어머니는 어쩔 수 없이 경찰에게 도움을 청하곤 했다. 소년은 친구가 많았는데, 친구들이 술과 음식을 가지고 들이닥치는 날이면 그 아파트는 생기를 찾았고, 밤새 그리고 주말 내내 파티가 계속되었다. 그는 자주 성적 접촉을 가졌으며, 한 소녀와 지속적인 관계를 가졌다. 그는 자살 충동을 가지고 있었는데, 여자 친구가 그에게 무관심하다고 생각될 때 자살 충동을 느끼곤 했다.

소년에게는 아버지 상이 없었지만, 그는 이러한 사실에 대해 전혀 아는 바가 없었다. 소년은 자신이 진정으로 원하는 것이 무엇인지 모르고 있었고, 자신이 쓸모 없는 존재라는 느낌은 점점 더 커져만 갔다. 그는 기회가 주어질 때마다 그것을 무시해버리곤 했다. 그와 어머니의 관계에서 서로가 지쳐 있었지만, 그는 어머니를 떠나지 못했다.

동일시와 대리 경험의 사용을 전적으로 거부하는 청소년은, 즉 타협을 거부하는 청소년은 우리 문화가 과거 역사 속에서 성취해온 모든 것을 무시한 채, 처음부터 다시 시작해야 한다. 청소년은 그 누구에게서도 물려받을 것이 아무것도 없는 것처럼 다시 시작하려고 하는 것 같다. 그들은 같은 점이 아주 조금만 있어도, 즉 고향이 같거나 나이가 같은 것 등 겉보기에 아주 조금만 같은 점이 있어도 그것을 중심으로 집단을 형성한다. 그들은 정체성을 위해서, 생생하게 느끼기 위해서 그리고 어른이 기대하는 역할에 맞추지 않고 무엇이든 직접 경험하기 위해서 투쟁할 때 결코 실망하지 않을 동일시의 형태를 찾는다. 그들은 거짓 해결책을 거부하는 순간을 제외하고는 모든 것을 비현실적이라고 느낀다. 이러한 비현실감은 그들로 하여금 사회 안에서 공격적인 행동을 하도록 인도한다. 사실 사회는 반항과 의존이 뒤섞인 청소년기의 특성에 대해 당황해한다. 청소년을 돌보는 사람들은 소년 소녀가 어떻게 그렇게 반항적일 수 있으며, 동시에 어떻게 그렇게 유치하고 유아적으로 의존적일 수 있는지 궁금해할 것이다. 더구나 부모는 자녀들이 도전할 수 있도록 스스로 돈을 지불하고 있다는 것을 깨닫게 될 것이다. 물론 그 도전 때문에 고통을 겪는 것은 바로 부모들 자신인데도 말이다. 실제로 청소년의 삶이 어떤 것인지는 아랑곳하지 않고 청소년에 관해 이론을 세우고 글로 쓰거나 이야기하는 사람들이 있는 것도 사실이다. 부모나 부모의 대리인은 청소년 관리와 관련된 절박한 문제들에 직면하게 된다. 그들은 이론에 대한 관심보다는 청소년과 부모가 서로에게 미칠 충격에 더 관심을 갖는다.

청소년들이 가지고 있는 몇 가지 욕구를 제시한다면 다음과 같을 것이다.

거짓된 해결책을 피하려는 욕구: 생생하게 느끼거나 아주 무감정한 상태로 있고 싶은 욕구

청소년의 의존심을 수용해주고 신뢰할 수 있는 환경 안에서 반항하고 싶은 욕구

사회에 대한 적대감을 드러내고 그 적대감을 발산하기 위해서 반복적으로 사회를 자극하려는 욕구

건강과 질병

정상적인 청소년에게서 나타나는 특성은 여러 가지 질병을 가진 사람들에게서 나타나는 특성과 관련되어 있다. 예를 들어, 거짓된 해결책에 대한 청소년의 거부는 타협을 하지 못하는 정신분열증 환자의 특성에 상응한다. 이것은 신경증 환자들의 양가감정에 그리고 건강한 사람들의 속임수 및 자기기만에 상응한다. 또한 생생한 감정을 느끼고자 하는 욕구는 정신병적 우울증과 이인증(depersonalization)에서 나타나는 진짜 같지 않은 느낌에 상응한다. 그리고 반항하고 싶은 욕구는 청소년 비행으로 나타나는 반사회적인 경향성의 한 측면에 상응한다.

따라서 이러한 청소년 집단 안에 있는 다양한 성향들은 그들 가운데서 보다 병이 깊은 구성원들에 의해 대표되는 경향이 있다. 한 사람은 약물을 과다하게 복용하고, 다른 한 사람은 우울증으로 침대에 누워있고, 또 다른 한 사람은 칼을 휘두른다. 사회를 침해하는 극단적인 증상을 보이는 병든 개인들의 배후에는 항상 고립된 청소년들의 집단이 존재한다. 그러나 그 집단의 개인들 대부분은 그들의 증상을 구체적인 행동으로 옮김으로써 사회 문제를 일으킬 만큼 강한 추동력을 갖고 있지 않다. 대개 집단내의 병든 사람이 다른 구성원들을 위해서 행동하는 것이 보통이다.

반복해서 말하지만, 청소년이 이 발달단계를 자연스럽게 통과하려면, 청소년기 침울 상태(the doldrums)라고 말하는 현상을 거쳐야만 한다. 사회는 이러한 현상을 당연한 것으로 받아주고 견뎌주어야 하며, 그것을 제거해버리려고 할 것이 아니라 부응해주어야 한다. 문제는 우리 사회가 과연 그렇게 할 수 있을 정도로 건강한가 하는 것이다.

이러한 문제를 복잡하게 만드는 요인이 있다. 그것은, 몇몇 개인은 너무 병(정신신경증이나 우울증, 혹은 정신분열증과 같은)이 깊어서 청소년기라고 하는 정서 발달 단계에 도달할 수 없거나, 또는 심하게 왜곡된 방식으로만 도달할 수 있다는 사실이다. 이 간단한 논문에서 이 나이 또래에 나타나는 심한 정신적 질병들 전체를 다루기는 어렵다. 따라서 여기서는 청소년기에 대한 연구에서 지나칠 수 없는 하나의 질병 유형인 청소년 비행의 문제를 다루고 있다.

다시 한번, 정상적인 청소년기의 어려움과 반사회적 경향성이라고 하는 비정상적인 청소년의 어려움 사이에는 밀접한 관계가 있음을 강조할 필요가 있다. 이 두 상태는 임상적으로는 뚜렷한 차이를 보이지만, 근원적인 역동성에는 별 차이가 없다. 반사회적 경향성의 뿌리에는 항상 박탈이 존재한다. 결정적인 시기에 어머니가 심리적으로 철수했거나, 우울한 상태였거나, 혹은 가정이 깨어졌을 수도 있다. 아동의 삶에서 힘든 순간에 일어나는 사소한 박탈도 과도한 방어 기제의 사용을 자극함으로써 항구적인 영향을 미칠 수 있다. 반사회적 경향의 배후에는 언제나 건강했던 역사가 있다. 그러다가 그 건강이 중단되는 일이 일어났고, 그 뒤에는 모든 것이 전과 같지 않게 되었다. 반사회적 아동은 이런저런 방식으로, 폭력적이거나 부드러운 방식으로, 자신이 받아야 할 빚이 있다는 사실을 세상에 알리려고 하며, 세상에 대해 자신의 깨어진 틀을 고쳐달라고 요구한다. 반사회적 경향성의 뿌리에는 박탈 경험이 있다.

일반적으로 건강한 청소년의 경우, 그들에게 본격적인 박탈 경험이 있었다고는 말할 수 없다. 그러나 그들에게도 명확하지는 않지만, 어느 정도의 박탈 경험이 있을 수 있는데, 그들의 박탈 경험은 과도한 방어를 자극할 만치 강한 것이 아닐 뿐 별 다른 차이는 없다. 이런 청소년들은 집단 안에서 집단 전체를 대신해서 행동하는 극단적인 구성원을 동일시하는 모습을 보이기도 한다. 청소년기에 일어나는 모든 문제들, 즉 훔치기, 칼질하기, 가출과 무단 침입 등은 우울한 재즈를 들으면서 둘러앉아 있는 청소년 집단의 역동 안에서 생기는 것으로 이해해야 한다.

만약 그들에게 아무 일도 일어나지 않는다면, 집단의 구성원들은 그들의 반항에 대해 확실한 느낌을 갖지 못할 것이다. 그러나 그렇다고 해서 반사회적 행동을 해야 할 정도로 심각한 어려움을 느끼지도 않을 것이다. 그러나 만약 그 집단 안에 사회의 반응을 불러일으킬 수 있는 반사회적인 소년 소녀가 있다면, 그들은 다른 모든 구성원들을 결속시키고, 생생한 느낌을 갖게 만들고, 일시적으로 집단을 구조화시킬 것이다. 그럴 경우, 그들 중 어느 누구도 극단적인 반사회적 행동에 찬성하지 않는다 하더라도, 그들은 모두 그 집단을 위해서 행동하는 개인에게 충성과 지원을 제공할 것이다.

이러한 원리는 청소년들이 다른 종류의 질병을 사용하는 경우에도 마찬가지로 적용될 수 있다. 집단 성원 중 한 사람이 한 자살 기도는 집단내의 다른 모든 성원들에게 아주 중요해진다. 또 그들 중의 어느 하나가 우울증으로 마비되어 일어나지 못한다면, 다른 모든 구성원들도 우울한 상태를 겪는다. 그러한 사건들은 전체 집단에 영향을 미침으로써 집단 안의 개인들을 변화시키고, 개인들은 다시금 집단을 변화시킨다. 그러나 그 집단의 구성원들은 이러한 침울 상태를 견뎌내고 현실감을 느끼기 위한 투쟁에서 그들 중 가장 극단적인 구성원을 이용한다.

그렇다면 문제는 어떻게 청소년기 동안에 청소년일 수 있는가일 것이다. 이것은 어느 누구에게나 매우 용기가 필요한 일이다. 그렇다고 해서 우리 어른들이 이렇게 말해서는 안된다. '청소년기를 살아가고 있는 사랑스러운 청소년들을 보시오. 우리는 모든 것을 참고 그들이 유리창을 깨도록 놔둡시다.' 내가 말하고자 하는 것은, 청소년이 우리에게 도전을 해올 때 우리는 어른으로서 당연히 해야 할 일의 한 부분으로서 그 도전에 맞서주어야 한다는 것이다. 우리는 그 도전을 없애려하기보다는 그 도전에 응해주어야 한다. 왜냐하면 그 도전은 본질적으로 건강한 것이기 때문이다.

우리가 청소년에게서 커다란 위협을 느끼는 것은 실제로 청소년기를 살지 못한 우리 자신의 일부분 때문에 위협을 느끼기 때문이다. 우리 자신의 이러한 부분 때문에 우리는 침울 상태를 살아낼 수 있는 사람들을 증오하게 되며, 우리 자신을 그들을 위한 해결사로 만든다. 이렇게 해서 수없이 많은 거짓 해결들이 발생한다. 청소년들이 보기에 우리가 말하고 행하는 것은 모두 틀린 것이다. 우리가 지지해주면 그들은 그것은 틀린 것이라고 말한다. 우리가 지지를 포기하면, 그들은 그것 또한 틀렸다고 말한다. 우리는 감히 우리 자신을 '이해해주는 사람'이라고 말할 수 없다. 그러나 시간이 흐름에 따라 우리는 이 청소년들이 개인적인 멸절 불안에 의해 위협받지 않으면서 침울 상태에서 벗어나 사회와 부모 그리고 좀더 큰 집단과 동일시하는 모습을 발견하게 된다.

9장

청소년은 잠들지 않는다

(뉴 소사이어티를 위한 기고문, 1964.)

나는 16세와 23세 사이에는 시간을 허락하지 않을 것이다. 젊
은이는 그 동안 잠들어 있을 것이다. 그 나이에는 아이를 배
고, 전통을 흔들고, 훔치고, 싸우는 것 외에는 아무 것도 할 일
이 없기 때문이다.

'겨울 이야기'

이 적절한 인용문은 최근에 청소년 무법자들이라는 주제를
다룬 타임지의 글에서 인용한 것이다. 현재 상황 안에는 실제적
인 위험이 도사리고 있다. 오늘날 집단적인 폭력의 경향성을 띠
는 청소년 문제는 나찌 정권의 초기에 있었던 청소년 운동에 견
줄 수 있게 되었다. 그 당시 히틀러는 청소년들에게 초자아의 역
할을 제공함으로써 하룻밤 새에 청소년 문제를 해결해 주었다.
지금 돌이켜 볼 때 그것은 거짓된 해결책이었다. 그러나 그것은
어떤 점에서 우리가 지금 씨름하고 있는 것과 유사한 사회 문제
를 일시적으로 해결했다고 볼 수 있다.

사람들은 모두 해결책은 무엇이냐고 묻는다. 영향력 있는 사람들은 나름대로 해결책을 제시한다. 그러나 이 문제는 **시간이 흐르면서 소년 소녀들이 (병들지 않는다면) 성인으로 성장하는 것** 외에는 다른 해결책이 없다. 셰익스피어가 말한 것처럼, 이 문제를 해결하는 데는 시간이 필요하다는 것을 이해하지 못하는 사람들은 이 문제에 대해 건강하지 못한 반응을 보이는 경향이 있다. 실제로 목청을 높이는 대부분의 사람들은 즉각적인 행동이 아니라 시간의 경과를 통해서 이 문제를 해결할 수 있다는 생각을 받아들이지 못한다.

물론 전체적인 상황을 살펴본다면, 청소년의 문제 안에는 긍정적인 요소들이 있다. 가장 희망을 주는 요소는 대다수의 십대들이 자신들이 '어디로 가는지 알지 못하면서도' 자신들의 위치를 지켜내는 능력을 가지고 있다는 점이다. 그들은 각자가 하나의 단일체로 존재한다는 느낌을 획득하고, 또 잠재기 또는 아동기를 거치는 과정에서 사회화를 성취하는 동안에, 현실적인 문제에 대처하기 위해 온갖 종류의 활동들을 고안해낸다. 나는 성의 왕이요/너는 더러운 악당이다 라는 아이들 게임에서 볼 수 있듯이, 한 사람의 개인이 되고 완전한 자율성의 경험을 즐긴다는 것은 본래적으로 폭력적인 일임을 알 수 있다.

대중 매체는 온갖 청소년 무법 행동들에 관한 이야기로 가득 채워진다. 그것은 대중이 십대들이 반사회적이지 않은 것들을 추구한다는 사실을 진정으로 듣거나 읽기를 결코 원하지 않기 때문이다. 더욱이 비틀즈의 경우처럼 십대들이 사회적으로 대성공을 거두는 기적이 일어날 때, 한편에서 자신들의 삶을 살고 있는 이 십대들에 대한 시기심에서 자유로운 성인들이 안도의 한숨을 쉬는 동안, 다른 한편에서는 얼굴을 찡그리는 성인들이 존재할 것이다.

시사 잡지 관찰자(The Observer)의 5월 24일자 편에는 '로크족들 수감되다'(Rockers Held)라는 머릿기사가 실렸다. 내가 보기에 이 글귀는 공권력이 갖는 기능에 대해 말해준다는 점에서 되새겨 볼 만한 가치가 있다. 사회는 경찰이라는 공권력을 사용하여 이 십대들을 수감해주고 담아준다. 그리고 이러한 현상은 개인이 우여곡절을 거쳐 사회와의 동일시를 성취한 성인으로 자라나는 과정 안에 본래적으로 내포되어 있는 영원한 변증법적 과정이다. (때때로 이러한 성취는 사회 안에 존재하는 하위 집단에 따라 불안정할 수 있다.)

반사회적 행동화 안에 긍정적인 요소가 있다는 사실은 반사회적 요소에 관해 숙고하는데 도움이 될 수 있다. 이 반사회적 요소는 일부 십대에게는 실제적인 요소로, 나머지 대부분의 십대에게는 잠재적인 요소로 존재하고 있다. 이 긍정적인 요소는 반사회적인 개인이 살아온 전체 역사와 관련되어 있다. 행동화가 강렬하게 충동적인 것은 그 특정 개인이 과거에 환경의 실패를 경험했기 때문이다. 훔치는 행동 안에 잃어버린 어머니의 사랑을 되찾고자 하는 희망이 담겨 있는 것처럼, 폭력적인 행동 안에도 아동기 의존 단계에서 잃어버린 든든한 안아줌(a firm holding)을 다시 찾으려는 의도가 담겨 있다. 이러한 든든한 안아줌이 없이는 아동은 충동을 발견할 수 없다. 그리고 아이가 스스로 발견하고 동화해낸 충동만이 자기-통제와 사회화를 위해 사용될 수 있다.

깊은 박탈을 경험한 소년 소녀들의 충동적인 활동으로 인해 폭력이 갱의 형태로 나타날 때, 그 집단에 충성하는 십대들 사이에 폭력 행동이 나타날 수 있는 잠재력이 항상 존재한다. 그리고 이런 현상을 해결하기 위해서는 이 글 첫머리의 인용문에서 셰익스피어가 말한 23세가 지나가기를 기다리는 수밖에 없다. 현재 우리는 16세에서 23세 까지 보다는 아마도 12세에서 20세까지의 '청소년들이 잠들기를' 원할 것이다. 그러나 청소년들은 잠들지 않을 것이며, 사회가 그들을 위해 해결해주어야 하는 영원한 과제는 거짓된 해결과 젊음에 대한 질투심에서 비롯된 도덕적 분개 모두를 피하면서 그들을 든든히 안아주고 담아주는 것이다. 무한한 잠재력이야말로 청소년이 지닌 소중하면서도 덧없이 지나가는 자산이다. 그것은 자신의 삶에서 현실적 한계를 느끼는 어른의 시기심을 자극한다.

셰익스피어를 다시 인용한다면, 어떤 이들은 '젊음도 늙음도 가질 수 없다/ 그들에게 인생은 단지 저녁 만찬 후에 자는 잠과 같다/ 그들은 잠자는 동안 젊음과 늙음 모두를 꿈꿀 뿐이다.' ('앙갚음')

제 2 부
사회적 대안

편집자 서문

제 2부는 여러 측면에서 제 1부의 연속으로서, 주로 문제를 가지고 있는 아동의 실제 관리에 관한 내용이다. 여기에서는 또한 정상적인 정서 발달에 대한 지식을 갖춘 전문 인력이 필요하다는 점이 강조되고 있다. 제 2부의 내용은 1944년에 소년 법원의 판사에게 보낸 편지로 시작하는데, 그 편지에서 위니캇은 청소년 비행의 문제를 청소년 개인에게 가장 도움이 되는 사회적 대안이 어떤 것인가라는 관점에서 바라보고 있다. 그는 비행 청소년들을 관리하는데 호스텔과 치안 판사가 반드시 필요하다는 점을 특히 강조하고 있다. 두 번째 글은 영국 의학저널(British Medical Journal, 1951)에 기고한 주제 논문으로 보울비의 논문인 "모성적 돌봄과 정신건강"에 대한 토론을 담고 있다. 세계보건기구(WHO)는 이 논문을 단행본으로 출간하였다. 이 논문에서 보울비는 통계 조사 자료를 토대하여 결론을 내렸는데, 그는 아동이 가정을 떠나 부모와 떨어져 살게 될 때 어떤 영향을 받게 되는지에 관하여 언급했다. 이 글에서 보울비는 이러한 결론들을 일종의 예방적 처방으로 사용할 수 있다고 제안하고 있다.

다음에 이어지는 두 장은 '박탈된 아동이 가정생활에서 상실을 보상받을 수 있는 방법'(1950)과 '집단의 영향과 부적응 아동'(1955)으로, 특히 보호 아동과 그들을 책임지고 있는 사람들을 위해 쓴 글이다. 첫 번째 논문은 박탈을 가져오는 개인적 요인과 사회적 요인 모두를 평가하는데 필요한 기준을 설정하고 있으며, 개별적 진단에 따른 사회적 대안에 대하여 말하고 있다. 두 번째 논문은 개인의 성격 통합이라는 관점에서 집단 형성의 토대에 대해 설명하고 있으며, 또한 성숙한 집단과 홀로 설 수 있을 때까지 강제적인 보호가 필요한 집단(호스텔과 가정에서 돌보아주어야 하는)을 대비시켜 설명하고 있다. 이 논문은 개인이 성취한 통합의 정도에 따라 아동을 분류한 도표를 제시하면서 끝을 맺고 있다. 다른 한편 이 논문들은 정상적인 정서 발달의 특정한 측면에 대해 명확하게 설명하고 있다. 첫 번째 논문은 중간대상과 중간현상의 사용에 대한 아주 초기의 설명을 담고 있다는 점에서 특별히 흥미롭다. 사실 위니캇은 이 개념으로 인해 널리 알려졌다. 위니캇은 이 논문에 쉴라 스튜어트의 자전적 이야기에 대한 개요를 포함시켰는데, 그 이유는 그것이 초기에 충분히 좋은 성장 경험을 가진 아동이라면 가정생활에서의 상실을 극복할 수 있다는 위니캇 자신의 신념을 쉬운 말로 설명해주기 때문이다.

미발표 논문인 '교도소와 소년원에서 내리는 처벌에 대한 논평'(1961)은 처벌과 치료 사이에서 일어나는 이념적 갈등을 다루고 있으며, 처벌에 대해서 이론적으로 고찰해줄 것을 탄원하고 있다. 이 논문은 또한 소년원을 관리하는데 따르는 문제들, 즉 담배 밀매, 도주, 외부 압력으로 인한 긴장에 관한 문제들을 다루고 있다.

진보주의 학교(1965)에 관해 쓴 글은 위니캇이 달팅턴 컨퍼런스에서 한 강연 내용과 그 강연을 끝내고 집으로 돌아오는 기차에서 쓴 몇 가지 간단한 기록들로 구성되어 있다. 위니캇은 이 글에서 그러한 학교에 다니는 아동에 대한 개인적, 사회적 진단의 필요성을 강조하고 있으며, 그럼으로 해서 직원들이 자신들이 맡고 있는 반사회적 아동들이 결코 똑같은 아동들이 아니라는 사실을 인식할 수 있어야 한다는 점을 지적하고 있다. 그는 또한 '진보주의'라는 단어가 갖는 의미를 긍정적인 측면과 부정적인 측면에서 그리고 실제적 측면에서 연구하고 있으며, 또한 파괴성의 본질에 관해서도 고려하고 있다.

마지막 장은 지금까지 발표되지 않은 글로서, 위니캇이 1970년에 사회복지사 협회에서 주최한 데이빗 윌즈 기념 강연에서 부적응 아동에 관한 주제로 강연한 내용을 담고 있다. 이것은 위니캇 박사의 마지막 대중 강연으로서 그가 그토록 기쁜 마음으로 이 강연을 한 데는 그럴 만한 이유가 있었던 것 같다. 그는 그 강연에서 전쟁 기간에 호스텔에서 한 일을 돌이켜 생각해보면서 박탈을 경험한 아동을 보살피는 일에서 꼭 알아야 할 중요한 문제들을 제시했으며, 또한 당시 사회복지사업이 가장 필요로 했던 보호시설 사업에 대해 최종적인 평가를 내리고 있다.

10장

치안 판사와 주고받은 편지

(1943년 5월에 쓴 논문에 이어 1944년 1월 호
「새로운 시대의 가정과 학교」라는 잡지에 실린 편지)

친애하는 위니캇 박사님,

저는 박사님이 쓴 논문 '비행에 관한 연구'와 비행 치료 연구소 회보에 실린 프리들랜더 박사가 같은 주제로 쓴 글을 읽고 나서 이 편지를 쓰고 있습니다. 저는 정신분석학을 범죄와 비행에 적용하는 일에 늘 관심을 가지고 있었고, 판사와 지방법원장 일을 맡은 이후, 이 관심은 매우 실제적인 것이 되었습니다. 저는 환경과 외적 요인이 비행 아동에게 영향을 미친다는 박사님의 견해에 관심을 가지고 있습니다. 왜냐하면 비행 아동의 환경을 바꾸어주는 것이 법정에서 할 수 있는 가장 보편적인 조치이기 때문입니다. 런던 바깥에서 비행 아동이 분석치료를 받도록 조치한다는 것은 매우 어렵습니다. 그래서 법정은 벌금, 투옥, 보호관찰, 교화 조치, 특수 학교(소년원과 유사한)에 보내기, 혹은 조건을 붙여 활동을 제한하거나 무조건적으로 특정 활동을 제한하

기와 같은 대안을 생각할 수밖에 없습니다. 문제는 판사—실은 저 자신이 그러한데, 아마도 제가 전형적인 그러한 판사 가운데 한 사람일 것입니다—가 보호 관찰이나 특수 학교에 대해서, 그리고 보호 관찰의 방법론과 기술에 대해서 거의 아무것도 모르고 있다는 것입니다. 이럴 경우 사람들은 결과에 따라서 판단할 뿐입니다. 현재 필요한 것은 박사님이 논문에서 말했듯이, 최근에 발달한 정신분석 지식과 일반적인 형사 재판의 절차 및 실제 사이에 다리를 놓는 일입니다. 박사님의 진료실에서는 환자에게 유익한 측면에 초점을 둘 수 있지만, 법정에서는 지역 사회에 유익한 측면을 생각해야 하는데, 이것이 문제를 복잡하게 만듭니다. 법정에서 사용하는 도구들은 아주 잔인하고 몰인정합니다. 범법자가 사회의 가치있는 구성원으로 변하기를 갈망하는 것과 다른 잘못을 저지른 행위자들에게 경고하려는 갈망 사이에서 균형을 유지하는 것은 쉬운 일이 아닙니다. 저 자신은 처벌의 억제 효과를 크게 믿지는 않습니다. 그러나 대부분의 판사들은 처벌의 효과를 믿고 있으며, 저는 그들의 견해를 신중하게 고려해야 합니다. 저는 여러 가지 도둑질을 한 17세 가량의 소년을 말로 타이르고 관대하게 처분한 적이 있었습니다. 그러나 그 소년이 똑같은 범죄를 저질러 곧바로 다시 법정에 돌아왔을 때 저는 정말 낙담하지 않을 수 없었습니다. 이러한 경우 어떻게 해야 할까요? 이곳은 런던에서 100마일 이상 떨어져 있고 인구가 적은 지역이기 때문에 선택할 수 있는 가능성이 제한되어 있습니다.

박사님께서 이러한 일반적이지만 아주 실제적인 문제를 숙고할 여유가 있으시다면, 저에게 고견을 보내주십시오. 그렇게 해주신다면 정말 감사하겠습니다.

로저 노스 올림

노스 판사님께,

저는 당신이 판사로서 비행에 대한 나의 견해와 프리들랜더 박사의 논문에 관심을 가져주신 것에 대해 매우 기쁘게 생각합니다. 저는 심리학자가 판사들에게 도움이 될 만한 심리학적 지식을 거의 아무 것도 제공하지 않았다는 것을 분명히 인정합니다. 저는 논문에서 다음의 관점들을 제시하였습니다. 즉 판사는 대중의 무의식적인 보복심을 표현해주어야 한다는 것(개인적인 처벌을 막기 위한 합법적인 절차로서)과, 심리학자는 양심적인 판사나 보호관찰사가 직관적으로 행하는 훌륭한 작업을 이해하기 위해서 많은 연구가 필요하다는 것, 그리고 근본적으로 한 개인을 변화시키기 위해서는 아주 많은 일을 해야 하기 때문에 비행자나 범죄자에 대한 정신분석 치료가 지역사회를 변화시키는 데 가치 있는 수단이 될 수 있을지 의심스럽다는 것 등입니다. 비행자에 대한 정신분석이 사회학적으로 정당한 것이라는 견해는 연구를 통해 얻은 결과이며, 그러한 이유로 저는 정신분석을 강력하게 선호하고 있습니다. 그러나 저는 정신분석가들이 직접적인 치료를 통해서 도울 수 있는 사례의 수는 매우 제한되어 있다는 사실을 거듭 인정합니다.

판사님의 편지를 받고 비행에 관련된 깊은 문제를 이해하려는 판사들에게 실제로 도움을 줄 수 있고, 보다 실천적인 측면에서 도움이 될 수 있는 몇 가지 견해를 다음과 같이 정리해 보았습니다. 실제로 법정이 할 수 있는 것 중에 정말로 유익한 것은 항상 아주 개인적인 어떤 것으로 드러납니다. 많은 사람들이 모든 종류의 계획과 방안들에 관해 생각해볼 수 있겠지만, 실제로는 어려움을 겪고 있는 아동과 친밀한 접촉을 하고 있는 누군가가 좋은 일을 하게 마련입니다.

제가 아는 한, 법정은 다음 중 한 가지 일을 할 수 있습니다.

(1) 일부 사례의 경우, 아동의 가정이 좋은 가정일 수 있습니다. 즉 아동의 부모가 한 마음이 되어 강력하게 그를 관리할 의지와 능력이 있는 경우, 그 아동은 그의 가정에서 지내는 것이 가장 좋습니다. 그와 같은 좋은 환경에서 아동이 문제를 겪게 되는 것은 대개 보다 불운한 아동 때문에 빗나간 길로 들어섰기 때문입니다. 비록 이러한 해결책이 자주 가능하지는 않더라도, 이것이 최상의 대책이라는 것을 잊어서는 안되며, 부모는 마땅히 자신의 자녀를 돌보아야 하는 사람임을 기억해야 합니다.

(2) 보다 자주 나타나는 사례로서, 아동이 보호관찰사의 개인적인 보살핌 아래 그를 가정에 맡기는 것만으로도 충분히 좋은 결과를 가져올 수 있습니다. 이때 보호관찰사가 할 일이 중요합니다. 보호관찰사는 그 가정에서 줄 수 없는 그 무엇, 즉 힘에 의해 지지되는 사랑(이 경우에는 법의 힘을 뜻함)을 공급해야 합니다.

이러한 일은 정서적 긴장을 가져다주기 때문에 보호관찰사는 일정 정도의 사례만을 담당해야 하며, 또 휴식과 휴가가 절대로 필요하다는 것을 잊어서는 안될 것입니다.

(3) 종종 어떤 가정은 보호관찰사가 도움을 준다고 하더라도 아동이 지내기에 좋지 않을 수 있습니다. 이러한 아동에게는 절대적으로 필요한 사랑과 강력한 관리가 주어지는 곳, 즉 호스텔이 필요합니다. 현 시점에서 가장 적합한 호스텔은 임시 대피 가정에서 어려움을 겪은 아동을 위해 세운 것들입니다. 제 견해로는, 보건성에서 이러한 호스텔을 지원하는 것은 중요하고도 의미있는 일입니다. 그것은 일반 대중이 이런 아동들에 대해서 보복심을 품고 있지 않다는 것을 의미합니다.

(4) 법정에 오는 아동 중 일정 비율의 아동은, 문제가 너무 심

각해서 호스텔에서 돌보기가 어려운 아동들이 있습니다. 그들은 다른 아동들에게는 해가 될 수도 있는 아주 강력한 관리를 통해서만 통제할 수 있습니다. 이 경우에는 일반 대중의 보복심이 자극되며, 따라서 이러한 아동들은 내무성에서 관리를 하는 소년원에서 보호해야 합니다.

심리학자가 지방판사를 실제로 도울 수 있는 일은 호스텔의 관리와 관련된 문제(세 번째 대안)일 것입니다. 심리학자는 호스텔의 설립과 관리에 관한 원칙을 만들고 또 실질적인 제안을 할 수 있습니다.

저는 임시 대피 가정에서 지내기 어려운 아동을 위한 보호 시설의 경우에 그러했던 것처럼 호스텔을 설립하고 관리하는데 판사가 관여할 것을 강력하게 권합니다. 그렇게 해야만 판사는 특수학교와 관련된 실질적인 문제들이 무엇인지 알게 될 것이며, 그래야만 법정에 오는 많은 소년 소녀들을 무작정 특수학교로 보내는 일을 피할 수 있을 것입니다. 따라서 판사는 위에서 분류한 네 가지 범주 가운데 세 번째 범주에 속하는 아동들을 선별하여 호스텔로 보낼 수 있을 것입니다.

심리학자들 중에는 호스텔에 관한 실질적인 경험을 통해서 전적인 실패와 부분적인 실패를 맛보고 상대적인 성공을 거둔 사람들이 있으며, 그들은 판사가 즉각적인 성과를 거둘 것이라는 희망을 가질 수 있도록 도울 수 있을 것입니다. 여기서 즉각적인 성과란, 호스텔을 이용함으로써 많은 아동들을 특수 학교로 보내는 것을 막을 수 있다는 것을 뜻합니다.

특수 학교가 범죄 교육의 온상(감옥이 그러하듯이)이 되고 있는 것은 피할 수 없는 사실이지만, 특수 학교가 모두 나쁜 것은 아닙니다. 그러나 문제는 이 특수 학교에 가기 위해 기다리는 대기자 들이 많이 있다는 것입니다. 이 아동들이 이러한 곳에서 무한정 지내야 한다는 것이야말로 최악의 상황이라고 생각합니다.

호스텔은 12세에서 18세의 학생 시기에 해당하는 아동들에게 가치 있는 것이어야 하므로 작은 규모를 유지하는 호스텔 정책이 정말 꼭 필요합니다. 이러한 작은 규모의 호스텔에서는 모든 것이 보호사에게 달려 있습니다. 보호사는 결혼한 남자여야 하며, 그와 부인이 한 조를 이루는 것이 바람직할 것입니다. 두 사람은 깊은 사랑을 보여줄 수 있을 만큼 충분히 강해야 합니다. 여기에서 감상주의는 전적으로 배제되어야 합니다.

보호사와 다른 모든 직원들은 아동들이 개인적으로 자주 만나고 싶어하는 사람이 되어야 하며, 그들 사이에서는 아동들에 대한 비공식적인 토론이 활발하게 이루어져야 합니다. 이런 방법을 통해서만 직원들이 아동을 성장 발달의 역사와 가정 환경 그리고 현재 나타나고 있는 문제를 지닌 온전한 한 사람으로서 이해할 수 있습니다.

요리사와 정원사를 뽑는 일은 보호사를 뽑는 일 다음에 두 번째로 중요합니다. 또한 막일을 하는 잡부를 포함해서 직원 한 사람 한 사람은 이러한 과제를 위해 큰 도움이 될 수도 있고 커다란 장애가 될 수도 있습니다.

호스텔에 배치하기 전에 아동들을 신중하게 분류해야 합니다. 호스텔에 잘못 배치된 아동 하나가 사과 수레를 엎을 수 있으며, 호스텔의 좋은 분위기를 급속히 악화시킬 수도 있기 때문입니다. 이때 아동을 분류하는 기준은 법정에 오게 된 실제 증상이나 문제 행동의 정도보다는 아동의 가정에 대한(가정이 있는지 없는지, 부모와 맺은 관계 경험의 안정성 정도에 따른) 평가를 기준으로 삼는 것이 더 좋을 것입니다.

판사가 호스텔의 관리를 전적으로 책임지는 것은 불가능해

보입니다. 판사의 관심이 법원의 관심과 같지 않을 수 있으며, 그의 실패가 법정의 위엄을 손상시켜서는 안될 것이기 때문입니다. 그러나 저는 보건성이 지원하는 호스텔에 판사가 관심을 갖는 것을 내무성도 기꺼이 지지할 것이라고 생각합니다. 그렇게 되면 판사 또한 호스텔 운영위원회의 구성원이 될 수 있을 것입니다.

이와 같은 일반적인 여러 가지 원리들을 제시하는 것은 어려운 일이 아닐 것이며, 심리학자는 이런 방식으로 청소년 문제를 다루는 법정의 판사를 위해 무언가 분명하고 실제적인 도움을 제공할 수 있을 것입니다.

D. W. 위니캇 올림.

11장

정신건강의 기초

(영국 의학저널에 실린 주제 논문, 1951. 6. 16.)

비록 일반 공중보건 사업이 확장되고 있기는 하지만, 정신건강 사업은 이 세계를 구성하고 있는 사람들의 특성을 변화시키는 일을 추구한다는 점에서 공중보건 사업의 범위를 훨씬 넘어서고 있다. 세계 보건기구(W.H.O.)의 전문위원회가 작성한 정신건강에 대한 제2차 보고서[1]에서 유아기와 아동기의 관리에 관심이 집중된 사실은 매우 의미있는 일이다. 50년 전만 해도 의사들이 전혀 받아들이지 않았던 내용, 즉 성인 정신건강의 기초가 유아기와 아동기 그리고 청소년기에 있다는 내용이 지금은 당연한 것으로 받아들여지고 있다. 이 보고서의 서론 부분은 다음과 같은 진술로 시작된다. '장기적으로 볼 때 미래의 정신건강 증진을 위한 세계 보건기구 사업에서 가장 중요한 원칙은 정신과적 치

---

1 W.H.O. 회기 보고서, 31호, 제네바. 1951.

료와는 달리, 지역 주민의 신체와 정신건강을 증진시키기 위한 노력을 공중보건 사업과 통합시키도록 격려하는 것이다.' 그 보고서는 또한 모성보호 서비스, 유아와 학령 전 아동의 관리, 어머니에 대한 학령 전 아동의 의존, 넓은 의미의 학교 건강, 신체 장애와 나병, 결핵과 같은 전염성 질병으로 인한 고립으로 인해 생기는 정서적인 문제들에 관해 논의하고 있다. 그 위원회는 훈련 중에 있는 정신건강 분야의 실무자는 단순히 공부하는 것 이상으로 해야 할 일이 있다고 인식하고 있다. 또한 정신건강 분야를 공부하는 학생은 '사실을 이해하는데 따르는 지적인 어려움과는 별개로 정서적인 문제'에 직면하게 된다. 그리고 그들이 초기에 겪는 정서적인 충격은 해부실이나 수술실에서 실습할 때 받는 것보다 훨씬 더 크다.

이 보고서의 출판과 함께 세계 보건기구의 정신건강 자문위원인 존 보울비 박사의 '모성적 돌봄과 정신건강'이라는 논문이 단행본으로 출판되었다. 이 논문은 부모 없는 아동들의 복지[2]를 위한 유엔의 프로그램을 위해 기고한 것이다. 보울비 박사는 타비스톡 클리닉에서 한 연구에서 보여주었듯이, 통계학적 접근을 사용하도록 훈련받은 실무자들에게 심리학적 개념들을 설명하기 위해서는 특별히 설득력 있는 형태로 그 개념들을 제시해야 한다는 점을 알고 있었다. 그의 이 보고서는 아주 흥미롭고 가치 있다는 평가를 받았다. 사실 개인 심리치료가 전세계적으로 엄청나게 많이 행해지고 있는데 비해 그 치료 성과를 명백하게 제시한 조사 연구는 거의 없었다. 아마도 여기에는 심리학이 통계학자들을 설득할 만한 자료를 제시할 수 없는 측면이 있기 때문일 것이다. 그의 책이 성공을 거둘 수 있었던 데에는 주제를 잘

---

2 모성적 돌봄과 정신건강, 제네바, 1951.

선택했다는 것도 부분적인 이유가 되었는데, 이 책에서 보울비 박사는 가정에서 떠나는 것, 특히 어머니에게서 떨어지는 분리 경험이 유아와 아동의 정서발달에 끼치는 영향은 간단하게 지워질 수 있는 문제가 아니라고 주장했다. 즉 인간은 과거 경험들을 가지고 있으며, 그 경험들은 현재의 행동에 큰 영향을 미친다는 것이다.' 그는 분리 경험이 성격 발달에서 반사회적 경향성을 증가시킨다는 사실을 통계 숫자를 인용하여 설득력 있게 보여주었다. 그리고 그는 이 분야의 거의 모든 실무자들이 같은 결론에 도달했음을 발견하였다. '정신건강에 필수적인 것은 유아와 아동이 어머니(혹은 지속적으로 돌보는 대리모)와 따뜻하고 친밀하며 지속적인 관계를 맺음으로써 만족과 즐거움을 경험해야 한다는 것이다.' 이것은 새로운 사실이 아니다. 이것은 모든 부모들과 아동을 다루는 사람들이 이미 잘 알고 있는 사실이다. 이 보고서에 담긴 새로운 요소는 그와 같은 생각을 단지 숫자로 옮겨 놓은 것뿐이다.

정보를 얻는 데는 다음과 같은 세 가지 주요 원천이 있다. 첫째 유아와 어린 아동들에 대한 직접 관찰 연구, 둘째 환자의 초기 성장력의 조사에 기초한 연구, 셋째 다양한 부류의 박탈을 경험한 아동 집단에 대한 사후조사 연구이다. 아마도 이러한 조사의 주요 결과물은, 특히 그것들이 실제로 확인되고 확대 적용될 때 비로소 행정을 맡은 사람뿐만 아니라 의학분야 전문가에게 교훈이 될 수 있을 것이다. 사실 신체건강을 자신의 전문 분야로 삼고 있는 사람이 정신건강을 신체건강보다 더 중요한 것으로 받아들이기는 어려울 것이다. 정서발달은 쉽게 방해받을 수 있다. 어머니를 잊고 함께 어울릴 친구를 사귀는 단계에 도달한 아동은 병동 안에서 지내는 것이 즐거울 수도 있다. 그러나 어린 아동은 인격에 손상을 받지 않고 부모를 잊을 수는 없다. 다행스럽게도 현재 아동 수용 시설과 아동 병원에서는 낮 동안 방문을 허용하는 방향으로 개선되고 있다. 이것은 간호사들에게 상당한 어려움을 줄 것이 분명하지만, 보울비 박사가 보고에서 잘 보여준 것처럼 비록 작은 것이라 할지라도 이러한 수고가 얼마나 값진 것인지를 알 수 있다.

어머니에게서 떨어지는 분리가 아동에 미치는 영향력은 박탈의 정도와 아동의 나이에 따라 달라진다. 따라서 유아를 삶의 초기부터 시설에서 양육하는 방식은 분명히 개혁되어야 하며, 이것에 대한 영국의 여론은 커티스 위원회와 1948년에 제정된 아동 조례법 덕택으로 확고하게 자리를 잡아가고 있다. 이에 따라 지금은 아동은 될 수 있는 대로 어머니의 보호로부터 분리되어서는 안된다는 인식이 널리 받아들여지고 있다. 그리고 이 명료한 사실이, 적은 수이지만 부모가 정신적으로 건강하지 않기 때문에 아동에게 나쁜 영향을 줄 수 있다는 부차적인 사실로 인해 모호해져서는 안될 것이다.

대부분의 부모들은 우리가 말해주는 것보다 이미 더 많은 것을 알고 있기 때문에 어떻게 좋은 부모가 될 수 있는지를 가르친다는 것은 만만치 않은 과제가 될 것이다. 따라서 세계 보건기구의 사업목표는, 정신위생 문제는 교육이 효과적일 수 있다는 생각에서부터 출발하는 것이 적절할 것이다. 여기에는 두 가지 중요한 결론이 포함되어 있다. 첫째 비인간적인 아동 양육은 만족스럽지 못한 성격과 반사회적 특성을 만들어내는 경향이 있다. 둘째 발달하고 있는 유아와 부모사이에 좋은 관계가 형성되어 있다면, 이 관계는 지속되어야 하며 정당한 이유 없이 깨어져서는 안된다. 보울비 박사는 이러한 사실을 수용하는 것이 소아과에서 신체에 영향을 끼치는 어떤 사실을 수용하는 것과 같다고 주장한다. 예컨대, 그것은 괴혈병과 구루병 예방에 비타민이 중요하게 쓰인다는 사실을 수용하는 것과 같다. 보울비 박사의 통계가 가리키는 원리를 수용한다면, 비타민 D가 구루병 발병율을 감소시키는 것과 마찬가지로, 반사회적 경향성과 그 배후에 놓여 있는 고통이 감소될 수 있을 것이다. 그러한 성과는 더욱 깊은 정서발달의 측면들인 인격의 풍부함, 성격의 힘, 온전하고 자유롭고 성숙한 자기 표현의 능력까지 고려하지 않는다 하더라도 예방 의학이 성취한 위대한 업적이라고 말할 수 있을 것이다.

12장

가정생활을 박탈당한 아동을
어떻게 보상할 것인가?

(어린이집 연합회에서 한 강연, 1950. 7.)

가정에서 박탈을 경험한 아동을 위한 대안이라는 주제를 생각하기에 앞서서 우리가 기억해야 할 것이 있는데, 그것은 지역 사회 구성원의 건강이야말로 지역 사회의 가장 중심적인 관심이라는 점이다. 이 일을 위해서 우선 먼저 일반적인 좋은 가정을 확보해야 한다. 왜냐하면 좋은 가정에서 자란 아동들이 사회에 이익을 주는 사람으로 성장한다는 단순한 이유 때문이다. 가정에서 아동들을 잘 돌보는 것이야말로 가장 좋은 투자이다.

이런 관점에서 볼 때, 다음의 두 가지 사실이 중요해진다. 첫째 기본적인 수준의 주거, 음식, 의복, 교육과 오락시설이 있는 평범한 가정을 제공해주는 것과 소위 문화적 음식을 제공해주는 것에 관심을 가져야 한다. 둘째 우리는 설령 그 가정을 위한 것이라 해도 문제 가정에 개입해서는 안된다는 것을 알아야 한다.

의사들은 질병 예방과 건강 증진을 위해서라는 좋은 의도를 가지고 어머니와 유아, 또는 부모와 아동 사이에 개입하기 쉽다. 그리고 이 점에서는 결코 의사들만이 유일하게 가정에 개입하는 사람이라고 할 수 없다. 그 예를 들어보겠다.

어느 이혼한 어머니가 나에게 상담을 요청하였다. 그녀는 6세 된 딸을 키우고 있는데, 아이의 아버지가 이 딸을 학기 동안만이 아니라 방학 동안에도 기숙사 생활을 하는 학교로 보내려고 하였다. 왜냐하면 그가 믿는 종교 단체는 이혼한 어머니가 자녀를 키우는 것을 인정하지 않았기 때문이다. 아동이 어머니와 새 아버지와 함께 잘 살고 있으며 그들을 신뢰하고 있다는 사실은 전적으로 무시되었다. 이 아동은 자녀를 이혼한 어머니와 살게 해서는 안된다는 종교 단체의 원칙 때문에 박탈을 경험할 수밖에 없었다.

이런 저런 방식으로 수많은 아동들이 박탈을 경험하는데, 이에 대한 치료는 올바른 관리를 제공하는데 있다.

이러한 견해를 제시한 나 자신도 다른 많은 사람들이 받았던 것과 같은, 계획적인 가정 파괴자라는 비난을 받아야만 했다. 우리는 아동을 가정에서 멀리 떠나 보내는 일을 도맡아 했던 것이다. 나의 병원에서만 해도 주마다 긴급하게 집에서 다른 곳으로 보내야만 하는 아동들이 있다. 그러나 4세 이하의 아동은 거의 없었다. 이 분야에서 일하는 사람들은 누구나 아동이 몇 일, 또는 몇 주 안에 그 가정을 떠나지 않는다면, 그 가정이 붕괴되거나 아동이 법정으로 가게 되는 사례들이 있다는 것을 잘 알고 있다. 이런 경우, 대체로 아동은 가정을 떠나 잘 지내고, 또 남은 가족도 아동을 떠나 보내고 잘 지낸다고 말할 수 있다. 고통을 겪고 있을 때 즉시 떨어져 지냄으로써 문제가 저절로 해결되는 사례들이 많이 있다. 이유 없이 좋은 가정을 파괴시킨다는 의혹 때문에 박탈을 경험한 아동들을 위해 장단기적으로 시설을 제공하고자 하는 노력이 약화된다면, 그것은 아주 불행한 일이다.

나는 비록 주마다 가정에서 떠나 보내야 하는 아동이 있다 하더라도, 병원에 오는 대부분의 아동들은 각 가정에서 관리해야 한다고 생각하고 있으며, 그 일을 돕기 위해 노력하고 있다. 이것이 우리의 목표이다. 그것은 이런 문제를 가정에서 감당하는 것이 경제적일 뿐 아니라, 아동이 성장하기에 가장 적합한 장소가 바로 가정이기 때문이다. 심리적 도움이 필요한 대다수의 아동들은 내적 요인으로부터 오는 장애로 고통받고 있다. 이러한 장애는 정서발달 과정에서 생긴 것이며 대부분 삶에 본래적으로 내재된 어려움에 속한다. 그리고 이러한 장애는 가정 안에서 다룰 수 있다.

박탈에 대한 평가

박탈된 아동을 가장 잘 도울 수 있는 방법을 찾기 위하여, 우리는 먼저 성장 초기의 환경에서, 즉 유아와 어머니의 관계와 아버지 어머니 아동 세 사람의 관계에서 정상적인 정서발달이 어느 정도 이루어졌는가를 판단해야만 한다. 그리고 나서 이러한 사실에 비추어 박탈에 의한 손상이 어느 정도였는지, 그 박탈이 언제 시작되었으며 얼마나 지속되었는지 등을 평가해야 한다. 따라서 사례의 역사가 중요하다.

붕괴된 가정의 사례를 다음의 여섯 범주로 분류할 수 있다.

(a) 한쪽 또는 양쪽 부모가 사고로 인해 붕괴된 보통의 좋은 가정

(b) 아동에게는 좋은 부모였으나 부모들 사이가 좋지 않아서 붕괴된 가정

(c) 부모로서도 좋지 않았고 부모 사이도 좋지 않아서 붕괴된 가정

(d) 아버지가 없기 때문에(사생아) 불완전하지만 어머니 자신은 좋은 가정. 이럴 경우에는 조부모가 부모의 할 일을 대신 해줌으로써 어느 정도 도움이 될 수 있다.

(e) 아버지가 없기 때문에(사생아) 불완전하고 어머니도 좋지 않은 가정

(f) 가정이란 것이 아예 존재하지 않은 경우

이에 덧붙여서 또 다른 분류가 가능하다.

(a) 아동에게 충분히 좋은 환경의 제공이 중단된 시기에 따라
(b) 아동의 타고난 성질과 지능 수준에 따라
(c) 아동에 대한 정신의학적 진단에 따라

우리는 아동의 증상이나 우리를 성가시게 하는 아동의 행동, 또는 우리에게 일어나는 감정에 기초해서 그 문제를 평가해서는 안된다. 이러한 것들이 우리의 판단을 흐리게 할 수 있다. 이런 식의 평가에서는 종종 본질적인 부분에 대한 역사가 빠져있거나 부족할 수 있다. 흔히 있는 이런 경우에, 아동의 초기 성장기에 충분히 좋은 환경이 있었는지를 알아보는 유일한 방법은 아동에게 좋은 환경을 공급해주고 그가 그 환경을 어떻게 이용하는지 살펴보는 것이다.

여기에서 '아동이 좋은 환경을 어떻게 이용하는지'라는 말이 갖는 의미에 대해서는 특별한 설명이 필요하다. 박탈을 경험한 아동은 병을 앓고 있는 아동이며, 새로운 환경의 제공이 이 아동을 건강하게 회복시키는 변화를 가져올 수 있는가 라는 문제는 결코 단순한 문제가 아니다. 단순하게 환경의 변화를 제공받음으로써 도움을 받을 수 있는 아동은 병이 낫기 시작할 것이며, 그러면서 아동은 과거에 생긴 박탈 경험에 대하여 점차 분노할 수 있게 될 것이다. 즉 아동의 마음 깊은 곳에 세상에 대한 증오가 자리잡고 있었고, 이 억압된 증오가 아동을 병들게 한 것이다. 따라서 아동이 다시 건강을 찾기 위해서는 이 증오를 느껴야만 했다. 이 사례들 중 소수만이 이 증오를 느끼게 되는데, 이 증오는 작은 문제라 할지라도 커다란 어려움을 가져올 수 있다. 이 때 아동이 자신의 **의식 안에** 모든 **것**을 받아들일 수 있을 경우에만 이러한 바람직한 결과를 기대할 수 있으며, 이러한 경우는 아주 드물다. 환경의 실패와 관련된 감정들은 어느 정도 또는 거의 전부 의식 안에 수용되지 못한다. 만족스러운 초기 경험이 있은 후에 박탈을 경험했을 경우, 박탈과 함께 몰수된 증오심을 되찾는 일이 일어날 수 있다. 다음의 사례는 이러한 상황을 잘 보여 준다.

7세 된 한 소녀는 3세 때에 아버지가 돌아가셨지만 그 힘든 시기를 무사히 통과하였다. 어머니는 소녀를 아주 잘 돌보았고 나중에 재혼하였다. 어머니는 재혼을 잘 했고 새 아버지도 소녀를 매우 좋아하였다. 어머니가 임신하기 전까지는 모든 것이 순조로웠다. 그러나 어머니가 임신하자 의붓딸에 대한 아버지의 태도가 바뀌기 시작했다. 아기가 태어나자 그는 친자식인 아기에게만 관심을 쏟았고 의붓딸에게는 사랑을 주지 않았다. 따라서 상황은 더욱 나빠졌으며, 어머니는 남편과 딸 사이에서 힘들어 했다. 이런 분위기에서 소녀는 잘 자랄 수 없었다. 그러나 그후 소녀는 기숙 학교에 들어갔고 그곳에서 잘 지냈으며, 심지어 자신의 가정에서 경험한 어려움을 이해할 수 있게 되었다.

위의 사례와는 대조적으로, 다음의 사례는 초기 경험이 만족스럽지 못할 경우에 나타날 수 있는 결과에 대해 아주 잘 보여주고 있다.

한 어머니가 2세 반 된 소년을 데려왔다. 소년의 가정은 좋은 가정이었지만 그는 어머니나 아버지가 개인적인 관심을 가지고 대해줄 때만 행복할 수 있었다. 소년은 어머니에게서 떨어지려고 하지 않았고, 따라서 혼자서 놀지 못했으며, 낯선 사람이 다가오면 몹시 두려워했다. 그의 부모가 보통의 정상적인 사람이라는 사실을 고려할 때, 이 사례에서 무엇이 잘못된 것일까 하고 묻지 않을 수 없었다. 이 소년은 생후 5주가 되었을 때 입양되었으며, 그 시기에 이미 병들어 있었다는 사실에서 그 이유를 찾을 수 있었다. 몇 가지 정황을 살펴본 결과, 소년이 태어나면서부터 집에서 돌봐주던 임시 보모는 그를 특별히 귀여워했고, 그녀는 당시 입양할 아기를 찾고 있던 지금의 부모에게 소년을 보여주지 않으려고 했던 사실이 밝혀졌다. 생후 5주 때 일어난 이 변동은 아기의 정서발달에 심각한 혼란을 일으켰고, 소년을 입양한 부모는 이제 겨우 그 어려움을 극복하기 위한 시작 단계에 들어서게 되었다. 소년을 아주 초기에 입양했기 때문에 아무 문제도 없을 것이라고 안심하고 있던 그들에게 이 일은 너무나 뜻밖의 사건이었다. (사실 그들

은 삶의 초기에 문제가 생길 수 있다는 사실을 잘 알고 있었
기 때문에 아기를 생후 첫 1-2주 안에 데려오려고 노력했다.)

우리는 좋은 환경이 붕괴되었거나, 또는 애초부터 존재하지
않았을 때 아동에게 어떠한 일이 일어날 수 있는지를 알아야만
한다. 그것은 개인의 정서발달에 대한 전반적인 주제를 연구하
는 일을 포함한다. 어떤 현상들은 사람들에게 이미 잘 알려져 있
다. 즉 증오가 억압되거나 사람을 사랑할 수 있는 능력이 상실되
는 현상들이 그것이다. 이때 또 다른 방어 조직이 아동의 성격
안에 자리잡게 된다. 그리고 보다 초기의 정서 발달 단계로 퇴행
하는 현상이 나타날 수도 있는데, 그것은 아주 다행스런 현상이
라고 할 수 있다. 또한 병리적으로 내향적인 성격이 형성될 수도
있다. 이와 같이 성격이 분열되는 현상은 일반적으로 알려진 것
보다 훨씬 더 흔하게 일어난다. 가장 단순한 분열의 형태는 아동
이 순응하여 구경꾼으로서 삶을 살아가며 현실에 적극적으로 참
여하지 못하는 모습에서 찾아볼 수 있다. 또한 자율성의 원천이
되는 자기의 주된 부분이 비밀스런 영역 안으로 숨어 들어간
채, 이상화된 환상적 대상들과의 은밀한 관계를 유지하는 모습
에서 이 분열 현상을 찾아볼 수 있다.
이러한 현상에 대해 단순명료하게 진술하는 것은 쉽지 않지
만, 박탈된 아동을 돕기 위해서는 이 현상들을 이해해야만 한다.
우리가 이 현상을 이해하지 못한다면, 박탈된 아동이 우울한 기
분을 보일 때, 특히 그러한 기분이 심각한 박해 망상과 관련되어
있지 않을 때에도 그것이 긍정적인 징표라는 사실을 인식할 수
없다. 단순하고도 복잡하지 않은 우울한 기분은 그 아동이 성격
의 통일성을 유지하고 있으며 대상에 대한 관심을 가질 수 있는
능력이 있다는 것을 가리킨다. 그리고 그것은 잘못된 것에 대한

책임을 질 수 있는 능력이 있음을 나타낸다. 오줌싸기, 훔치기와 같은 반사회적 행동들은 일시적으로라도 그 아동에게 희망이 있다는 것을 보여주는 것이며, 그 희망이란 좋은 어머니, 좋은 가정, 좋은 부모와의 상호관계를 다시 회복하는 것이다. 분노조차도 아직 희망이 있음을 가리킨다. 왜냐하면 그것은 그 순간에 아동이 하나의 단일체로 존재하면서 상상 속에 있는 것과 현실에서 실제로 발견하는 것 사이에서 부딪치는 충돌을 느낄 수 있다는 것을 나타내기 때문이다.

예를 들어, 반사회적 행동인 훔치기의 의미를 생각해보자. 아동이 물건을 훔칠 때 그가 찾으려고 하는 것은 그 물건이 아니라 어머니이다. 그는 어머니를 훔칠 권리를 가지고 있다. 왜냐하면 그녀는 그의 어머니이기 때문이다. 실제로 모든 유아는 어머니로부터 훔칠 권리를 주장할 수 있다. 왜냐하면 유아는 어머니를 만들어내고 생각해냈으며, 자신이 타고난 사랑할 수 있는 능력을 가지고 창조해낸 장본인이기 때문이다. 어머니는 거기에 존재함으로써 조금씩 유아가 창조하는데 사용할 자료로서 자신을 제공해준다. 이렇게 해서 유아의 주관적 자기가 창조한 어머니는 실제 어머니의 모습과 비슷해진다. 마찬가지로, 침대에 오줌을 싸는 아동은 유아기에 마음놓고 오줌을 쌀 수 있었던 어머니의 무릎을 찾고 있는 것이다.

아동의 반사회적 증상은 잃어버린 환경을 되찾으려는 것이며, 따라서 그것은 희망이 있다는 신호이다. 그들이 그것을 찾지 못하고 실패하는 것은 방향이 잘못되었기 때문이 아니라 그들 자신이 하고 있는 것을 의식하지 못하기 때문이다. 따라서 반사회적 아동에게는 치료에 대한 의지를 가진, 증상에서 표현되고 있는 희망을 현실로 바꾸어줄 수 있는 특별한 환경이 필요하다. 그리고 이것이 효과를 보기 위해서는 이러한 환경 제공이 오랜 기간 동안 지속되어야 한다. 왜냐하면 아동의 감정과 기억은 많은 부분이 의식되지 않기 때문이다. 또한 아동은 새로운 환경이 지닌 안정성과 객관성에 대해 신뢰해야 하며, 이것은 새로운 박탈이 일어날 때마다 항상 다시 반복되는 견디기 힘든 불안에 대한 방어를 포기하기 전에 이루어져야 한다.

박탈을 경험한 아동은 과거 외상 경험이 있는 병든 아이이다. 또 그가 형성한 방어들은 그 외상 경험을 한 그 순간에 느낀 불안에 대처하기 위한 개인적인 방식이다. 그러나 건강을 회복할 수 있는 아동의 능력은, 아동이 증오를 의식 안에 어느 정도 받아들일 수 있는가 그리고 일차적인 사랑의 능력을 어느 정도 상실했는가에 따라 여러 가지로 다르게 나타날 수 있다. 이러한 아동을 돕는 데 사용할 수 있는 실질적인 수단은 무엇일까?

박탈을 경험한 아동을 위한 대안

아동은 분명히 누군가가 돌보아야만 한다. 지역 사회는 더 이상 박탈된 아동들에 대한 책임을 회피할 수 없다. 이것이 오늘의 현실이며, 또한 올바른 방향이다. 여론은 좋은 가정생활을 경험하지 못한 아동을 위해 최선을 다할 것을 요구한다. 현재 우리가 겪는 어려움의 대부분은 이러한 새로운 인식에서 온 원칙을 적용하는 데에서 발생하는 실천상의 문제이다.

법안을 통과시키거나 행정적 장치를 만드는 것만으로는 아동을 위해 필요한 일을 다했다고 말할 수 없다. 이러한 일은 필수적인 것이지만 초기 단계에 속한 조처일 뿐이다. 각 아동을 잘 관리하기 위해서는 적절한 사람이 필요하며, 그 사람은 아동을 잘 돌볼 수 있는 사람이어야 한다. 그러나 이런 사람의 수는 제한되어 있다. 이 숫자는 만일 행정부에서 중간 역할을 해주는 사람이 있다면 많이 늘어날 것이다. 중간 역할을 하는 사람은, 한편으로는 상급 행정기관들을 다루고, 다른 한편으로는 실무자들과 관계를 유지하면서 그들이 지닌 좋은 점을 알아주고 그들이 성공을 거두면 그것을 인정해주는 일을 맡아야 한다. 또 그는 아동을 돌보는 일에 실패했을 경우 실패의 원인에 대해 토론하고, 필요하다면 아동을 대피 가정이나 호스텔에서 될 수 있는 대로 빠른 시일 안에 다른 곳으로 옮겨줌으로써 그들을 도와주어야 한다. 아동을 돌보는 일은 온 마음을 기울여야 하는 일이며, 아동으로 인해 생긴 문제들을 행정적인 절차를 밟아 처리하거나 경찰이 개입하는 사회 문제들을 다루는 것은 사람을 정서적으로 지치게 만드는 일이다. 그러나 상급 행정기관이나 경찰의 눈치만 살피는 사람은 아동을 돌보는 일에 적합하지 않다.

좀더 구체적인 문제로 들어가서, 아동을 위한 대안을 세우기 위해서는 각 아동에 대한 정신의학적 진단을 고려해야 한다. 이 진단은 과거의 역사를 주의 깊게 파악하고 충분한 관찰 기간을 가진 후에 내려야만 한다. 중요한 것은 가정생활에서 박탈을 경험한 아동도 유아기에는 출발이 좋았을 수 있으며, 가정생활에서 한 초기 경험이 좋았을 수 있다는 사실이다. 이러한 아동은 튼튼한 정신건강의 토대를 가지고 있으며, 따라서 박탈로 인한 이차적 질병은 튼튼한 정신 건강의 토대 위에서 일어난다. 다른 한편, 더 나빠 보이지는 않더라도 어떤 아동은 새로운 환경 안에서 되찾거나 활성화될 수 있는 건강한 경험을 가진 적이 없을 수 있다. 뿐만 아니라 유아가 공격성을 표현할 때 초기 환경이 유아의 공격성을 관리해주지 못했거나 잘못 관리했기 때문에 아동이 충동을 통제할 수 있는 구조와 현실감을 형성하는데 실패했을 수도 있다. 이러한 극단적인 경우에, 그 아동은 이 초기의 좋은 환경을 창조해내야 한다. 그렇지 않으면 좋은 환경이 제공된다고 해도 아무런 소용이 없을 수도 있다. 왜냐하면 이 아동에게는 근본적으로 건강의 토대가 없기 때문이다. 여기에다 유전적인 요인이 더해질 경우, 비록 아동들에게 할 수 있는 말은 아니지만, 그는 미쳤다고 말할 수 있다.

이러한 극단적인 면을 올바로 인식하는 것이 아주 중요하다. 그렇지 못할 때에는 아무리 좋은 관리를 제공한다 해도 그 노력은 실패할 수밖에 없으며, 그 결과 아동들은 결국 정신이상자가 되거나 아니면 반사회적인 개인이 되고 말 것이다.

아동의 초기 환경에 긍정적인 요소가 있었는지, 또 아동이 그 환경과 어떤 관계를 맺었는가 라는 측면에서 아동을 진단하고 난 다음에 고려해야 할 사항은 절차이다. 나는 여기에서 박탈을 경험한 아동에게 심리치료를 제공하는 것이 그들을 관리하기 위한 기본 방침이 아니라는 점을 강조하려고 한다. 단지 몇몇 필요한 사례에만 부가적으로 심리치료를 적용해야 할 것이다. 현 시점에서 개개인에 대한 심리치료는 실질적인 대책이 되지 못한다. 기본적인 조치는 대안 가정을 찾아주는 것이다. 우리는 그 대안들을 다음과 같이 분류해볼 수 있다.

(i) 아동에게 친부모처럼 가정생활을 경험하게 해줄 수 있는 임시 부모를 찾아주는 것. 이 방법은 일반적으로 가장 이상적인 것으로 알려져 있다. 그러나 아동을 임시 부모에게 보내기 위해서는 그 아동이 자신에게 제공되는 좋은 것에 대해 긍정적으로 반응할 수 있어야 한다. 이것은 아동의 과거 삶에서 충분히 좋은 가정생활을 경험한 시기가 있었고, 그 좋은 가정생활에 반응할 수 있었음을 의미한다. 임시 부모 가정에서 아동은 다시금 잃어버린 무엇을 되찾을 수 있는 기회를 갖는다.

(ii) 소규모의 가정에서 돌봄을 제공하는 것. 여기에서는 가능하다면(필수적이지는 않지만) 결혼한 부부 보호사가 다양한 나이의 아동을 돌보는 것이 바람직하다. 이러한 소규모의 가정들은 편의에 따라 구성될 수 있기 때문에, 행정적인 편리함뿐만 아니라 아동이 형제나 사촌들을 얻을 수 있다는 점에서 이점이 있다. 여기에서도 아주 좋은 돌봄을 제공한 후에 그 좋은 경험에서 도움을 받을 수 없는 아동은 선별하여 다른 곳으로 보내야 한다. 부적합한 아동 하나가 집단 전체의 좋은 치료 작업을 망칠 수 있다. 우리가 기억해야 할 점은, 좋은 치료 작업을 수행한다는 것은 덜 좋은 치료작업을 수행하는 것보다 정서적으로 훨씬 더 힘든 일이며, 실패했을 경우 책임자는 최상의 것을 포기하고 보다 가치가 낮은 관리를 하는 쪽으로 후퇴하기 쉽다는 사실이다.

(iii) 세 번째 범주는 중간 집단 크기의 가정을 제공하는 것이다. 이 호스텔에는 18명 정도가 수용될 수 있을 것이다. 이곳의 보호사들은 모든 아동들과 개인적으로 접촉을 유지할 수 있어야 하고, 보조원들을 둘 필요가 있다. 그리고 이 보조원들을 잘 관리하는 것이 이 일의 중요한 부분을 차지한다. 여기에서는 아동들이 어느 보조원을 더 따르는가의 문제가 대두되는데, 이 과정에서 아동들은 어른들을 서로 경쟁관계로 몰아넣고 그들의 숨은 질투심을 이용해볼 수 있는 기회를 갖는다. 집단이 커질수록 관리의 질은 낮아질 수밖에 없지만, 반면에 집단이 커질수록 보다 다루기 힘든 박탈 아동을 다룰 수 있는 이점이 있다. 집단이 클수록 아동을 개인적으로 다루기는 어려우며 어느 정도는 독재적인 방식으로 다룬다. 반면에 각 아동에 대한 요구사항은 더 적어진다. 이러한 부류의 가정에 배치되는 아동은 되살릴 수 있는 이전의 좋은 경험이 별로

많지 않은 아동이다. 이러한 가정에서 아동은 소규모의 가정에서보다, 개인적 충동과 자발성을 보유하면서 동시에 가정이라는 틀을 마음속에 받아들일 수 있는 한 개인으로 성장하기가 어렵다. 이 중간 집단 크기의 가정에서는, 최상의 것은 아닐지라도 중간 정도의 것, 즉 집단 안에서 아동이 다른 아동들과 융합된 정체성을 경험하게 하는 것으로 만족해야 한다. 여기에 포함되어 있는 결점은 개인적 정체성을 상실하고 전체 가정이라는 틀과 동일시하지 못하는 결과를 초래할 수 있다는 점이다.

(iv) 네 번째 범주는 규모가 좀더 큰 호스텔을 제공하는 것이다. 이 호스텔에서 보호사들은 주로 다른 직원들을 관리하며, 아동의 관리는 시간을 정하여 간접적으로만 관여할 뿐이다. 이곳은 많은 수의 아동들을 수용할 수 있는 장점이 있다. 또 많은 직원이 있는데, 이것은 직원 사이에 토론할 기회가 더 많을 수 있다는 것을 의미한다. 또 서로 경쟁할 수 있는 팀들이 있다는 것은 아동에게 유익할 수 있다. 이러한 호스텔은 병이 깊은 아동, 즉 초기에 좋은 경험이 거의 없었던 아동들이 치료받을 수 있는 관리 쪽으로 점점 더 발전해가야 할 것이다. 여기에서는 보다 공식적인 우두머리가 이러한 아동들에게 필요한 권위의 대표자로 배경에 자리잡고 있어야 한다. 이 아동들은 자발성과 통제 능력 두 가지를 동시에 모두 가질 수 없기 때문에 권위의 표상이 필요한 아동들이다. (이 아동들은 권위와 동일시하여 작은 독재자가 되든지, 아니면 외적 권위의 통제에 전적으로 의존하는 충동적인 인간이 될 것이다.)

(v) 이러한 호스텔보다 규모가 더 큰 소년원과 같은 시설을 제공하는 것이다. 이 시설은 어떻게 해볼 수 없는 아동들을 위해 적합하다. 당분간은 이와 같은 시설이 필요할 것이다. 이

시설들은 독재적으로 운영될 수밖에 없으며, 아동 개인을 위한 선택이 사회가 직접 제공할 수 있는 것의 한계에 종속될 수밖에 없다. 이것은 잠재적인 독재자에게는 승화의 한 방법이 될 수도 있다. 이러한 시설의 제공은 거의 희망이 없는 아동들을 독재적인 방식으로 다룸으로써 그들을 오랜 기간 동안 사회에 폐해를 끼치지 않도록 관리할 수 있다는 점에서 이점이 있다. 병이 깊은 아동들은 좋은 가정에서보다 이곳에서 더 행복할 수 있으며 놀 수 있고 배울 수도 있다. 이해가 부족한 관찰자는 이러한 모습을 보고 놀라기도 한다. 따라서 이러한 기관에서는, 개성을 상실하지 않으면서 사회와 동일시할 수 있는 개인으로 성장할 수 있는 아동을 발견해서, 보다 개인적인 관리가 제공되는 곳으로 보내는 일이 쉽지 않다.

심리치료와 관리

이제 나는 두 가지의 다른 관리 방식을 비교하고자 한다. 그 하나는 임시 부모 가정이고, 다른 하나는 대규모의 시설이다. 이미 언급했듯이 전자는 그 목적이 분명히 치료적이다. 이곳에서 아동은 시간이 지나면서 박탈로부터 회복될 것으로 기대된다. 만일 그러한 관리가 없다면, 아동은 지울 수 없는 상흔을 가질 뿐 아니라 실제로 치명적인 장애를 갖게 될 것이다. 이러한 회복이 일어나기 위해서는 아동이 새로운 환경에 반응해야 하는 것 외에도 더 많은 것들이 요구된다.

처음에 아동은 새로운 환경 제공에 빠르게 반응하는 경향이 있으며, 이때 사람들은 아동의 문제가 극복되었다고 생각하기 쉽다. 그러나 아동이 자신감을 얻게 되면서, 이전에 경험했던 환경적 실패에 대해 분노할 수 있는 힘을 갖게 된다. 물론 실제로 모든 아동이 이와 똑같은 모습을 보이는 것은 아니다. 왜냐하면 아동은 특히 현재 일어나고 있는 중요한 변화를 의식하지 못하기 때문이다. 임시 부모는 주기적으로 자신들이 아동의 증오심의 표적이 되고 있다는 것을 발견할 것이다. 그들은 아동이 자신의 집에서 경험한 환경의 실패에 대한 분노를 느낄 수 있게 되고, 그것을 표현하기 시작할 때 그 분노를 감당해 주어야 한다. 임시 부모가 이것을 이해할 수 있어야 한다. 그렇지 않으면 그들은 상심하게 될 것이다. 아동 보호를 책임 맡은 공무원들도 이 사실을 잘 알고 있어야만 한다. 그렇지 못할 경우에 그들은 자신들이 부당한 대우를 받고 제대로 먹지 못했다고 말하는 아동의 말을 그대로 믿고 임시 부모를 비난하게 될 것이다. 만일 임시 부모가 이러한 공무원이 방문했을 때 문제 거리를 찾는 관찰사로 느낀다면, 그들은 과도하게 불안해질 수 있다. 이런 불안은 임시 부모로 하여금 아동을 우호적이고 행복한 아동이 되도록 유혹할 수 있고, 따라서 아동의 회복 과정에서 가장 중요한 부분을 빼앗을 수 있다.

때때로 아동은 아주 영리하게 임시 부모의 증오심을 유발시키기 위한 특정 행동들을 할 수 있다. 이때 아동은 잔인해진 임시 부모를 실제로 사랑하게 되는데, 그것은 아동의 내면에 갇혀 있는 '증오 대 증오'가 외부의 증오와 만나는 증오로 변형되는 것을 통해서 아동이 안도감을 느끼기 때문이다. 그러나 불행히도 이때 임시 부모들은 그들이 속한 집단 안에서 오해를 받기 쉽다.

이런 상황에서 벗어나는 방법들이 있다. 예를 들면, 어떤 임시 부모는 아동을 구조의 원리에 따라 다룬다. 그들은 아동에게 그들의 친부모가 아주 나빴다는 사실을 반복해서 분명하게 말해줌으로써 자신들에 대한 아동의 증오를 다른 사람에게로 돌리게 한다. 이 방법은 잘 먹힐 수도 있겠지만, 그것은 현실 상황을 무시한다는 점에서 문제가 있다. 무언가가 잘못될 경우, 이 아동들은 그들의 본래 가정을 이상화하는 경향이 있다. 이런 방법보다는 임시 부모가 주기적으로 몰려오는 부정적인 감정의 파도를 받아내고 그것으로부터 살아남는 것이 더 건강한 것임에는 의심의 여지가 없다. 이와 같은 부정적인 감정을 살아남을 때마다 임시 부모는 아동과 새롭고도 보다 안정된(덜 이상화되기 때문에) 관계를 맺을 수 있을 것이다.

이와 대조적으로, 대형 시설에서는 아동의 질병 치료를 목적으로 삼지 않는다. 대형 시설의 목적은 첫째 방치된 아동들을 위해 의식주를 제공하며, 둘째 아동들이 혼돈보다는 질서 상태에서 생활하도록 돕고, 셋째 가능한 한 많은 아동들을 그들이 16세쯤 되어서 세상으로 나가기까지 사회와 충돌하지 않도록 보호하는 것이다. 이런 시설에서는 아동을 잘 보살피기만 하면 정상적인 인간으로 회복시킬 수 있을 것이라는 믿음을 갖는 것은 전혀 도움이 되지 못한다. 이 경우에는 아주 엄격한 관리가 필수적인 요소인데, 여기에 인간적인 요소가 더해진다면 더욱 바람직할 것이다.

아주 엄격한 시설일지라도 일관성과 공정성이 보장된다면, 아동들은 그들 사이에서 인간다움의 요소를 발견할 수 있으며, 엄격함 속에 안정성이 내포되어 있다는 점에서 엄격함을 가치 있는 것으로 받아들일 수 있다. 이런 시설 안에서 일하는 이해심 있는 사람들은 보다 인간적인 순간들을 도입할 수 있는 방식들을 발견할 수 있다. 예를 들면, 아동을 시설 바깥의 믿을 만한 대리 이모나 숙부와 정규적으로 접촉하도록 마련해줄 수 있을 것이다. 아동의 생일에 편지를 보내주거나 1년에 서너 번 아동을 가정으로 청해서 차를 마실 수 있는 사람을 찾아줄 수도 있을 것이다. 이것들은 간단한 예에 지나지 않지만 이런 시설에서도 아동을 위해 해줄 수 있는 것들이 있음을 잘 보여준다. 그리고 이러한 일은 아동이 살고 있는 엄격한 환경을 방해하지 않는 범위 내에서 할 수 있다. 만일 엄격한 환경이 필수적일 때, 그 엄격한 환경에 예외가 있고 빠져나갈 구멍이 있다면, 아동은 혼란을 느낄 것이다. 엄격한 환경이 필요하다면, 그것은 일관되고 공정해야 한다. 그래야만 그것은 긍정적인 가치를 가질 수 있다. 그 외에도 아동 중에는 항상 특권을 남용하려는 아동이 있으며, 이들 또한 고통을 받게 될 것이다.

이러한 유형의 대규모 시설에서는 사회의 평화와 안정을 유지하기 위해 사회를 대신해서 아동을 관리한다는 사실에 그 강조점이 주어지기 쉽다. 그러한 틀 안에서 아동들은 많건 적건 그들의 개성을 상실하게 된다. (중간 규모의 시설에서는 아동이 점차 건강하게 성장하여 정체성을 상실하지 않고서도 사회와 동일시할 수 있는 여지가 있다.)

이런 시설 안에는 소위 미쳤다(mad, 이러한 단어는 사용하지 않아야 하지만)고 할 수 있는 아동들이 있는데, 그들은 뭔가 지시를 한다해도 그 지시에 전혀 따르지 않는 아동들이다. 이런 아동을 위해서는 어른에게 제공되는 것과 같은 정신병원이 제공되어야만 한다. 나는 이러한 극단적인 사례를 위하여 사회가 제공할 수 있는 최선의 것이 무엇인지 아직은 결정되지 않았다고 생각한다. 이 아동들은 너무 병적이라서, 돌보는 사람들은 그들이 반사회적 행동을 보이기 시작할 때 그것은 오히려 그들이 나아지고 있음을 말해준다는 사실을 쉽게 깨닫는다.

나는 박탈을 경험한 아동의 욕구에 대해 고려할 때 집고 넘어가야 할 아주 중요한 문제들을 살펴보면서 이 장을 마무리하려고 한다.

아동의 초기 내력의 중요성

이 문제에서 첫 번째 관심사는 아동을 돌보는 사람이 새로운 상황을 주의 깊게 지켜보는 능력을 갖고 있는가 하는 점이다. 만일 내가 아동을 돌보는 일을 맡고 있다면, 나는 아동을 맡자마자 곧 현재까지의 아동의 삶에 관한 모든 정보를 얻으려 할 것이다. 이것은 항상 긴급한 일이다. 왜냐하면 시간이 지나면서 근본적인 사실들을 받아들이기가 더 어려워지기 때문이다. 이차 세계대전 중 우리가 실시했던 아동 대피 계획이 실패했을 때, 즉 전혀 희망을 발견할 수 없는 아동들이 있다는 사실을 깨달았을 때, 그것은 우리에게 얼마나 커다란 낭패감을 주었던가?

때때로 아동들은 잠자러 가면서 '내가 오늘 무엇을 했지?' 라고 말한다. 이때 어머니가 '너는 6시 30분에 일어나서 우리가 깰 때까지 자장가를 부르면서 곰 인형과 놀았고, 나중에 정원으로 나가서 놀다가 아침을 먹고 …' 등등 하루 전체의 일과를 종합해주는 것이 좋다. 아동은 모든 것을 다 알고 있지만, 누군가가 그것을 정리해줄 때 즐거워한다. 그것은 아동의 기분을 좋게 하고, 삶을 현실로 느끼게 하며, 꿈과 상상적 놀이를 현실과 구별하도록 돕는다. 아동을 돌보는 사람은 이런 아동들에게, 평범한 부모가 아동에게 아동이 하루 동안 경험한 삶을 정리해주는 것과 같은 일을 해줄 수 있다. 그러한 일속에는 아동이 단지 기억만 하고 있는 사실들이나 전혀 알지 못하는 사실들도 포함된다.

이러한 단순한 작업을 건너뛰는 것은 박탈을 경험한 아동에게는 심각한 손실이 된다. 아동에 관한 모든 정보를 수집하는 사람이 있어야 한다. 바람직한 경우, 아동을 돌보는 일을 책임 맡은 공무원은 아이를 키운 어머니와 면담을 통하여 아동이 태어난 순간부터 살아온 전체 과정을 시간을 두고 점진적으로 털어놓게

할 수 있을 것이다. 아동에 대한 어머니의 태도에 커다란 영향을 끼칠 수 있는 임신 기간 동안의 경험과 임신하게 된 경위 등에 대한 중요한 정보들을 얻을 수도 있을 것이다. 종종 아동에 관한 정보를 수집하기 위하여 여기저기를 다녀야 할 수도 있다. 심지어 때로는 아동이 오래 전에 있었던 기관에서 가까이 지낸 친구의 이름까지도 가치 있는 정보가 될 수 있다. 사회복지사가 아동의 신뢰를 얻었을 때 비로소 아동과 접촉하는 과제를 시작할 수 있을 것이다. 보호관찰사의 사무실에 있는 서류철이나 다른 어떤 곳에 아동이 지금까지 살아온 삶의 이야기가 있다는 사실을 그 아동에게 알릴 수 있는 방법들이 있을 것이다. 아동은 당분간 아무 말도 듣고 싶어하지 않을 수도 있지만, 시간이 지나면 상세한 내용들을 알고 싶어할 것이다. 특히 사생아와 붕괴된 가정에서 입양된 아동의 경우, 그들이 건강을 되찾기 위해서는 실제 사실들을 알아야만 한다. (내 생각에 입양된 아동의 경우, 건강한 아동으로 치유해내는데 그 목표가 있다.) 반면에 대형 시설에서 독재적인 방식으로 관리되고 있는 아동은 과거의 진실을 소화해내기가 더욱 어려울 것이다.

사정이 이렇기 때문에 그리고 그러한 일을 할 수 있는 인력이 무척 부족하기 때문에 보다 정상적인 아동들을 위한 작업부터 시작할 필요가 있다. 이런 일을 책임 맡은 사람들은 아무리 이와 같은 일들을 하고 싶어도 그들이 맡은 일이 너무 많기 때문에 실제로는 그런 일을 하기가 불가능하다고 느끼기도 한다. 나의 요점은 아동을 돌보는 일을 맡은 사람은 자신이 관리할 수 있는 능력을 넘어서서 더 많은 아동을 받지 않아야 한다는 것이다. 아동을 돌보는 일에서는 어중간하게 적당히 처리할 수 있는 일은 없다. 사회가 이 문제에 대해서 좀더 나은 결정을 내렸는데, 그것은 가능성이 있는 소수의 아동들을 직접적인 치료의 대상으로 삼고 그 외의 아동들은 독재적으로 운영하는 대형 시설에서 관리의 대상으로 삼는다는 것이다. 이 모든 일은 개인을 존중하는 분위기에서 이루어져야만 하며, 그렇지 않을 때 그것은 아동과 돌보는 사람 모두에게 잔인하고 힘든 일이 된다. 이 일은 개인을 존중하는 분위기에서 이루어질 때에만 그리고 그 일을 책임 맡은 사람들이 지나치게 많은 일로 인해 짓눌리지 않을 때에만 가치 있는 일이 될 것이다.

아동을 돌보는 사람이 너무 많은 일을 맡는다면 반드시 실패가 따를 것이다. 그렇게 되면 결국에는, 통계학자들이 이 모든 일은 잘못된 것이었으며, 독재적인 방식이 공장의 노동자들이나 가정에서 일해주는 사람들에게 더 효과적이라는 증거를 제시할 것이다.

중간현상(transitional phenomena)

내가 주장하고자 하는 또 다른 요점을 이해하기 위해서는 먼저 정상적인 아동을 다시 살펴볼 필요가 있다. 어떻게 보통 아동들은 자신의 가정과 친숙한 모든 것을 박탈당하면서도 병들지 않는 것일까? 아동들은 병원에 다니면서 신체적으로 치료를 받을 뿐만 아니라 마음의 평정을 찾고, 나아가서는 새로운 경험을 얻는다. 아동들은 반복해서 아주머니나 아저씨네 집에 머물기 위해 부모와 함께 집을 떠난다.

이것은 매우 복잡한 주제이다. 우리가 잘 아는 한 아동을 생각해 보자. 그리고 그 아동이 꿈속으로 들어가기 위해 침대로 가져가는 것이 무엇인지를 생각해보자. 그것은 한 개 또는 여러 개의 인형, 곰 인형, 책 한 권, 어머니의 낡은 옷에서 떼어낸 조각, 기러기 털 이불의 한 쪽 모퉁이, 낡은 담요 조각, 또는 냅킨 대신에 사용했던 손수건이 될 수도 있다. 어떤 경우에는 이런 물건 대신에 주먹이나 엄지손가락, 또는 두 개의 손가락을 빨기도 하고, 자위 행동을 하면서 엎드린 자세로 땀을 흘리며 몸을 반복적으로 움직이는 모습을 보여주기도 한다. 어떤 경우에 유아는 처음부터 어머니 이외의 존재를 받아들이지 않을 수도 있다. 일반적으로 다양한 현상들이 관찰될 수 있다. 10개월 내지 12개월경에 아동은 자신이 가지고 있는 인형들 중에서 하나를, 아마도 부드러운 감촉을 주는 어떤 것을 특별히 좋아하게 될 것이다. 아동은 그것을 매우 사랑스러워 하면서도 아주 잔인하게 다루며, 그것 없이는 쉽게 잠들지 못한다. 아동은 멀리 갈 때에도 그 물건을 가지고 갈 것이다. 그리고 그것을 잃어버린다면, 그것은 아동에게 재난이 될 것이고 따라서 아동을 돌보는 사람에게도 재난이 될 것이다. 아동은 그것을 결코 다른 아동에게 주지 않을 것이며 다른 아동들도 그 물건을 원치 않을 것이다. 그것은 냄새가 나고 더러워지지만, 그렇다고 해서 함부로 세탁해서는 안된다.

　나는 이 물건을 중간대상(transitional object)이라 부른다. 이것은 다음과 같은 의미를 갖는다. 모든 아동이 경험하는 한 가지 어려움이 있는데, 그것은 주관적인 세계를 객관적으로 인지할 수 있는 공유된 현실 세계와 연관시키는 것이다. 깨어있는 상태에서 잠자는 상태로 옮겨갈 때 아동은 지각된 세계로부터 스스로 창조한 세계로 도약한다. 그 사이에 온갖 종류의 중간현상들이 발생하는 중립지대가 있다. 사람들 사이에는 이 중간대상을 현실적인 세계의 일부분으로, 또는 유아에 의해 창조된 것이라고 주장하지는 않으리라는 암묵적인 동의가 존재한다. 우리는 이 두 가지 주장이 모두 진실이라고 말할 수 있다. 유아는 그것을 창조하였고, 세계는 그것을 공급하였다. 어머니는 아기가 어떤 것을 창조할 준비가 되어 있는 순간에 가장 미묘하고 적극적인 적응을 통하여 아기가 창조하고자 하는 그것을 (아마도 자신의 젖가슴을) 수없이 아기에게 제공하는데, 이러한 어머니의 도움아래 아기는 자신이 원하는 것(어머니의 젖가슴)을 창조한다. 이것이 보통의 어머니가 아기를 위해서 수행하는 과제이다.

부적응의 범주에 속하는 아동들은 대부분 이러한 중간 대상을 갖지 못했거나 상실한 아동이다. 아동이 중간 대상을 갖기 위해서는 그 대상이 나타내는 누군가가 있어야만 한다. 즉 이 아동들은 그 누군가를 갖지 못했기 때문에 중간대상을 가질 수 없었던 것이다. 따라서 이들에게 단순히 새로운 대상을 준다고 해서 그것이 그들의 중간대상이 될 수 없다. 그러나 아동은 자신을 돌보는 누군가를 갖게 되고 그에 대한 신뢰를 형성하게 될 때, 그를 상징하는 대상이 마음속에 떠오르는 것을 경험할 수 있다. 이것은 꿈을 기억할 수 있게 되는 것, 또는 실제 사건을 꿈꿀 수 있는 것이 그러하듯이, 좋은 신호라고 간주할 수 있다.

이 모든 중간대상과 중간현상은 아동으로 하여금 좌절과 박탈, 그리고 새로운 상황의 변화를 견딜 수 있도록 돕는 역할을 한다. 박탈을 경험한 아동을 치료할 때에 우리는 과연 그러한 중간현상이 존재한다는 사실을 충분히 고려하고 있는가를 점검해 볼 필요가 있다. 만일 우리가 아동들이 장난감을 사용하는 방식과 자체성애적 행동들 그리고 잠자리에서 동화나 자장가를 듣는 모습을 살펴본다면, 우리는 아동들이 이러한 것을 사용하여 자신에게 필요한 것을 박탈당한 경험을 어느 정도 견뎌왔다는 사실을 알 수 있을 것이다. 아동이 한 가정에서 다른 가정으로 또는 한 시설에서 다른 시설로 옮겨갈 때 그가 함께 가지고 갈 수 있는 한 조각의 옷이나 부드러운 물건이 있는지 없는지에 따라, 그 곳에서 잘 적응할 수 있을지 없을지가 결정될 수 있다. 또한 아동이 어렸을 때 잠자리에 들 때마다 즐겁게 들은 친숙한 자장가가 있었는지 그리고 부모가 아동의 자체성애적 행동들이 지닌 긍정적인 기능을 존중해주고 인내해주었는지에 따라, 그 아동은 치료될 수도 있고 그렇지 못할 수도 있다. 환경이 좋지 않았던 아동들에게 있어 중간현상은 분명히 특별하고 중요한 의미를 갖는다. 중간현상에 대한 연구는 박탈을 경험한 아동을 도울 수 있는 우리의 역량을 증가시켜줄 것이다. 이 아동들은, 세계는 결코 우리가 만들어낸 주관적인 것이 아니며 기껏해야 외부 현실과 우리가 만들어낸 주관적인 것 사이에 겹치는 영역이 있을 뿐이라는 사실을 충분히 받아들일 수 있게 되기 전에, 이미 문제 거리가 된 아동들이다. 실제로 이와 같은 세계에 대한 인식은 우리들도 아주 힘들게 받아들인 사실들이다. 우리는 외부 현실과 주관 세계가 동일하다고 믿는 생각을 환각(illusion)이라고 부른다.

　좋은 환경을 경험한 사람들은 이와 같은 것들을 이해하기가 쉽지 않을 수 있다. 사람들의 이해 여부와 상관없이, 여기저기로 옮겨다니는 유아나 어린 아동은 바로 이러한 중간 세계를 창조해내지 못하는 문제에 부딪친다. 만일 우리가 아동에게서 중간대상을 빼앗고 중간현상이 발생하는 것을 방해한다면, 아동은 어쩔 수 없이 한 가지 방법을 선택하게 된다. 그것은 성격을 분열시켜서, 반은 주관적인 세계에 반응하게 하고 나머지 반은 현실 세계에 순응적으로 반응하게 하는 방법이다. 이러한 분열이 형성되고 객관적인 세계와 주관적인 세계 사이를 연결해주는 교량이 무너지거나 그 교량이 세워진 적이 없을 경우에, 아동은 하나의 온전한 인간으로 기능할 수 없다.[1]

---

1 이 주제를 더욱 발전시킨 논의를 보려면 '중간대상과 중간현상'을 보라. 이 논문은 D. W. 위니캇의 논문 모음집인 「성숙과정과 촉진적 환경」(London: Tavistock Publications, 1958; Hogarth Press, 1975) 18장에 나와 있으며, 이 책은 한국어로 번역 출판되어 있다(한국심리치료연구소 2,000).

교량이 무너진 이러한 상황은 가정생활의 박탈로 인하여 우리의 보호를 받게 된 아동에게서 항상 발견되는 상황이기도 하다. 우리가 임시 부모 가정이나 세심한 보살핌을 제공하는 소규모의 호스텔에 보내려고 하는 아동은 정도의 차이는 있으나 분명히 이러한 분열을 지니고 있을 것이다. 주관적인 세계는 이상적일 수 있을지는 모르나, 또한 잔인하고 박해적일 수 있다는 점에서 불리한 측면을 가지고 있다. 우선 아동은 무엇이든지 주관적으로 해석하게 되는데, 예컨대 임시 부모 가정은 훌륭하고 자신의 실제 가정은 나쁘다거나, 또는 그 반대일 수도 있다. 그러나 모든 것이 잘 진행된다면, 결국 아동은 좋은 가정과 나쁜 가정 모두에 대한 환상을 가질 수 있으며, 그것들에 관해 꿈을 꿀 수도 있고, 말하고 그림을 그릴 수도 있게 된다. 그리고 이와 함께 임시 부모가 제공해주는 진정한 가정을 실제 있는 그대로 지각할 수 있게 된다.

실제로 임시 부모 가정은 환상 속의 가정과는 달리, 좋음과 나쁨의 양쪽 극단 사이를 오가며 격렬하게 동요하지 않는다는 이점을 가지고 있다. 임시 부모 가정은 아동에게 중간 정도의 실망을 안겨주거나 중간 정도의 편안함을 제공해주는 수준에 머무른다. 박탈을 경험한 아동을 관리하는 사람들은 중립지대를 받아들일 수 있는 아동의 능력이 어느 정도인지 인지함으로써 그들을 돕는 일을 더욱 잘할 수 있다. 이 아동들에게서 중립지대를 즐길 수 있는 능력은 수음을 하거나 인형을 가지고 놀거나 자장가를 즐기는 것과 같은 모습으로 나타난다. 따라서 우리가 정상 아동이 무엇을 즐기는지를 연구해 본다면, 박탈을 경험한 아동에게 무엇이 절대적으로 필요한지 알게 될 것이다.

13장

집단의 영향과 부적응 아동: 학교 생활의 측면

(부적응 아동을 위한 실무자 연합회에서
한 강연, 1955. 4.)

이 장에서 나는 부적응 아동을 집단으로 관리하는 데에 따르는 문제를 이해하는데 도움이 될 수 있는 집단 심리학의 몇몇 측면들을 설명하고자 한다. 먼저 정상적인 가정에서 살며, 목표를 가지고 있고, 뭔가 가르침을 주려고 하는 학교에 다니는 정상 아동에 대해서 생각해보자. 그는 자신의 환경을 발견하고 나아가 그 환경에 적응하고 환경을 개선하고 변화시킬 수 있다. 이와는 대조적으로, 부적응 아동은 가르치는 일보다는 관리하는 일에 중점을 두는 환경을 필요로 한다. 그들에게 가르치는 일은 이차적인 문제이며, 종종 특별한 종류의 일이 될 수 있다. 그것은 교과목에 대한 교습이라기보다는 보충수업에 가까운 것이다. 달리 말하면, 부적응 아동에게 있어 '학교'는 '호스텔'의 의미를 가져야 한다. 이런 이유들로 인해 반사회적인 아동을 관리하는데 필요한 사람은 종종 학교 교사가 아니라 집단 치료자이다. 따라서 이들에게 있어 집단 형성에 대한 지식은 매우 중요하다.

집단과 집단 심리학은 내가 여기서 중심 주제로 제시한 것 이외에도 광범위한 주제를 포함하고 있다. 다시 말해서, 집단 심리학의 기초는 개인 심리학, 특히 개인의 성격이 통합되는 과정에 대한 이해이다. 따라서 나는 개인이 성격의 통합을 이루는데 필요한 과제에 대한 간단한 진술로 논의를 시작하고자 한다.

개인의 정서 발달

심리학은 지금은 전적으로 수용되고 있는 인식, 즉 인간에게 출생 이전부터 시작해서 노년이 되어 죽을 때까지 평생동안 계속되는 정서발달 과정이 있다는 인식과 함께 절망적인 늪에서 빠져 나올 수 있었다. 이러한 인식은 다양한 심리학 학파 이론들의 근저에 놓여 있으면서 그들에게 유용한 합의된 원리를 제공해주고 있다. 우리는 이런저런 점에서 크게 다를 수도 있지만, 정서발달의 연속성이라는 그러한 단순한 생각이 우리를 하나로 묶어준다. 이러한 기초로부터 우리는 정서발달 과정에 대해서 그리고 각 발달 단계에 따른 위험들—내부(본능)로부터 오는 것이든 아니면 외부(환경적 실패)로부터 오는 것이든—에 대해서 연구할 수 있다.

우리는 개인의 성장과정에 대해 조사하면서, 초기로 올라갈수록 환경적인 요인이 더 중요해진다는 일반적인 진술을 받아들인다. 이것은 아동이 의존에서 독립을 향해 성장한다는 원리를 수용하는 것을 의미한다. 건강한 경우, 개인은 자기에 대한 느낌과 자발성을 상실하지 않은 채 점진적으로 더욱 넓은 집단과 동일시할 수 있게 된다고 우리는 기대한다. 만약 집단이 너무 크면 개인은 접촉되어 있다는 느낌을 상실하기 쉽고, 반대로 집단이 너무 작으면 시민 의식을 잃어버리기 쉽다.

우리는 청소년들에게 적합한 소그룹과 다른 단체들을 제공함으로써, 청소년들이 집단의 의미를 점차로 확장시켜나갈 수 있도록 돕기 위해 많은 노력을 기울이고 있으며, 이러한 노력의 성공 여부는 소년 소녀들이 개성을 과도하게 상실하지 않고서도 각 집단과 동일시할 수 있는지에 따라 결정된다. 대개 청소년기로 접어들기 직전 단계의 아동에게는 보이스카웃이나 걸스카웃을, 그리고 잠재기 아동에게는 소그룹이나 유년대를 제공해준다. 초등학교 첫해에 학교는 아동에게 보다 확장되고 넓어진 가정을 제공해준다. 만약 걸음마 아동에게 학교를 제공한다면, 그 학교는 가정과 비슷해야 하며, 실제로 가르치는 일에 많은 비중을 두어서는 안 된다. 왜냐하면 이 시기의 아동에게 필요한 것은 조직화된 놀이의 기회와 사회적 삶을 시작할 수 있는 통제된 조건이기 때문이다. 걸음마 아동에게 진정으로 필요한 집단은 아동 자신의 가정이다. 유아에게 가정의 연속성이 깨어진다는 것은 하나의 재난이라고 볼 수 있다. 이 과정의 초기 단계를 살펴본다면, 우리는 유아가 어머니의 관리에 전적으로 의존하고 있으며 어머니가 지속적으로 현존해주고 살아 남아주는 것에 의존하고 있다는 사실을 알게 된다. 어머니는 유아의 욕구에 충분히 좋은 적응을 제공해주어야 한다. 그렇지 않으면 유아는 이 과정을 왜곡시키는 방어들을 발달시키지 않을 수 없다. 예를 들어, 유아는 환경이 믿을 만하지 않을 때 그 환경이 맡고 있는 기능을 대신 떠맡게 된다. 그로 인해 참된 자기는 숨게 되고, 매순간 세상의 요구에 순응하는 거짓 자기가 그의 성격적 특징으로 자리잡게 된다. 이 거짓 자기는, 한편으로 참 자기를 숨겨주고 다른 한편으로 현실에 적응하는 이중적 과제를 갖고 있다.

아주 초기에 유아는 신체적인 언어, 즉 살아있는 사람이 안아주는 것에 의해서 신체적으로 표현된 사랑만을 이해할 수 있다. 이 시기는 절대 의존의 시기로서 이때 좋은 환경이 결핍된다면, 발달과정은 정지될 것이고 유아 정신병이 발생할 것이다. 이 시기에 유아는 스스로를 방어할 수 있는 다른 수단을 갖고 있지 못하다.

이제 환경이 순간마다 유아의 특수한 욕구에 따라 충분히 잘 적응해줄 때 어떤 일이 일어나는지를 살펴보자. 정신분석은 일차적으로 본능적 욕구(자아와 원본능) 충족에 관심을 갖지만, 이 글에서는 이 모든 것을 가능케 해주는 환경의 제공에 더 관심을 기울이고 있다. 즉 지금 여기에서는 아기를 **먹여주는** 어머니보다는 아기를 **안아주는** 어머니에 대해 더 많은 관심을 기울인다. 안아줌과 총체적인 보살핌이 충분히 주어질 때 개인의 정서발달 과정에서 어떤 일들이 일어나는가?

이 모든 일들 중에서 가장 중심적인 관심사는, 우리가 통합이라고 부르는 과정에 관한 것이다. 통합되기 이전의 개인은 안아주는 환경에 의해서만 비로소 유지될 수 있는 조직되지 않은 감각 운동 현상의 집합체로서 존재한다. 통합이 이루어진 후에야 비로소 개인은 **존재한다고** 말할 수 있다. 즉 이때에 비로소 유아는 하나의 단위체로서의 지위를 지닌 존재가 되고, **나는 존재한다**(말로 표현하는 것은 아니지만)라는 상태에 도달하게 된다. 이제 개인은 일종의 제한막(a limiting membrane)을 갖게 되며, 자기 자신이 마음대로 할 수 없는 것들이 있다는 것을 알게 되고 그것들을 외부적인 것으로 인식하기 시작한다. 이제 개인은 내부 세계를 가지며, 그 속에 경험한 것들에 대한 기억들을 모음으로써 인간 존재가 지니는 무한히 복잡한 구조를 구축하게 된다.

이러한 발달이 한순간에 일어나든 오랜 시간에 걸쳐 점진적으로 일어나든 그것은 문제되지 않는다. 중요한 사실은 그러한 발달과 함께 그에게 이전과 이후가 있으며, 진정한 의미에서 과정이 있게 된다는 것이다.

물론 본능 경험이 통합 과정에 크게 기여한다는 사실에는 의심의 여지가 없다. 그러나 그러한 본능 경험을 위해서는 유아를 안아주고 변화하는 유아의 욕구에 잘 적응해주는 충분히 좋은 환경이 필요하다. 누구도 이 시기에 환경이 제공하는 적절한 사랑을 경험하지 않고는 건강하게 기능할 수 없다. 이 사랑은 유아와 동일시할 수 있는 능력과 유아의 욕구에 적응해주는 것이 가치 있는 일이라는 느낌을 수반하는 사랑이다. 어머니는 비록 일시적이지만 아기에게 진정으로 헌신한다. 그녀는 자신이 필요없어 질 때까지 기꺼이 아기를 돌보는 일에 몰두한다.

이러한 '나는 존재한다' (I AM)라고 느끼는 순간은 이제 막 존재하기 시작한 그 개인에게는 자신이 무한히 노출된 낯선 순간으로 느껴진다. 이때 누군가가 유아를 팔로 감싸 안아준다면, 유아는 이 '존재함'의 순간을 견뎌낼 수 있다. 그러나 그렇지 않다면 유아는 이 순간에 위기에 처할 수 있다.

나는 또한 이 순간에, 만약 아동의 정신과 신체가 하나로 통합되어 있음으로 해서 그가 지닌 제한막이 은유적인 의미에서 정신에 대한 한계를 구성하는 것에 그치지 않고 신체의 피부이기도 한 상태를 의미한다면, 이 모든 일은 훨씬 더 수월하게 진행된다고 덧붙이고 싶다. 이때 '노출된다는 것'은 곧 '벗고 있다는 것'을 의미하게 된다.

통합을 이루기 이전의 개인은 아직 스스로 존재한다고 말할 수 없는, 다만 관찰하는 사람의 눈에만 존재하는 것으로 보일 뿐인 상태에 있다. 그 상태의 유아에게 외부 세계는 분화되어 있지 않으며, 개인적인 내적 세계 또는 내적 실재라는 것도 아직 존재하지 않는다. 통합을 이룬 후에야 유아는 자기(self)를 갖기 시작한다. 통합 이전에 유아는 어머니를 자신의 주관세계의 일부로 인식했으나 통합 이후에는 어머니를 외부 대상으로 인식할 것이다. 따라서 통합 이후에는 어머니가 실제로 지지해주고, 따스한 사랑으로 돌봐주고 옷을 입혀주는 일이 중요해진다(즉 어머니는 본능적 욕구를 충족시켜주는 일을 시작한다). 이것은 통합 이전에 어머니의 안아주는 일이 더 중요했던 것과는 대조를 이룬다.

또한 통합이 이루어지기 이전에 어머니와 아기 사이에는 어머니와 아기가 하나를 이루는 영역이 있다. 발달이 순조롭게 진행될 경우, 이 영역은 아주 점진적으로 두 가지 요소로 분열된다. 즉 유아가 자신의 일부가 아닌 것으로 거절하는 부분과 자신의 일부로 받아들이는 부분으로 분리된다. 그러나 우리는 이 중간영역의 잔재가 계속해서 남는다는 사실을 안다. 실제로 우리는 유아가 처음으로 애정을 쏟아 붓고 간직해온 소유물에서 그 자취를 발견할 수 있다. 아마도 담요 조각, 침대 커버, 내의, 기저귀 그리고 어머니의 손수건 등이 그런 것들일 것이다. 내가 '중간대상'이라 부른 이 대상은 유아의 창조물이며 동시에 외적 실재의 한 부분이다. 이러한 이유로 부모는 좀더 나중에 아이가 좋아하게 되는 곰 인형이나 인형, 장난감보다 이 초기 중간대상을 더 소중하게 여긴다. 아동이 중간대상을 잃는 것은 입과 젖가슴 모두, 손과 어머니의 피부 모두, 창조성과 객관적 지각 모두를 잃는 것이다. 중간대상은 개인의 정신과 외적 실재 사이의 접촉을 가능하게 하는 하나의 교량이라고 볼 수 있다.

마찬가지로 유아는 통합을 이룩하기 전에는 스스로 존재할 수 없고 다만 좋은 어머니의 돌봄 아래서만 존재할 수 있다. 통합을 이룩한 후에야 우리는 비로소 어머니의 실패로 인해 유아가 감기로 죽거나, 깊은 우울증에 걸리거나, 멀리 자기만의 세계로 도망하거나, 혹은 수소 폭탄처럼 폭발하여 한순간에 자기와 세계를 파괴시킨다라는 식의 말이 가능하다. 통합을 이루기 전에는 이 모든 말들이 성립되지 않는다.

이제 막 통합을 이룩한 유아는 첫 번째 집단을 형성한 것이다. 이 앞의 단계는 환경이 통합되지 않은 요소들을 담아주는 집단 형성 이전의 단계이며, 이 단계에서 담겨져 있는 요소들과 담아주는 환경은 서로 구분되지 않는다. 이때의 환경은 안아주는 어머니이다.

존재함(I AM)을 성취한다는 것은 하나의 집단을 형성하는 것이며, 그것은 위험한 순간들을 거쳐야 하는 성취이다. 이 존재함을 성취하는 초기 단계에는 보호가 필요하다. 왜냐하면 주관세계에 속한 것이 아닌 것으로 인식된 외부 세계는 자신을 공격하는 박해적인 것으로 인식되기 때문이다.

우리가 이러한 개인의 탄생 과정에 대한 연구를 계속한다면, 우리는 점점 더 복잡해지는 개인의 성장 과정이 어떻게 점점 더 복잡해지는 집단의 성장 과정에 영향을 주는지 알 수 있을 것이다. 그러나 지금 여기에서는 기본적인 가설에 함축된 의미들을 살펴보기로 하겠다.

집단의 형성

유아는 차츰 하나의 통합된 인간 단위체라고 부르는 상태에 도달하며 동시에 어머니는 보호를 제공해주는 어머니라고 부르는 상태에 도달한다. 이 단계에서 어머니는 이제 막 통합된 상태에 도달한 유아가 일종의 편집증적 상태에 처해 있다는 사실을 잘 알고 있기 때문에 유아에게 특별한 보호를 제공해준다. 내가 '개인적 단위체'와 '모성적 보호막'이라는 두 용어를 사용하는 것은 바로 이런 이유에서이다. 즉 집단이 형성되는 최초의 순간에 이 두 가지 요소가 동시에 필수적이었던 것이다.

집단들은 이 용어 안에 포함된 두 극단 중 어느 하나에 기원을 가질 수 있다.

(i) 서로에게서 유사성을 발견하는 단위체들
(ii) 보호막

(i) 성숙한 집단의 기초는 단위체를 형성한 개인들이다. 개인적으로 잘 통합된 열 사람은 느슨하게나마 그들 열 개의 통합체가 서로 유사성을 갖고 있다는 사실을 발견하며, 또한 공통의 경계막(limiting membrane)을 어느 정도 공유한다. 경계막은 이제 각 성원의 피부표면을 나타낸다. 집단의 각 구성원이 지닌 통합된 성격 조직은 그 집단의 실체를 내부로부터 유지하는 경향이 있다. 이것은 집단이 개인의 개별적인 경험으로부터 유익을 얻는다는 것을 의미한다. 즉 개인은 통합의 순간을 거치는 동안 집단의 돌봄을 받게 되고, 집단은 개인이 스스로 보호막을 형성할 수 있을 때까지 보호막을 제공해준다.

집단의 통합은 초기에 박해를 받을 것이라는 기대를 포함하고 있다. 이러한 이유때문에 어떤 유형의 박해는 인위적으로 집단을 형성시킨다. 그러나 그것은 안정된 집단을 형성하지는 못한다.

(ii) 다른 쪽 극단에서, 상대적으로 통합되지 않은 사람들의 집합체에 보호막을 제공함으로써 하나의 집단을 형성할 수

있다. 이때 집단은 개인에 의해서가 아니라 보호막에 의해서 움직이게 된다. 이 경우 개인들은 다음의 세 단계를 통과한다.

(a) 그들은 보호받는 것을 기뻐하며 자기 확신을 얻는다.
(b) 그들은 의존적이 되고 통합 이전으로 퇴행함으로써, 그 상황을 이용하기 시작한다.
(c) 그들은 서로 독립적으로 약간의 통합을 성취하기 시작하며, 그러한 통합의 순간에 나타나는 박해에 대한 기대를 견디기 위해 집단이 제공해주는 보호막을 사용한다. 이 보호막에 상당한 부담이 주어진다. 이들 중 몇몇은 개인적 통합을 성취해내고, 따라서 개인들 스스로가 집단을 움직여 가는 또 다른 유형의 집단으로 옮겨갈 준비를 갖추게 된다. 나머지 사람들은 보호막의 제공만으로는 치료될 수 없다. 그들은 자신을 관리해주는 대리자와 동일시하지 못한 채 그 대리자에 의해 지속적으로 관리되어야만 한다.

어느 집단이든 앞에서 말한 두 극단 중의 하나가 지배적임을 관찰할 수 있다. '민주주의'란 용어는 가장 성숙한 집단을 묘사하는데 사용된다. 민주주의는 그 집단을 구성하는 사람들의 상당수가 (각기 다른 방식으로 성숙했을 뿐 아니라) 인격적 통합을 성취해낸 성인들일 경우에만 적용될 수 있다.

청소년 집단은 감독 하에 일종의 민주주의를 성취할 수 있다. 그러나 청소년 집단의 경우, 설령 각 개인이 성숙한다 하더라도 그들 사이에 민주주의가 확립되기를 기대해서는 안된다. 건강한 어린 아동들에 대해 집단이 갖는 보호적 측면은 확고할 필요가 있으며, 동시에 개인의 자아 구조의 결속을 증진시키는 바로 그 힘을 통해서 집단의 결속에 기여할 수 있는 기회가 모든 개인들에게 주어질 필요가 있다. 그러나 이처럼 개인에게 기여할 수 있는 기회를 제공하는 집단은 실제로 그리 많지 않다.

부적응 아동과의 집단 작업

건강한 성인과 청소년 그리고 아동으로 구성된 집단에 관한 연구는 건강하지 못한 아동 집단을 관리하는 문제에 빛을 던져 준다. 여기서 건강하지 못하다는 말은 부적응(maladjustment)을 의미한다.

부적응이라는 이 고약한 말은 환경이 초기 발달단계에서 아동에게 적절하게 적응하지 못했음을 의미한다. 따라서 아동이 보호 기능을 스스로 떠맡는 바람에 개인적 정체성을 잃어버리거나, 혹은 누군가가 자신을 위한 보호막의 기능을 해주도록 사회에 밀어 부치지 않으면 안되는 상태가 된다. 이들이 사회에서 말썽을 일으키는 것은 그래야만 개인적인 통합을 이룰 수 있는 새로운 출발의 기회를 얻을 수 있기 때문이다.

반사회적 아동은 두 가지 상반되는 대안 중에 하나를 선택할 수밖에 없다. 그것은 참 자기를 멸절시켜 버리거나 아니면 사회가 보호막을 제공해줄 때까지 사회를 흔들어대는 것이다. 두 번째 대안에서 보호막이 발견된다면 진정한 자기는 다시 출현할 수 있다. 이때 그는 무의미한 순응과 함께 죽은 삶을 사는 것보다는 감옥 안에서나마 진정으로 존재하는 것이 더 낫다고 생각하게 된다.

부적응 아동의 집단은 소년 소녀들의 인격적 통합을 토대로 해서 구성된 집단이 아니다. 이것은 부분적으로 그 집단이 미성숙한 존재인 청소년이나 아동으로 구성되어 있다는 사실에 기인

한다. 아동 모두가 다소 통합되지 않은 상태에 있기 때문에 대부분의 소년과 소녀는 어느 정도 보호막을 필요를 가지고 있다. 이것은 아동이 통합을 이룩해나가는 과정의 어느 시점에서, 즉 유아기나 초기 아동기에 이 보호막의 측면에서 많은 스트레스를 경험했다는 사실을 말해준다.

그렇다면 우리는 그러한 아동들이 건강한 방향으로 성장할 수 있도록 돕기 위해서 무엇을 제공할 것인가? 여기에는 두 가지 대안이 있다.

(ⅰ) 첫째 호스텔을 통한 관리를 제공해주는 방법이 있다. 호스텔은 상당한 기간동안 같은 아동 집단을 유지하면서 그들을 관찰하게 된다. 호스텔은 여러 발달 단계에서 그들에게 필요한 것을 제공한다. 집단 생활의 초기에는 주로 직원이 보호막을 제공하며, 따라서 그 집단은 보호 집단이다. 이 집단에서 아동들은 초기의 허니문 기간이 지난 후에 점차 문제를 드러내기 시작한다. 그리고 운이 좋다면, 통합되지 않은 성격의 밑바닥에 도달하기도 한다. 다행스럽게도 그들 모두가 한순간에 이 상태에 도달하는 것은 아니다. 그들은 서로를 이용한다. 어느 한 순간에 어떤 아동은 다른 아동들보다 더 문제를 나타낸다(이때 그 아동을 집단에서 제거함으로써 문제를 해결하고 싶은 유혹을 받기 쉽다. 그러나 이것은 항상 중요한 시점에서 실패하는 것이 된다).

아동들은 점차 하나씩 인격적 통합을 성취하기 시작한다. 5년에서 10년 동안 동일한 상태를 유지하던 아동들이 새로운 아동들의 집단으로 변화되는 과정을 거친다. 보호를 위한 기술은 점점 더 적게 사용되며, 그 집단은 각 개인 안에서 통합을 가능케 했던 그 세력에 의해서 통합되기 시작한다.

아동이 처음 맡은 직책에서 훔치거나 또는 뒤늦게 얻은 존재감이나 상대적인 독립성에서 비롯되는 두려움을 느끼게 될 때 직원들은 다시 보호막을 제공해줄 수 있어야 한다.

(ii) 또 다른 방법으로, 호스텔들이 연합하여 함께 작업하는 것이다. 각 호스텔은 맡고 있는 일의 유형에 따라 분류되며, 각기 그 형태를 지속한다. 예를 들면 다음과 같다.

A호스텔은 100%의 보호막을 제공한다.
B호스텔은 90%의 보호막을 제공한다.
C호스텔은 65%의 보호막을 제공한다.
D호스텔은 50%의 보호막을 제공한다.
E호스텔을 40%의 보호막을 제공한다.

아동들은 신중하게 계획된 방문을 통하여 다양한 호스텔에 대해 알고 있으며, 보조원들 또한 서로 교환된다. A호스텔의 아동이 어느 정도 인격적 통합을 성취할 때, 그 아동은 한 단계 올라간다. 이러한 식으로 개선되는 아동은 청소년이 되어 세상으로 나올 준비를 갖추는 E호스텔을 향하여 진보한다.

이 호스텔들은 행정당국이나 호스텔 위원회의 보호를 받을 필요가 있다.

이 두 번째 방식의 어려운 점은 호스텔 직원들이 각 집단의 아동들에게 적용된 방식에 대해 충분히 이해하지 못한다면, 서로를 이해하는데 실패하기 쉽다는 점이다. 90%의 보호를 제공하는 B호스텔은 아주 궂은 일을 하고 있으면서도 다른 호스텔에 의해 무시당할 수도 있을 것이다. 이 호스텔에서는 공습훈련이나 또 외부로 소풍을 나가는 일도 있을 것이다. 그런가 하면, A

호스텔은 개인적 자유의 여지가 전혀 없기 때문에 오히려 더 확실히 정착될 것이다. 아마도 이곳의 방문자들의 눈에는 모든 아동들이 즐거워 보이고 잘 먹는 것처럼 보이기 때문에 다섯 군데 중에서 가장 좋은 곳으로 여겨질 것이다. 이곳의 보호사는 독재자가 될 필요가 있는데, 그는 분명히 다른 호스텔이 실패하는 이유는 그들의 훈육이 느슨하기 때문이라고 생각할 것이다. 그러나 A호스텔의 아동들은 아직 시작도 하지 못한 상태에 있다. 그들은 이제 시작할 준비를 하고 있는 것이다.

B호스텔과 C호스텔에서는, 아이들이 바닥에 누워 있거나 아침에 제때 일어나지 못하고, 식사를 거부하거나 바지에 변을 묻히고, 사랑의 충동을 느낄 때마다 물건을 훔치며, 고양이를 괴롭히고, 생쥐를 죽인다. 이 호스텔에서는 방문은 허용되지 않습니다 라는 안내문을 써 붙일 필요가 있다. 이곳의 보호사는 끊임없이 벌거벗은 영혼을 감싸주는 일을 해야 한다. 보호사들은 이곳에서 성인 정신병원에서 경험할 수 있는 것 못지 않게 많은 고통이 있다는 사실을 알게 된다. 이러한 상황에서 좋은 직원을 보유하는 일이 얼마나 어려운 일이겠는가!

요약

집단으로서의 호스텔에 관하여 말할 수 있는 모든 것 중에서, 나는 집단 작업과 개별 아동이 성취하는 인격의 통합 정도 사이의 관계라는 주제를 선택했다. 나는 이 관계가 매우 기본적인 것이라고 생각한다. 플러스 신호가 있는 경우, 아동은 자신 안에 통합을 성취할 수 있는 힘을 가지고 있다. 따라서 그들에게는 자유로운 기회를 제공해주어야 한다. 그러나 마이너스 신호가 있는 경우에는 호스텔이 벌거벗은 아동을 위한 옷이 되어주고, 또 갓 태어난 유아를 안아주는 보호막이 되어주어야 한다.

아동들이 인격 통합의 요소에 따라 적절하게 분류되지 못한다면, 호스텔은 그 존재이유를 상실한다. 병든 아동의 문제가 우세할 때 보호막은 어느 곳에서나 그리고 언제나 제공되어야 하기 때문에, 집단에 기여할 수 있는 보다 정상적인 아동들은 상대적으로 기회를 가질 수가 없게 된다.

내가 비록 문제를 과도하게 단순화해서 설명했지만, 만약 이러한 설명이 아동과 호스텔을 잘 분류할 수 있는 간단한 개념을 제공할 수 있다면 그것은 가치 있는 일이 될 것이다. 그런 호스텔에서 일하는 사람들은 자신들이 한 일과는 상관없이, 삶의 초기에 수많은 환경의 실패를 경험한 아동들에게 보복을 당하게 된다. 그들이 이 아동들의 보복을 견뎌내는데 따르는 고통을 감내할 수 있다면, 또 그렇게 견디어줌으로써 과거의 실패를 교정할 수 있다면, 그들은 적어도 자신들이 하고 있는 것이 무엇인지를 알게 될 것이며, 그리고 어째서 그들이 항상 성공을 거둘 수 없는 것인지를 알 수 있을 것이다.

사례의 분류

앞에서 제시한 생각들을 토대로 점차 복잡한 집단의 문제에 접근할 수 있을 것이다. 나는 사례의 유형을 대략적으로 분류함으로써 이 글을 마무리하려 한다.

(a) 하나의 단위체로 통합을 이루지 못했다는 의미에서 병들어 있음으로 해서 집단에 기여할 수 없는 아동들.

(b) 환경과 접촉하고 그 접촉을 유지하는 동시에 진정한 자기를 보호하고 숨기는 기능을 담당하는 거짓 자기를 발달시켜 온 아동들. 이들은 통합이 이루어졌다고 간주하고 그들에게 집단에 기여할 것을 요청하면, 곧바로 붕괴되는 거짓된 통합을 이룩한 아동이다.

(c) 철수했다는 의미에서 병든 아동들. 이들은 방어작용 내에서 통합을 성취하여 왔으며, 이들의 방어는 선의적 또는 악의적 세력을 재배열함에 따라 이루어진다. 이 아동들은 마술적 요소의 작용으로 인해, 놀랍지만 인위적으로 만들어진 자신만의 선한 내적 세계 안에서 살아간다. 그들의 외부 세계는 악하거나 박해적이다.

(d) 통합을 과도하게 강화함으로써 인격의 통합을 유지하는 아동들. 이들은 해체의 위협에서 보호하기 위한 방어로서 강한 성격을 형성한다.

(e) 초기에 충분히 좋은 양육을 받아왔으며, 가치 있는 내적, 외적 대상을 나타내는 대상들을 가지고 중간영역의 세계를 사용할 수 있었지만, 그럼에도 불구하고 성장과정에서 돌봄의 연속성이 중단되어 중간대상의 사용이 깨어지는 어려움을 겪은 아동들. 이러한 아동은 대개 '박탈 컴플렉스'(deprived complex)를 가진 아동들로서 다시 희망을 갖기 시작하면서 반사회적 특성들을 나타낸다. 그들은 훔치고, 애정을 갈망하며, 자신들의 거짓말을 믿어줄 것을 요구한다. 상태가 좋을 경우에, 그들은 일반적인 방식으로 퇴행하거나 혹은 국지적인 방식으로 퇴행한다. 야뇨증과 같이 꿈속에서 순간적인 퇴행을 하는 것은 국지적인 퇴행에 속한다. 상태가 나쁜 경우에, 그들은 비록 자신들의 증상으로부터 즉시 이익을 얻지는 못하더라도 사회가 그들의 증상을 견뎌줄 것을 강요한다. 그들은 훔

치는 것으로 자신이 원하는 것을 발견하지는 못하지만, 결국 (누군가가 그들의 훔치기를 견뎌주기 때문에) 세상에 대한 요구를 통해서 어느 정도 새로운 믿음에 도달할 수 있다. 반사회적 행동의 전체 범위가 이 범주에 속한다.

(f) 삶의 초기 경험이 그런 대로 좋았지만, 동일시하기에 적절하지 못한 부모의 영향으로 인해 고통을 겪는 아동들. 여기에 속하는 수많은 하위 집단들이 있는데, 다음은 그 몇 가지 예에 불과하다.

   (i) 혼돈된 어머니
   (ii) 우울한 어머니
   (iii) 부재한 아버지
   (iv) 불안한 어머니
   (v) 그럴 만한 자격 없이 엄격한 척 허세부리는 아버지
   (vi) 아동과 부모가 한 방을 쓰는 비좁은 환경에서 말 다툼
        하는 부모

(g) 유전적 요소로 인한, 또는 그것과 관계없는 조울증의 경향을 가진 아동들.

(h) 우울한 시기를 제외하고는 정상적인 아동들.

(i) 박해에 대한 기대를 갖고 있으면서 남을 못살게 굴거나, 다른 아동을 자극해서 괴롭힘을 당하는 경향을 가진 아동들. 남아의 경우에 이것은 동성애적 활동을 형성하는 기초가 될 수도 있다.

(j) 잠재되어 있거나 정신신체화 장애 안에 우울증을 숨겨놓고 있는 경조증적(hypomanic) 아동들.

(k) 정신신경증에 해당하는 모든 아동들. 이들은 금지와 강박

으로 인해 고통받을 수 있을 만큼 충분한 통합과 사회화를 성취했으며, 불안에 대한 방어를 조직화한 아동들이다.

(1) 끝으로 정상 아동들. 이들은 비정상적인 환경이나 위험 상황에 빠져있을 때 다양한 방어기제를 사용할 수 있다. 이들은 정서발달이 왜곡되지 않은 아동으로서 한 가지 유형의 방어기제만을 강박적으로 사용하지 않는다.

14장

박해불안을 견딜 수 있는 아동

(쉴라 스튜어트의 저서 「A Home from Home」에
대한 서평, 1967.)

본래 자서전을 좋아하는 나는 이 책의 출간을 누구보다 축하
한다. 이 책은 읽어볼 만한 가치 있는 책이다. 나는 임상가로서
쉴라 스튜어트(Sheila Stewart)가 불행한 아동기를 보냈음에도 불
구하고 세상이 그녀를 점점 더 행복한 사람으로 만들어 가는 모
습을 발견하고 커다란 안도감을 느꼈다. 우리는 이 책의 이야기
속에서 사생아로 태어난 많은 아동들을 박해하는 끔찍스런 환경
조건들 모두를 찾아볼 수 있다. 그러나 쉴라 스튜어트는 박해적
인 환경 속에서도 박해로부터 자유로울 수 있었다. 따라서 독자
는 고통스런 감정에 압도되지 않은 채, 모든 작은 일화와 일련의
사건들로부터 자유롭게 진실을 발견할 수 있을 것이다. 예를 들
면, 쉴라에게 있어서 섹스가 진정한 사랑의 관계와 결혼으로 점
차 발달해간 것은 매우 교훈적이다. 그녀는 교회에서 운영하는

시설인 교회 가정(church home)에서 어머니의 역할을 담당한 사람이 제공하는, 종종 엄한, 부모 역할을 통해 많은 영향을 받았다. 그리고 교회 선전을 위해서라면 이보다 더 효과적인 홍보는 아마 없을 것이다.

이 이야기가 나에게 감동적이었던 것은 아주 작은 사건들 때문이었다. 예를 들어, 전쟁 중에 애스콧으로 대피한 가정을 위해 돈을 구하는 활동을 묘사한 다음과 같은 글이 있다. '나는 주차라고 쓰인 커다란 표지판을 페인트로 칠하는 일에는 조금도 개의치 않았다. 그러나 우리가 집에서 만든 빵과 싱싱한 꽃과 노신사나 숙녀들을 위한 향수 등을 팔 때에는 내가 마치 거지인 것처럼 느껴졌다. 그리고 "야, 받아! 그것을 너의 돈 상자에 넣어!" 나는 쭈글쭈글하게 뭉쳐진 돈을 받았고 모든 차들이 사라질 때까지 증오로 뜨거워진 손 안에 꼭 쥐고 있었다 … 나는 5파운드짜리 돈이 나의 것이 아니라는 것을 알았다. 나는 팁과 함께 보모에게 그 돈을 넘겨주었다. 그것은 우리 가족 "금고" 안에 있던 것이었다.'

이 이야기를 로버트 그레이브즈가 **탐욕의 신**(Mammon)이라는 제목으로 1963년 연차 연설에서 했던 이야기와 비교해보자. '나는 북 웨일즈에서 아동기를 보내던 시절 어느 휴일에 있었던 사건이 떠올랐다. 우리는 호숫가의 농장에서 홍차를 샀다. 그 후에 나는 농장 뜰로 놀러갔다. 마차가 꽤 많은 방문객을 태우고 들어왔을 때 나는 달려가 대문을 열어 주었다. 누군가가 나에게 6펜스를 던졌고, 나는 그것을 다시 던져버리지는 않았으나, 나의 순수한 친절이 돈을 바라고 한 행동으로 오해된 것에 대해 충격을 받았다 …' 이 두 이야기의 공통 분모는 아주 단순한 것이다.

임상가로서 나는 어째서 쉴라가 박해적인 요소들에 의해서 박해받지 않고 자유로울 수 있었는지를 설명해야 한다. 쉴라 스튜어트는 조개를 잡는 양어머니와 어부인 양아버지, 그리고 자유로운 북 덴버 해변에서 좋은 초기 경험을 가졌다. 따라서 행복한 결말이 이 책의 서두에서부터 메아리치고 있다. '나는 끊임없이 파도가 오고가는 방파제 위에서 발을 흔들면서 앉아 있었다. 또 조개를 잡는 것이 싫증이 나면 양어머니가 가져다 놓은 통 안에 그것들을 넣으려고 젖은 모래 위를 달렸다 …'

15장

교도소와 소년원에서 행해지는 처벌에 관하여 (1961)

이 보고서는 충분히 조사한 후에 기록한, 아주 가치 있는 것이라는 인상을 주었다. 특히 담배 알선 행위에 대한 수감자의 솔직한 논평에 찬사를 보낸다. 그 부분은 틀린 문법을 그대로 제시함으로써 보다 진실한 내용이라는 인상을 준다.

나는 이 보고서에 대하여 다섯 가지 논평을 할 것이다. 첫 번째 것은 일반적인 내용에 관한 것이다.

(1) 나는 다른 곳에서 범죄자에 대한 처벌을 감상적으로 생각하는 최근의 경향이 바람직하지 않다는 생각을 밝힌 바 있다. 정신분석가로서 나는 모든 범죄자를 병든 사람으로, 그리고 그들의 고통이 항상 드러나지는 않지만 고통받는 사람이라고 생각한다. 이러한 관점에서 볼 때 범죄자를 벌주는 것은 이치에 맞지 않는다고 말할 수 있다. 범죄자에게 필요한 것은 치

료나 교정을 위한 관리이다. 그러나 범죄자가 범죄 행위를 저질렀다는 사실은 그대로 남는다. 말하자면, 지역사회는 범죄자가 지역사회에서 저지른 모든 범죄 행위에 대해 어떤 방식으로든 반응을 보여야 한다. 도둑질의 원인을 탐구하는 정신분석가와 결정적인 순간에 자전거를 도둑맞은 사람이 되는 정신분석가는 결코 동일한 사람이 아니다. 사실 또 다른 관점이 있다. 그것은 정신분석가 역시 사회의 구성원이며 반사회적인 행동으로 인한 문제를 다루어야 하는 사회 구성원으로서 해야 할 일에 동참하고 있다는 것이다. 우리는 법의 첫 번째 기능은 사회의 무의식적인 보복을 표현하는 것이라는 원리를 인정해야만 한다. 물론 개인적으로 용서받은 범죄자가 있을 수 있다. 그러나 거기에는 보복의 저수지가 있으며 무시할 수 없는 두려움의 요소가 있다. 그것은 바로 우리 사회가 손상받았다는 사실과 또 치료가 필요하다는 사실을 잊은 채 범죄자를 개별적으로 취급하는 것만으로는 이 문제를 다룰 수 없다고 믿는 사람들이 있기 때문이다.

내 자신의 경향성은 현 시대에 사는 많은 사람들이 그러하듯이 질병으로서 취급되는 범죄의 범위를 확대하는 것이다. 내가 법이 갑작스럽게 모든 범죄에 대한 처벌을 포기할 수 없다는 사실을 명확히 하려고 하는 것은, 바로 사회가 이러한 방향으로 나갈 수 있다는 희망 때문이다. 사회가 갖는 보복 감정을 충분히 의식화할 수 있다면, 사회는 범죄자들을 병든 자로 다루는 것을 감당할 수 있을 것이다. 그러나 보복 감정 대부분은 의식되지 않기 때문에, 처벌이 범죄자를 다루는 데에 유용하지 않더라도 그 필요성을 어느 정도 인정하고 유지해야 한다.

여기에는 갈등이 있으며, 이 갈등은 마치 존재하지 않는 것으로 가장함으로써 피할 수 있는 것이 아니다. 처벌이라는 주제에 대해 진지하게 숙고해본다면, 갈등은 본질적인 것이며 우리는 그 갈등을 느낄 수 있어야만 한다. 이러한 문제들을 끊임없이 제기하는 것이 중요하다. 그렇지 않으면, 비록 아동들의 사례에서처럼 범죄자들을 환자로 취급하는 것이 아무리 좋은 것으로 증명된다 하더라도, 사람들은 그렇게 하는 것에 대해 거부 반응을 보이기 시작할 것이다.

이 시대는 비행 소년 소녀들에게 보복을 하기보다는 최상의 것을 해주려는 경향이 있다. 아주 심각한 범죄의 경우를 제외하면, 청소년과 어린 성인도 이 범주에 해당된다. 아마도 곧 반사회적인 집단이 보이는 다른 종류의 행동들도 벌을 받아야 하는 것으로보다는 병든 것으로 이해될 수 있을 것이다. 그리고 이 보고서는 대부분의 의사들이 현재 감옥에 있는 인구 중 적어도 5퍼센트는 정신의학적 치료가 필요한 사례, 특히 조울증으로 보고 있다고 언급하고 있다.

요약하면, 처벌보다는 치료 원리를 적용하고 확산시키기 위해 일하고 있는 우리들은, 사회가 갖는 보복의 필요성을 무시함으로써 사회의 거부 반응을 불러일으킬 수 있는 위험을 보지 못해서는 안될 것이다. 사회가 갖는 보복의 필요성은 어떤 특정한 범죄에 관한 것뿐 아니라 범죄행위 일반에 관한 것이다.

이 보고서는 무의식적인 보복 감정의 저수지에 대해서 다루기보다는 보호받고자 하는 국민의 욕구와 사회가 갖는 두려움을 더 분명하게 다루고 있다. 그리고 나는 이 시대에 보복 감정과 같은 것이 있다고 가정하는 것이 얼마나 호응을 얻기 힘든 것 인가도 잘 알고 있다. 내가 이러한 견해를 제시할 때마다, 나는 반사회적인 사람을 치료하기보다는 처벌을 요구하는 것으로 오해받기 쉽다는 것 또한 잘 알고 있다.

(2) 내가 이미 말하였듯이, 보고서에서 가장 가치 있는 부분은 담배에 관한 한 수감자의 진술이다. 나는 잠시 흡연의 욕구에 대해 언급해보겠다. 흡연은 단지 쾌락을 위해 행해지는 것이 아니라는 사실은 정신분석가가 아니더라도 누구나 다 알 수 있는 사실이다. 흡연은 많은 사람들의 삶에 매우 중요하며, 특히 사회 안에 희망이 없다는 분위기가 팽배해 있을 때 더욱 그러하다. 정신분석가는 담배를 피우는 일에 관해 주의 깊게 살펴볼 수 있으며, 실제로 이 주제에 관해서는 그 의미를 온전히 이해하기도 전에 이미 상당히 많은 연구가 이루어졌다. 흡연에 대한 명확한 정의를 기다릴 필요없이, 흡연은 스스로 온전한 정신상태(sanity)를 유지하기 위한 방법 중의 하나라고 진술할 수 있다. 흡연을 할 수 없고, 특히 알코올과 다른 약물이 동시에 억제된다면, 현실감을 잃게 되고 성격이 해체될 수도 있다. 물론 흡연과 관련하여 말해야 할 것이 많이 있지만, 내 생각에 교도소 안에서 담배를 피우는 문제를 다루는 사람들이 알아야 할 중요한 사실이 있다고 본다. 그것은 담배 거래 행위를 억제하기 위해서 아무리 많은 규칙을 만들고 행정 당국이 아무리 노력을 기울여도 이 행위가 계속되고 있다는 사실이 확인해주듯이, 범죄자들은 대체로 크게 고통받고 있는 상태에 있으며 계속적으로 광증의 위협 아래 있다는 것이다.

광증의 두려움을 경험해 보지 못한 많은 사람들에게는 인생의 대부분을 뚜렷한 직업 없이 언제나 망상, 환각, 성격의 해체, 비현실감, 자신의 신체에 대한 느낌의 상실을 경험하며 살아간다는 것이 어떤 것일지 상상하기 어려운 일일 것이다.

이러한 것들은 표면적인 조사로 드러나지 않는다. 그런 조사를 통해서는 담배를 구했을 때 느끼는 흥분이 어떤 것이며 이러한 거래 전반에 사용되는 기술과 교활함만이 드러날 뿐이다. 그러나 조금만 깊이 살펴보면, 광증에 대한 두려움은 얼마든지 찾아볼 수 있다. 나는 성인 죄수들에 대한 연구를 했다고는 할 수 없지만, 후에 교도소에 가게 된 많은 아동들에 대한 상세한 연구를 통하여, 그들에게는 늘 광증의 두려움이 존재한다는 사실을 알게 되었을 뿐만 아니라 그들의 반사회적인 성향은 대체로 박해망상, 환각, 절망적으로 산산조각 나는 느낌에 대한 복합적인 방어라는 사실을 알게 되었다. 이 상태는 불행보다 더 나쁜 상태이다. 대체로 반사회적 아동이나 성인이 불행을 느끼는 단계에 도달한다면, 기뻐해야 할 것이다. 왜냐하면 이 단계에서는 희망이 있으며 도움을 제공할 수 있는 가능성이 있기 때문이다. 반사회적 성격이 굳어진 사람은 희망으로부터도 자신을 방어해야만 한다. 왜냐하면 그는 희망을 다시 상실하는 고통이 더욱 더 견딜 수 없다는 것을 경험으로 알고 있기 때문이다. 여러 가지 면에서 담배는 개인에게 삶이 다시 그 의미를 가질 때까지 삶을 버티게 하고 연기하게 하는 무엇인가를 제공한다.

여기서 하나의 실제적인 제안을 할 수 있다. 보고서는 담배값이 오른데 비해 죄수의 임금이 오랫동안 오르지 않은 점을 근거로 죄수의 임금을 인상할 것을 제안하고 있다. 그러나 제시된 인상률로는 일주일에 1온스의 담배값도 충당하기 어려울 것이다. 흡연을 하는 죄수들이 생활을 견딜 수 있게 해주는데 필요한 최소한의 흡연 양이 있으며, 내 생각에는 그들에게 이 최소한의 흡연을 할 수 있도록 허용하는 것이 바람직한 것 같다.

비흡연자들이 있을 수 있다는 점에서 수감자들의 임금을 올리기보다는 오히려 제재를 풀고 담배를 팔도록 허용하는 것이 더 현실적인 것 같다. 이론적으로 말한다면, 전자(임금

인상)를 실시한다면 비흡연자가 교도소 사회에서 부자가 될 것이고 담배 귀족이 되어 매우 강력한 위치를 차지하게 될 것이다. 교도소에서 제재 없이 담배를 피우도록 하자는 제안이 받아들여지지 않는 이유는, 아마도 일반 대중이 죄수들이 지금 감옥 안에서 좋은 시간을 보내고 있다고 생각할 수도 있기 때문일 것이다. 내가 이 글 첫머리에서 말했듯이, 일반 대중은 감옥에서 죄수들이 하고 싶은 대로 다 하도록 허용한다는 생각을 용납하지 않는다는 사실을 우리는 알아야만 한다. 그러나 그럼에도 불구하고 할 수 있는 한 죄수들에게도 최소한의 흡연이 허용되어야 한다는 제안을 받아들이도록 대중을 교육해야 한다. 대부분의 사람들은 흡연이 정신적 고문으로 끝없이 이어지는 장기수들의 삶을 견딜 만한 삶으로 바꿔 줄 수 있다는 사실을 깨닫게 될 것이다.

(3) 소년원에 대해 생각해 볼 때, 이곳을 방문한 위원회의 위원들은 그곳의 소년들을 보고 분명히 혐오감을 느낄 것이다. 그들은 머리가 헝클어져 있고, 위원들이 지나갈 때에 경례를 하지 않을 것이다. 일반 대중은 소년원에서 군대식 훈련을 시키기를 원할지도 모른다. 그러나 내 생각에는 보고서의 이 부분은 상당히 해가 되지 않을까라는 느낌이 있다. 위원회는 군대식 훈련을 원하지 않는다고 분명하게 진술하였다. 그럼에도 불구하고 여기에는 아마도 두 가지 대안 중에 하나를 선택하는 것 외에 다른 가능성은 없는 것 같다. 그 하나는 나찌와 같은 군대식 훈련을 도입하는 것인데, 이 방법은 모든 것을 조용하고 순조롭게 진행시킬 것이다. 이 방법은 소년들을 정신을 차리지 못할 정도로 몰아부치기 때문에, 그들은 생각할 여유도 성장할 여유도 갖지 못한다. 또 다른 대안은 소년들로

하여금 자신의 질병의 밑바닥에 있는 절망감에 도달하게 하는 극적인 방법이다. 이것은 끔찍스런 경험이기는 하지만, 그들이 성장을 시작할 수 있는 전환점이 될 수도 있다. 만일 이 방법을 일반 대중이 이해할 수 있도록 설명해내지 못한다면, 그때는 군대식 훈련이 도입될 것이다. 그러나 소년원 훈련에 대한 위원회의 생각은 기본적으로 바로 이 군대식 훈련의 도입을 피하는 것이다. 위원회가 지적한 것처럼, 소년원의 운영 책임자는 사명을 가진 사람이 아니면 감당하기 힘든 어려운 자리이다. 실제로 보고서 내용 중에 운영 책임자를 비판하는 부분은 없었으며, 그 일의 어려움은 충분히 인식되고 있는 것으로 보인다. 그럼에도 불구하고 운영 책임자가 어느 날 청소년 위원회 위원들이 나타나 머리가 헝클어져 있는 소년을 볼 것을 두려워한다면, 그는 훈련 방법을 군대식 훈련으로 대치할 것이다. 소년들로 하여금 자신의 질병의 밑바닥에 도달하도록 허용하는 대안을 사용할 경우에, 소년들 중에는 때때로 자신들이 거지처럼 보일 때에만 스스로 정직하다는 느낌을 갖는 소년들을 볼 수가 있다. 그 소년들이 이 단계에 도달한다면, 그들의 미래는 아주 캄캄하거나 전혀 희망이 없는 것만은 아니다. 이와는 대조적으로, 군대식 훈련은 아동들에게 희망을 가질 수 없게 만든다. 그와 같은 분위기에서는 어떤 청소년도 개인적으로 책임을 질 수 있는 건강한 성격을 발달시킬 수 없다.

내 생각에 소년원을 책임진 사람들은 행정당국의 책임자를 전적으로 신뢰해야 하며, 행정당국은 그가 스스로 판단할 수 있도록 허용해야 한다. 만일 소년원 운영자가 행정당국의 신뢰를 받지 못한다면 그는 다른 사람으로 대체될 것이다. 그러나 만약 그가 행정당국의 책임자 중 한 사람일 경우에는 군대식 훈련을 대신할 만한 자신의 관리 방법을 실험해보고 판단할 수 있는 시간을 가질 수 있어야 한다. 이 과정에서 그는 소년들 중에는 군대식 훈련이나 교도소 외에는 다른 어떤 방식도 도움이 되지 않는 소년들이 있다는 사실을 발견할 것이며, 어떠한 방식으로든 이들을 소년원 밖으로 내보내려고 할 것이다. 위원회는 이러한 사실을 언급하였으며, 또 일반 소년원에 수용되어 있으면서 그곳에 있는 대다수의 소년들에게 나쁜 영향을 주는 소수의 소년들을 위한 실험적인 소년원을 즉시 설립할 것을 제안하였다. 이것은 시급한 일일 것이다. 만일 이러한 조치가 즉각적으로 행해지지 않는다면, 전체 소년원의 존재 의의는 퇴색될 것이며, 관리를 통한 치료대신에 군대식 훈련이 도입될 것이다.

(4) 보고서는 실종이라는 주제를 다루고 있다. 실종은 소년원의 문이 폐쇄되어 있지 않다는 점에서 도주라는 말 대신에 사용되는 말이다. 보고서에는 실종의 원인에 대한 언급이 빠져 있다. 보고서는 위원회의 위원들이 실종의 심리학에 관한 많은 연구들에 관해서 알고 있는지 명확하게 밝히고 있지 않다. 전부 다 출간되지는 않았지만, 전쟁기간 동안 대피한 아동들을 수용했던 호스텔에서 발생한 실종에 관한 많은 연구 결과들이 축적되어 있다. 아동은 단지 겁쟁이이거나 그들을 관리하는 제도가 잘못되었기 때문에 달아난 것이 아니었다. 종종 도주는 긍정적인 특성을 갖는데, 그것은 그들이 달아났다가 다시 돌아왔을 때 환영해주는 곳이 있다는 신뢰감이 있기 때문에 달아난다는 것이다.

보고서는 실종된 아동이 돌아왔을 때 그 아동을 잘 아는 직원이 아무런 말없이 그 아동을 단순히 포옹으로 맞을 것인지, 아니면 직접적인 감정을 표현하기보다 안도의 숨을 쉬면 서 조용히 일상적인 생활로 되돌아가도록 허용할 것인지를 안다고 말하고 있다. 때로 소년들은 어머니가 교통사고를 만 났다든지, 또는 누이가 디프테리아에 걸려 병원에 입원해 있 을 것이라는 생각 때문에 도주한다. 관찰자가 보기에는 터무 니없는 일이지만 소년들은 사실을 확인할 수 있다고 생각하 는 것이다. 그러나 그들이 실제로 그들의 목적지에 도착했을 때에는 그들의 본래 목적은 상실되고, 따라서 겉으로 드러나 는 것은 소년이 도망을 쳐서 나쁜 무리들과 어울리면서 음식 을 사려고 돈을 훔쳤다는 사실뿐이다. 반사회적 집단에 속하 는 비정상적인 아동들 중 상당수에 속하는 아동들은 일정 기 간동안 가정에서 떨어져 있으면서 가정이 무엇인지에 대해 놀라운 생각을 발달시킨다. 다음의 사례는 잘 알려져 있는 사 례이지만 반복해서 인용할 만한 가치가 있다. 참혹한 지하실 에서 잔인한 알코올 중독자인 부모와 함께 살다가 구출된 소 년 소녀가 있었다. 그들은 호스텔이나 시설에서 몇 달을 지낸 후에 가정은 모든 좋은 것을 한데 모아 놓은 곳이며, 따라서 지금 있는 곳에서 도망하지 않는 것은 어리석은 일이라는 확 고한 생각을 갖게 되었다. 이 경우 아동은 집에 도착해서 슬 프게도 환상이 깨어지는 경험을 한 후에 상심한 채로 시설로 되돌아 오게 된다. 이때 아동은 약간의 애정을 절실하게 필요 로 한다. 어느 사례에서든지 돌아온 실종자를 관리하는 일은 아주 세심하게 다루어져야 할 일이다. 그리고 이 일은 소년 소녀를 잘 이해하고 있는 사람들만이 할 수 있다. 이러한 경 우에 방문위원회가 가장 좋은 대처 방법을 찾는다는 것은 거 의 불가능하다.

(5) 이 보고서에는 처벌에 관한 내용이 언급되고 있는데, 이 부분은 처벌이 벌을 받는 사람과 주는 사람 모두에게 어떤 의미를 갖는지에 대한 이론적 고려가 필요하다는 점에서 중요성을 지니고 있는 것 같다. 이 보고서에서 이 문제를 이론적으로 다루는 것은 아마도 적합하지 않았을 것이다. 그러나 처벌은 다른 어떤 주제와 마찬가지로 연구와 조사가 필요하다. 이 문제는 두 가지 측면을 가지고 있다. 첫째 사회는 잘못을 저지른 개인을 처벌할 것을 요구한다. 둘째 병든 개인은 그 처벌을 통해서 유익을 얻을 수 있는 상태가 아니며, 오히려 처벌을 다루기 위하여 피학적이 되거나 다른 병리적인 경향성을 발달시킨다.

아주 바람직한 경우에 처벌이 효과적일 수도 있다. 예를 들어 아버지가 전쟁으로 몇 년 동안 떠나 있었기 때문에 아버지의 존재에 대한 확신을 갖지 못한 소년은, 그의 반사회적 행동에 대해 아버지가 엄하게 대응할 때 비로소 자신에게 아버지가 있다는 느낌을 회복할 수 있다. 그러나 이러한 경우는 흔하지 않으며, 소년원에서는 찾아보기 힘들 것 같다. 처벌은 처벌받을 때 강하고 사랑이 있으며 신뢰할 수 있는, 살아 있는 아버지의 상을 떠올릴 수 있는 개인에게만, 즉 바로 그러한 아버지 상을 상실한 개인에게만 가치 있는 것이 된다. 모든 다른 처벌은 사회의 무의식적 보복심에 대한 맹목적인 표현으로 볼 수 있다. 물론 처벌의 이론에 대하여 더 많은 것들을 이야기할 수 있지만 여기서는 이것으로 만족하겠다. 다만 한 가지 지적할 수 있는 것은 처벌에 대한 보고서가 처벌에 대한 이론적인 배경을 고려하지 않는다면, 그것은 현대 사회가 나아가야 할 방향을 적절하게 제시할 수 없다는 점이다.

16장

진보주의 학교는너무 많은 자유를 주는가?

('진보주의 교육의 미래'라는 주제로 열린
교육학회 컨퍼런스를 위한 기고문, 1965. 4. 12-14)

나는 진보주의 학교를 다녔거나 그곳에서 가르쳐본 경험이 없기 때문에 주로 이론적인 측면에서 이 주제를 다루어 보겠다.

또한 나의 전문분야가 정신분석적으로 지향된 아동 정신의학이므로, 나는 진보주의 학교와 관련된 문제를 수많은 아동과 부모들을 다루어온 나의 임상 작업의 관점에서 바라볼 것이다.

진단

의학적 돌봄이 필요한 모든 분야에서 의료행위의 기초는 진단이다. 이러한 생각은 정신의학과 아동 정신의학에서 분명히 받아들여지고 있는 사실이다. 정신의학에서 환자 개인에 대한 진단을 중요하게 생각하는 만큼 환자의 환경에 대한 진단도 중요하게 생각한다.

내가 이 기고문에서 말하려고 하는 요지는 진보주의 교육(Progressive Education)에 대한 모든 논의는 확고한 진단의 토대 위에서 이루어져야 한다는 것이다.

본래 교육은 아마도 읽기, 쓰기, 셈하기를 가르치거나 물리학의 원리를 소개하고, 역사를 가르치는 것이라는 관점에서 논의할 수 있을 것이다. 물론 이러한 제한된 분야를 교육할 때에도 교사는 학생에 대해 알아야만 한다. 그러나 특수학교는 나름대로의 문제를 가지고 있으며, 그 중에서도 진보주의 학교는 전통적인 학교 교육의 한계를 넘어서 아동 개개인의 욕구라는 보다 넓은 영역을 다루고자 한다. 그러므로 진보주의 학교에 관해 논의하기를 원한다면, 학생 개개인의 특성에 관한 연구에 관심을 갖지 않을 수 없을 것이다.

진단을 위한 이론적인 토대를 교육학자가 직접 만들 수는 없을 것이다. 아마도 아동 정신의학이 도움이 될 수 있는 지점이 있다면 그곳은 바로 여기일 것이다.

일례로 체벌의 문제를 생각해보자. 우리는 종종 체벌의 좋은 측면과 나쁜 측면에 대해 토론하는 것을 듣기도 하고 읽기도 한다. 그리고 이 토론이 부질없는 일이라는 것을 안다. 왜냐하면 이런 논의들이 소년들의 정서적 성숙 상태에 대한 분류를 포함하지 않고 있기 때문이다. 두 가지 대조적인 경우를 생각해보자. 정상적인 가정에서 자란 소년들의 경우 학교에서 받는 체벌은 여러 가지 문제들 중 하나 정도로 인식될 것이다. 반면에 행동장애를 보이는 아동들과 가정이 붕괴된 아동들을 위해서 세운 학교의 경우, 체벌은 아주 중요한 문제이며, 결코 바람직하지 못한 관리 방식이라는 것을 인식할 필요가 있다.

이상하게도 첫 번째 집단에 속한 아동들을 관리하는 데는 체벌이 필요없는 것으로 간주되는 반면, 두 번째 집단에 속한 아동들을 관리하는데는 체벌이 상황에 따라서, 즉 관리위원회가 허용하는 경우에 필요한 것으로 간주되고 있다.

체벌은 진보주의 학교의 다양한 교육 내용과 이 학교가 지역 사회에서 차지하고 있는 위치를 고려할 때, 비교적 단순한 문제이다. 그러나 체벌의 문제는 이 학교의 특성을 보여주는 좋은 유비가 될 것이다.

분류 A

정상 아동(정신의학적으로)
비정상 아동(정신의학적으로)
무엇이 정상인가?

정상 아동 또는 건강한 아동에 대해서는 많은 사람들이(나 자신을 포함하여) 토론해 왔다.[1] 아동이 정상이거나 건강하다는 것은 증상이 없다는 의미가 아니라 아동의 성격 구조 안에 방어기제가 경직되지 않고 만족스럽게 잘 조직되어 있다는 것을 의미한다. 경직된 방어기제는 계속되는 성장을 방해하는데, 이때 아동은 환경과 접촉하는 것이 어려워진다.

건강하다는 긍정적인 신호는 정서 발달과 함께 성장과정이 계속되는 것이다.

------

1 D. W. Winnicott, 아동과 가족. 런던: Tavistock Publications, 1957. 아동, 가족, 그리고 외부 세계. 런던: Penguin, 1964.

통합으로 가는 발달
의존에서 독립으로 가는 발달
본능의 발달, 그리고
풍요로운 성격으로 가는 발달이 있다.

또한 안정된 발달 속도는 긍정적인 특성이다. (건강을 행동의 측면에서 평가하기는 어렵다.) 여기에 사회적 진단이 더해진다.

부모 모두가 있는 기능적인 가정
부모는 있으되 기능적으로 불완전한 가정
붕괴된 가정
결코 가정다운 가정이 되지 못한 가정

또한

좁은 범위의 사회 집단에 잘 통합된 가정
넓은 범위의 사회 집단에 잘 통합된 가정
사회에 확고히 뿌리내리지 못한 가정
사회로부터 철수한 가정
사회로부터 추방된 가정

아마도 우리는 지역사회에 살고 있는 대다수의 아동들이 사회 집단에 잘 통합된(비록 사회 집단과의 관계가 좁을 수도 있고, 어떤 면에서 병리적일 수도 있음에도 불구하고) 온전한 가정에 살고 있으며, 그들은 대체로 건강하다는 생각에 동의할 수 있을 것이다.

이러한 아동들을 위해서 학교는 다음과 같은 요소들을 촉진시키는 과제들을 갖는다.

개인적인 측면: 성격의 풍요로움을 성취하기
가족적인 측면: 가정생활과 학교생활의 통합
사회적인 측면: 초기에 가족이라는 사회 집단 안에 어울리기. 아동이 성장함에 따라 그의 사회 집단은 더욱 넓어지고, 그와 동시에 아동은 차츰 독립적인 성인이 되어간다.

상당수의 아동들은 그들의 가정이 붕괴되거나 문제가 많음에도 불구하고 정상적이거나 건강한 아동으로 존재할 수 있다는 사실을 인정할 필요가 있다. 그런가 하면, 소위 건강하다는 아동들 중에도 다음과 같은 문제들을 지닌 병든 아동들이 있다.

정신신경증
기분장애
병리적인 정신과 신체의 상호작용
분열적 성격구조
정신분열증

사회적으로 통합된 원만한 가정에 속해 있다면, 이 아동들 대부분은 정상 아동이거나 건강한 아동으로 간주될 수 있을 것이다. 그리고 가정-학교라는 환경은 그런 아동들을 관리할 수 있고 치료할 수 있다. 이 아동들은 가정과 학교에서 흔히 볼 수 있는 보통의 문제들을 일으키며, 그 문제들 중에는 봄철에 도는 전염병이나, 급성 맹장염, 뜻하지 않은 다른 응급상황과 놀이를 하다가 입는 골절상 같은 것들이 포함된다.

이러한 질병들이 지나치게 극단적일 경우, 그것은 일반적인 유형의 학교에서는 다루기가 어렵다.

박탈에 대한 진단

교육 제도를 생각하는 사람들이 아주 중요하게 생각하는데도 항상 적절한 평가를 받지 못하고 있는 하나의 분류 형태가 있다. 그것은 박탈을 중심으로 한 분류 형태로서, 신경증과 정신병적인 방어 조직 전체와 관련되어 있으며, 심지어 정상 범위에 속하는 일부 소년 소녀들까지도 포함하고 있다. 박탈이란 아동이 삶의 초기에 개인적인 한 존재로서 연속성을 갖기에 충분할 만큼 좋은 환경을 경험하다가 어느 순간 그것을 빼앗긴 경험을 말한다. 그리고 그 박탈은 정서발달 과정에서 아동이 느끼고 지각할 수 있는 시기에 일어난 것이다. 이러한 경우 그 아동은 박탈에 대한 반응에 사로잡히게 되고, 세상을 향해 자신의 상처를 봐주고 치유해내라고 강요하게 된다. 그러나 이 과정은 대부분 무의식 수준에서 진행되기 때문에, 세상은 이를 치유하지 못하거나 커다란 대가를 치른 후에야 치유를 성취하기도 한다.

우리는 그들을 부적응 아동이라고 한다. 이 아동들은 반사회적 경향성에 사로잡혀 있고, 다음과 같은 임상적인 특성들을 나타낸다.

(a) 훔치기(거짓말하기 등) 또는 권리 주장하기

(b) 파괴 행동: 이것은 환경으로 하여금 상실한 아동의 틀을 재구성할 것을 요구하는 것이다. 이 틀의 상실은 자발성의 상실을 가져왔다. 왜냐하면 통제된 틀 안에서만 자발성은

의미 있는 것이 될 수 있기 때문이다. 형태 없이는 내용 또한 아무런 의미를 갖지 못한다.

이러한 부류의 진단은 진보주의 학교가 차지하는 위치에 관한 논의에서 가장 중요한 의미를 갖는다.

박탈된 아동 집단은

(1) 진보주의 학교를 필요로 하며, 동시에
(2) 그 학교를 망가뜨릴 위험이 아주 높다.

달리 말하면, 진보주의 학교에 우호적인 사람들은 다음과 같은 도전을 받게 될 것이다. 우선 사람들은 이 학교에 박탈을 경험한 아동을 맡기려고 할 것이다. 이럴 경우, 창조적인 학습을 위한 기회를 제공해준다는 생각, 즉 정상 아동에게 더 좋은 교육을 제공하려는 생각은 공염불이 되고 말 것이다. 왜냐하면 많은 아동들이 더욱 중요한 과제, 즉 자신의 정체성을 발견하고 형성하고자 하는 과제로 인해 학습 과정에 참여할 수 없기 때문이다.

좋은 결과는 종종 학업 성적만으로는 평가될 수 없다. 학교가 해야 할 일은 시간이 흘러서 학생들이 더욱 넓은 삶의 세계로 나아갈 때까지 그들을 쫓아내지 않고 보호하는 것일 수도 있다.

이러한 방식으로 진보주의 학교는 반사회적 충동을 가진 박탈된 아동을 치료하거나 또는 거의 치료하는데 성공할 것이다. 이 과정에서 가슴 아프고 안타까운 실패들도 있을 것이다. 왜냐하면 진보주의 학교에서 우리는 아동 본성의 가장 나쁜 면(또는 강박적 반사회적 측면)과 가장 좋은 면 모두를 볼 수 있기 때문이다.

　　진보주의 학교의 이러한 기능은 가능한 한 명확하게 진술되어야 할 것이다. 그렇지 않으면 학교를 책임 맡은 사람들이 낙담하기 쉬울 것이다. 그리고 그들이 낙담하게 되면, 학교는 차츰 온전한 가정의 건강한 아동을 교육하기에 적합한, 그러나 더 이상 진보주의 학교가 아닌 보통학교로 변해갈 것이다.

기차 안에서의 단상 (1965. 4.)

1부

　　진보주의 학교라는 이름은 다음의 것들을 의미한다는 점에서 적절한 명칭이라 생각된다.

(1) '적극적으로 아동에게 다가가기'
(2) 사람의 본성 안에 있는 **반항적인** 요소가 아니라 창조적인 요소를 믿는 것으로부터 시작하기. 일반적으로 수용되고 있는 인간 본성에 대한 생각은 인간의 동기에 대한 신뢰를 약화시키는 결과를 가져올 수 있다. 불완전한 존재로 태어나는 인간의 미숙함은 에너지의 낭비를 가져올 수도 있지만, 그 미숙함의 유용성은 개인의 독창성, 실험 정신, 실패를 인정할 수 있는 능력, 지도력이라는 측면에서 평가된다.

　　'적극적으로 아동에게 다가간다'는 표현이 의미하는 것은 다음과 같다.

(a) 지금 여기(here and now)에 대한 인식 위에 확고한 토대를 두고 있다.
(b) 지금 여기의 현실성 위에 미래를 설계한다. (획득된 원칙은 그대로 유지한다. 그러나 창조적 반항아들은 기존의 확립된 것들을 무너뜨리려고 할 것이다.)
(c) '앞'(ahead)이라는 말의 의미는 부분적으로,

    (1) 실제 상황인 '지금 여기'와
    (2) 선구자적 기질에 달려있다.

'진보주의 운동'에서 '앞'이 의미하는 것은 다음과 같다.

긍정적 측면:

A. 사회적 존엄성의 토대가 되는 개인의 존엄성을 존중한다.
B. 아래의 내용을 포함하는 개인 정서 발달 이론을 지지한다:
    (1) 타고난 잠재력
    (2) (타고난) 성숙 과정
    (3) 촉진적 환경에 의존하는 성숙과 발달
    (4) 인간의 발달을 먼저 잘 적응한 후에 적응에 실패하는 환경의 역할에 힘입어 독립을 향해 나아가는 의존으로 이해하기
C. 다음의 두 가지를 고려한, 인간의 실패(성격과 행동에서)에 대한 이론을 수용한다.
    (1) 환경의 비정상적 요소
    (2) 인간의 성장과 자기 확립 그리고 자기 표현에 내재된 어려움들.

따라서 개인 심리치료를 위한 지원을 제공해야 한다.

D. 본능적 삶의 중요성을 인정하고, 무의식적인 것뿐만 아니라 에너지를 흡수하는 방어인 **억압** 아래 놓여있는 것까지도 인식하는 이론을 수용한다.

E. 다음과 같은 측면에서 사회를 보는 이론을 수용한다.

   (1) 역사, 과거 그리고 미래

   (2) 사회의 기능을 위한 개인의 기여(가족 단위를 통한).

부정적 측면:

다음 내용을 포함하는 **세뇌**(indoctrination)에 대한 혐오와 의심, 즉

   (1) 대대적인 광고

   (2) 창조적인 학습과 상관없는 교육

   (3) 교묘한 선전 기술(행동, 정치, 종교, 도덕성, 태도 일반에 영향을 미치는).

실제적인 문제들—기회 제공의 측면

     시골지역에 이런 학교를 세우는 문제,

     학교 설비의 확보,

     지역 산업체와의 연계 문제,

     지역사회를 위한 봉사 등등

이 일을 위해서는 시민들의 공감대가 필요하며, 여론을 형성하는 데에 부모들이 동참할 필요가 있다. 이것은 비교적 직접적인 사회참여 방식에 속한다(간접적인 사회참여 방식은 정치 활

동을 통해서 그리고 교육부와 교사 훈련 센터를 통해서 학교 제
도에 참여하는 방식이다).

문제점:

(1) 개인의 학습 능력에 기초해서 어떻게 더 잘 가르칠 수 있
    을 것인가?
(2) 어떻게 다음의 두 가지 요소를 하나로 연결시킬 것인가?
    (a) 개인의 자유
    (b) 개인이 원시적이며 가학적인 내적(무의식적) 초자아 체
        계를 세우지 않기 위해 필요한 통제들
(3) 어떻게 실패(실험 과정에서 필수적인 요소인)를 평가할 것
    이며 그 실패로부터 배울 것인가?

진보적인 사람이 어떻게 앞으로 나아가는 것을 방해하는 보
수주의자로 변하는 것을 피할 수 있을까?

질문들:

(1) '진보주의'라는 이름은 절대적으로 남녀공학과 연결되어
    있는 것인가? 진보주의는 남녀공학의 문제에 있어서 세뇌
    교육의 문제 못지 않게 강력한 입장을 취하는가? (나는
    그렇지는 않다고 생각한다.)
(2) 진보주의는 증오에 직면하는 것, 통제에 수반되는 공격성
    그리고 경쟁(전쟁에 대한 정중한 이름)을 견뎌내지 못하는
    가?
(3) 몇몇 진보주의 학교에서 보여지듯이 진보주의는 모든 것

을 수용한다는 이름 아래 환상으로부터 도피하는 경향을 갖고 있는가? 다시 말해서 그것은 개인의 내적인 심리 실재를 허용하는데 실패하는가? (즉 낯선 환경 안에서 철수해 있는 개인은 현재 상황에서 외적으로 풍요롭게 기능하고 있는 어떤 참여자보다 더 풍요로운 개인적 경험을 가질 수도 있다.) 나는 대부분의 경우 그렇지 않다고 생각한다. 그러나 드물게는 그럴 수도 있다고 생각한다.

2부

통제에 관한 생각의 발달 과정

원리(axiom). 통제를 받아야 하는 아동과 성인에 대한 진단을 언급하지 않고서, 통제에 관해 논의하는 것은 무익한 것이 될 것이다.

통제가 필요한 사람에 대한 진단의 문제를 고려할 때 중요한 요인은 개인의 성숙성일 것이며, 그 성숙성은 그가 일차적인 사랑 대상과 맺었던 관계의 질에 달려 있다. 이것에 대해 다음과 같이 생각해볼 수 있다.

인간은 대상과 함께 무엇을 할 수 있는가? 처음에 그는 주관적 대상과 관계를 맺을 것이다. 그 후에 주체와 대상은 점차 분리될 것이며, 그리고 나서 객관적으로 지각된 대상과 관계를 맺을 것이다. 이때 주체는 대상을 파괴하고자 할 것이다.

이 발달 과정은 다음과 같이 세분될 수 있다.

(1) 주체는 대상을 보존한다.
(2) 주체는 대상을 **사용한다**.
(3) 주체는 대상을 **파괴한다**.

(1) 주체가 대상을 보존하는 것은 대상을 이상화하는 것이다.
(2) 대상을 사용한다는 것은 고도로 발달된 생각이며, 건강한 경우에만 시간과 함께 획득할 수 있는, 즉 건강한 정서적 성장을 통해서만 획득할 수 있는 능력이다.
(3) 임상적으로 대상을 완벽함으로부터 끌어내려 나쁜 것으로 만드는 것(훼손, 더럽히기, 찢기, 등)으로 보이는 행동이 나타난다. 이것은 대상을 보호하는데, 그것이 파괴할 가치가 있는 완전한 대상이기 때문이다. 이것은 이상화가 아니라 그 반대로 훼손이다.

개인의 성장 과정에서, 파괴충동은 무의식적 환상 안에 적절한 표상을 가질 수 있게 된다. 신체 기능과 모든 종류의 본능적 경험은 바로 이 무의식적 환상으로 표현된다.

성장의 이러한 측면은 개인으로 하여금 대상관계에 따른 파괴에 관심을 갖게 하며, 사랑이 수반된 파괴적인 생각에 따른 죄책감을 경험할 수 있게 한다. 개인은 이 죄책감을 토대로 건설적인 노력과 주는 행동 그리고 배상 행동(클라인이 말하는 보상과 회복)을 위한 동기를 발견한다. 이때 다음 두 가지 사이에서 실제적인 문제가 대두된다.

(1) 좋은 대상을 망쳐서 덜 좋은 것으로 만듦으로써 덜 공격받게 하기 위한 파괴 행동.
(2) 대상 관계의 뿌리에 놓여 있으며, 건강한 경우 무의식 안에서 발생하는, 파괴 환상으로 발달해 가는 파괴 충동. 이

충동은 개인의 내적 정신 실재 안에서, 개인의 꿈과 놀이 안에서, 그리고 창조적인 활동 안에서 표현된다.

후자는 통제가 필요하지 않다. 여기에서 필요한 것은 초기 유아기에서부터 개인의 정서적 성장을 가능하게 하는 환경을 지속적으로 제공하는 것이다. 그리고 이 환경의 제공은 개인이 복잡한 환상과 전치의 작용을 사용하여 스스로의 문제를 해결할 수 있을 때까지 제공되어야 한다.

대조적으로 강박적 훼손, 더럽히기와 파괴는 전자에 속하는데, 이때 대상을 변화시키는 것은, 그것을 덜 흥미롭고 덜 가치 있는 것으로 만들어 파괴할 만한 가치가 없는 것으로 만듦으로써 파괴를 피하고자 하는 것이다. 사회는 이런 사실에 주의를 기울일 필요가 있다. 예를 들면, 반사회적인 사람이 화랑에 들어와 노 화가가 그린 그림을 망가뜨릴 때, 그는 그림에 대한 애정 때문에 그런 행동을 하는 것이 아니다. 사실 정말로 예술을 사랑하는 사람은 그 반사회적인 사람보다 더욱 파괴적일 수 있다. 그것은 그 애호가가 그림을 보유하고 사용하는 동안 무의식적 환상 속에서 그것을 수없이 파괴하기 때문이다. 그럼에도 불구하고 그 불량배의 행동은 사회에 영향을 끼치며, 사회는 이와 같은 행동으로부터 스스로를 보호해야만 한다. 이러한 예를 통해 볼 때 대상관계 안에 본래 내재되어 있는 파괴성과 개인의 미성숙에 뿌리를 둔 파괴성 사이에는 광범위한 차이들이 존재한다는 사실을 알 수 있다.

마찬가지로 이성에 대한 강박적인 성적 행동에는 복잡한 원인이 있다. 그러한 행동은 한 여성과 남성이 함께 가정을 꾸리기로 결정하고 서로를 성적으로 사랑할 수 있는 능력과는 전혀 다른 것이다. 전자의 경우, 그런 개인의 성적 행동은 완전한 것을 더 이상 완전하지 못하도록 망치려는 요소가 포함되어 있으며, 이는 불안을 줄이려는 노력의 일환이다.

후자의 경우, 이들은 비교적 성숙한 사람들이기에 대상에 대해 관심을 가질 수 있는 능력과 죄책감을 느낄 수 있는 능력을 가지고 파괴충동을 다룰 수 있다. 그리고 전체적인 성적 환상 안에서 사라지지 않는 거친 요소들을 부인하는 일없이 성을 건설적으로 활용할 수 있는 자유로움을 누린다.

사람들은 낭만적인 사랑을 하는 사람과 10대의 애인들이 전체적인 성적 환상에 대해 얼마나 모르고 있는지를 발견할 때 놀라지 않을 수 없을 것이다. 그 성적 환상 안에는 의식적인 것과 무의식적인 것, 경쟁적인 요소, 잔인성, 거친 파괴와 위험으로 가득한 전성기적(pre-genital) 요소들이 포함되어 있다는 사실을 사람들은 잘 모르고 있다.

진보주의 교육의 기치를 든 사람들은 이러한 것들을 연구할 필요가 있다. 그렇지 않으면 그들은 너무 쉽게 이성애를 건강으로 오인하기 쉬우며, 청소년들에게서 폭력적인 요소가 드러나지 않거나 비합리적인 평화주의를 보일 때 너무 쉽게 그들에게는 아무런 문제가 없다고 간주하기 쉬울 것이다. 사실 이러한 평화주의는 언젠가 이 청소년들이 경쟁력 있는 성인이 되어서 살아가야 할 실제 세계의 거친 현실과는 아무런 관계가 없는 병리적인 요소에 지나지 않는다.

17장

치료 방법으로서의 시설 보호

(부적응 아동을 위한 실무자 협회에서 주최한
데이빗 윌즈 기념 강연 내용. 1970. 10. 23.
위니캇 박사는 1971년 1월에 사망하였음.)

성장 과정 안에는 퇴보 또한 내포되어 있다. 만일 내가 아주 오래 산다면, 나는 점점 더 작아져서 마침내 죽음이라고 하는 작은 구멍을 통과할 수 있게 되기를 바란다. 자기 자신에 대한 팽창된 느낌을 가진 심리치료사는 먼 곳에 있지 않다. 내가 바로 그런 사람이다. 1930년대 10년 동안 나는 정신분석가가 되기 위한 공부를 하면서, 내가 좀더 훈련을 받고 기술을 익힌다면 그리고 좀더 행운이 따라준다면, 나는 적절한 순간에 올바른 해석을 함으로써 기적을 행할 수 있으리라고 생각했다. 나는 심리치료는 이처럼 대단한 것으로서 면담을 위해 주 5회씩의 시간을 쓸 만한 가치가 있고, 그에 따르는 비용을 지불할 만하며, 가족 구성원 중의 한 사람의 치료로 인해 다른 구성원들이 어려움을 겪게 되더라도 그것을 감수할 만한 가치가 있는 것이라고 믿었다.

나의 통찰이 깊어지면서 나는 다른 동료들처럼 치료 시간에 환자가 제시하는 자료 안에 중요한 변화를 불러일으킬 수 있었다. 나는 환자에게서 보다 큰 희망을 불러일으킬 수 있었고, 그에 따른 더 큰 헌신과 더 가치 있는 무의식적 협력을 끌어낼 수 있었다. 실로 이 모든 것은 멋지고 훌륭했으며, 나는 심리치료를 하면서 평생을 보내리라고 생각했다. 한때 나는 심리치료는 주 5회 50분씩의 면담을 해야 하며, 그 기간은 한없이 길어질 수 있으며, 또한 훈련받은 정신분석가가 아니면 심리치료를 할 수 없다고 생각했던 적이 있다.

나는 이런 생각이 어리석은 생각이었다는 것을 말하고자 하는 게 아니다. 다만 심리치료를 시작했을 당시에 나 자신이 얼마나 팽창되어 있었는지를 보여주고자 함이다. 그러나 곧 작아지는 성장 과정이 시작되었으며, 그것은 처음에는 고통스러운 것이었다. 나는 데이빗 윌즈와 처음 만났던 시기에 이 작아지는 성장 과정을 시작했다. 데이빗은 비체스터에 있는 빈민을 위한 시설에서 자신을 드러내지 않고 일을 하고 있었다. 그가 한 일은 확실히 주목받을 만한 훌륭한 것이었다. 나는 그를 자랑스럽게 생각한다.

그 시설은 두 가지 주요한 특징을 지니고 있었다. 하나는 많은 수의 여행자들이 한꺼번에 몸을 닦을 수 있는 긴 욕탕이었는데, 이것은 이 건물이 본래 옥스퍼드에서 퍼쇼어로 가는 길목에 세워진 주립 호텔이었음을 말해주는 것이었다. 다른 하나는 제멋대로 자란 샴페인 색깔을 띤 대황 나무들이었는데, 이것은 소년들보다는 직원들(나와 같은 외래 정신과 의사를 포함한)이 더 좋아하는 것이었다.

전쟁 중에 대피로 인한 문제점을 해결하기 위해서 호스텔 생활에 관여하게 된 것은 나를 흥분케 했다. 자연스럽게 이곳에는 인근 지역에서 가장 다루기 힘든 소년들이 모이게 되었고, 다음과 같은 소리에 친숙하게 되었다. 자동차가 속도를 내서 달려오면 종소리가 요란스럽게 울릴 것이다. 그리고 그 순간에 누군가가 현관문을 열어줄 것이고, 자동차는 그 문에 부딪칠 때 나는 예리한 엔진 소리와 함께 안쪽으로 들어올 것이다. 이렇게 해서 한 소년이 전화 한 통화 없이 이 호스텔로 들어오고, 데이빗 윌즈는 새로운 골칫거리를 떠맡게 된다. 아마도 그 소년은 건초더미에 불을 지르거나 철길에 장애물을 놓는 것보다 더 나쁜 행동을 하지는 않았을 것이다. 그러나 전쟁 중에 던커크 지역에서 일어나고 있는 이러한 일들은 주민들을 자극했으며, 그들은 매우 민감한 반응을 보였다. 그리고 이러한 사건 배후에는 항상 새로온 식구가 있었다.

내가 할일은 무엇이었는가? 여기에서 나는 심리치료사로서 작아지는 과정을 서술하고자 한다. 처음에 나는 주 1회 방문을 통해서 한두 명의 소년과 면담을 했는데, 이 면담에서 가장 놀라운 일들이 일어나곤 했다. 나는 종종 데이빗과 몇몇 직원들에게 내가 소년들과 면담했던 내용들을 들려주었으며, 그때 나는 개인적인 도움을 갈망하는 소년들이 숨가쁘게 털어놓는 내용에 관한 깊은 통찰에 근거해서 해석을 하곤 했다. 그러나 나는 내가 뿌린 씨가 자갈밭에 떨어지고 있다는 느낌을 가졌다.

나는 비교적 빠르게 이 시설의 벽과 지붕이 아동을 치료하고 있음을 깨달았다. 아이들이 벽돌을 던져 깨뜨리는 유리 온실 그리고 수영을 할 수 있을 정도로 많은 물을 데울 때 쓰이는 엄청난 양의 소중한 석탄이 아동을 치료하고 있었다.

치료는 규칙적으로 식탁 위에 음식을 준비해주는 요리사에 의해서, 따뜻하고 포근한 색깔의 침대보에서, 일손이 부족한 중에서도 모든 것이 헛수고로 느껴지는 끊임없는 좌절에도 불구하고 질서를 유지하려는 데이빗의 노력에 의해서 이루어지고 있었다. 이 모든 노력의 성공은 이 시설에 부과된 과제에 의해서가 아니라 전혀 다른 것에 의해서 이루어지고 있었다. 물론 소년들은 마침내 위원회가 걱정할 정도로 도망치기도 했고, 이웃 가정에서 무엇인가를 훔기도 했으며, 유리창을 깨뜨리기도 했다. 유리창이 깨지는 소리가 전염병처럼 여기저기서 들리곤 했다. 다행스럽게도 대황 나무숲이 서쪽으로 길게 뻗어 있어서 탈진한 직원들은 조용히 그 숲에 서서 서산으로 지는 해를 바라볼 수 있었다.

내가 진행 과정을 더 자세히 알아보려고 방문했을 때, 데이빗은 이미 지금 우리가 이론적으로 설명하려고 하는 원리에 기초해서 중요한 일들을 하고 있었다. 그것은 사랑의 한 종류에 관한 것인데, 나중에 논의될 것이다. 우리는 가정이라는 환경에서 자연스럽게 생겨나는 것들을 검토하고자 한다. 이것은 아동의 특별한 욕구에 효율적으로 적응하고 특별한 상황이 발생할 때 효과적으로 대처하기 위한 것이다.

나는 데이빗 윌즈에 대해서 좀더 이야기를 하고자 한다. 왜냐하면 이 강연이 그를 기념하기 위한 것이기도 하지만, 나는 그의 작업을 통해서 환자를 심리치료할 때 적절한 순간에 적절한 해석을 하는 것만으로는 다 설명되지 않는 심리치료에 대한 어떤 것을 이해할 수 있게 되었기 때문이다.

나는 프로이트에게서 유래한 정신분석 기술을 완전하게 사용할 수 있게 되는데 10년이라는 시간을 보냈다. 그 기술은 직접적인 접근이 불가능한 억압된 무의식을 조사하는 것이었다. 그러나 나는 소년 소녀에 대한 심리치료를 개별적인 돌봄의 형태로 전환할 필요가 있다는 것을 이해하기 시작하였다. 그리고 심지어 전이가 최대한으로 활성화되는 주 5회 면담의 정신분석 치료에서도, 사람을 믿을 수 있고 주어진 돌봄과 도움을 신뢰할 수 있는 요소가 필수적이라는 사실을 깨닫게 되었다.

데이빗이 한 일 중의 하나는 매주 모든 소년들이 한자리에 모여서 자유롭게 이야기하는 시간을 갖는 것이었다. 상상할 수 있듯이, 소년들의 행동은 질서가 없었으며 종종 격앙되곤 하였다. 그들의 이야기는 겉돌았고, 이것저것을 불평했으며, 규칙을 위반한 소년에 대한 판결을 내려달라고 요청했을 때 그들은 거칠고 잔인한 판결을 내렸다. 그럼에도 불구하고 데이빗은 최대한으로 수용적인 분위기를 유지함으로써, 아동들로 하여금 중요한 것들을 모두 표현할 수 있도록 허용해주었다. 이 과정에서 아동들 각자가 어떻게 자신의 정체성을 확립하려고 노력하는지, 그리고 어째서 폭력을 쓰지 않고서는 정체성 확립에 성공하지 못하는지에 대한 이유가 밝혀질 수 있었다. 우리는 이렇게 말할 수 있을 것이다: 소년 개인은, 소녀들의 경우도 마찬가지로, 개인적인 도움을 얻기 위해 비명을 지르고 있지만, 그러한 개인적인 도움은 모든 소년들에게 주어질 수 없다. 왜냐하면 이 호스텔의 작업은 집단 관리를 기초로 하고 있기 때문이다.

나는 많은 사람들이 이전부터 이런 일을 해왔으며 앞으로도 그렇게 할 것이라는 것을 알고 있다. 그리고 데이빗은 자신이 비체스터가 아닌 다른 환경에서였더라면 이 일을 훨씬 더 잘 했을 것이라고 말할는지 모른다. 그러나 나의 관점에서 볼 때, 그의 작업은 매우 질서 있게 이루어졌고, 그가 한 작업은 피상적인 수준의 성공과 실패로 측정되어서는 안된다. 이들이 예외적으로 힘든 소년들의 집단이었던 것 또한 사실이다. 그들은 희망적이지도 절망적이지도 않았기 때문이다. 대체로 그들은 희망을 포기하지는 않았으나 도움을 얻기 위해 어디를 보아야 할지 모르고 있었다. 도움을 얻을 수 있는 가장 쉬운 방법은 폭력을 통해서 사람들을 자극하는 것이었다. 그러나 그들에게는 또 다른 대안이 있었는데, 그것은 할 말들을 모아두었다가 화요일 5시에 모두 이야기하는 것이었다.

이제 시설 보호에 의해 제공되는 치료에 대해 살펴보자. 우선 나는 시설 보호가 단순히 개인 치료를 위해 훈련된 사람들의 수가 충분하지 않기 때문에 꼭 필요한 것은 아니라고 말하고 싶다. 시설 보호를 통한 치료는, 개별 치료에 필수적인 두 가지 특성 중 하나 또는 두 가지 모두를 갖고 있지 않은 아동들 때문에 존재하게 되었다. 하나는 사회적 진단과 관련된 것으로서, 이들을 개인으로서 취급해줄 수 있는 유일한 환경은 시설 보호라는 점이며, 다른 하나는 개인적 진단과 관련된 것으로서, 이들은 윌리 호퍼[1]가 내적 환경이라고 부른 것, 즉 초기에 경험한 충분히 좋은 환경이 내면화되어 형성된 신념 체계를 거의 갖고 있지 못하다는 점이다. 사실상 모든 사례는 개인적인 진단과 사회적 진단 두 가지 모두를 필요로 한다.

시설 보호를 제공할 경우, 실제로 고전적 정신분석에서 제공되는 것과 같은 특정한 환경을 제공하는 것이 가능하다. 정신분석 치료에서 환자가 자신의 억압된 생각을 언어로 표현하는데 성공할 때마다 항상 에너지를 소모시키고 증상을 만들어 내는 억압된 정신 내용으로부터 환자가 자유로워진다는 사실을 우리는 알고 있다. 그러나 그렇다고 해서 단지 억압된 내용을 언어로 표현하는 것이 정신분석의 전부는 아니다. 고전적 정신분석에 적합한 사례에서조차 이러한 특별한 작업이 행해질 수 있고, 환자의 무의식이 협력할 수 있는 조건을 제공하는 것이 중심적인

---

1 W. Hoffer, 아동의 초기 발달과 교육. 런던: Hogarth Press, 1981

요건이 되고 있다. 다른 말로 하면, 고전적인 그리고 정확한 해석이 효과적일 수 있기 위해서는 신뢰를 발달시키는 일이 전제 조건이다.

시설에서 치료를 할 때, 우리는 총체적인 환경이 제공되어야 함을 강조하는 반면에 자료에 대한 해석과 언어화를 간과할 수도 있다. 다음에 열거된 몇몇 특성들은 시설 보호를 통한 치료에서 아주 중요한 요소들이다.

(1) **신뢰성.** 만일 시설 가정이 본래 신뢰할만한 좋은 곳이라면 그곳에는 일반적으로 신뢰가 쌓이게 된다. 그리고 이 신뢰는 인간적인 것이지 기계적인 것이 아니라고 나는 말하고 싶다. 만일 식사가 제시간에 제공된다면, 그것은 바람직한 의미에서 기계적인 것이다. 그러나 사람을 신뢰할 수 없다면, 어떤 규칙도 믿을 수 없다. 정신분석가는 1주에 5회 50분 동안 신뢰할 만하게 행동할 수 있다. 이러한 분석의 틀은 지극히 중요하다. 왜냐하면 사생활에서 분석가 자신은 다른 어떤 사람만큼이나 신뢰할 수 없는 사람이기 때문이다. 이것은 간호사 또는 사회복지사 그리고 사람을 돕는 일에 종사하는 사람이라면 그 누구에게도 마찬가지로 적용된다. 시설 보호를 치료로 이해한다고 할 때, 아동들이 실무자들의 사적인 생활 속에서 함께 살고 있다는 점이 중요한 문제점이 된다. 실무자들 또한 인간이기 때문에 그들의 신뢰할 수 없는 모습들이 그대로 노출될 수밖에 없다. 그럼에도 불구하고 아동과 24시간을 함께 일하는 사람들이 따라야 할 전문가의 지침을 잘 지킨다면, 이 문제는 어느 정도 극복될 수 있다. 따라서 직원들은 종종 휴가를 갖고 사생활을 즐길 수 있는 기회를 가져야 할 것이다. 이들의 치료를 위해서 신뢰성이 왜 그렇게 중요한지를 살펴본다면,

시설 가정에 들어오는 대부분의 아동들은 발달 과정 전반에 걸쳐서 또는 발달의 어느 한 단계에서 그리고 그 두 가지 모두에서 혼돈스러운 환경에서 양육된 아동들이기 때문에, 상대적으로 신뢰성에 대한 중요성이 강조될 수밖에 없음을 알 수 있다. 혼란스러운 환경이란 **예측 불가능한 환경**을 의미한다. 예측할 수 없다면 아동은 항상 상처받을 것을 예상해야 하며, 인격의 신성한 핵심 영역은 좋거나 나쁜 어떤 일도 일어날 수 없는 깊은 곳에 감추어두어야 한다. 불안하고 초조한 환경은 정신적 혼란을 낳고, 아동은 그 속에서 방향 감각을 잃은 채 자라며, 그의 정신은 결코 조직화되지 못한다. 임상적으로 우리는 이러한 아동들을 침착하지 못하며, 집중력이 없고, 끈기가 없다고 말한다. 그들이 자라서 어른이 된다해도 가치 있는 성인이 되기는 어렵다. 실제로 그들은 참 자기를 감춘 채 아마도 거짓 자기를 가지고 살아갈 것이다. 그러나 그의 존재감은 도달할 수 없는 인격의 중심부에 숨어있는 참 자기와 연결되어 있기 때문에, 그는 자신이 존재하고 있다는 생생한 느낌을 느낄 수 없을 것이다. 만약 아동이 불평할 수 있는 기회를 갖는다면, 그 내용은 생생한 것도, 정말로 중요한 것도, 그리고 진정한 자기의 표현도 없는 것으로 판명날 것이다. 이러한 아동은 항상 잠재된 폭력성을 숨긴 채, 또는 때때로 그 폭력성을 드러내면서, 순응에서 그 해결책을 찾을 것이다. 심각한 정신적 혼돈 뒤에는 생각할 수조차 없는 불안에 대한 기억이 자리잡고 있다. 이 불안은 적어도 한번은 자기(自己)의 중심적인 핵이 발견되는 상처를 입었음을 말해준다. 이러한 불안은 신체적인 것으로 경험되며 감당할 수 없는 것이다. 그것은 영원히 추락하는 것, 산산조각이 나는 것, 방향감각을 상실하는 것 등으로 묘사될 수 있다. 그리고 우리는 이러한 기억을 가지고 있는 아동들은 초기에 좋은 돌봄을 받은 덕택에 이런 숨은 위협을 느끼지 않아도 되는 아동들과 결코 같지 않다는 사실을 잊어서는 안된다.

시설 보호에서 아동이 경험하는 사람에 대한 신뢰는 시간이 흐름에 따라 아주 심각한 예측 불가능성에 대한 느낌을 해소시킬 수 있다. 아마도 시설에서 하는 치료 중 상당 부분은 이런 방식으로 진술될 수 있을 것이다.

(2) 이 신뢰성이라는 개념의 연장선상에 **안아주기**(holding)라는 개념이 자리잡고 있다. 안아주기에는 우선 신체적인 측면이 있다. 난자와 태아는 신체적으로 자궁에 안겨 있으며, 그 후에 심리적인 측면이 부가된다. 이제 아기는 한 사람의 품안에 있게 되고, 더 나아가 가족의 품에 안기게 될 것이다. 아동이 아주 어렸을 때 받았어야 했던 안아주기를 시설에서 제공해야 한다면, 그것은 정말 어렵거나 불가능할 것이다. 그러나 시설에서 하는 치료는 대부분 아동이 과거 어느 때에 잃었거나 깨어졌던 좋은 안아주기 상황을 시설 환경에서 재발견함으로써 이루어진다. 제임스 로벗슨과 조이스 로벗슨 부부는 그들이 제작한 영화와 저술을 통해 이 점을 우리에게 아주 분명히 보여주었다. 그리고 보울비는 초기 안아주기 환경이 절대적으로 중요하다는 사실과 문제가 발생한 아동을 치유하는 사람들이 겪게 되는 극도의 어려움을 세상에 알리는 일에 누구보다도 크게 공헌했다. 우리가 항상 기억해야 할 사실은, 아동은 절망적일 때 크게 문제를 일으키지 않는다는 것이다. 아동이 희망을 가질 수 있을 때에만, 그는 훔치기와 폭력 그리고 누구도 들어줄 수 없는 비합리적인 요구 등의 증상을 나타낸다. 이러한 비합리적인 요구의 밑바닥에는 그가 어린 아이였을 때 부

모에게 요구했던, 그러나 곧 상실했던 안아주기를 되찾고자 하는 충동이 자리잡고 있다.

(3) 시설에서 하는 치료는 도덕적 태도와는 아무런 관계가 없다고 말할 수 있다. 시설의 실무자들은 옳고 그름에 대한 자신의 생각들을 가지고 있을 수 있다. 아동 또한 도덕성의 느낌을 가지고 있을 수 있다. 그 도덕성은 성격의 한 특성으로 발달하게 될 잠재적인 형태일 수도 있고, 현재 혹독하게 징벌적인 모습을 띠고 나타나는 현실적인 형태일 수도 있다.

그러나 시설의 실무자들이 증상을 죄와 연관시키는 것은 치료에 도움이 되지 않는다. 진단적 분류 기준 대신에 도덕적 판단을 사용하는 것은 아무런 유익을 가져오지 못한다. 진단적 분류 기준은 원인론에, 즉 아동의 인격과 성격에 근거해야 한다.

다루기 힘든 아동을 처벌하는 일이 때로는 필요할 수 있다. 그러나 그것은 증상으로 인한 불편함에 대처하는 수단으로만 사용되어야 할 것이다. 벌과 관련해서 고려해야 할 것은, 필요한 재정을 지원하는 단체를 대표해서 관리 위원회의 위원들이 방문했을 때 가정을 좋게 보이려는 욕심 때문에 벌을 주어야 할 상황에서도 벌을 주지 않는 일이 있을 수 있다는 사실이다. 어떤 경우에도 아동들은 정해진 벌을 받는 것을 좋아한다. 왜냐하면 그것이 복수심에서 비롯된 벌보다 훨씬 덜 끔찍스럽기 때문이다. 보복심은 아동 보호와 시설 관리에서 결코 있어서는 안 되는 것이다. 그럼에도 불구하고 우리는 모두 사람이기에, 거의 대부분의 사람들이 일년에 한두 번씩은 복수심에 찬 순간이 있었다는 것을 발견할 것이다. 이것이 바로 인간적인 실패이며, 치료적 접근을 벗어난 일일 것이다.

(4) 여기에는 더 많은 일반적인 원칙들이 있을 것이지만, 그 중의 하나는 감사하는 마음과 관련된 것이다. 나는 시설 보호가 치료를 목표로 하는 한 감사를 기대해서는 안 된다고 말하고 싶다. 이 모든 것은 자연스러운 가정의 일상을 토대로 한 전문가적인 태도에 해당된다. 아기에게 감사하는 마음을 기대하는 부모가 있다면 그들은 거짓된 어떤 것을 찾고 있는 것이다. 부모들은 아동이 자신의 첫소리인 '타'를 말하기까지 오랜 시간을 기다려야 하며, 그 소리를 낼 때 그것이 '감사합니다'를 뜻하는 것이어야 한다고 요구해서는 안 된다. 이것은 비틀즈의 노래 'Thank You Very Much'에서 멋지게 풍자되고 있다. 아동들은 '감사합니다'가 순응의 일부분이며 사람들을 길들인다는 사실을 알게 된다. 그러나 감사는 고도로 발달한 어떤 것이며 아동의 성격 발달을 통해서 나타나는 그 무엇이다. 우리는 종종 감사하다는 말을 들을 때, 특히 그것이 과장될 경우에 그 말이 비위를 맞추기 위한 것일 수 있다고 의심한다. 물론 나는 지금 마음의 선물을 거절하라고 요구하는 것이 아니다. 나는 그저 여러분은 아동에게서 감사를 받기 위해 이 일을 하는 것이 아니라는 사실을 말하고 싶을 뿐이다. 어떤 점에서 당신이야말로 그들에게 감사한 마음을 가지고 있다. 최근에 더비(Derby)의 주임 사제가 사회복지사들이 모인 한 모임에서 성 빈센트 바울이 자신의 추종자들에게 한 말을 인용하였다: '가난한 자들이 그들을 도우려는 우리를 용서하게 해달라고 기도하라.' 나는 이 기도가 내가 말하고자 하는 생각을 담고 있다고 생각한다. 비록 이 아동들이 우리가 제공하는 치료를 사용하는 과정에서 우리를 힘들게 하고 지치게 하는 것이 사실이지만, 우리는 그들이 우리를 필요로 한다는 사실로 인해 그들에게 감사해야 한다는 것이 나의 생각이다.

(5) 아동은 치료가 잘 이루어질 때 자기 자신을 발견하며 성가신 문제를 일으킨다. 이것은 우리가 하는 치료 작업의 중요한 부분을 구성한다. 그들은 훔치기와 폭력이 희망의 표시가 되는 단계를 거치게 된다. 시설 보호 환경에서 치료를 받고 있는 아동은 누구나 희생양의 역할을 떠맡는 시기를 갖는다. 사람들은 '그 아이만 없다면, 다 괜찮을 텐데'라고 생각한다. 그러나 이때가 결정적인 순간이다. 이 시점에서 여러분이 해야 할 일은 증상을 치료하는 것도 아니고, 도덕적인 설교를 하는 것도 아니며, 뇌물로 환심을 사는 것도 아니라는 것이 나의 생각이며, 이 생각에 여러분도 동의할 것이다. 이때 여러분이 해야 할 일은 살아남는 것이다. 시설 보호라는 상황에서 살아남는다는 말의 의미는 아동으로 인해 손상 받지 않고 살아남을 뿐만 아니라 복수심을 느끼도록 자극 받지 말아야 한다는 것이다. 만일 여러분이 살아남는다면, 그때에만 아동은 여러분을 자연스럽게 사용할 수 있게 되고, 비교적 단순한 사랑이 담긴 몸짓을 표현할 수 있는 한 사람의 인간으로 성숙하게 될 것이다.

여러분은 종종 '감사합니다'라는 말을 들어왔을 것이다. 분명히 그 말은 힘들게 노력해서 얻은 것일 것이다. 그것은 여러분이 초기 발달단계에서 아동이 경험하지 못한 것과, 가정 생활이 깨어질 때 아동이 상실한 것들을 지금 제공해주려고 노력하고 있기 때문이다. 여러분은 어느 정도 실패한 경험을 가지고 있을 것이다. 그리고 그것은 때때로 성공을 즐기기 위해 감당해야 하는 것이다.

시설 보호는 전문적인 환경 안에서 전문가에 의해 행해지는 사려 깊은 치료 행위라는 것이 나의 생각이다. 그것은 일종의 사랑일 수 있지만, 종종 증오로 보이기도 한다. 이 일에서 핵심적인 언어는 개입이나 치료가 아니라 살아남기이다. 만일 여러분이 살아남는다면, 아동은 과거의 불운한 환경의 붕괴가 가져온 재난을 극복하고 하나의 인격체로서 성장할 수 있는 새로운 기회를 갖게 될 것이다.

제 3 부

개별치료

편집자 서문

　제3부의 첫 장은 이전에 출간된 적이 없는 글로서 정신분석에 대한 간략한 서술을 담고 있으며, 정신병, 정신신경증, 반사회적인 사람들에 대한 치료의 차이점을 쉬운 언어로 설명해주고 있다. 둘째 장은 특별히 성격장애에 대한 개별치료에 관한 내용으로 이루어져 있다. 위니캇은 이 장에서 반사회적인 문제의 원인을 박탈과 연결시키면서 반사회적 경향성의 두 가지 중심적인 현상에 대한 치료 방안을 다루고 있다. 두 가지의 임상 사례를 제시하고 있는 이 글은 또한 반사회적 경향성에 대한 위니캇의 이론이 최근까지 발달해온 정신분석 이론과 어떻게 부합되는지를 아주 명료하게 보여준다. 그리고 셋째 장은 학교에서 남의 것을 훔치는 어린 소녀를 치료한 상담 사례를 다루고 있다. 이 장은 거짓말이 훔치기와 밀접하게 연결되어 있음을 보여주고 있을 뿐만 아니라, 아동의 자발적인 그림을 통하여, 특정한 박탈의 본질을 아주 생생하고 극적으로 보여주고 있다.

18장

심리치료 기법

(MIASMA[Mental Illness Association Social
and Medical Aspects]에서 한 강연, 1961. 3. 6.)

우리는 다양한 치료법보다는 다양한 질병에 대해 토론하는 것을 더 자주 들어왔다. 물론 이 두 가지는 서로 연관되어 있다. 이 자리에서 나는 질병에 대해서 먼저 이야기한 후에 치료에 대해서 이야기하고자 한다.

나는 정신분석가이다. 따라서 내가 심리치료의 기초는 정신분석적 훈련이라고 말한다고 해도 여러분은 개의치 않을 것이다. 이것은 분석가가 되고자 공부하고 있는 학생들이 개인 분석을 받는 것을 포함한다. 이러한 훈련과는 별도로, 어떤 학파이건 상관없이 모든 역동 심리학은 정신분석 이론과 정신분석적 초심리학에 기초해 있다.

심리치료에는 다양한 방법이 있으며, 그 방법은 치료자의 관점에서가 아니라 환자나 사례에 따라서 알맞게 선택되어야 한다. 정신분석적 치료는 어떤 경우에 권할 만한지, 또 어떤 경우에 정신분석 치료가 불가능한지, 그리고 어떤 경우에 정신분석 치료에 대한 논란이 발생할 수 있는지에 관해 먼저 생각한 후에, 그에 따라 정신분석 치료를 적절하게 수정한 치료 방법을 고안해내야 할 것이다.

나는 비록 정신분석학적인 세계관을 중심으로 일하고 있지만, 내게 오는 많은 환자들 중에서 실제로 정신분석 치료를 받는 사람은 아주 적다.

환자가 정신병적이거나 경계선적인 문제를 가지고 있는 경우에 치료 기법의 수정이 필요하다는 점에 대해 논의할 수 있겠지만, 여기서는 그 문제에 대해 논의하지 않겠다.

여기에서 나는 훈련받은 분석가가 분석 이외의 어떤 것을 하는 것에 대해, 그리고 그것을 유용하게 활용하는 것에 대해 특별한 관심을 가지고 있다. 항상 그러하듯이, 이것은 사용할 수 있는 시간이 제한되어 있을 때 중요하다. 비록 나는 개인적으로 정신분석이 보다 깊은 효과를 가져온다고 생각하고 있지만, 종종 정신분석보다는 다른 치료법들이 더 좋게 보일 때가 있다.

심리치료의 본질적 요소 중 하나는 다른 치료와 혼합될 수 없다는 점이라고 말할 수 있다. 만약에 전기 충격요법을 사용한다면, 그 요법은 전체적인 임상적 특성을 변화시키기 때문에, 심리치료는 더 이상 가능하지 않다. 이때 환자는 신체에 대한 치료를 두려워하면서도 은연중에 갈망할 것이기 때문에 심리치료자는 결코 환자의 진정한 문제와 만날 수 없을 것이다.

다른 한편으로 나는 신체에 대해 적절하게 보살피는 것이 아주 중요하다는 사실을 잘 알고 있다.

그렇다면 우리의 목표는 무엇인가? 우리는 가능한 많은 것을 하기를 원하는가? 아니면 적게 하기를 원하는가? 정신분석에 있어서 우리는 스스로 묻는다: 얼마나 많이 할 수 있는가? 이 질문의 다른 쪽 극단에 속해 있는 나의 병원 진료실의 표어는 다음과 같다: 우리가 해야 하는 것은 얼마나 적은가? 이러한 생각은 항상 사례를 다루는데 있어서 경제적인 측면에 대해 인식하게 해준다. 뿐만 아니라 중심적인 질병을 가족이나 사회 병리에서 찾게 만든다. 이것은 가족 관계의 드라마 안에 자리잡고 있는 이차적인 성격의 문제를 치료하느라고 시간과 돈을 낭비하지 않도록 해준다. 나의 이러한 생각이 독창적이라고는 할 수 없을 것이다. 그러나 정신분석가가 이런 말을 한다는데 새로운 점이 있다고 하겠다. 왜냐하면 정신분석가들은 특히 장기치료의 늪에 빠진 채 외부 세계의 부정적인 요인에 대해서는 눈이 멀기가 쉽기 때문이다.

환자의 문제들 중 얼마나 많은 부분이 단지 아무도 환자의 말을 제대로 들어주지 못하기 때문에 지속되고 있는 것인가? 나는 아동의 어머니들로부터 아동의 과거에 대한 이야기를 잘 듣는 것 자체가 좋은 심리치료라는 것을 40년 전에 이미 발견하였다. 환자에게는 충분한 시간을 허용해주어야 하고, 치료자는 도덕적 판단에 얽매이지 않는 자유로운 태도를 지녀야 할 것이다. 만약 아동의 어머니가 마음속에 있는 것을 모두 말할 수 있었다면, 마지막에 그녀는 다음과 같은 말을 덧붙일 것이다: '이제 나는 아동에게서 나타나는 증상이 가정 안에서 경험하는 삶의 유형과 얼마나 밀접하게 관련되어 있는지를 이해할 수 있게 되었습니다. 따라서 이제는 아동의 문제를 잘 다룰 수 있을 것 같습니다.' 이것은 비단 자녀들을 데려오는 부모에게만 해당되는 것은 아니다. 성인들 또한 자기 자신에 대해서 이와 같이 말한다. 그러므로 정신분석은 아주 긴 사례 조사라고 말할 수 있다.

여러분은 물론 정신분석에서 말하는 전이에 대해서 알고 있을 것이다. 정신분석 상담에서, 환자는 자신의 과거와 내적 실재에 관한 자료들을 가져다가 분석가와의 관계 안에서, 즉 끊임없이 변화하는 환상 안에서 노출시킨다. 이런 식으로 무의식은 점차 의식화된다. 일단 이러한 과정이 시작되고 환자의 무의식적 협력이 이루어지면, 이때부터 많은 작업이 이루어진다. 이런 과정을 모두 거치기 때문에 평균적인 치료기간은 길어질 수밖에 없다. 첫 면담에 대해 조사해 보는 것은 흥미로운 일이다. 정신분석 심리치료를 시작할 때 분석가는 처음부터 너무 영리한 척하지 않도록 주의해야 한다. 환자는 첫 면담에서 자신의 신념과 의심을 모두 드러낸다. 이 양가감정들은 있는 그대로 표현될 수 있도록 허용되어야 한다. 만약 분석가가 처음부터 너무 많이 개입을 한다면, 환자는 도망가거나, 두려움 때문에 아주 멋진 생각을 만들어내고는 마치 최면에 걸린 것처럼 그 생각을 믿어버린다.

앞으로 더 나가기 전에, 나는 몇 가지 다른 가정들에 관해 언급하겠다. 환자는 치료자에게 비밀로 간직하고 있는 영역이 있어서는 안된다. 물론 심리치료는 환자의 종교 생활, 문화적 흥미, 또는 사적인 삶에 대해 이래라 저래라 간섭하지 않는다. 그러나 환자가 자신의 일부분을 치료자로부터 전적으로 방어하고 있다면, 그는 상담 과정에서 필수적인 요소인 치료자에 대한 의존을 회피하고 있는 것이다. 치료자에 대한 이 의존이야말로 치료자의 신뢰성을 불러일으키는 요소이다. 그리고 이 신뢰성은 일반적인 의사에 대해 보이는 신뢰보다 더 중요한 전문적 신뢰를 말한다. 의료 행위의 기초를 이루고 있는 히포크라테스 선서가 이것을 명료하게 인식했다는 사실은 무척 흥미롭다.

다시 말해서 치료 작업의 토대를 이루고 있는 이론에 의하면, 신체적인 이유가 아니라 심리적인 이유로 생긴 장애는 개인의 정서발달 과정에서 발생한 과거의 문제에 그 기원이 있다. 심리치료의 단순하고 유일한 목표는 바로 이 과거에 발생한 장애물을 제거하는 것이며, 따라서 이전에는 불가능했던 발달이 계속해서 일어날 수 있게 하는 것이다.

심리적 장애를 일컫는 또 다른 용어는 미성숙성이다. 이것은 개인의 정서발달이 성장하지 못했음을 가리킨다. 여기서 말하는 성장은 사람들 및 일반적인 환경과 관계 맺을 수 있는 능력의 발달을 포함한다.

비록 고도로 복잡한 문제를 지나치게 단순화하는 면이 있지만, 보다 명확한 설명을 위해서 심리적 장애 또는 개인의 미성숙의 범주에 대한 나의 견해를 제시해보겠다.

심리적 장애는 세 가지 범주로 나눌 수 있다. 그중 첫 번째는 정신신경증이라고 하는 것이다. 여기에는, 초기 단계에서 충분히 좋은 돌봄을 받았기 때문에 온전한 삶에 내포되어 있는 어려움들을 직면할 수 있고, 또 어느 정도는 그것들을 감당하는데 실패할 수도 있는, 그러한 단계에 도달한 개인들이 지니고 있는 모든 장애들이 해당된다. 그리고 여기서 말하는 온전한 삶이란 본능에 의해서 끌려가는 삶이 아니라 본능을 즐기는 삶을 의미한다. 나는 이 범주 안에 보다 정상에 가까운 우울증의 형태들도 포함시킨다.

두 번째 범주는 정신병에 해당되는 것이다. 이 경우는 아주 초기에 유아 양육에 있어서 무언가 잘못되었고, 그 결과 개인 성격의 기본 구조 안에 장애가 발생했음을 말한다. 밸린트[1]가 기본적 결함이라고 부른 이 장애는 유아 정신병이나 아동기 정신병을 일으킬 수 있으며, 또는 정신의 깊은 곳에 숨어 있다가 나중에 어려움을 겪게 될 때 노출되어 정신병으로 나타날 수도 있

---

1 M. Balint, 기본적 결함. 런던: Tavistock Publication, 1968

다. 이 범주에 속한 환자는 정신신경증 환자보다 훨씬 더 건강하지 못하다.

세 번째 범주는 위의 두 범주 사이에 있다. 여기에 속한 환자들은 충분히 좋은 시작을 하였으나 어떤 순간에 한번, 또는 여러 번 반복해서, 또는 오랜 기간동안 환경의 실패를 경험했던 사람들이다. 이 범주에 속한 아동이나 청소년, 또는 성인이 나타내는 문제 행동 속에는 다음과 같은 메시지가 담겨있다: '… 까지는 모든 것이 순조로웠다. 그러나 이제 나의 인격은 환경이 나에게 진 빚을 인정할 때까지는 다시 발달을 시작할 수 없다.' 그러나 박탈과 그 박탈이 만들어내는 고통을 의식 안에 받아들이는 것은 흔히 있는 일이 아니다. 그래서 그들은 말 대신에 비행과 상습적인 범죄로 굳어질 수 있는 반사회적인 행동을 보인다.

우리는 지금 심리적인 질병을 세 개의 망원경을 통해서 보고 있다. 첫 번째 망원경을 통해서 우리는 우선 반응성 우울증을 보는데, 그것은 두 몸 관계(유아와 어머니로 구성된)에서 사랑의 충동을 수반한 파괴 충동과 관련되어 있다. 이 망원경을 통해서 볼 수 있는 또 한 가지는 정신신경증인데, 그것은 삼각 관계(유아와 부모로 구성된)에 속하는 양가감정(사랑과 증오가 공존하는)과 관련되어 있다. 그리고 이 관계는 이성애와 동성애 모두를 포함하는 성적인 관계 안에서 경험되며, 이때 이성애적인 요소와 동성애적인 요소는 다양한 비율로 배합된다.

두 번째 망원경을 통하여, 우리는 초기 양육 방식의 결함으로 인해 정서 발달의 초기 단계에서 왜곡이 생긴 경우를 본다. 나는 어떤 유아는 다른 유아보다 양육하기가 훨씬 어렵다는 것을 인정한다. 우리가 질병의 원인을 양육의 실패에서 찾는 것은 질병의 원인을 누구의 탓으로 돌리자는 것이 아니다. 우리가 알 수 있는 것은 개인적 자기를 구조화하지 못한 실패, 환경을 구성하고 있는 대상들과 관계 맺는 능력을 발달시키지 못한 실패가 일어났다는 사실이다. 나는 이 풍부한 주제에 대해 더 깊은 논의로 들어가고 싶은 유혹을 느끼지만 여기에서 만족해야 할 것 같다.

이 망원경을 통해서 우리는 정신분열증 증상들을 만들어 내거나, 또는 정상이고 건강하며 성숙한 사람이라고 하는 많은 사람들의 삶까지도 방해하는 정신병적인 저류(低流)를 만들어내는 다양한 실패들이 어떤 것인지를 볼 수 있다.

이러한 방식으로 질병을 바라볼 때 우리는 그 질병은 자신 안에 있는 요소들이 과장된 것에 지나지 않으며, 정신과적으로 병든 사람들과 우리들이 본질적으로 다르지 않다는 사실을 인정할 수밖에 없다. 그리고 정신과적으로 아픈 사람은 멀리 떨어진 곳에 수용해야 한다는 생각을 버리게 된다. 따라서 약물이나 소위 물리적 치료보다 심리적으로 사람을 치료하거나 간호하는 일은 더 많은 스트레스가 따를 수밖에 없다.

세 번째 망원경은 삶에 본래적으로 내재된 문제와는 다른 성격의 장애를 우리에게 보여준다. 그것은 박탈을 겪은 사람이 갖는 장애이다. 이런 사람은 원한 때문에, 또는 자신이 아기 시절에 경험한 모욕에 대해 보상받고자 하는 욕구 때문에 자신의 삶에 본래적으로 내재된 문제를 다룰 수 있는 단계에 도달하지 못한 사람이다. 여기에 모인 우리는 아마도 결코 이 범주에 속하지 않을 것이다. 우리들 대부분은 우리의 부모에 관해 다음과 같이 말할 수 있을 것이다: 그들은 양육 과정에서 실수를 했고, 끊임없이 우리를 좌절시켰으며, 우리를 자발성과 창조성과 진정한 느낌의 최대의 적인 현실 원리에 직면시켰다. 그러나 그들은 결코 우리를 실망시키지는 않았다. 바로 이 실망이 반사회적 경향성의 기초가 된다. 비록 우리가 자전거를 도난당하는 것을 싫어하고, 폭력을 막기 위해 경찰을 부르는 것을 싫어하더라도, 우리는 이 소년 소녀들이 훔치고 파괴하는 것을 통해서 우리에게 도전을 해야만 하는지를 이해할 필요가 있다.

나는 심리치료의 다양성을 간략히 서술하기 위한 이론적 배경을 살펴보았다.

범주 I (정신 신경증)

이 범주의 질병을 치료하기 위해서는 정신분석 치료가 바람직할 것이다. 정신분석 치료는 억압된 무의식이 의식화될 수 있는 신뢰할 만한 전문적 환경을 제공하는 것을 통해서 이루어진다. 이 의식화는 전이 안에서 환자가 지닌 개인적 갈등의 수많은 예들이 나타나는 것을 통해서 이루어진다. 바람직한 경우, 본능적인 삶과 그것의 상상적 표현으로부터 오는 불안에 대한 방어들이 덜 경직된 것으로 바뀌고 점점 더 환자가 통제할 수 있는 것이 될 것이다.

범주 II (초기 양육의 실패)

이러한 종류의 질병을 치료하기 위해서는 환자에게 유아기의 극단적인 의존에 해당하는 의존 경험의 기회를 제공해주어야 한다. 이러한 기회는 조직화된 심리치료와는 상관없이 발견될 수 있다. 예를 들면 우정 관계에서, 신체적 돌봄을 제공하는 프로그램에서, 또 종교를 포함한 문화적 경험 안에서 찾을 수 있다. 아동을 위해 지속적인 돌봄을 제공하는 가족은 아동에게 전적인 수준의 의존으로 퇴행할 수 있는 기회를 준다. 본래 유아의 돌봄

안에 있어야 했던 존재의 연속성을 되찾아주는 것은 사회 안에 확고하게 뿌리내린 안정된 가정생활이다. 어떤 아동들은 자신의 가정생활과 독립을 향해 나아가는 과정을 즐기는 반면, 또 다른 아동들은 자신의 치료를 위해 가정을 사용하지 않으면 안된다.

여기에는, 전에는 부모, 가족 그리고 사회단체들에 의해서 제공되던 비전문적인 도움 대신에 전문적인 도움을 제공하는 사회사업가의 역할이 있을 수 있다. 사회복지사는 대체로 범주 I 에서 묘사된 환자들보다는 범주 II 에 해당하는 환자들을 돕는 심리치료자라고 할 수 있다.

여러분이 알다시피, 어머니가 유아에게 해주는 것 중에 많은 부분이 '안아주기'이다. 실제로 안아주기는 매우 중요하고, 아무나 할 수 없는 섬세함을 요하는 일일뿐만 아니라 유아 양육의 많은 부분이 이 안아주기의 확장에 해당될 만큼 지속적으로 요구되는 요소이다. 안아주기는 유아의 욕구에 적응해준다는 점에서 모든 신체적인 돌봄까지도 포함한다. 아동은 점차 자신의 충동을 사용할 수 있게 되는데, 이와 동시에 아동은 현실 원리와 만나게 된다. 이 현실 원리는 처음에는 쾌락 원리와 충돌한다(그 결과 아동의 전능감은 폐기된다). 가족은 이처럼 개인을 안아주고, 사회는 가족을 안아준다.

개별 사회사업(case work)은 부모와 지역사회 단체들이 해오던 정상적인 기능인, 개인과 상황을 안아주는 일을 전문화한 것이라고 서술할 수 있다. 즉 이처럼 안아줌으로써 성장 경향성을 위해 기회를 주고자 하는 것이다. 이 성장 경향성은 반복되는 환경적 실패로 인한 절망감 때문에 철수가 조직화된 경우를 제외하고는, 모든 개인 안에 존재하고 있다. 이 경향성은 통합이라는 측면에서, 신체와 정신이 조화를 이루는 과정이라는 측면에서, 한 사람이 타자와 연결을 맺게 되는 과정의 측면에서, 그리고 대상들과 관계 맺는 능력의 발달이라는 측면에서 설명되어 왔다. 이 과정들은 환경이 안아주고 개인의 창조적 충동을 만나주는 일에 실패함으로써 중단되지만 않는다면 계속해서 진행될 것이다.

범주 III (박탈이 발생한 경우)

자신의 과거사에 자리잡고 있는 박탈경험에 의해 지배받는 환자들을 치료할 경우, 치료적 접근은 앞에서 말한 두 가지 범주의 경우와는 달라야 한다. 그들은 정상적이거나 신경증적일 수 있고, 혹은 정신병적일 수 있다. 처음에는 누구도 그들의 개인적 유형이 어떤 것인지 잘 알지 못한다. 그러나 희망적이라고 느끼기 시작하면, 이 소년 소녀들은 증상(훔치거나 도둑맞기, 파괴 행동을 하거나 파괴 행동의 희생자가 되기)을 드러냄으로써, 환경으로 하여금 자신들에게 주목하게 하고 행동하게 만든다. 이때 환경이 그들에게 하는 행동은 대개 징벌적이다. 그러나 환자에게 필요한 것은 과거에 그가 박탈당한 것에 대해 충분히 인정해주고 보상해주는 것이다. 이미 말했듯이, 이것은 종종 불가능하다. 왜냐하면 그 사건에 대한 너무나 많은 부분이 의식에 남아 있지 않기 때문이다. 그러나 반사회적인 행동들의 과거 역사에 대해 진지하게 탐구함으로써 우리는 종종 이 문제에 대한 실마리와 해결책을 얻게 되는데, 이것은 아주 중요한 일이라고 할 수 있다. 비행에 대한 연구는 가정이 온전한, 비교적 정상에 속하는 아동들의 반사회적 행동에 대한 연구에서부터 시작해야 한다. 그렇게 함으로써 나는 아동의 발달 과정 전체를 바꾸어 놓은 박탈과 심한 고통의 뿌리를 추적해낼 수 있었다(이 사례들은 책으로 출간되었다).

여기서 중요한 하나의 문제는, 사회 안에는 반사회적인 경향성이 안정된 비행으로 자리잡고 있는, 치료되지도 않고 치료할 수도 없는 사례들로 가득 차 있다는 사실이다. 여기에서 특수한 환경을 제공해야 할 사회적 요구가 생기며, 이것은 두 종류로 구분된다.

(1) 아동들의 사회화를 목표로 하는 환경들
(2) 일정 연령이 될 때까지, 그리고 성인이 되어 세상으로 나가 반복해서 문제를 일으키기 전까지, 아동들을 사회로부터 격리 보호하기 위한 환경들. 이러한 환경은 매우 엄격한 관리를 통해서만 순조롭게 운영될 것이다.

내가 말하고자 하는 것은 가정에서 부적응 아동을 돌보았던 작업에 기초해서, 특히 소년원에 수감된 비행 아동의 성공적인 관리에 기초해서, 아동 돌봄의 체계를 세우는 것은 위험한 일이라는 점이다.

지금까지 말한 것을 토대로 나는 심리치료의 세 가지 유형을 비교해보겠다.

마땅히 치료자는 임상 현장에서 사례에 따라 치료법을 바꿀 수 있으며, 필요하다면 한 가지씩 또는 동시에 모든 종류의 치료법을 사용할 수 있다.

정신병적 성질의 질병(범주Ⅱ)은 필요하다면 신체적인 돌봄을 포함하여 복잡한 종류의 '안아주기' 환경을 조직할 것을 요구한다. 환자 주위의 직접적인 환경이 이 요구에 부응해주지 못할 때, 전문적인 치료자나 간호사의 개입이 필요해진다. 나의 친구였던 고(故) 존 리크맨은 다음과 같이 말했다: '미쳤다는 것은 당신을 버텨줄 누군가를 발견할 수 없다는 것입니다.' 여기에는 환자의 질병의 정도와 증상을 견뎌내는 환경의 능력이라는 두 가지 요인이 작용한다. 이렇게 해서 세상에는 병든 사람들이 정신 병원에 있는 사람들보다 더 많이 존재한다.

내가 말하는 심리치료는 우정과 유사한 것으로 보일 수 있다. 그러나 치료자는 제한된 기간과 정해진 시간에만 대가를 받고 환자를 본다는 점에서 우정과는 다르다. 또 모든 치료의 목표는 전문적인 관계를 끝내는 지점에 도달하는 것이라는 점에서 우정과는 다르다. 치료의 종결과 함께 환자는 스스로 자신의 삶을 책임지게 되고, 치료자는 다음 환자를 돌보는 일을 시작하게 된다.

다른 전문직의 사람들과 마찬가지로 치료자는 사적인 생활보다는 자신이 하는 일에서 높은 수준의 태도를 유지한다. 그는 시간을 잘 지키고, 환자의 욕구에 잘 적응하며, 환자와 접촉하는 과정에서 좌절을 겪는다 해도 그것을 그대로 발산하지 않는다.

이 범주에 속해 있는 환자는 분명히 치료자의 인내심을 시험할 것이며 이 과정에서 치료자를 힘들게 할 것이다. 왜냐하면 그들은 인간적인 접촉과 진정한 감정을 필요로 하기 때문이다. 그들은 자신들이 의존하고 있는 관계가 전적으로 신뢰할 만한 것이어야 한다고 믿기 때문에 치료자의 신뢰성을 철저히 시험하지 않으면 안된다. 환자가 아동기에 성적 유혹을 경험했을 경우, 이 과제는 가장 커다란 어려움에 부딪치게 된다. 왜냐하면 치료 과정에서 환자는 치료자가 자신을 유혹한다는 망상을 거듭해서 경험하기 때문이다. 따라서 그 환자의 회복은 아동에게 상상 속에서의 성적인 삶 대신에 너무 일찍 현실적인 성을 경험하게 함으로써 무한한 놀이를 위해 필요한 환상세계를 망치게 한, 그의 아동기 시절의 성적 상처를 치유할 수 있느냐에 달려 있다.

정신신경증 환자(범주1)를 위한 치료에서는 프로이트가 제시한 전통적인 정신분석적 접근을 사용할 수 있을 것이다. 이러한 접근이 가능한 것은 환자가 치료 과정에 어느 정도의 신념과 신뢰의 능력을 가지고 들어오기 때문이다. 분석가는 이러한 능력을 바탕으로 해서 전이가 자연스럽게 발달하도록 허용해주는 반면, 환자는 망상 대신에 상징적 형태로 표현된 꿈, 상상 그리고 생각들을 내놓는다. 그리고 분석가는 환자가 내놓은 이 자료들을 환자의 무의식의 협력을 받으면서 해석한다.

정신분석의 기술에 대해 더 많은 이야기를 할 시간은 내게 없다. 그것은 배울 수 있는 것이고 어려운 일이지만, 정신병적 장애를 위한 치료만큼 사람을 지치게 하는 것은 아니다.

이미 말했듯이 반사회적 경향성을 지닌 환자들을 위한 심리치료는 환자가 이차적인 습득과 비행의 기술이 확고하게 자리잡기 전에, 즉 반사회적인 행동이 나타나기 시작한지 오래되지 않았을 때 행해야만 효과적일 수 있다. 환자가 자신이 환자라는 것을 알고, 실제로 장애의 뿌리에 접촉할 필요성을 느끼는 초기 단계 동안에만 그의 치료가 가능하다. 이러한 환자의 치료 과정에서, 의사와 환자는 환자의 과거에 대해 알고 있는 것을 포함해서, 가능한 모든 실마리를 사용하는 일종의 탐정 놀이에 몰두하기 시작한다. 그리고 이 작업은 깊이 묻혀 있는 환자의 무의식과 의식적인 삶 그리고 기억 체계 사이에 존재하는 비교적 얇은 정신 층에서 이루어진다.

무의식과 의식사이에 있는 이러한 정신 층은 정상적인 사람의 경우 문화적 추구로 채워진다. 이와는 대조적으로, 비행을 저지르는 사람의 문화 생활은 지나치게 얇은 것으로 유명하다. 왜냐하면 그들에게는 기억되지 않는 꿈이나 현실로 도피하는 것 이외에는 다른 것을 선택할 수 있는 자유가 없기 때문이다. 중간 영역을 탐구하고자 하는 어떠한 시도도 그들을 예술과 종교 혹은 놀이로 인도하지 못하기 때문에, 그들은 다만 사회에 해가 되고 개인에게 유익이 되지 못하는 반사회적 행동에로 강박적으로 이끌린다.

19장

성격장애의 심리치료
(1963)

'성격장애(character disorder)의 심리치료'에 관한 논의에 앞서, '성격장애'란 용어의 의미를 먼저 생각해보자. 페니켈[1](Fenichel, 1945, p. 539)은 다음과 같이 말한다.

'성격분석이 아닌 정신분석이 있는가'라는 질문이 제기될 수 있다. 모든 증상은 분석에서 저항으로 나타나는 특정한 자아 태도의 산물이며 또한 그러한 자아의 태도는 유아기의 갈등 과정에서 기인한다. 실제로 모든 정신분석은 어느 정도 성격분석이다.

그는 다시 말한다.

---

1 O. Fenichel, 「신경증 이론」 New York: W. W. Norton, 1945.

성격장애는 질병의 분류학적 단위에 포함되지 않는다. 성격장애의 기저에 있는 기제들은 신경증의 기저에 있는 기제들만큼이나 다양할 수 있다. 따라서 히스테리적 성격은 강박적 성격보다, 그리고 강박적 성격은 자기애적 성격보다 다루기가 더 쉬울 것이다.

성격장애라는 용어는 그 의미가 너무 광범위하기 때문에 특별한 방식으로 사용해야만 한다. 그래서 나는 먼저 이 글에서 사용되는 성격장애라는 용어의 의미를 정의하는 것이 좋다고 생각한다.

우선 혼란을 줄이기 위해서 성격, 좋은 성격 그리고 성격장애라는 세 용어는 세 가지의 아주 다른 현상들을 가리킨다는 사실을 인식할 필요가 있다. 이 세 가지가 서로 관련되어 있긴 하지만, 이것들을 하나로 취급하는 것은 적절하지 않다.

프로이트(1905b)는 '진정으로 신뢰할 수 있는 성격'이 성공적인 분석의 전제조건들 중 하나라고 기술했다(Fenichel, 1945, p. 537). 그러나 우리는 성격 안에 있는 신뢰할 수 없음의 문제를 어떻게 치료할 것인가를 숙고하고 있다. 페니켈은 '이러한 신뢰할 수 없음이 정신분석학적 치료의 대상인가?' 라고 묻는다. 아마도 이때 그가 물은 것은 '그것의 원인은 무엇인가?' 일 것이다.

성격장애의 문제를 바라볼 때 나는 전체로서의 인간을 보고 있는 것이다. 이 용어는 그 자체가 정신건강을 나타내는 어느 정도의 통합을 내포하고 있기 때문이다.

나보다 먼저 쓴 학자들의 글은 나에게 많은 것을 가르쳐 주었으며, '성격이란 통합된 그 무엇' 이라는 생각을 확고하게 해주었다. 즉 성격은 성공적인 통합을 드러내는 것이며, 성격장애는 비록 자아구조는 왜곡되어 있지만 통합된 상태를 유지하고 있음을 의미한다. 그리고 통합은 시간적 요소를 가지고 있다는 것을 기억해야 한다. 아동의 성격은 일관된 발달과정의 토대 위에서 형성되며, 이와 같은 일관성을 경험한 아동은 과거와 미래를 가지게 된다.

성격장애는 비정상적인 발달이나 발달의 결함에 대처하고자 하는 아동의 시도로 인한 결과라고 말할 수 있다. 성격장애라고 말할 때 우리는 항상 성격구조가 상당한 긴장을 견딜 수 있을 정도로 튼튼하다고 가정한다. 아동은 환경의 요구 및 기대와 관련해서 불안이나 강박증 또는 기분(mood)이나 의심 등의 개인적 유형을 형성했어야 했다고 추측할 수 있다.

내 생각에 이 용어는 특히 아동이 어느 정도의 반사회적 경향성을 갖고 있을 때 발생하는 성격의 왜곡과 관련되어 있다. 이 말은 이 용어에 대한 나의 정의와 직접적으로 연결되어 있다.

나는 이 용어들을 정상 행동과 비행 사이의 전체 영역을 포함하는 행동의 근원적인 문제에 관심을 집중시키기 위하여 사용할 것이다. 반사회적 경향성은 두 살 때 어머니의 손가방에서 동전을 꺼내는 당신의 건강한 아동에게서도 보여질 수 있다.

반사회적 경향성은 항상 박탈(deprivation)에서 생기며, 모든 것이 잘되고 있던 박탈 이전의 상태로 되돌아가고 싶어 하는 아동의 요구를 나타낸다. 나는 여기서 이 박탈의 주제를 더 깊이 다루지 않을 것이다. 다만 반사회적 경향성에 관해서만 언급하고자 한다. 그 까닭은 성격장애를 면밀히 조사할 때 이 반사회적 경향성이 흔히 발견되기 때문이다. 아동은 자신의 반사회적 경향성을 숨길 수도 있으며, 그것에 대한 반동형성으로서 까다롭거나 항상 불평이 많은 성격으로 나타날 수도 있다. 그리고 그 외에도 백일몽, 거짓말하기, 만성적 자위행동, 오줌싸기, 강박적인 엄지 손가락 빨기, 허벅지 비비기 등의 행동을 수반할 수 있다.

또는 반사회적 경향성을 행동장애를 통해서 주기적으로 드러낼 수도 있다. 내가 보기에 행동장애로 나타나는 반사회적 경향성은 항상 희망과 관련되어 있으며, 그것은 강박적인 훔치기나 공격적, 파괴적 행동으로 나타난다.

내가 조사해본 결과에 따르면, 성격장애는 본래 온전했던 성격이 반사회적 요소를 갖게 됨으로써 심각하게 왜곡된 것을 말한다. 이 반사회적 요소는 아동이 사회와 어떻게 관련을 맺는가를 결정한다. 아동이 반사회적 요소를 드러낼 때 사회(아동의 가족 등)는 아동의 도전에 맞서야 하고 아동의 성격장애와 시름해야 한다.

다음과 같은 설명이 가능하다.

성격장애는 정신분열증이 아니다. 성격장애는 질병이 온전한 성격 속에 숨어 있는 문제이다. 성격장애는 어떤 방식으로든지 그리고 어느 정도는 적극적으로 사회와 관련된다.

성격장애는 다음과 같이 분류할 수 있다.

개인이 전체 인격 안에 질병 요소를 숨기려는 시도에서 성공하는지 실패하는지의 문제가 있다. 이 시도에서 성공한다면 그의 성격은 황폐화되지만, 그는 이차적 습득을 형성하거나 또는 왜곡된 성격을 사회화함으로써 사회적 관습에 적응하기도 한다.
여기서 실패한다면, 그는 숨겨진 질병요소로 인한 성격의 황폐화 때문에 전반적으로 사회와 관계를 맺는데 실패한다.

사실, 사회는 성격장애를 가진 사람의 운명을 결정하는데 다양한 방식으로 영향을 끼친다. 예를 들면,

사회는 어느 정도 개인적 질병을 관용한다.
사회는 개인이 사회에 기여하지 못하는 실패를 관용한다.
사회는 왜곡된 양태로 나타나는 개인적 기여를 관용해주기도 하고 심지어 그것을 즐기기도 한다.
또는 사회는 개인의 반사회적 경향성과 맞서준다. 이때 사회의 반응은 다음과 같은 동기에 의해 자극된다.

(1) 복수
(2) 개인을 사회화하려는 소망
(3) 개인의 행동을 이해하는 것과 그 이해를 예방에 적용하는 것

성격장애를 지닌 개인은 다음의 요소들로 인해 고통받을 수 있다.

(1) 성격의 황폐화, 불만스런 느낌, 비현실성, 진지한 목적을 결여하고 있다는 느낌 등
(2) 사회화의 실패

심리치료는 이럴 때 필요하다. 왜냐하면 심리치료는 개인적인 고통을 덜어주고자 하기 때문이다. 그러나 이러한 성격장애의 고통은 개인적인 질병의 초기에만 해당된다. 왜냐하면 곧 이차적인 습득이 자리를 잡게 되기 때문이다. 이차적인 습득은 그의 고통을 감소시키고, 따라서 도움을 추구하거나 도움을 받아들이

려는 욕구를 방해한다.

심리치료는 성격장애가 질병을 숨기고 사회화하는데 '성공'한 것이라는 점에서 우선 개인의 질병을 노출시키는데 초점을 둔다. 왜냐하면 그의 질병은 방어 뒤에 숨겨져 있기 때문이다. 이와 대조적으로 성격장애를 숨기는데 '실패'한다면, 그는 일찍 도움을 요청하는 셈이 된다. 그러나 많은 경우, 이러한 문제에 대한 사회의 반응 때문에 환자의 보다 깊은 질병을 치료하기가 매우 어렵다.

성격장애를 치료하기 위한 실마리는 환경이 담당하는 역할에 있다. 의존 단계에서 자아-지원과 보호를 제공하지 못한 환경의 실패로 인한 성격장애는 새로운 환경을 제공받음으로써 '치료'가 가능해진다. 이것은 성격장애를 지닌 아동에게 좋은 가정생활을 제공함으로써 초기의 성격장애를 대부분 치료할 수 있다는 것을 의미한다. 아동이 크게 의존하고 있는 가장 초기 단계에서 부모가 아동을 관리하는 일에 불가피하게 실패하더라도, 그 실패를 복구할 수 있는 두 세 번의 기회가 있다는 것이다. 따라서 가정생활은 성격장애의 원인을 연구하기 위한 최적의 기회를 제공한다. 그리고 실제로 가정생활에서 또는 가정을 대신할 수 있는 곳에서 아동의 성격이 긍정적으로 형성되는 현상을 확인할 수 있다.

성격장애의 원인

성격장애의 원인을 밝히기 위해서는 아동의 성숙과정, 자아의 갈등 없는 영역(하트만), 불안 충동의 추진 작용(클라인) 그리고 성숙과정을 촉진시키는 환경의 기능 등 모든 요소들을 고려하여

야 한다. 성숙은 항상 충분히 '좋은 환경적 제공이 있는 곳에서만 일어난다'

우리는 이러한 통찰을 토대로 성숙과정에 두 가지 극단적인 왜곡이 있으며, 이것들은 개인의 특정한 성숙단계와 관련되어 있다는 것을 알게 되었다. 그리고 이 단계 동안에 발생하는 환경적 실패는 방어를 조직화하는 자아의 능력에 과도한 긴장을 주게 된다.

> 한쪽 극단에는 정신신경증적 증상(오이디푸스 콤플렉스에 속하는 불안과 관련해서 생긴)을 숨기고 있는 자아가 있으며, 여기에는 개인의 무의식 안에 있는 갈등의 문제가 나타난다. 다른 쪽 극단에는 정신병적 증상(분리, 해리, 현실의 왜곡, 신체와 정신의 분리, 퇴행 그리고 전능적 의존 등)을 숨기고 있는 자아가 있으며, 여기에는 자아 구조의 문제가 나타난다.

그러나 본질적으로 사회적인 문제는 그 '숨겨져 있는 질병이 정신신경증적인가 아니면 정신병적인가?'라는 질문과는 상관이 없다. 사실, 성격장애는 초기 유년기에 모든 것이 잘 진행되다가 후에 모든 것이 잘못되는 경우에 생긴다. 다른 말로 하면, 어떤 시기에 또는 발달의 어떤 기간에 개인의 정서발달을 정지시킬 만한 실제적인 자아-지원의 실패가 있었다는 것이다. 이런 방해에 대한 개인의 반응이 자연스런 성장을 대신하게 된 것이다. 이때 성숙과정은 촉진적 환경의 실패 때문에 중단된다.

성격장애의 원인에 대한 이러한 설명이 옳다면, 우리는 성격장애의 근원에 대해 전적으로 새롭게 진술하는 것이 가능하다. 성격장애의 범주에 해당하는 개인은 두 가지의 부담을 지니고 있다. 그 중 하나는 성숙과정이 방해받거나 지연되는 것 때문에

지게 되는 부담이다. 다른 하나는 환경이 저지른 실패를 인식하고 문제를 해결해줄 수 있을 것이라는 결코 포기될 수 없는 희망 때문에 짊어지는 부담이다. 거의 대부분의 사례에서 문제 아동의 부모나 가족 그리고 상담자들은 (종종 불가피하게) '실망'(let-down)을 경험한다. 그러나 버릇없이 구는 아동의 행동을 다루는 특별한 관리 기간을 통하여 그들은 그 아동이 외상에서 회복되는 것을 발견하기도 한다.

가족이 그들의 실패를 개선하지 않을 때, 아동은 다음과 같은 두 가지 장애를 갖게 된다.

(1) 정서적으로 마비된 삶
(2) 희망을 느끼는 순간, 즉 환경이 치료를 가져오도록 만들 수 있다고 여겨지는 순간에 행동화하기

이처럼 상처 입은 아동이 정서발달과 사회화를 회복하기 위해서는 사회가 그 상처를 인정하고 보상해주어야 한다. 아동의 부적응 행동 배후에는 항상 상대적 의존기 동안에 절대적으로 중요한 아동의 욕구에 적응해주지 못한 환경의 실패가 있다(최초의 실패는 수유와 관련된다). 그리고 그러한 실패의 결과를 치유하지 못하는 가족의 실패가 덧붙여지고, 그 후에 다시 가족의 역할을 대신해주지 못하는 사회의 실패가 더해진다. 이러한 유형의 사례에서 최초의 상처는 아동이 자신의 환경이 실패했다는 사실과 그 실패가 어떤 것이었는지를 막 지각할 수 있게 되는 시기에 발생하는 것임을 강조할 수 있다.

아동이 드러내는 반사회적 경향성은 (내가 말했던 바) 이차적 습득이 발달하기 전까지는 항상 희망을 의미한다. 이 반사회적 경향성은 보통 두 가지 형태로 나타난다.

(1) 사람들의 시간, 관심, 돈 등을 요구하기(훔치기로 나타남).
(2) 구조적이고 조직화된 강한 힘으로 자신을 버텨주기를 바라는 기대, 즉 아동이 환경 안에서 쉴 수 있고 이완되며 해체되고 안정감을 느낄 수 있는지를 확인하기 위해서 꼭 필요한 말썽부림(강력한 관리를 가져오도록 자극하는 파괴행위로 나타남).

성격장애의 병인에 대한 이러한 이론이 심리치료를 위해 어떤 의미를 갖는지에 대해 논의해보자.

심리치료를 위한 함의

성격장애 심리치료의 세 가지 목표는 다음과 같다.

(A) 숨은 질병과 성격왜곡을 깊이 해부한다.
이를 위한 예비단계는 개인이 환자가 되는 것이다. 즉, 그는 병을 감추는 대신에 병을 앓는 기간이 필요하다.
(B) 치료자는 환자의 반사회적 경향성을 희망의 증거라는 관점을 가지고 응해준다. 즉 그것을 도움을 청하는 긴급 신호(s.o.s)로서, 내면의 외침(a cri de coeur)으로서, 또는 고통의 표현으로서 인식한다.
(C) 정신분석 시에 환자가 스스로 치료를 시도하는 동안 환자의 자아 왜곡과 원본능-욕동의 과도한 사용 모두를 고려한다.

환자의 반사회적 경향성을 다루려는 시도는 다음과 같이 두 측면을 지닌다.

> 인간의 사랑과 신뢰성을 요구하는 환자의 권리주장을 허용하
> 는 측면
> 상대적으로 파괴될 수 없는 자아-지원적인 구조를 제공하는
> 측면

환자는 때때로 행동화(acting out)를 나타낼 것이다. 그리고 이것이 전이에서 나타나는 한 관리될 수 있고 해석될 수 있다. 치료의 어려운 점들은 전체적인 치료적 상황 바깥에 있는, 즉 사회와 관련된 반사회적인 행동화에서 발생한다.

숨겨진 질병과 자아 왜곡에 대한 치료라는 점에서 성격장애 환자들에게는 심리치료가 요구된다. 그러나 성격장애의 분제가 나타날 때에는 반드시 반사회적 경향성의 문제가 동시에 다루어져야 한다. 이 부분의 치료 목적은 본래의 외상에 도달하는 것에 있다. 이것은 심리치료 과정에서 이루어져야 한다. 그러나 만일 심리치료를 받을 수 없는 상황이라면, 특수한 관리가 제공되는 환경에서 이루어져야 한다.

이러한 작업에서 치료자나 아동의 생활을 관리하는 사람의 실패는 현실적인 것이며, 그 실패는 본래의 실패가 다른 형태로 재생산된 것이다. 이런 실패들을 겪은 환자는 치료과정에서 어린 시절의 의존상태로 퇴행하든지 또는 그 시절의 기억으로 돌아감으로써 정말로 실감나는 상황을 연출하게 된다. 그러나 분석가나 보호자가 자신의 실패를 인정할 때, 환자는 본래의 상처를 반복하는 대신 적절한 분노를 경험하게 된다. 환자는 전이에서 반복되는 외상 경험을 통해서 외상을 입기 전의 상태로 되돌아 갈 필요가 있다. (어떤 경우에는 첫 면담부터 박탈의 외상에

도달하기도 한다.) 현재의 실패에 대한 반응은 아동기에 발생했던 본래의 환경적 실패에 대한 반응으로 이해할 수 있다. 치료과정에서 환자가 적절한 분노와 함께 본래의 환경적 실패를 재경험할 때, 환자의 성숙과정들은 자유로워진다. 우리는 이러한 치료 상황에서 환자는 의존상태에 있으며 자아-지원과 환경적 관리(안아주기)를 필요로 한다는 사실을 기억해야 한다. 이것을 통해서 환자는 정서적으로 성장함으로써 긍정적인 성격을 형성하고 왜곡으로부터 벗어나게 된다.

치료과정이 순조롭게 진행되는 경우, 환자의 행동화는 전이에 한정되거나 또는 전치, 상징 그리고 투사의 해석에 의해 생산적인 것으로 변할 수 있다. 치료의 한쪽 극단에는 아동이 자신의 가정생활을 통해서 저절로 치료되는 일반적인 '자연' 치료가 있고, 다른 쪽 극단에는 심각하게 장애를 입은 환자들을 위한 전문적인 치료가 있다. 그런가 하면 이러한 심각한 환자들의 행동화는 그들의 훔치는 행동이나 파괴성에 대한 사회의 반응으로 인해 정신분석적인 치료가 불가능하게 될 수도 있다.

덜 심각한 사례에서, 행동화는 치료자가 그것의 의미와 중요성을 이해하기만 한다면 적절하게 관리될 수도 있다. 환자의 행동화는 절망적인 상황에서 취하는 대안이라고 말할 수 있다. 대부분의 시간 동안 환자는 본래의 외상으로부터 회복하는 것에 대해 절망적이며, 따라서 항상 위협적인 혼돈상태를 감추어 주는 상대적인 우울상태 또는 해리(dissociation)상태에서 살아간다. 그러다가 환자가 대상과 관계를 맺거나 어느 한 사람에게 리비도를 부여하기 시작하면 반사회적 경향성이 드러나기 시작한다. 그리고 이 반사회적인 경향성은 자신의 박탈 당한 권리를 주장하거나(훔치기) 파괴적 행동을 함으로써 가혹하거나 징벌적인 관리를 가져오는 강박적인 충동으로 나타난다.

어떤 사례든지 심리치료가 성공하려면, 환자는 반사회적 행동이 드러나는 이러한 힘든 단계들을 거쳐야 한다. 그리고 아주 종종 치료는 이 어려운 시점에서 방해를 받는다. 이 사례의 치료가 중간에 포기되는 것은 상황을 감당할 수 없기 때문이 아니라, 이 행동화 기간이 지닌 본래적인 긍정적 가치를 치료자들이 알지 못하기 때문이다.

심각한 사례의 경우, 관리나 치료 중에 나타나는 어려움이 너무 커지게 되면 법(사회)이 문제를 떠맡게 되고 심리치료는 중단된다. 이때에는 사회의 보복이 동정이나 연민을 대신하게 되며, 개인은 고통 당하는 환자이기를 중단하고 대신에 박해망상을 가진 범죄자가 된다.

나는 성격장애의 긍정적 요소에 대해 관심을 기울이고자 한다. 개인은 반사회적 경향성의 문제를 해결하기 위해 성격장애를 형성하고자 한다. 이 시도가 실패할 때, 그것은 정신병적 붕괴의 가능성을 시사한다. 성격장애는 개인의 자아구조가 정신 에너지를 사로잡음으로써 성숙과정이 정지되고, 아동과 가족간에 상호 비정상적인 작용을 형성한다. 이차적 습득이 성격의 특징으로 자리잡기 전까지 성격장애는 항상 편집증, 조울증, 정신병, 또는 정신분열증으로 붕괴되기 쉬운 상태에 머물러 있게 된다.

요약하면, 성격장애의 치료는 다른 심리적 장애의 치료, 즉 정신분석 치료를 필요로 하며, 여기에는 다음의 사항들이 수반된다.

(1) 정신분석이 성공하기 위해서 분석가는 환자가 전이 속에서 행동화를 나타낼 것임을 기대해야 한다. 그는 이 행동화의 의미를 이해하고 그것에 긍정적인 가치를 부여할 수 있어야 한다.

(2) 만약 환자의 숨겨진 질병이 정신병적인 특성을 가지고 있다면, 분석과정은 매우 힘들 수도 있다. 따라서 환자는 호전되기에 앞서서 병(정신병적, 분열증적)을 앓아야 한다. 그리고 이때 나타나는 모든 원시적인 방어기제들을 다루기 위해서 분석가는 자신의 모든 자원들을 사용하지 않으면 안 된다.

(3) 분석이 성공적으로 진행되고 있다 하더라도, 만일 환자의 행동화가 전이 관계에 한정되지 않고 그 바깥에까지 확장된다면, 환자의 행동에 대한 사회의 반응이나 법적 조치가 개입하게 되고, 그렇게 되면 그 사례는 분석가의 능력 범위에서 벗어날 수 있다. 이때 사회의 반응은, 환자에게 보복하는 미숙한 대응으로부터 환자를 사회화시키려는 성숙한 대응에 이르기까지 아주 다양하게 나타난다.

(4) 많은 경우에, 초기의 성격장애는 특별한 관리(버릇없이 굴기)를 허용하는 기간을 통해, 또는 그 아동을 사랑하는 사람이 특별히 돌보아주거나 엄격하게 통제해줌으로써 가정에서 성공적으로 치료될 수 있다. 그리고 한 걸음 더 나아가 아동의 가족이 제공할 수 없는 것을 제공해주는 특별한 집단에서 생활하는 것을 통해서, 전문적인 심리치료를 받지 않고도 초기의 성격장애를 치료받을 수 있다.

(5) 환자가 치료를 받으러 올 때에 이미 고착된 반사회적 경향성을 지닌 상태일 수 있으며, 특히 이차적 습득에 의해 길들여진 환자일 수가 있다. 이런 환자의 경우에 정신분석적 치료는 적절하지 않다. 이런 경우는 법정의 명령에 의해 강제 처분이 내려지기 전에 그 환자를 이해해주는 사람들이 그를 엄격하게 관리해주는 방식이, 그리고 가능하다면 여기에다 개인 심리치료를 첨가하는 것이 가장 바람직하다.

(6) 마지막으로 성격장애 사례는 행동화에 따른 사회의 반응의 결과로 집행유예 판결이나 소년원, 또는 징벌기관에 맡겨지는 등의 법정 사례로 나타날 수 있다.

이런 환자에게 처음부터 법정이 개입함으로써 환자의 사회화 과정에 긍정적인 효과를 가져오기도 한다. 이것은 일반적으로 환자의 가정에서 발생하는 자연적인 치료와 같은 것이다. 이때 사회의 반응은 환자에게 사회가 그를 '사랑'하고 있음을 실제적으로 보여주는 것과 같다. 즉 이것은 사회가 환자의 통합되지 않은 자기를 기꺼이 안아주고, 엄격하게 공격성과 만나주며, (조적 증상들의 행동을 제한하는) 적절하고 통제된 증오를 가지고 환자의 증오를 기꺼이 직면해주는 것이 된다. 어떤 박탈된 아동들에게는 이러한 법적 조치에 의한 관리를 통해서만 최상의 결과를 얻을 수 있으며, 구치소의 엄격한 관리방식을 통해서만 부산하고 반사회적인 많은 아동들이 교육이 가능한 건강한 아동으로 변화될 수 있다. 그러나 여기에는 또 다른 하나의 위험이 존재하는데, 그것은 반사회적인 아동들이 독재적인 분위기에서 성장함으로써 훗날 독재자들이 될 수도 있다는 것이다. 교육자들이 아동의 하루를 전적으로 통제하는 엄격한 훈련 분위기가 정상적 아동들에게도 좋은 교육적 치료가 된다고 생각할 때, 거기에는 바로 이러한 위험 요소가 깃들 수 있다.

소녀들

대체로, 이 글에서 언급한 모든 내용은 소년과 소녀 모두에게 똑같이 적용된다. 그러나 청소년기에 나타나는 성격장애의 양상에는 분명한 성적 차이가 있다. 예를 들면, 청소년기의 소녀는 자신의 반사회적 경향성을 매춘으로 나타내는 경향이 있으며, 행동화의 위험들 중 하나는 사생아를 낳는 것이다. 그리고 매춘에는 이차적 습득이 수반된다. 이런 소녀들은 자신이 매춘을 함으로써 사회에 공헌한다는 생각을 갖는다. 그들은 외로운 남자들이 많이 있음을 발견한다. 그런 남자들은 성교보다는 관계를 원하고, 그것을 위해 기꺼이 값을 지불한다. 또한 본래 외로운 이 소녀들은 다른 외로운 소녀들과 접촉한다. 반사회적 소녀들이 매춘이 주는 이차적 습득을 경험한 후에는 치료가 매우 힘들어진다. 아마 이런 경우는 치료하겠다는 생각조차 무의미한 것이 될 것이다. 그것은 이미 치료하기에는 너무 늦은 경우가 대부분이다. 매춘을 치료하려는 모든 시도들을 포기하고, 대신에 이 소녀들에게 음식과 은신처를 제공하며 건강과 청결을 유지할 수 있도록 돕는 일에 집중하는 것이 최선일 것이다.

임상적 설명

일반적인 사례 유형

10세 때에 처음으로 면담을 시작했던 후기 잠재기의 한 소년이 나에게 정신분석 치료를 받고 있었다. 그의 초조함과 격노의 표출은 아주 초기인 출생 직후부터 그리고 젖을 뗀 시기인 8개월 때보다 훨씬 전부터 시작되었다. 소년의 어머니는 신경증적이었고 그녀의 삶은 대체로 우울했다. 그는 도벽을 갖고 있었고 공격성을 분출하곤 했다. 그의 분석은 잘 진행되었고, 1년 동안 매일 상담하면서 상당한 진전이 있었다. 그러나 그는 나와의 관계가 의미 있게 되자 크게 흥분하여 병원 지붕 위로 기어올라갔고 아주 시끄러운 소음을 내는 행동을 했다. 나는 때때로 그 소년 때문에 위험에 처하게 되었다. 그는 병원밖에 있던 내 차에 침입해서 자동 시동장치를 사용하여 시동을 걸고 기어를 1단에 둔 채 차를 몰았다. 동시에 그는 다시 훔치기 시작했으며 치료 상황 바깥에서 아주 공격적이 되었다. 나는 그의 치료를 중단할 수밖에 없었다. 정신분석적 치료가 한창 진행되다가 중단하자 소년 법정은 그를 특수학교로 보냈다. 내가 보다 더 강했더라면 나는 이 기간을 버틸 수 있었을 것이며 분석을 끝낼 수 있었겠지만, 나는 당시에 치료를 포기해야 했다.

(이 소년은 비교적 좋아졌다. 그는 트럭 운전수가 되었는데, 그것은 그의 부산스러움에 맞는 직업이었다. 그는 14년 동안 그 일을 계속하였다. 그는 결혼해서 3명의 자녀를 두었으나 아내와 이혼하였다. 그는 어머니와 계속해서 연락을 유지했고, 나는 그녀에게서 그에 관한 추후 소식을 들을 수 있었다.)

세 개의 다행스런 사례들

다른 한 소년은 8세 때에 훔치기 시작했다. 그는 2세 경에 (그의 좋은 가정 환경에서) 상대적인 박탈을 겪었다. 그때 그의 어머니는 임신한 상태였고 병적으로 불안한 상태였다. 그 후 부모들은 이 소년의 특수한 욕구들에 응해줄 수 있었고, 따라서 그를 자연스럽게 치유할 수 있었다. 나는 그들이 해야 하는 과제를 설명해줌으로써 오랜 기간 동안 그들을 도왔다. 그 소년이 8세 때 어느 면담 시간에 나는 소년의 박탈의 감정과 접촉할 수 있었고, 그래서 그는 자신의 유아기에 가졌던 원래의 좋은 어머니와의 대상관계로 되돌아갈 수 있었다. 이렇게 해서 그의 훔치는 행동은 사라졌다.

8세 된 소녀가 도벽으로 인해 나에게 왔다. 그녀는 4-5세 때에 좋은 가정에서 상대적 박탈을 경험했다. 한 심리치료 면담에서 그녀는 자신이 초기 유아기에 가졌던 좋은 어머니와의 접촉으로 되돌아갈 수 있었고, 그로 인해 그녀의 훔치는 행동은 사라졌다. 다만 오줌을 싸고 토하는 등의 가벼운 반사회적 경향성은 한동안 지속되었다.

13세 된 소년이 집에서 멀리 떨어진 공립학교에 다니면서 심한 도벽 증세를 보였고, 칼로 시트를 찢거나 남자아이들과 싸움을 벌이거나 화장실에 음란한 말을 써놓는 등 학교를 시끄럽게 했다. 치료 면담에서 그는 6세 때 집을 떠나 먼 기숙학교에서 지내는 동안 견딜 수 없을 정도로 불안했다고 말했다. 나는 이 소년(세 아이 중 가운데인)이 가정에서 '마음을 돌볼 수 있는' 기간을 가질 수 있도록 조처해주었다. 그는 이 기간 동안 퇴행할 수 있었고, 그리고 나서 학교에 통학할 수 있게 되었으며, 나중에는 자신의 집 근처에 있는 기숙학교에 다닐 수 있게 되었다. 소년의 반사회적 증상들은 나와의 단 한번의 면담으로 사라졌으며, 추후 상담은 그가 잘 지내고 있음을 보여주었다. 그는 이제 대학을 마쳤으며 훌륭한 남자가 되어 있다. 이 사례에서는 환자가 자신의 상황을 이해하고 있던 점이 특이했다. 환자는 필요한 것을 인식했고, 가정에서 원래의 환경적 실패를 고치려고 노력했다.

논평

위에 제시된 세 개의 사례는 이차적 습득이 형성되기 전에 도움이 주어진 경우들이다. 나는 정신과 의사로서 이들 아동들로 하여금 자신들이 겪었던 상대적 박탈에 관해 말할 수 있도록 도왔다. 그리고 아동들은 이 박탈의 사실을 진실된 현실로서 받아들였기 때문에, 자신들의 심리내부에 생긴 틈새를 극복하고 상처가 생기기 이전의 상태로 돌아가 좋은 대상과의 관계를 새롭게 맺을 수 있었다.

성격 장애와 정신병의 경계에 해당하는 사례

한 소년이 몇 년 동안 나의 돌봄을 받았다. 나는 그를 단 한번 만났다. 그가 위기에 처할 때마다 그의 어머니는 나에게 연락을 해서 도움을 청했고, 나는 이제 스무 살이 된 그에게 직접적인 도움을 주고자 많은 노력을 했다. 그러나 그는 매우 비협조적이었다.

이 소년은 지능 지수가 높았으며, 그를 가르쳤던 모든 사람들은 그가 장래에 훌륭한 배우, 시인, 예술가, 음악가로서 성공할 것이라고 말했다. 그는 어떤 학교에도 오래 다니지 못했다. 그는 독학으로 또래들보다 상당히 앞서 있었고, 초기 청소년기에 친구들의 학교공부를 지도해주는 것으로 그들과의 접촉을 유지했다.

그는 잠재기에 입원하였으며, 정신분열증이라는 진단을 받았다. 병원에서 그는 다른 소년들을 '치료'하는 과제를 떠맡았으며, 결코 자신을 환자로 인정하지 않았다. 결국 그는 집에서 도망쳤으며 오랜 기간 동안 학교에 가지 않았다. 그는 우울한 음악을 들으면서 침대에 누워 있거나 아무도 접근하지 못하도록 집의 문을 잠그곤 했다. 그는 주로 격렬한 애정문제로 끊임없이 자살하겠다고 위협했다. 그는 주기적으로 파티를 열었으며, 이로 인해 많은 재산을 낭비하기도 했다.

작은 아파트에서 이 소년과 함께 살고 있던 어머니는 걱정이 끊일 날이 없었다. 그가 집을 떠나 학교나 병원에 가는 것을 싫어했기 때문에 그를 도울 수 있는 다른 방도가 없었다. 그는 정확하게 자신이 원하는 것을 할 만큼 충분히 영리했으므로 결코 범죄자가 되지 않았으며, 따라서 사법권의 영향권 바깥에 머물러 있었다.

나는 그의 어머니가 경찰, 보호 관찰소 그리고 다른 사회 봉사 기관의 도움을 받을 수 있도록 도왔다. 그리고 마침내 그가 어떤 중학교에 가겠다고 했을 때, 나는 그가 그 중학교에 갈 수 있도록 조처해주었다. 그는 또래보다 훨씬 앞서 있었고, 교사들은 그의 탁월함을 인정해주었고, 그를 많이 격려해주었다. 그러나 그는 학교를 마치지 않고 떠났고, 연극을 전문으로 하는 좋은 대학에서 장학금을 받았다. 이 시점에서 그는 자신의 코가 못생겼다는 이유로 어머니를 졸라서 들창코를 똑바로 만드는 성형외과 수술을 받았다. 후에 그는 자신이 성공할 수 없는 다른 이유들이 있다는 사실을 발견했지만, 그 누구도 자신을 도울 수 있도록 허용하지 않았다. 이런 상황이 계속되어 그는 현재 정신병원의 관찰 병동에 입원해 있다. 그러나 그는 여기에서 벗어날 방법을 발견할 것이며, 다시 가정에서 안정을 찾을 것이다.

이 소년의 초기 역사를 살펴보면 그에게 반사회적 성격장애가 발생할 수밖에 없는 이유를 가늠할 수 있다. 사실 소년의 불행은 불행하게 시작된 그의 부모의 결혼생활의 결과였다. 아버지는 어머니와 헤어진 직후에 편집증 환자가 되었다. 그의 부모는 비극적 사건이 있은 직후에 결혼을 했고 그 결혼은 실패할 수밖에 없었다. 소년의 어머니는 친구의 과실로 인한 사고로 사랑하던 약혼자를 잃었고, 그 상실감에서 회복하지 못한 상태에서 자신의 약혼자를 죽게 한 그 친구와 결혼했다.

이 소년은 정신과 의사를 처음 만난 여섯 살 때에 도움을 받았을 수도 있었을 것이다. 그때 소년은 정신과 의사와 자신이 겪은 상대적 박탈의 자료를 나눌 수 있었을 것이고, 소년의 어머니가 지닌 개인적인 문제와 그녀가 소년에 대해 왜 양가감정을 갖고 있는지 의사로부터 들었을 수도 있었을 것이다. 그러나 의사는 이 소년을 정신병동으로 보냈고, 그 이후로 성격장애 진단이 굳어졌다. 그리고 소년은 강박적으로 자신의 어머니와 교사들과 친구들을 괴롭히는 사람이 되어갔다.

이러한 일련의 짤막한 사례를 제시하는 것은 정신분석적인 치료과정을 묘사하기 위한 것이 아니다.

전문적인 심리치료 없이 관리에 의해서 치료된 사례들은 수없이 많다. 이런저런 방식으로 박탈을 경험한 많은 아이들이 입양되거나 다른 가정에서 양육되거나, 또는 치료기관이나 개인이 경영하는 작은 가정에 보내져서 건강하게 잘 자라난다. 이런 범주에 속한 하나의 사례를 묘사하는 것은 잘못된 인상을 심어줄 수 있다. 실제로 초기의 성격장애는 심리치료와는 상관없이 특히 가정에서, 그리고 모든 종류의 사회 집단에서 성공적으로 치료되고 있다는 사실을 주목할 필요가 있다.

그럼에도 불구하고, 비록 소수이지만 집중적인 치료작업의 사례들은 성격장애의 문제에 빛을 던져준다. 세계 여러 나라의 정신분석가들의 작업은 이러한 성격장애를 위한 이론적 진술의 토

대를 놓았을 뿐만 아니라 특수한 치료집단의 성공 사례를 밝혀
줌으로써 성격장애의 예방과 치료에 크게 공헌했다.

20장

치료 면담에서 드러난 해리

(범죄, 법 그리고 교정이라는 책의
한 장(章)에 포함될 내용, 1965)

이 글의 목적은 반사회적인 아동의 구체적인 사례를 제시하고, 그 사례에 대해 논의하는 것이다. 이 하나의 구체적인 사례가 갖는 중요성은 똑같은 문제가 다른 사례들에서도 규칙적으로 나타나고 있기 때문이다. 나는 논의를 위해서 하나의 심리치료 면담 사례를 기술할 것이다. 8세 된 소녀와 가졌던 이 면담은 그녀의 훔치기를 멈추게 했다는 점에서 매우 의미 있는 것이었다. 내가 이 연구에서 주제로 삼고 있는 내용은 면담의 끝 부분에 나타난다. 독자는 다른 많은 내용들이 논의되고 있는 이 긴 면담 내용을 읽어 가는 동안 이 점을 염두에 두어야 할 것이다.

논의되는 문제

부모와 학교 교사들의 이야기에는 다음과 같은 내용이 반복적으로 나타난다: '소년은 아무것도 훔치지 않았다고 부인했다. 그는 죄책감이나 책임감을 느끼지 않는 것처럼 보인다. 지문을 증거물로 들이대고 끈질기게 추궁한 후에야 그는 그 물건들을 훔쳤다고 인정했다.' 보통 이 시점에서 의심을 받는 아동은 조사자에게 협력하기 시작하고, 자신이 계속해서 모른다고 부인했던 것을 알고 있었음을 보여준다. 이 점은 성별에 차이가 없다.

사례에서 보고된 해리(dissociation)의 예

14세 된 한 소년의 부모는 나에게 소년의 초기 성장과정에 대해 상세하게 말해주었다. 소년은 3세 때 심각한 신체적 질병으로 병원에서 치료를 받기 전까지는 정상적으로 발달하였다. 그는 그 병에서 회복된 것처럼 보였다. 5세 때 소년은 시골로 이사하는 바람에 학교를 옮겨야 했다. 그때 그의 성격은 바뀌었다. 한동안 그는 거친 소년들과 만났고 그들과 어울리면서 다루기 힘든 아동이 되었다. 그는 집중력을 잃었고 그전에 다니던 학교에서 공부를 잘 했던 것과는 달리 공부를 전혀 하지 않았다. 그는 자신을 좋아하는 여자교장 선생님을 괴롭혔다. 이 시기에, 그는 쉽게 여자들과 관계를 맺곤 하던 상태에서 모든 여성들을 혐오하는 상태로 변했으며, 반면에 아버지와 가깝게 지내기 시작했다. 이러한 시기가 지난 후에 부모는 그가 지적으로 퇴보했고 거칠어졌기 때문에 일반 학교에서 받아들여지지 않자 그를 특수학교로 보냈다. 그의 지능은 평균 수준을 유지하고 있었다.

그때 부모는 그에게 문제가 있는 것을 알았고, 소년에 대한 기대를 포기했으며, 소년의 문제를 치료해줄 수 있는 또 다른 특수 학교를 찾아냈다. 그러나 그 학교에서도 소년이 나아지지 않자 이번에는 나에게 데려왔다.

나는 훔치는 것에 대하여 물었다. 그는 자신이 훔친 적이 없다고 말했다. 그러나 그 당시에 소년은 돈을 가지고 있는 것이 드러났는데, 그 돈은 교통비였다. 먼저 저지른 일에 대해 묻자 소년은 자신은 아무것도 모른다고 부인했다. 내가 파괴 행동에 대해서 물었을 때도 역시 모른다고 잡아떼었다. 소년은 아버지의 총이 보관되어 있는 곳으로 가서 공기총을 들고 나와서 모든 사람을 공포에 질리게 했다. 또다시 그가 한 일에 대해 물었을 때도 계속해서 거짓말을 하였다. 그러나 마침내 그는 포기하고 자백했으며 자신이 어리석었다고 말했다.

소년의 가정에서 아이를 지나치게 엄격하게 다루는 일은 없었다. 부모들은 지나치게 엄하지 않으면서도 부모로서의 책임을 질 수 있는 능력을 갖고 있었다. 문제는 어떤 일을 저지르지 않을 수 없는 소년 자신 안에 있었다. 당시 14세였던 소년은 담배를 피우다가 발견되었다. 교장선생님은 그 사실에 대해서 그와 이야기를 나누었고 그도 규율을 어기고 담배를 피운 것을 자백하고 잘못을 인정했다. 그리고 다시는 담배를 피우지 않겠다고 말하였다. 그러나 며칠 후 또 다시 담배를 피우는 것이 발견되었고 그는 아무런 말도 하지 못하였다.

이 소년은 좋은 가정에서 살고 있었지만, 과거에 박탈을 경험한 아동이었다. 또 그는 다소 편집증적이었다. 그는 쉽게 친구를 사귀지 못했으며, 우정을 갈망하지만 찾을 수 없었다. 그가 의사를 만나 보는 것이 좋겠다고 들었을 때, 그는 곧 상황을 알아차렸고 가족에게 다음과 같이 편지를 썼다: '의사가 잘못된 것들을 모두 바로잡아주었으면 좋겠어요.' 그는 의도적인 노력으로도 피할 수 없는 무엇인가가 있다는 것을 깨달았다. 말하자면, 그는 설명하기 힘든 충동으로 인해 고통을 받고 있었으며, 자신이 충동적으로 행한 것을 정말 자신이 했다고 믿을 수가 없었다.

이 글의 목적은 이런 문제에 대한 연구를 자극하고, 반사회적 행동에 관한 이론이 지닌 흥미로운 측면들에 관심을 갖도록 사람들의 주의를 환기시키는 것이다.

기본적 진술

나는 사례 묘사를 통해 **해리**의 한 예를 보여주고자 한다. 부모나 교사가 아동이 거짓말을 하고 있다고 말할 때, 그들은 그의 성격의 해리된 부분에 관해 이야기하고 있는 것이며, 이때 아동은 자신이 거짓말을 하고 있다고 생각하지 않는다. 실제 일어난 일에 대한 지식을 부인함으로써 아동은 스스로 진실된 것을 말하고 있다고 믿으며, 이때 그 행동을 저지른 자기의 측면은 그의 전체 성격의 일부분을 이루지 못하고 있다. 어떤 이들은 이것을 성격의 분열이 일어났기 때문이라고 본다. 그러나 분열이라는 용어는, 정신분열증이나 경계선 성격이나 숨겨진 형태의 정신분열증을 가진 사람들의 증상 밑바닥에 있는 원시적 방어기제를 지칭하는 용어로 남겨두는 것이 더 적절할 것이다. 분열이라는 용어보다는 해리라는 용어가 더 적절한 것으로 보이는데, 그것은 해리라는 용어가 성격의 중심적인 부분과 떨어져나간 부분 사이의 의사소통을 어느 정도 허용하기 때문이다.

이러한 유형의 성격의 부분적 해체는 반사회적 소년 소녀들의 특성을 이룬다. 이런 개인들의 경우, 그 해체된 성격의 일부분은 그대로 남겨진 채 자아 기능의 지적인 영역에서 성취되는 또 다른 종류의 통합으로 건너뜀으로써 성격의 통합은 불완전한 상태에 머무르게 된다.

이 소년 소녀들이 자신들이 한 일에 대해 시인했을 때, 조사자는 그들의 지적인 장치(intellectual apparatus)와 이야기하고 있다는 것을 알아야 한다. 이때 통합은 쉽게 이루어지는 것처럼 보인다. 이제 그 아동은 자신에 대해 알 수 있고 이해할 수 있으며, 기억할 수 있는 것처럼 보이기 때문이다. 해리를 만들어내는 세력들은 더 이상 작용하지 않으며, 아동은 죄책감을 받아들이는 것 같다. 그러나 그는 그 죄책감을 느끼지는 못한다. 이것은 진정한 통합이라고 할 수 없으며 죄책감 또한 방어의 한 형태에 지나지 않는다.

이들은 전에는 아니라고 대답했던 것을 지금은 그렇다는 식으로 갑자기 변하는 모습을 보일 것이다. 이러한 변화와 함께, 조사자와 혐의를 받고 있는 아동과의 관계 또한 변화된다. 이때 혐의를 받는 사람은 주지화된(intellectualized) 성격의 측면을 제외하고는 그곳에 존재하지 않는다. 비록 이러한 변화가 사회적으로는 편리한 것일 수도 있지만, 이런 식으로 조사를 계속하는 것은 아무런 가치가 없는 것이다. 이런 노력이 사실에 대한 정보를 수집하는데는 유용할 수도 있겠지만, 이렇게 얻어진 사실에 대한 정보는 실제로 그를 돕는데 아무런 유익이 되지 못한다.

간단히 말해서, 심리치료의 관점에서 볼 때 그 개인이 **아주 진지한 어조로** '아니오'라고 부인하는 한, 그를 도울 수 있는 가능성이 있다. 왜냐하면 그와 같은 강력한 부인은 그의 성격의 중심 부분이 도움을 요청하고 있음을 나타내는 것이기 때문이다. 그의 전체 성격이 충동적인 행동에 참여하여 어떤 일을 했지만, 그러한 행동의 근원적인 이유가 그 개인의 의식적인 부분과 접촉하지 못하는 상태에 있을 때, 우리는 그가 충동적 행동으로 고통을 겪고 있다고 말할 수 있다. 그리고 그가 고통을 받고 있는 한, 우리는 그를 도울 수 있다.

보다 발전된 진술

이러한 생각을 좀더 발전시킨다면, 그것은 반사회적 행동을 설명해주는 이론이 될 것이다.

반사회적 경향성이라는 것이 존재한다고 가정하는 것은 가치 있는 일이다. 이 말은 소년 소녀들을 반사회적이 되게 하는 성격적 요인뿐만 아니라 크고 작은 일상의 가정생활에서 일어나는 비행들을 포괄하고 있다는데 그 가치가 있다. 어떤 가정에서나 작은 비행들은 항상 존재한다. 두 살 반된 소년이 어머니의 손가방에서 동전을 훔치는 것이나 좀더 나이든 아동이 식품 창고에서 먹을 것을 훔치는 것은 거의 정상적인 현상이라고 볼 수 있다. 또한 아동은 누구나 집안의 기물을 망가뜨리기도 한다. 그런데 아동이 시설에서 살고 있을 때에는 아동의 이러한 행동을 반사회적 행동이라고 말할 것이다.

야뇨증과 유분증 또한 반사회적 범주에 속한다고 볼 수 있으며, 훔치기와 아주 밀접한 사이인 거짓말하기도 여기에 속한다. 이러한 비행은 많이 어지르고 옷이나 신발을 마구 벗어 놓거나, 씻기나 위생에 무관심하고 (유아기에) 손수건을 수없이 더럽히는 아동의 경향성과 분명하게 구분되는 것이 아니다.

반사회적 경향성이라는 용어는 합리적인 범위를 초과할 정도로 부모 특히 어머니로부터 에너지와 시간, 믿음, 관용을 요구하는 것을 포함하도록 의미가 확장될 수 있다. 물론 여기에는 개인

차가 있을 수 있으며, 한 부모에게 합리적인 것이 다른 부모에게
는 합리적이 아닐 수도 있다.

뿐만 아니라 상습범의 충동적인 반사회적 행동과 일상적인
가정생활에서 일어나는 부모에 대한 지나친 행동사이에 뚜렷한
선을 그을 수 없다는 사실을 인정할 필요가 있다. 부모가 아동을
너무 받아줄 때 (아동의 욕구와 관계없이 부모 자신의 문제 때
문에 아동의 버릇을 망치는 것이 아니라면) 그것은 부모들이 아
동의 반사회적 경향성을 위한 심리치료를 (대부분 성공적으로)
수행하고 있는 것으로 볼 수 있다.

요약된 이론적 진술

가장 간단하게 말해서 반사회적 경향성은 무엇인가를 요구하
려는 시도이다. 정상일 경우, 그 요구는 허용된다. 병리적일 경우,
그 요구는 부인된다. 즉 요구할 수 있는 권리가 상실되었다. 반사
회적인 소년 소녀는 병리적인 반사회적 행동을 통해서 망각되어
왔던 그 실패를 보상받기 위해 가족과 사회에 요구하기 시작한
다. 반사회적인 행동은 희망을 잃을 뻔한 아동이 희망을 되찾는
순간에 나타내는 행동이다. 반사회적 경향성의 기원 지점에는
박탈이 존재한다. 그리고 반사회적 행동은 박탈을 부인함으로써
박탈의 영향으로부터 회복하려고 하는 목표를 갖고 있다. 실제
상황에서 일어나는 문제는 다음의 두 가지 측면을 갖고 있다:

1. 아동은 최초의 박탈이 무엇인지 알지 못한다.
2. 사회는 반사회적 행동 안에 있는 긍정적인 요소를 인정하
   려 하지 않는다. 그 이유는 사회는 누구든 말썽을 일으키는

것을 원치 않기 때문이며, 또한 반사회적인 경향성이 지닌 긍정적인 측면에 대해서 알지 못하기 때문이다.

반사회적 경향성의 밑바닥에 놓여 있는 것은 절대적 박탈 (privation)이 아니라, 상대적 박탈(deprivation)이라는 사실을 강조할 필요가 있다. 절대적 박탈은 또 다른 결과를 일으킨다. 촉진적 환경의 기본적인 부분이 결핍됨으로써 발생하는 이 절대적 박탈은 성숙 과정을 근본적으로 왜곡시키며, 그 결과 성격 특성상의 결함이 아니라 성격의 근본적인 결함을 가져온다.

반사회적 경향성의 발생원인은 아동이 초기 기간 동안 만족스런 환경의 돌봄을 받은 후에, 비록 아동이 그 사실을 의식적으로 인식하지는 못한다 하더라도 느낄 수는 있는, 환경의 실패를 경험한데서 찾을 수 있다. 아동의 입장에서 본다면, 다음과 같은 설명이 가능하다: 나는 처음에 잘 자라고 있었다. 그러다가 갑자기 발달을 계속할 수 없었다. 내게 갑작스런 변화가 일어난 것은 … 살 때였다. 기억을 토대로 한 이러한 이해는 심리치료와 같은 특수한 상황에서 실제로 일어날 수 있다. 일반적으로 아동이 이러한 생각들을 의식 속에 간직하고 있다고는 말할 수 없다. 그러나 때때로 이러한 일은 실제로 일어난다. 아동은 흔히 기억할 수 있는 나이에 발생한 박탈을 통해서 최초에 발생한 박탈을 분명하게 이해한다. 예를 들어, 아동은 7세 때에 부모와 사별했다든지, 부모와 떨어져서 기숙 학교에서 외롭게 지내던 기간과 같이 나중에 발생한 박탈에 대한 해석을 통해서 자신이 경험한 원래의 박탈을 이해한다.

분명히, 박탈 경험이 자아 조직을 왜곡시킨 것은 아니지만, 그것은 환경으로 하여금 이 박탈의 사실을 인식할 것을 요구하는 강제적인 세력을 만들어낸다. 아동은 절망적이지 않다면, 마음껏 의존할 수 있던 시기, 즉 마음껏 부모에게 요구할 수 있던 나이에 그리고 부모가 아동의 욕구에 거의 완벽하게 적응해줄 수 있던 시기에 발생한, 견딜 수 없이 고통스러웠던 경험의 영역으로 되돌아가고자 끊임없이 노력한다.

그러므로 반사회적 경향성은, 정신분열증으로 진단 받은 아동들을 제외하고는, 어떤 유형의 아동에게서도 발견될 수 있는 정상적인 아동의 한 특성이라고 할 수 있다. 정신분열증 환자는 절대 박탈로 인하여 자아 조직이 왜곡된 상태에 있기 때문에 박탈의 고통을 느낄 수 있을 만치 성숙한 상태에 도달하지 못했다. 편집증적 성격은 반사회적 경향성과 쉽게 결합하여 자신이 박해 받는다고 느끼는 일반적인 경향성을 강화시킨다. 따라서 편집증적 성격에서는 근본적인 자아 조직의 장애와 성격 특성상의 장애 두 가지가 겹쳐질 수 있다.

반사회적 경향성에 대한 연구는 병이 깊지 않은 아동들, 즉 훔치고, 거짓말하고, 파괴하고자 하는 충동에 사로잡힌 채 이런저런 방식으로 사회를 자극하여 반응을 불러일으키며, 자신의 정체성을 발견하지 못하고 방황하고 있는 아동들을 대상으로 하는 것이 가장 바람직하다. 마땅히 그렇게 되어야겠지만, 이 연구가 치료와 결합되기 위해서는 조기에 진단이 이루어지고 가능한 한 빨리 치료할 수 있도록 조치하는 것이 무엇보다 중요하다.

그러기 위해서 조사자는 실제로 학교나 다른 아동 집단과 연결되어 있어야 한다. 그 이유는 아동이 성격의 결함을 보이고 사회 문제를 일으키는 첫 증상을 보일 때, 즉 처벌이 심각한 문제로 등장하기 전에 아동을 보살필 수 있어야 하기 때문이다. 반사회적 경향성과 사회적 반응이 만난다면, 거기에는 곧 이차적 습득이 발생하며, 따라서 반사회적 경향성은 **점점** 더 비행으로 굳어지기 시작한다.

부인에 관한 세부 사항

아동이 문제를 나타내는 초기에만 그리고 병리가 심하지 않은 아동의 경우에만, 부인(denial)이 자아 조직의 강도를 나타내는 증상으로 취급될 수 있으며, 따라서 예후를 평가하는데 있어서 긍정적인 요소로 간주된다. 자신이 한 반사회적 행동을 인정하지 않는 아동은 고통을 받고 있는 아동이다. 고통을 받고 있기에 그는 도움을 원하고 있으며, 또 도움을 받을 수 있다. 그 아동의 고통은 어떤 행동을 하도록 강요받는다는 사실에 기인한다. 그를 미치게 만드는 것은 알지 못하는 원천으로부터 오는 충동이며, 바로 이것 때문에 그는 이 초기 단계에서 또는 비행 이전 단계에서 이해와 도움을 받아들인다.

한 청소년기의 소녀와의 면담에서 발췌한 다음의 내용은 이러한 생각에 대한 이해를 도울 것이다.

17세 된 소녀

내가 그녀에게 훔치기에 대해서 물었을 때 그녀는 말했다. "내가 일곱 살 때 단 한번 동전을 계속해서 훔친 시기가 있었어요. 그것은 그 집에서 거짓말을 했다는 것을 의미해요. 나는 이것 때문에 심한 죄책감을 느꼈고, 아무에게도 말하지 않았어요. 그것은 아주 작은 액수였기에 그것에 대해 털어놓는다는 것은 정말 어리석은 일이었지요."

이때 나는 그녀에게 해석을 해주었다. 나는 그녀가 동전을 훔친 이유를 알지 못하는데 대해서 말해주었다. 즉 그녀가 자기도 모르게 충동적으로 그렇게 한 것이라고 말해주었다. 나의 이 말이 매우 흥미롭다고 느낀 그녀는 다음과 같이 말했다. "나는 아이들이 무엇인가를 빼앗겼을 때 물건을 훔친다는 것을 알아요. 그러나 전에는 이것에 대해 생각해본 적이 없어요. 문제는 내가 이유를 모르는 채 훔쳐야 한다는 거예요. 그리고 그것은 거짓말을 하는 것도 마찬가지예요. 아시겠지만, 사람을 속이는 것은 너무나 쉬운 일이에요. 이 점에서 나는 훌륭한 여배우지요. 이 말은 무대 위에서 연기할 수 있다는 말이 아니에요. 한번 속이기 시작하면 아무도 알지 못할 정도로 끝까지 속일 수 있다는 말이에요. 그런데 그것은 종종 충동적이고 의미 없는 행동이에요."

심리치료 면담

이제 나는 훔치는 문제로 상담을 받으러 온 8세 소녀와 가졌던 심리치료 면담에 대해 자세하게 서술해보겠다. (그 소녀는 야뇨증도 있었으나 부모의 이해와 참을성의 한계를 넘어서는 것은 아니었다.) 이 긴 사례 묘사가 끝나는 지점에 가서야 독자들은 이 소녀의 인격구조 안에 해리가 있음을 나타내는 부인을 발견하게 될 것이다.

의뢰. 아다가 다니는 학교 당국은 아다의 훔치기가 문제를 일으키고 있다는 사실을 분명히 했고, 이 증상이 지속된다면 학교를 떠나야 한다고 분명히 밝혔다.

나는 이 소녀를 한 번이나 몇 번 정도만 만나는 것이 실용적이라고 보았다. 그것은 그녀가 너무 먼 곳에 살고 있어서 나를 자주 만나러 오는 것이 어려웠기 때문이다. 따라서 첫 번째 심리치료 면담에서 내가 할 수 있는 모든 것을 해야만 했다.

여기서 내가 사용한 유형의 상담 기법을 자세히 묘사할 수는 없지만, 몇몇 원칙들은 제시할 수 있다.

1. 이 방식으로 치료작업을 수행할 수 있는 치료사가 되기 위해서는 고전적인 정신분석에 토대를 둔 훈련 과정을 거쳐야 한다.

2. 그러나 이 방식으로 하는 치료작업은 환자와 치료자 사이의 첫 번째 접촉이 이루어지는 최초의 주관적인 분위기 안에서 행해진다는 점에서 정신분석이 아니다. 이 방식으로 치료하는 분석가는 환자가 면담하러 오기 전날 밤에 꾼 분석가에 대한 꿈을 사용한다. 즉 치료자를 이해심이 있고 도움을 줄 수 있는 인물이라고 믿을 수 있는 환자의 능력을 사용한다.

3. 이 방식의 심리치료에서 치료자는 첫 번째 혹은 처음 세 번의 면담에서 할 수 있는 모든 것을 다하는 것을 목표로 삼는다. 만약 그 이상의 면담이 필요하다면, 그 사례의 성격은 정신분석 치료로 바뀐다.

4. 실제로, 치료의 주된 부분은 아동의 가정에서 부모에 의하여 행해지며, 이때 부모는 치료자의 안내와 지지를 받으면서 이 일을 수행한다. 그들은 할 수만 있다면, 기꺼이 이 일을 맡으려고 할 것이다. 달리 말하면, 부모는 아동이 정신분석 치료를 받기 시작할 때, 특히 치료가 잘 진행되어서 전이가 활발히 일어날 때에, 이러한 상황을 아동에 대해 직접적으로 책임지고 있다는 느낌을 상실하는 것으로 경험하며, 따라서 그들은 아동을 정신분석가에게 맡기는 것을 싫어한다고 할 수 있다.

따라서 지원해주는 사람이 없거나 부모 자신들이 정신적으로 병든 사람들인 경우의 아동들은 이러한 단기 치료 방법으로 실질적인 도움을 받을 수 없다.

5. 이 방식의 심리치료는 부모가 자신들의 자녀를 관리할 수 없게 만드는 문제를 해결하는 것을 목표로 삼는다. 우리가 기억해야 할 것은 대부분의 사례에서 부모는 정신과 의사를 포함해서 그 누구의 도움을 받지 않아도 아동을 잘 관리하는 것을 통해서 치료에 성공한다는 사실이다. 그들은 실제로 자녀들의 문제 행동의 여러 단계들을 보아온 사람들이며, 나름대로 자녀를 돌보는 부모로서 복잡한 기술을 가지고 있다. 그들이 할 수도 없으며 또 해서도 안되는 것은 자신들의 자녀에게 심리치료를 하는 것이다. 심리치료는 아동의 무의식, 즉 부모가 접근 할 수 없도록 보존되어 있는 정신의 깊은 층과 접촉하는 것으로서, 이는 부모가 할 일이 아니다.

면담. 나는 아다와 함께 온 어머니를 만나지 않고 아다를 먼저 만났다. 그 이유는 이 단계에서 정확한 개인 내력을 얻는 일이 중요한 것이 아니었기 때문이다. 중요한 것은 환자가 서서히 나를 신뢰하게 되고 위험을 감수할 수 있다고 느끼면서 나를 깊이 의존할 수 있게 되는 것이었다.

아다와 나는 종이 몇 장과 연필, 그리고 크레용 한 상자가 있는 작은 탁자에 앉았다.

면담실에는 정신과 사회복지사 두 명과 방문객 한 명이 참관하고 있었다.

아다는 몇 살이냐고 묻는 나의 질문에 여덟 살이라고 대답하였다. 그녀는 16세인 언니와 4세 6개월이 된 남동생이 있다고 했다. 그녀는 그림을 그리고 싶다고 말했다. "그림 그리기는 내가 좋아하는 취미예요." 그녀는 꽃병에 꽂혀 있는 꽃(그림 1), 그녀 앞의 천장에 매달린 등(그림 2) 그리고 하늘에 구름이 떠 있고 해가 비추는 운동장에 그네를 그렸다. 세 번째 그림에서 구름을 주시하라.

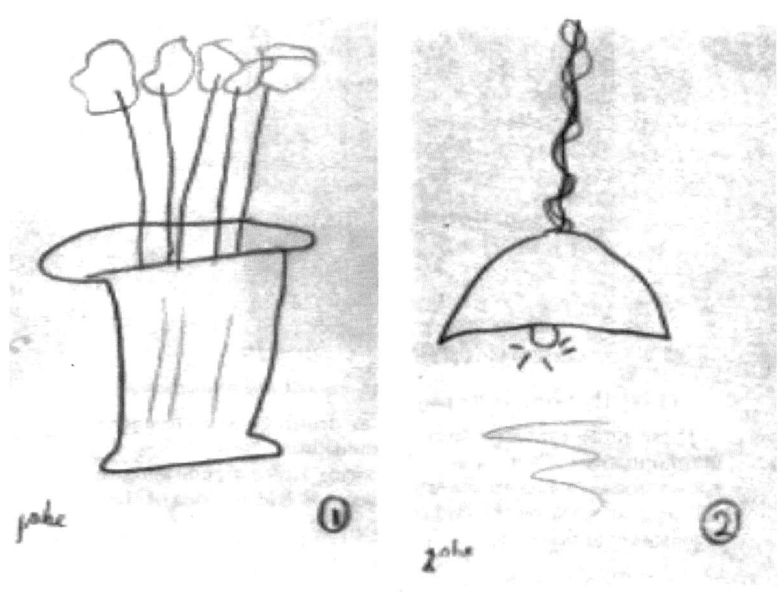

그림 1   그림 2

언급. 이 세 개의 그림은 잘 그린 그림도 아니고 상상력이 풍부한 그림도 아니었다. 그 그림들은 형태만 그린 그림이었음에도 불구하고, 세 번째 그림에 나타나는 구름의 모습은 이 면담의 끝 부분에서 드러나듯이 중요한 의미를 지니고 있었다.

이번에 아다는 연필을 그렸다(그림 4). "맙소사, 지우개 있어요? 우습게 생겼어요, 좀 잘못되었어요." 나는 지우개가 없었고, 잘못 그렸으면 다시 그려도 괜찮다고 말해주었다. 그녀는 다시 그리고 나서 "이건 너무 뚱뚱해요"라고 말했다.

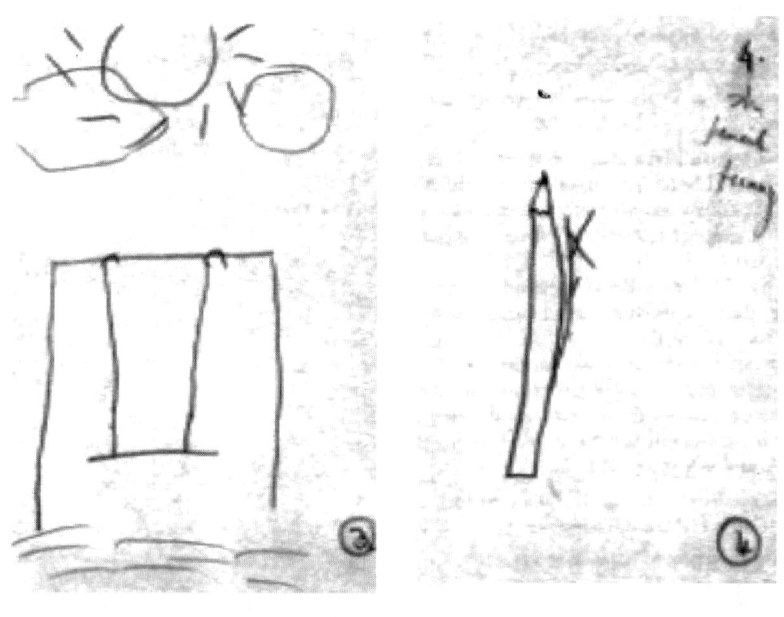

<table>
<tr><td>그림 3</td><td>그림 4</td></tr>
</table>

언급. 이것을 읽는 분석가들은 이미 여러 종류의 상징과 기존의 여러 해석들을 생각할 것이다. 나중에 설명하겠지만, 나는 해석을 거의 하지 않았으며, 중요한 순간을 위해 보류하고 있었다. 당연히 두 가지 생각, 즉 발기된 페니스와 임신한 배가 마음속에 떠오를 것이다. 나는 그것에 대해 언급은 했지만, 해석은 하지 않았다.

그리고 나서 그녀는 해와 구름과 꽃이 있는 집을 그렸다(그림 5, 구름을 주목하라). 나는 그녀에게 사람을 그릴 수 있느냐고 물었다. 그녀는 자신의 사촌을 그리겠다고 대답하고 그림을 그리기 시작했으나 다 그리고 나서는(그림 6) "손은 못 그리겠어요"라고 말했다.

그림 5   그림 6

이제 나는 훔치기의 주제가 나타나리라는 확신을 갖기 시작했고, 그래서 나는 아동 자신의 정신 안에서 발생하는 "과정"을 신뢰할 수 있었다. 이 순간부터는 아이에게 내 자신의 욕구에 순응해주기를 요구하지 않고 아이의 욕구에 맞추는 것이 중요할 뿐 내가 말하는 것이나 말하지 않는 것은 중요하지 않다.

아다가 그림에서 손을 감춘 것은 훔치기나 자위행위의 주제
와 관련이 있는 듯하다. 그리고 훔치기가 억압된 자위행위 환상
이 강박적으로 행동화된 것일 수 있다는 점에서 이 둘은 서로
연결되어 있는 것으로 보였다. (사촌을 그린 이 그림에서 임신에
대한 암시도 있었지만, 임신의 주제는 이 면담에서 중요하게 발
전하지 않았다. 만일 이것이 발전되었더라면, 아다가 세 살 때인,
어머니의 임신기로 우리를 인도했을 것이다.)

그림 7

아다는 합리화를 했다. 그녀는 "제 사촌은 선물을 감추고 있어
요"라고 말했다. 나는 "선물을 그릴 수 있겠니?"하고 물었다.
그 선물은 상자 안에 담긴 손수건이었다(그림 7). 아다는 "상
자가 찌그러졌어요"라고 말했다. 나는 "네 사촌은 어디서 그

선물을 샀을까?"라고 물었다. 그에 대해 그녀는 런던의 유명한 상점인 존 루이스의 계산대를 그렸다(그림 8). 그림의 중앙에 커튼이 내려져 있는 것을 주목하라(그림 21).

그림 8

그림 9

나는 "선물을 사고 있는 숙녀를 그려보면 어떻겠니?"하고 물었다. 물론 나는 아다가 손을 그릴 수 있는지 알아보고 싶었다. 그래서 아다는 다시 숙녀를 그렸는데(그림 9), 그녀는 계산대 뒤에서 본 장면을 그렸기 때문에 손은 드러나지 않았다.

그녀는 이제 그림을 강한 선으로 그리고 있는데, 이는 그녀의 상상력이 활발하게 작용하고 있음을 보여주는 것이다.

선물을 사고 주는 주제가 아동 자신에 대한 표현으로 나타났

는데, 우리는 아무도 이 주제가 나중에 중요한 것으로 드러나게
될 줄은 모르고 있었다. 그러나 나는 물건을 산다는 생각은 보통
훔치려는 충동을 보호하는데 사용되며, 선물을 주는 것 또한 똑
같은 충동을 보호하려는 합리화임을 알고 있었다.

나는 "그 숙녀를 뒤에서 본다면 어떤 모습일지 무척 궁금한
데?"라고 말했다. 그래서 아다는 그림 10을 그렸다. 이 그림은
아다 자신을 놀라게 했다. 그녀는 "아! 이 숙녀도 나처럼 팔이
길군요. 그녀는 뭔가를 느끼고 있어요. 그녀는 긴소매의 검정
드레스를 입고 있는데, 그것은 내가 지금 입고 있는 거예요. 예
전엔 어머니가 입던 거였어요."

그림 10

이제 그림 속의 사람이 아다 자신이라고 볼 수 있게 되었다. 그 그림에서 손은 아주 독특한 모양으로 그려져 있었다. 손가락 은 아주 뚱뚱한 연필을 생각나게 했지만, 나는 해석하지 않았다.

면담이 어떻게 전개될지는 확실치 않았다. 아마도 이것이 내 가 얻을 수 있는 전부일지도 모른다는 생각이 들었다. 잠깐 쉬는 동안에 나는 그녀가 잠드는 방식에 대해서, 즉 깨어 있다가 잠이 들 때 그리고 자위행위에 대해서 갈등을 느끼는 어려운 순간에 어떻게 대처하는지를 알아보았다.

아다는 "나는 아주 큰 곰인형을 가지고 있어요"라고 말했다. 그녀는 그것을 정성을 다해 그리면서(그림 11), 그 내력에 대 해 말해주었다. 또 그녀는 아침에 눈을 뜨면 새끼 고양이 한 마리가 함께 있었다고 말했는데, 그것은 그녀의 남동생을 가 리키는 말이었다. 아다는 남동생이 빠는데 사용할 수 있는 또 하나의 손가락이 있다고 하면서 그의 손을 그렸다(그림12).

그림 11

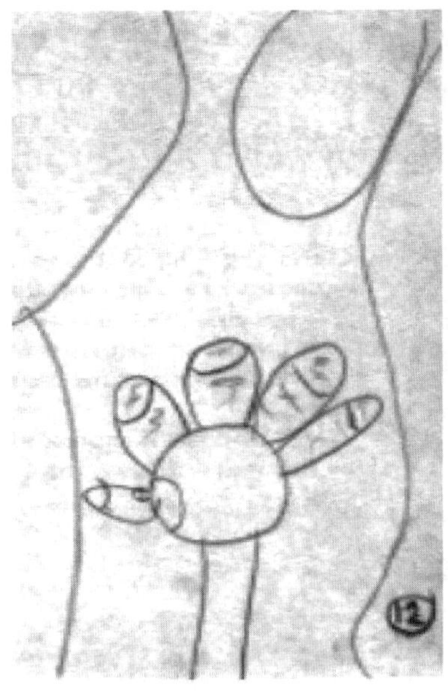

그림 12

그림 13

앞의 그림(3번 그림)에서 구름의 모습으로 나타난 두 개의 젖 가슴 같은 물체를 관찰해 보라. 이 그림은 아다가 젖가슴 가까이 에 남동생을 안고 있는 어머니의 모습에 대한 기억을 담고 있다 고 생각되었지만, 나는 아무런 해석도 하지 않았다.

우리의 작업은 잠시 휴지 상태에 있었다. 아다는 더 깊이 들어 가는 것이 안전한지를 생각하고 있는 것 같았다. 이때 아다는 "자랑스런 등산가"의 그림을 그렸다(그림13).

당시는 힐러리와 텐싱의 에베레스트 등반 사건이 커다란 관 심을 불러일으키던 시기였다. 이 그림은 아다가 성취를 경험할 수 있고, 성적 영역에서 절정에 도달할 수 있는 능력을 가지고 있음을 보여주었다. 나는 이 그림을, 아다가 자신의 중심적인 문제를 드러낼 수 있고, 그것을 통하여 그녀를 도울 수 있는 기회를 제공할 것이라는 암시로 받아들일 수 있었다.

나는 해석을 자제한 채, 의도적으로 그녀의 그림을 꿈과 연결시켜서 물었다. "꿈꿀 때, 등산하는 꿈도 꾸니?"

아다는 아주 혼란스러운 꿈에 대해 말했다. 그녀는 아주 빠른 속도로 이런 이야기를 했다.

"나는 미국에 갔어요. 나는 인디언과 함께 있었는데, 곰 세 마리를 잡았어요. 옆집 소년이 그 꿈에 나왔는데, 그는 부자였어요. 나는 런던에서 길을 잃었고, 그곳은 홍수가 났어요. 현관으로 바닷물이 밀려왔고 우리는 차안으로 도망쳤어요. 우리는 뒤에 뭔가를 남겨 놓았는데, 그것이 무엇인지 모르겠어요. 곰 인형은 아닌 것 같고, 아마도 가스 난로였던 것 같아요."

그녀는 내게 그 꿈은 이전에 한번 꾼 적이 있는 아주 나쁜 악몽이었다고 말했다. 잠에서 깨어났을 때 그녀는 부모의 방으로 달려가서 어머니의 이불 속으로 들어갔고, 거기서 그 날 밤을 보냈다. 그녀는 자신이 경험했던 갑작스러운 혼란 상태에 대해 말해주고 있었다. 이것이 면담의 핵심 부분이었던 것으로 보인다. 즉 이 순간에 그녀가 경험한 정신질환의 맨 밑바닥에 도달한 것으로 보인다. 이것이 사실이라면, 면담의 나머지 부분은 혼란 상태로부터 회복되는 모습을 보여주는 것이라고 생각할 수 있다.

그 후 아다는 여러 장의 그림을 그렸다. 그 그림들 중에 첫 번째 그림(그림 14)이 무엇을 나타내는 것이었는지에 대해서는 잘 생각나지 않는다.

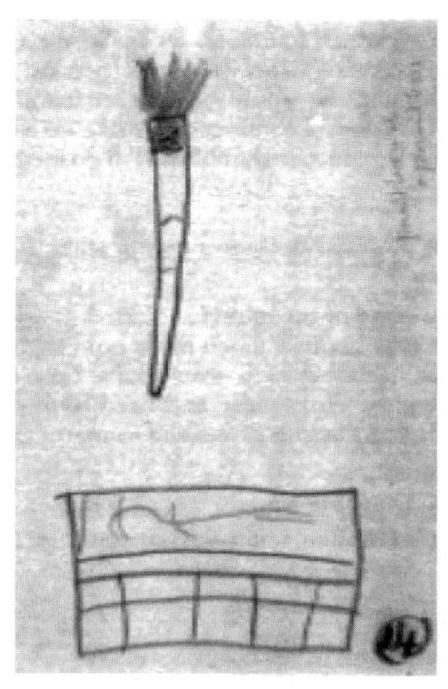

그림 14

그림 15

그리고 나서 그녀는 거미와 독전갈이 떼를 지어 그녀를 향해 몰려오고 그리고 그녀의 침대에까지 기어들어 온 적이 있는 꿈을 이야기하면서 난초 화분을 그렸고(그림 15), 이어서 고정된 집과 이동식 집(그녀의 가족 휴가에 대해 떠올리게 하는)이 함께 있는 혼돈된 그림(그림 16)을 그렸으며, 마지막으로 독거미(그림 17)를 그렸다.

거미는 손을 연상시키는 특징적인 모습을 띠고 있었다. 여기서 거미는 자위를 하는 손과 여성의 성기, 성적 흥분 모두를 상징하는 것 같았지만, 나는 해석하지 않았다.

내가 슬픈 꿈을 꾼 적이 있는지 아다에게 물었을 때 그녀는 다음과 같이 말했다. "누군가가 죽었어요. 어머니와 아빠예요. 그렇지만 그들은 다시 살아났어요."

그리고 나서 그녀는 "나는 서른 여섯 가지 색깔의 색연필 한 상자를 가지고 있어요"라고 말했다. (이것은 내가 연필을 한 자루만 준 것에 대해, 그리고 나의 인색함에 대해 말하고 있는 것으로 보인다.)

그림 16

그림 17

이제 우리는 이 면담의 중간 단계 끝 부분에 도달했다. 어떤 새로운 일이 더 일어날 것인지에 대해 내가 알지 못했다는 사실을 기억할 필요가 있다. 나는 해석하지 않았고 아동에게서 시작된 과정이 계속해서 전개되기를 기다렸다. 나는 면담의 이 시점에서 그녀가 자신의 훔치는 충동을 적당한 것으로 합리화하기 위해 나의 인색함(연필)을 언급했을 것이라고 생각했다. 그러나

나는 계속해서 아무 해석을 하지 않았으며, 아다가 더 깊이 들어
가고 싶어하는지를 확인하기 위해 기다렸다.

잠시 후 아다는 스스로 말했다. "나는 강도 꿈을 꾸었어요."

면담의 마지막 단계가 시작되었다. 이 시점에서 아다의 그림
이 점점 더 대담해졌다. 그리고 그녀가 그리는 모습을 보았다면
누구든지 그녀가 깊은 충동과 욕구에 의해 영향 받고 있다는 것
을 분명히 알 수 있었을 것이다. 즉, 사람들은 자신들이 아다의
무의식과 접촉되어 있음을 느꼈을 것이다.

그림 18

아다는 또 하나의 그림을 그리고 나서 다음과 같이 말했다.
"흑인 남자가 여자를 죽이고 있어요. 그 남자 뒤에는 손가락처
럼 생긴 무엇인가가 있어요."(그림 18) 이어서 아다는 강도를

그렸는데, 머리카락이 위로 뻗쳐있고 광대처럼 우스운 모습이었다(그림 19). 그녀는 "언니의 손은 내 손보다 더 커요"라고 말하고 나서 다음의 말을 덧붙였다.

"그 강도는 아내에게 좋은 선물을 주려고 부유한 숙녀의 보석을 훔치고 있는 거예요. 그는 돈이 모일 때까지 기다릴 수 없었거든요."

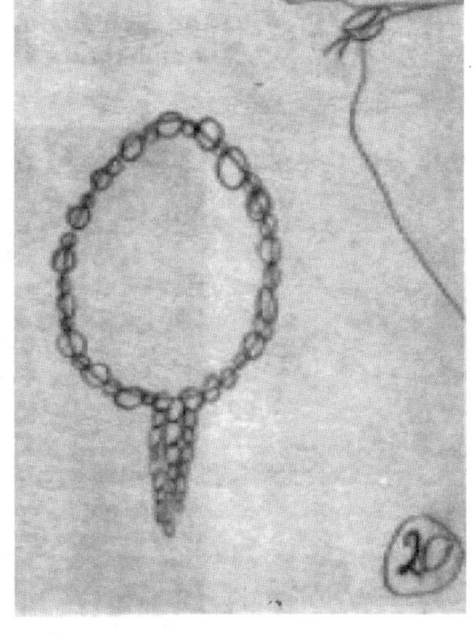

그림 19   그림 20

누군가에게 선물을 주기 위해 가게에서 손수건을 사고 있는 소녀의 모습으로 나타났던 동일한 주제가 여기에서 좀더 깊은 수준으로 나타나고 있다. 이 그림에는 초기의 그림에서 나타났던 구름 모양의 형태가 커튼처럼 보이는 것으로 나타나고 있는데, 거기에는 나비매듭이 달려 있다.

나는 해석하지 않았지만, 나비매듭에 흥미를 느꼈다. 나는 그것이 풀어진다면 무언가를 드러낼 것이라고 생각했다.

그 커튼과 나비매듭은 그림 20에서 다시 나타나고 있다. 아다는 자신이 그린 그림을 보면서, 다음과 같이 덧붙였다. "강도는 망토를 두르고 있어요. 그의 머리는 당근이나 나무 혹은 덤불 같아 보여요. 그는 정말 친절해요."
이때 나는 나비매듭에 대해 물었다. 아다는 그것은 서커스에 가면 볼 수 있다고 말했다. (그녀는 서커스를 구경하러 가본 적이 없었다.)
그녀는 손으로 여러 개의 물건을 공중에 던지고 받는 재주를 부리는 마술사(juggler)를 그렸다(그림 21). 이 마술사의 그림은 해결되지 않는 문제를 다루는 능력을 상징하는 것이라고 생각할 수 있다. 흥미롭게도 이 그림에서 다시 커튼과 나비매듭이 나오고 있다.
이제 나는 나비매듭이 억압을 상징하는 것임을 알 수 있었다. 아다는 이제 나비매듭을 풀 준비가 된 것 같았다. 그래서 나는 그녀에게 말했다. "너 물건을 훔쳐본 적이 있니?"

이 지점에서 반사회적 경향성에 대한 나의 견해가 치료 면담의 서술을 통해서 확인되고 있음을 볼 수 있다. 이러한 임상 내용은 독자로 하여금 내가 만난 아동에게서 어떤 정신 과정이 전개되었는지를 이해할 수 있는 기회를 제공해 주었다. 그녀는 나의 질문에 대해 이중적으로 반응했는데, 이것은 그녀의 해리를 나타내는 것이다.

아다는 강한 어조로 "아니에요!"라고 대답하고 나서 곧바로 다른 종이 한 장을 가져다가 사과 두 개가 달려있는 사과나무를 그렸다. 그리고 바닥에 풀, 토끼 그리고 꽃 한 송이를 그려 넣었다(그림 22).

이 그림은 커튼 뒤에 무엇이 있는지를 보여주고 있다. 그녀는 이 그림에서 그녀가 잃어버렸던 것을 다시 발견했음을 보여주고 있으며, 그것은 어머니의 옷 속에 감추어져 있던 어머니의 젖가슴이라고 말하고 있다. 그녀에게 있어서 박탈은 이런 방식으로 상징화되어 있었다. 따라서 이 그림은 어머니에게 안겨 있는 남동생에 대한 기억을 담고 있는 12번 그림과 비교 또는 대조되는 그림이다.

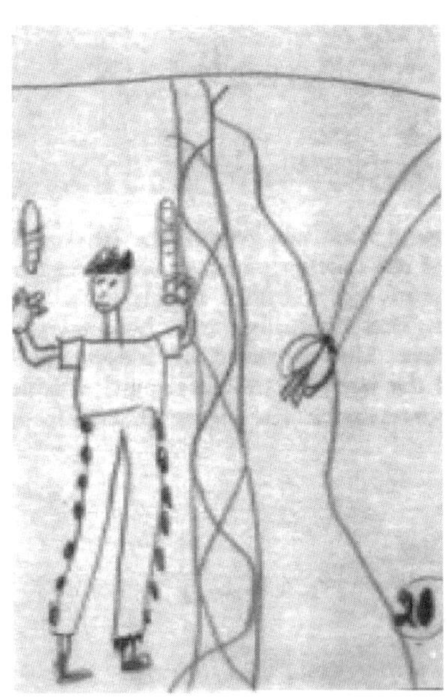

그림 21

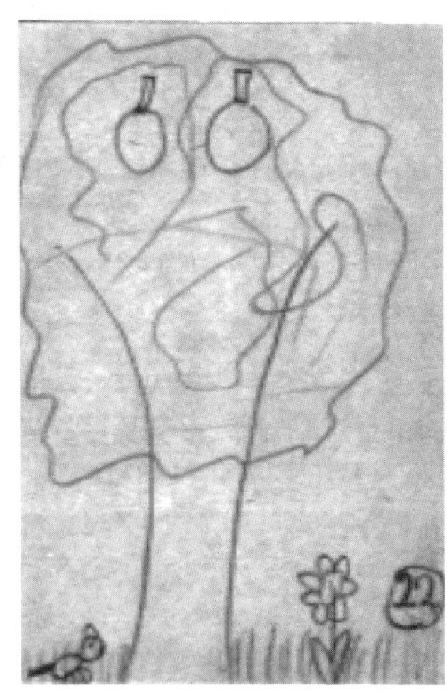

그림 22

나는 여기서 "오 그래. 커튼은 어머니의 블라우스였구나. 너는 지금 어머니의 젖가슴을 찾은 것 같다"라고 말했다.

아다는 이 말에 대답하는 대신에 또 다른 그림을 그렸다(그림 23). "이것은 내가 가장 좋아하는 어머니의 옷이에요. 어머니는 그것을 아직도 가지고 있어요."

그림 23

이 그림에서 나타난 장면은 아다가 어렸을 때의 기억으로 거슬러 올라간다. 이 그림은 당시에 아동의 눈의 위치가 실제로 어머니의 허벅지 중간부분에 있었음을 말해준다. 젖가슴의 주제는 볼록 나온 소매에서도 계속되고 있다. 앞의 집 그림에서도 나타났듯이, 이곳에서도 다산을 상징을 상징하는 많은 상들이 나타나고 있으며, 이것들은 또한 숫자로 바뀌고 있음을 보여준다.

이제 면담은 끝났고, 아다는 다산을 상징하는 숫자 놀이를 하면서, '일상적인 차원으로 돌아오는데' 잠시 시간을 보냈다(그림 24, 25, 26).

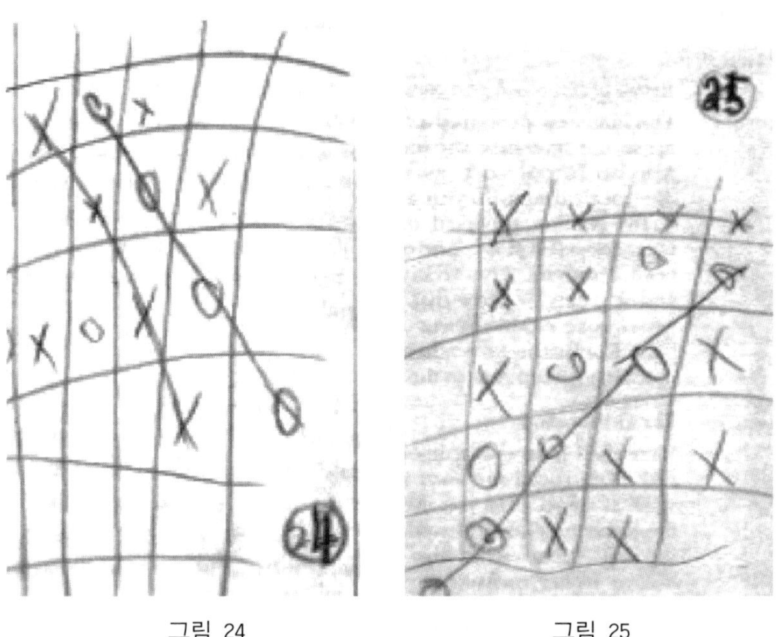

그림 24   그림 25

아다는 이제 집으로 돌아갈 준비가 되었다. 그녀가 행복하고 만족스런 상태에 있었기에, 한 시간 십 오 분을 기다린 어머니와 십분 정도 시간을 가질 수 있었다.

이 짧은 면담을 통하여, 나는 아다가 4세 9개월까지는 만족스럽게 발달했다는 사실을 알 수 있었다. 그녀가 3세 6개월이 되었을 때 남동생이 태어났으며, 이 시기에 그녀는 동생에 대하여 다소 과장된 관심을 보이기는 했지만 별다른 어려움을 보이지는 않았다. 그녀가 4세 9개월이 되었을 때, 남동생(당시 20개월)은 심하게 아프기 시작했는데, 이 상태는 지금도 계속되고 있다.

그림 26

  아다는 언니가 아주 많이 돌보아주었다. 그러나 이때(남동생이 아프기 시작했을 때), 언니의 관심은 완전히 남동생에게로 옮겨졌다. 그 결과, 아다는 심각한 박탈을 경험하게 되었다. 부모는 아다가 언니의 관심을 잃은 것 때문에 심각하게 영향 받았다는 것을 얼마 후에야 깨달았다. 그들은 문제를 회복하기 위해 할 수 있는 모든 것을 하였다. 아다가 언니의 상실로부터 회복되기까지는 2년 가량의 시간이 걸렸다.

  이 시기 즈음에(7세 때), 아다는 물건을 훔치기 시작하였는데 먼저 어머니에게서, 나중에는 학교에서 훔쳤다. 최근에는 훔치기 행동이 심각한 문제가 되었다. 그러나 아다는 자신이 훔쳤다는 사실을 결코 인정하지 않았다. 심지어 그녀는 훔친 돈을 선생님에게 가져가서 자신에게 그 돈을 다시 내어주도록 요구하기도 하였다. 이러한 모습은 그녀가 훔치는 행동이 지닌 온전한 의미를 다룰 수 없었음을 보여준다.

아다는 이러한 강박적인 훔치기와 함께 수업시간에 집중하지 못하는 문제 때문에 학교 생활을 잘 하지 못했다. 그녀는 자주 코를 풀었고, 보기 흉할 정도로 뚱뚱해졌다(그림 4에서 "너무 뚱뚱한 연필—뭔가 잘못된 것"이라고 말했던 것을 보라).

간단히 말해서, 아다의 가정은 좋은 가정이었음에도 불구하고 그녀는 4세 9개월 때 상대적인 박탈을 경험했다. 그 결과 그녀는 혼란을 겪을 수밖에 없었다. 차츰 안정감을 회복하기 시작하면서 그녀는 훔치기 행동을 나타냈는데, 이는 자신의 정신 안에 있는 해리된 강박증의 표현이었다. 그러나 그녀는 자신의 정신 안에서 작용하는 해리 때문에 자신의 훔치는 행동을 인식할 수 없었다.

심리치료 면담의 성과

이 면담은 아다에게 분명히 중요한 의미를 지닌 것이었다. 그것은 면접 바로 직전까지 훔치는 행동을 했던 아다가 그 이후로 3년 반 동안 한번도 훔치지 않았기 때문이다. 뿐만 아니라 그녀의 학업 또한 빠르게 향상되었다(그러나 야뇨증은 면담 후 1년까지는 완전히 해결되지 않았다).

어머니는 아다가 마치 마음속의 장애물이 제거된 것처럼 편안하고 친근한 상태로 병원에서 돌아왔다고 보고하였다. 모녀는 예전에 가졌던 친밀감을 회복하였고 그 상태는 지속되었다. 면담에서 이루어진 작업은, 아다를 돌보던 언니가 갑자기 아다에게서 남동생에게로 관심의 대상을 바꾸었을 때 아다가 상실했던 접촉의 느낌을 되찾는 일이었다.

이것이 내가 언급하고 있는 해리의 한 사례이다. 아다는 훔치기를 인정할 수 없었다. 그리고 면담 중에 그녀에게 "훔쳐본 적이 있니?"하고 물었을 때, 그녀는 단호하게 "아니오!"라고 대답했다. 이 대답은 그녀가 잃어버렸던 것—어머니 젖가슴과의 상징적 접촉—을 찾았기 때문에 다시는 훔칠 필요가 없음을 보여준다.

사례 요약

이 심리치료 면담 사례는 8세 소녀의 훔치기 충동이 어떻게 해결될 수 있는지를 보여주기 위하여 제시되었다.

결정적인 순간에 아동은 훔친 것을 부인하였다. 그러나 그녀는 이 심리치료 과정에서 해리의 장벽을 통과하여 잃었던 것을 되찾을 수 있었다. 따라서 그녀의 "아니오!"라는 대답은 실제로 다시는 그렇게 하지 않을 것이라는 진실한 대답으로 바뀌었다. 다시 말해서, 그 순간에 해리는 사라졌다.

이 사례에서, 아동을 설득하려고 하지는 않았다. 즉 아동을 해리 상태로부터 지적인 이해와 통합의 상태로 이끌려는 시도는 자제되었다. 이 사례는 의식적인 통찰이나 고백이 아니라 심층 수준에서 이루어진 면담을 통해서만, 진정한 해리의 치유를 가져올 수 있음을 분명히 보여주고 있다.

제 4 부

스트레스를 받고 있는 아이들: 전시(戰時) 경험

편집자 서문

위니캇은 자신이 성격장애라고 말한 행동장애를 반사회적 경향성이 표현되는 임상적 징후로 보았다. 그 징후들은 탐욕스러움과 오줌싸기부터 도착증 등 다른 유형의 다양한 정신병리 현상에 이르기까지 광범위한 현상으로 나타나고 있다. 위니캇은 유아기나 초기 아동기에 개인이 겪은 특수한 박탈 경험에서 반사회적 경향성의 기원을 찾음으로써 인간의 정서발달 이론에 전적으로 새로운 차원을 열었다. 그는 이 이론이 가르치는 일과 임상 작업의 근간이 되었다고 기술한 바 있다.

제2차 세계대전은 여러 가지 측면에서 볼 때 위니캇의 인생에서 하나의 분수령이었다. 이 시기에 그는 아주 독창적인 발달 이론을 세웠고 자신의 고유한 이론을 꽃피웠다. 그가 전쟁 기간 동안에 박탈된 아동을 만난 경험이 그 자신의 이론을 세우는데 아주 크게 기여했다는 것은 의심의 여지가 없다.

당시의 정신분석 이론은 비행과 범죄를 피할 수 없는 무의식적 양가감정으로부터 일어나는 불안과 죄책감에서 비롯된다고 보았다. 즉 증오(파괴하고자 하는 소망)가 자신이 사랑하고 자신에게 필요한 사람에게 향할 때 일어나는 갈등의 결과로 비행과 범죄가 일어난다고 생각했다. 기본적인 생각은 죄책감이 과도하게 축적되고 그것을 승화시키거나 회복시키기 위한 출구를 찾지 못할 때, 죄책감을 느끼기 위해 무언가를 행하거나 행동화한다는 것이었다. 다시 말해서 비행의 원인을 주로 개인의 내적 세계, 혹은 정신 안에서 발생하는 투쟁에 따른 것으로 보았다.

1920년대에 위니캇은 자신의 소아과 클리닉에 치료받으러 오는 아동들에게 정신분석 이론을 적용하였다. 그 후에 그 사례들에 관한 글을 쓰기 시작하였는데, 그 글에는 행동장애를 포함하여 유아기에 나타나는 많은 증상들이 무의식적 갈등에서 비롯된다는 믿음이 담겨 있었다. 그러나 그 증상들의 뿌리가 아동의 내적 세계에 있다고 해도 그의 강의 내용과 글에 삽입된 사례기록들을 보면, 위니캇은 종종 환경 요인을 증상의 결정적인 요소로 보는 것 같았으며, 그것은 흥미로운 관점이었다. 예를 들면, 베로니카는 어머니가 병원에 입원한지 한 달 후에 밤에 오줌을 싸기 시작하였고, 학교에서 물건을 훔치는 엘렌은 한 살 때 가정이 깨어졌으며, 프란시스의 폭력적인 행동은 어머니의 우울증과 연관되어 있었다. 사람들은 이러한 이야기들이 아동기에는 반드시 안전하고 지속적인 환경이 필요하다는 공유된 상식을 토대로 하고 있다는 인상을 갖는다.

전쟁이 일어나기 전에 정신분석가 존 보울비(John Bowlby)는 자신의 아동상담소를 방문한 정서장애 아동들의 성장 배경에 대해 연구했다. 그는 다양한 문제를 가진 150명의 아동을 조사한 결과, 훔치기와 박탈—특히 유아기에 어머니와 분리를 경험한[1]—사이에 직접적인 관련성이 있다는 것을 발견하였다. 이것은

---

1 존 보울비(John Bowlby), '신경증과 신경증적 성격 발달에 미치는 초기 환

이 제4부의 시작 부분에 나오는 편지에서 논의할 것이다.

클레어 위니캇이 이 책의 서문에서 말했듯이 위니캇의 전시 경험은 박탈과 비행의 직접적인 원인을 가정에서 찾게 되면서 점차 이론으로 체계화되기 시작하였다. 하지만 위니캇은 이러한 문제에 대해 정신분석이 제공할 수 있는 더 깊은 통찰을 놓치지 않았다. 그 통찰이란 비행을 저지르는 사람은 자신의 비합리적인 비행행동, 그 행동유형의 경직성, 그것의 충동성에 대해 스스로에게 설명할 수 있는 무엇인가가 필요했기 때문에 그러한 행동을 한다는 생각이었다. 따라서 위니캇의 정신분석 이론은 자신의 관찰내용 및 실제 경험과 결합되었고, 그 내용은 이 책의 제1부에서 다룰 것이다.

제4부에서는 전쟁 중에 위니캇이 겪은 경험들을 다루며, 다섯 살도 안된 아동들이 살고 있던 도시를 떠나 대피하는 과정에서 생길 수 있는 위험성을 지적하는 보울비, 위니캇, 임마누엘 밀러의 편지들을 실었다. 그 다음에는 대피했던 두 명의 아동이 가정환경이 달라지고 어머니와 떨어졌을 때 어떤 영향을 받는지를 보여주는 '아동과 어머니'(1940)라는 제목의 글이 이어진다. 22장은 1941년에 쓴 글로, 케임브리지 지역에 사는 교사들 가정에 대피했던 아동들에게 생긴 문제에 대한 통계조사 연구집의 내용을 간략히 소개하고 있다. 위니캇은 당시 아동을 맡아 돌본 교사들에 대해서는 칭송을 아끼지 않았지만, 대피 계획을 '하나의 비극적인 이야기'로 보았다. 보울비는 조사 결과를 근거로 비정상적 증상에 대한 분류 기준을 제시하였는데, 여기에 그 내용을 소개하였다.

이 세 편의 논문은 전문적인 실천가들이 널리 수용하고 있는

경의 영향,' 국제 정신분석학회지, p. 21, 1940년.

견해를 공통적으로 담고 있다. 즉 상실을 경험했을 때 그 상실에 따른 고통을 표현하는 반응이 틀림없이 나타나는데, 만약 그러한 반응이 없다면 더욱 심각한 장애가 있는 것으로 볼 수 있다는 것이다. 편지에서는 애도할 수 있는 능력—상실에 대한 성숙한 반응—의 가치에 관심을 나타내고 있다(애도 과정은 제1부의 '분리에 대한 심리학적 이해'라는 글에 기술되어 있다). 한편 케임브리지 지역의 대피 계획에 관한 개관에서는, 학령기 아동들에게 흔히 나타나는 반사회적 행동과 함께, 또 다른 미숙한 반응들을 발견하였다. 1945년에 위니캇은 임시 부모와 친부모에게 방송을 통해 강연을 했는데('대피한 아동'과 '가정으로 돌아온 아동'), 반사회적 행동을 아동이 사랑했던 사람과 안정감을 상실했을 때 나타내는 반응으로 보았고, 이에 대해서 긍정적인 심리적 가치를 부여하였다. 또한 그러한 행동은 아동을 보살피고 있는 사람이 개인적으로 적절하게 반응해 줄 경우에만 긍정적으로 변화될 수 있다고 보았다. 이것은 반사회적 경향성에 대한 위니캇 이론의 핵심으로서 그의 모든 임상작업 안에 스며들어 있다. 그는 고통을 느끼는 개인만이 도움을 받을 수 있다고 여겼다.

앞의 두 장과는 달리, 4부의 나머지 부분은 이미 오래 전에 절판된 '아동과 외부세계'라는 위니캇 저서의 한 부분이다. 그것은 '스트레스를 받고 있는 아이들'이라는 제목의 강연 내용인데, 여기서는 그 제목을 그대로 사용하였다. 그것은 전시에 듣게 되는 뉴스 속보가 다양한 성격과 연령층의 아이들에게 어떠한 영향을 미치는가에 대해서 교사들에게 강연한 내용이다. 위니캇은 이 글에서 아동 개개인의 내적 세계에 대해 고려해야 한다고 주장하고 있다. 다음에 아동 대피에 대한 네 편의 BBC 방송 강연을 수록하였다. 1939년에 한 첫 번째 강연은 아이를 떼어놓은 어머니가 느끼는 슬픔과 아이가 집을 떠나서 어떻게 지낼지 걱정하는 어머니의 심정에 관한 내용이다. 또 1945년에 한 두 번째 강연은 임시 부모가 대피 기간 동안 맡은 중요한 역할에 대한 내용이다(이것은 위니캇이 특별히 임시 부모에게 직접 연설한 것이다). 1945년에 부모들을 대상으로 한 다른 두 강연은 아동이 가정으로 돌아왔을 때 부모가 느끼는 기쁨뿐만 아니라 그때 부딪치는 문제들에 대한 내용이다. 이 방송강연에서는 명확하고 생생한 부모들의 증언과 함께 아이를 떼어놓는 고통을 경험한 부모들의 감정을 이해하는 위니캇의 깊은 마음이 잘 드러나고 있다. 따라서 강연은 부모들의 감정을 충분히 이해하고, 많은 청취자들을 위로할 수 있는 소중한 시간이 되었다.

끝으로 1947년과 1949년에 위니캇이 쓴 두 편의 논문은 위탁 가정에서 지낼 수 있는 아동과 달리 관리가 어려운 아동을 위해 세우는 호스텔 설립 계획의 진행과정에 대한 내용을 담고 있다. 이 아동들은 이미 박탈을 겪은 아동이라는 사실이 밝혀졌다. 즉 그들은 대피하기 이전부터 박탈로 인하여 문제를 겪고 있었다. 그 중 첫 번째 글은 급박한 필요에 따라 즉시 대처하기 위하여 세운 호스텔 설립 계획의 진행과정에 대해 매우 흥미있게 다루고 있다. 상대적이긴 하지만, 그것은 대체로 성공한 이야기이며, 다양한 욕구에 맞게 전후에 설립된 여러 호스텔에 수용된 아동들과 만나본 사람이면 누구든지 흥미를 느낄 수 있는 이야기이다. 두 번째 논문인 마지막 글에서 위니캇은 전쟁 중에 세운 호스텔이 평화시에는 문제를 겪고 있는 아동들에게 제공되어야 한다고 촉구하고 있다.

편집자: 클레어 위니캇, 레이 세퍼드 그리고 마델라인 데이비스(Clair Winnicott, Ray Shephered, and Madeleine Davis)

21장

어린 아동의 대피 계획에 관하여

영국 의학지에 보낸 편지(1939. 12. 16.)

안녕하십니까. 저는 2세에서 5세 된 아동이 어머니와 떨어져 대피할 때 심각한 심리적 문제가 생길 수 있다고 생각합니다. 그러므로 아동을 대피시키기 위한 계획은 신중하게 이루어져야 할 것입니다. 그 계획을 마무리하기 전에 우리는 다음과 같은 문제에 주의를 기울여야 할 것입니다.

걸음마 아동이 삶의 연속성이 깨어지는 경험을 할 때 그들은 조금 큰 아이들이 그러한 경험을 하는 것과는 비교가 되지 않을 정도로 커다란 위험에 직면하게 됩니다. 나이를 먹은 아동은 이 위험한 요소의 영향을 거의 받지 않습니다. 5세가 넘은 아동들은 대부분 가족과 떨어져서 잘 지낼 수도 있고, 심지어는 아동에게 이로울 수도 있다는 사실을 보여주고 있습니다. 그러나 5세 이전의 어린 아동이 어머니와 떨어져서 지내는 데에는 커다란 위험이 따릅니다.

이 주제에 대하여 많은 연구가 이루어졌는데, 최근에 런던 아동상담소에서 일하는 우리 동료 한 사람이 조사한 연구 내용을 보면, 어린 아동이 어머니와 오랫동안 헤어져 있는 것이 아주 중요한 비행의 원인 중 한 가지 외적 요인으로 나타나고 있습니다. 통계적으로 타당성이 있는 일련의 비행 청소년 사례 조사에서 절반 이상이 생후 첫 5년 내에 6개월 또는 그 이상의 기간 동안 어머니와 친숙한 환경에서 떨어져 고통스러운 시간을 가진 것으로 나타났습니다. 이 사례들에 대한 개인력의 연구결과도 분리가 중요한 원인이라는 통계적 결론과 일치하고 있습니다. 만성적인 비행과 같은 심각하게 비정상적인 장애와는 달리, 경미한 행동장애, 불안, 모호한 신체적 질병을 일으키는 성향들은 종종 아동이 어린 시절에 겪은 환경의 어려움에서 그 원인을 찾을 수 있습니다. 대부분의 어린 아동의 어머니들은 될 수 있는 대로 자신의 아이를 떼어놓지 않으려고 하는데, 이것은 그들이 이런 사실을 인지하고 있음을 말해줍니다.

어느 정도 나이가 든 아동도 집을 떠날 때 슬픔과 혼란을 느낄 수 있지만, 나이 어린 아동에게 그러한 경험은 실제적인 슬픔을 경험하는 그 이상의 것입니다. 그것은 정서적인 '암흑'(black-out)에 해당하며, 평생 지속될 수 있는 심각한 성격발달 장애를 일으킬 수 있습니다. (시설에 있거나 가정이 없는 아이는 이러한 비극을 짊어진 채 삶을 시작합니다. 이 편지에서는 이런 아이들의 대피 문제를 다루지 않을 것입니다.)

탁아소와 고아원에서 일하는 보육사들은 이러한 관점에 종종 의문을 제기합니다. 그들은 몇몇 나이 든 아동들은 고통을 호소하는 신호를 보내지만, 어린 아동은 낯선 사람을 아주 친숙하게 대하고 행복해 보인다고 말합니다. 이 말이 진실일 수도 있지만, 우리의 견해로는 이러한 행복은 위장된 것일 수 있습니다. 탁아소에 있는 동안 행복해 보이던 그 아동이 집으로 돌아갔을 때에 종종 자기 어머니를 알아보지 못하는 것을 볼 수 있는데, 이는 아동이 근본적인 손상을 입었고 성격이 심각하게 왜곡되었음을 말해주는 것입니다. 슬픔을 경험하고 표현하는 능력은 아동의 성격과 사회성이 발달한 결과로 볼 수 있습니다.

만일 이러한 의견이 옳다면, 어린 아동이 어머니와 떨어져서 대피하는 것은 매우 심각하고 광범위한 심리적 장애를 일으킬 수 있습니다. 예를 들면, 앞으로 10년 안에 청소년 비행이 크게 늘어날 것이라는 사실입니다.

이미 알려진 사실들에 기초하여 이러한 문제에 대해 더 많은 이야기를 할 수 있겠지만, 다만 우리는 이 편지를 통하여 이 문제를 다루는 해당 부처의 관심을 이끌어내기를 바랄 뿐입니다.

존 보울비
엠마뉴엘 밀러
도날드 위니캇

아동과 어머니
(새시대의 가정과 학교를 위한 기고문, 1940)

걸음마 아동을 위해 많은 일을 해온 한 여성 공무원이 다음과 같은 내용이 담긴 편지를 보내왔다. '… 15년간 일한 경험을 통해서 볼 때 2세에서 5세 된 아동을 위하여 적절한 훈련을 받은 선생님이 있는 탁아소에서 지내는 아동이 어머니와 함께 있는 아동보다 훨씬 더 낫다고 확신합니다. 2세에서 5세 사이의 아동은 보살핌과 동시에 또래와 어울리는 사귐이 필요한데, 대부분의 어머니는 자녀들에게 너무 많은 것을 주려고 합니다 …' 이런 주장은 정말 옳은 것인가?

아동과 어머니 사이의 관계에 대한 문제는 상세하게 연구할수록 바람직하다고 하겠다. 그런 점에서 아동의 대피 계획과 관련된 문제는 다른 더 깊은 연구를 위해 유용한 자료가 될 수 있을 것이다.

이것은 매우 광범위한 주제이지만 그 중에 뚜렷하게 부각되는 몇 가지가 있다. 그 중 하나는 아동이 어머니와 분리되는 시기가 빠를수록 더욱 위험하다는 것이다.

이것은 서로 다른 것으로 보이는 두 가지 방식으로 설명할 수 있다. 하나는 아동이 어리면 어릴수록 그의 마음속에 살아있는 개인에 대한 생각을 유지할 수 있는 능력이 적다는 것이다. 즉 아동이 제한된 시간을 넘어서까지 그 사람을 다시 보거나 만질 수 없다면, 아동은 그 사람을 죽은 것으로 간주한다는 것이다.

18개월 된 한 소년은 아버지의 부재를 가까스로 견디고 있었다. 그것은 그가 아버지의 애정어린 마음이 담긴 우편 엽서를 받았고, 잠들 때 그것을 보며 슬피 울 수 있었기 때문에 가능했다. 그러나 만약 그가 몇 개월만 더 어렸더라면 그는 슬퍼할 수 없었을 것이며, 아버지가 돌아왔을 때 죽은 사람이 살아온 것으로 여겼을 것이다.

또 다른 방식은 나이와 상관없는 우울증과 관련되어 있는 것이다. 우울한 사람은 자신이 사랑하는 사람—아마도 자신과 같은 방에 살고 있을 때조차도—에 대한 생각을 생생하게 유지하지 못한다. 여기에서 이 두 가지 설명 방식을 서로 연결시킬 필요는 없을 것이다.

고등 교육을 받지 않은 부모들도 이러한 사실과 여러 가지 다른 인간의 특질이 중요하다는 것을 직관적으로 인지할 수 있다. 오히려 아동 대피 계획과 같은 중요한 일을 책임지고 있는 당국이 이러한 사실에 대해 인지하지 못하고 있는 것 같다.

다음은 평범한 노동자인 한 아버지가 쓴 편지 내용이다.

'저는 12월 4일에 쓴 당신의 편지에 아내를 대신하여 답장을 씁니다.

아내는 5세인 존과 남동생 필립과 함께 카펜더 공원으로 대피하였습니다. 아내는 존이 아주 행복해하고 건강하다고 말합니다.

저는 주말마다 그들을 만나며 존은 최근까지 매우 만족스러워 보였습니다. 지금 존은 할머니를 보고싶다고 조르고 있습니다. 할머니는 도르셋에 대피해 있지만 곧 돌아올 것입니다. 저는 존에게 할머니가 돌아오면 만날 수 있을 것이라고 약속했습니다 …'

다음은 런던에 사는 한 평범한 노동자인 어머니가 병원에서 진술한 상담 내용이다.

토니 뱅크: 4½세

뱅크 여사는 토니와 3세 된 여동생 앤을 데려왔다. 나는 병원 문을 닫을 시간이 되었는데도 그녀와 함께 대피와 관련된 중요한 문제를 의논했다. 그녀와 두 아이는 전쟁이 터지자 노스햄프턴으로 갔다. 그들은 모두 한 침대에서 자야 하는 아주 작은 숙소에서 우울하게 지냈다. 그들은 대피한 마을이나 숙소에서 도움을 받기보다는 대피로 인해 온갖 불이익을 당하고 있다고 느졌다. 2주일 후에 그들은 숙소를 바꾸었는데, 그곳은 토니가 어머니와 한 침대에서 함께 자는 것을 제외하고는 아주 만족스러웠다. 앤은 간이 침대에서 따로 잤다. 아버지가 오면 그는 아내와 아들과 함께 한 침대에서 잤다.

뱅크씨 가정은 아주 행복한 가정이었다. 아버지와 아이들은 서로를 아주 좋아했다. 아버지는 사랑이 많은 어머니의 외아들로서 행복한 아동기를 보냈다. 뱅크 여사는 6형제였으며, 그녀의 아동기는 아버지가 아주 엄격했다는 것 외에는 행복한 시간이었다. 그녀는 결혼하여 남편과 아이들에게 헌신하는 삶을 통해서 진정한 행복을 느끼고 있었다.

그녀는 어린 아이들을 세심하게 돌보아야 하는 그 시기가 자신의 삶에서 아주 중요하다고 느꼈다. 이때 그녀는 막연한 두려움에서 벗어나 자신의 삶에서 최상의 것이라고 느끼는 것을 잃지 않도록 노력하는 것을 과제로 삼았다. 그녀는 몇 개월 동안 런던을 떠나는 것은 합리적이라고 느꼈으나 삼 년은 너무 길다고 생각했다. 그녀와 남편은 성적 만족을 추구하면서도 친구 같은 관계를 원하는 이중적 욕구를 가지고 있었다. 뱅크씨는 주말마다 그들을 만나러 왔다. 그는 용돈으로 봉급의 1퍼센트를 썼으며, 술을 마시거나 담배를 피우지 못했지만 그러면서도 궁색하게 느끼지 않았다. 뱅크 여사는 그가 일주일에 한번은 가족을 만나러와야 한다고 말했다. 왜냐하면 아이들이 어려서, 아버지를 너무 오랫동안 만나지 못한다면 애를 태우거나 잊을 수도 있기 때문이었다. 한번은 아버지가 급히 기차를 타야 했는데, 토니는 '아빠는 가기 전에 나를 안아주지 않았어' 하며 울음을 터뜨렸다. 뱅크씨 또한 가족을 정기적으로 만날 수 없었다면 견디기 어려웠을 것이다.

아이들은 다음과 같이 묻곤 했다. '외할머니는 어디에 있어?',

‘아줌마는?’ 그래서 그녀는 1주 동안 아이들을 데리고 친척집에 가기로 하였다. 이것은 아주 잘 한 일이었지만, 그 기간이 더 길어진다면 아이들은 혼란스러워져서 다음에 다시 즐겁게 만날 수 없을 것이라고 느꼈다. 그들은 모두 크리스마스 무렵에 숙소로 돌아올 예정이었다. 그러나 그녀는 왠지 크리스마스가 지나면 곧 자신의 집으로 돌아가게 될 것이라고 느꼈다. 임시 숙소는 괜찮았다. 뱅크 여사는 숙소가 그럭저럭 지낼 만했지만 자기 집만은 못하다고 말했다.

내가 그녀에게 토니에 대해서 묻거나 남편이 와서 그들과 토니가 한 침대에서 자는 것에 대해서 물었을 때, 그녀는 토니가 항상 먼저 잠이 들었으며, 결코 아무것도 보지 못했을 것이라고 말했다. 그녀는 항상 토니에게 말을 걸어서 깊이 잠들었는지 확인해 보았다고 말했다. 한번은 토니가 깨서—아빠가 그와 부딪혔을 것이다— ‘엄마, 왜 아빠가 저렇게 움직이지?’ 하고 물었고, 그녀는 ‘아빠는 너무 추워서 다리를 문지르고 계신 거야’ 라고 대답했다. 토니는 곧 다시 잠이 들었다고 했다. 그러나 낮에 토니는 아주 많은 것을 물었는데, 주로 전쟁에 관한 내용이었다. 토니는 여동생에게 ‘쉿, 조용히 해, 뉴스 시간이야’ 라고 하며 뉴스를 들으려 하였고, 그녀에게 자신이 이해하지 못하는 것을 물었다. 예를 들면, 배가 침몰할 때 어떻게 무전을 쳐서 배가 가라앉는다는 것을 사람들에게 알리는지, 무전 기사는 배와 함께 가라앉지는 않는지에 대해 물었다. 토니가 뉴스에 관심을 갖는 것은 물론 날마다 들려오는 사람들의 죽음에 대한 소식과 관련된 것이었고, 토니의 어머니는 뉴스에 대한 아이의 관심이 환상 속에서 혹은 의식 안에서 다루어야 하는 성교에 대한 관심과 연결되어 있다고 생각하였다.

토니는 지적으로는 발달이 빠른 편이었지만, 혼자 옷을 입지는 못하였다. 그는 바지의 뒷단추나 신발 단추를 채우지 못하였고, 화장실 문을 열지 못하였다. 식사할 때에도 아주 천천히 먹었는데, 음식을 먹고 씹어 삼키기까지 시간이 많이 걸렸다. 그는 음식을 씹고 또 씹었다. 때때로 고기 조각을 한 시간 이상 씹었고 어머니는 그것을 입에서 뱉어내게 하기도 했다.

토니와 여동생은 행복했고, 헤어진다는 것은 꿈에도 생각하지 않았다. 만일 그들이 서로 떨어진다면 불평을 할 것이다. 그들의 놀이는 상상력이 풍부했지만, 앰뷸런스와 방공호와 같은 당시에 일어난 사건이 주요한 소재가 되었다. 그들은 의사 놀이와 어머니 놀이를 했고, 가족이 차를 마시는 놀이를 재현하였다. 그들은 특히 의사와 간호사 놀이를 좋아했다. 그것은 토니가 끝없이 즐기는 놀이였다.

일요일에 아이들은 엄마의 손을 떠나서 아빠와 무엇인가를 했다. 이것은 가족 모두가 기대하는 큰 기쁨이었다. 아빠는 아이들과 즐겁게 지냈으며, 버스를 타기보다는 산책하는 것을 더 좋아했고, 가고 싶어하는 곳과 구경하고 싶어하는 것에 대해 이야기해 주면서 아이들과 편안한 시간을 보냈다.

토니는 3세 때부터 나에게 진료받으러 왔다. 토니는 여동생이 태어난 때인 18개월까지는 잘 지냈다. 그후에 토니는 특히 엄마가 아기에게 젖을 먹일 때 심하게 질투를 하곤 했다. 그는 엄마에게 달려들어 엄마의 옷을 잡아당기고, 젖을 파고들곤 했다. 또 엄마가 아기의 기저귀를 갈거나 아기의 잠자리를 준비할 때에는 화가 난 표정으로 지켜보곤 했다. 그러나 아기에 대한 그의 질투는 서서히 사랑으로 바뀌었고 아기와 노는 것은 큰 기쁨으로 바뀌었다. 토니가 두 살이 되었을 때 설사를 하기 시작하였다. 그후 토니는 3세경 디프테리아에 걸렸는데, 이것은 그에게 두 번째로 큰 사건이었다. 토니가 아기였을 때는 잘 자랐고 음식도 잘 먹었지만, 이 사건 이후 현재까지 계속 음식을 잘 먹지 않으려고 하였다. 토니는 우울증적인 성향을 발달시켰다. 사람들은 토니가 비정상적일 정도는 아니지만, 나이에 비해 많은 성취를 이루었다는 사실을 발견할 수 있었다. 여동생이 태어나면서 엄마가 새 아기를 돌보는 동안 아버지가 토니를 돌보는 일을 떠맡았다. 현재 토니는 아주 건강한 상태이다.

다음은 어머니와 떨어짐으로 인해 손상을 입은 아동의 상담 사례이다.

21개월 된 에디는 평범하고 학식이 있는 부모의 외아들이다. 아버지는 사업가였고, 어머니는 결혼 전에 음악가로 활동하였다.

에디가 18개월이 되었을 때 가족은 휴가를 떠났는데, 그때 처음으로 부모와 한 방에서 잤다. 에디는 어머니가 안아서 재워야만 잠이 들었다. 밤 10시가 되어 침대에 누이려고 안아 올리면 칭얼거리긴 했지만, 곧 다시 잠들었다. 이 휴가 기간에 에디는 이따금 너무 흥분해서 잠을 이루지 못했으므로 안아서 재워야만 했다. 이것은 에디에게 특별한 기억으로 남았고, 자신이 좋아하는 아빠와 하루종일 함께 있었기 때문이라고 생각되었다. 이 시기에는 에디를 잠재우는 일 이외에 돌보는 일에는 별 어려움이 없었다.

휴가를 마치고 집으로 돌아온 일주일 후에 전쟁이 일어났다. 그래서 에디는 어머니와 함께 외할머니 집으로 대피했고, 아버지는 집에 혼자 남았다. 에디는 어머니와 같이 잠을 잤다. 에디의 어머니는 그가 이때까지 부모와 함께 지내다가 뜻하지 않은 일로 혼란을 느끼는 것 같아 더욱 깊은 관심을 쏟았다. 에디는 편안한 생활을 지속할 수 있었다. 10일 후 어머니는 에디가 외할머니를 아주 좋아해서 외할머니에게 맡겨도 괜찮겠다고 생각하였다. 그래서 어머니는 남편을 돌보러 집으로 돌아갔고, 몇 가지 일로 한달 정도를 집에 머물렀다. 그때 어머니는 아이가 기운이 없어 보이고, 이가 나고 있으며, 별 이유없이 아프다는 편지를 받았다. 어머니가 아이에게 돌아왔을 때, 에디는 열이 있었고 잇몸을 앓고 있었다. 마지막 4개의 젖니가 나고 있었다. 전에는 이가 날 때 그렇게 아팠던 적이 없었기 때문에 어머니는 당황하였다. 또한 어머니는 **자신이 아기에게 돌아갔을 때 아이가 자신을 알아보지 못했기 때문에 충격을 받았다.** 이것은 아이에게는 고통스러운 일이었고, 어머니에게는 큰 충격이었다. 그러나 어머니는 참을성 있게 기다렸고, 다음날 아침에 아이가 자신을 알아볼 수 있게 되자 안심하였다. 그후로 아이는 훨씬 건강해졌고, 잠도 잘 잤다. 에디는 어머니에게 많은 이야기를 하며 즐거워했다. 에디가 어머니를 완전히 알아보게 되면서 상태가 변화하는 것 같았다. 그래서 그가 정말로 몸이 아파서 고통을 받은 것인지 믿기가 어려웠다. 3-4일 후 에디는 아주 좋아졌고 즐거워 보였으며, 곧 집으로 돌아왔다. 집으로 돌아왔을 때 에디는 마치 어떤 아이가 자기 방을 사용하고 있는 것처럼 느끼는 것 같았고 그래서 자기 방에 들어가지 못했다. 그래서 어머니 아버지와 함께 잤다. 에디는 아버지를 즉시 알아보았고, 기쁨과 즐거움에 들떠 탄성을 지르며 낯익은 집안을 둘러보았다. 그는 이제 자신이 어디에 있는지 알게 되었다. 그는 매우 행복해했고 첫 날밤은 잘 잤다. 다음날 밤 에디는 잠을 설쳤고, 이후로 점차 증상이 심해졌다. 일 주일 후 에디는 자신이 좋아하던 자기 방으로 가서 3일 동안 잘 잤다. 그러나 그 후부터는 그 방에서 잠을 잘 수 없었다. 증상이 심해지자 어머니가 나를 찾아왔다. 에디는 서서 4시간 동안 비명을 질러댔다. 그 비명은 화가 난 것을 넘어선 공포였으며, 공포를 넘어선 절망이었다. 에디의 어머니는 분별력 있고 모성적인 측면을 가지고 있었다. 그녀는 에디의 문제가 단순한 기질의 문제가 아니고 어떤 조처가 필요하다고 보았다. 어머니가 할 수 있는 유일한 방법은 에디가 잠들 때까지 돌보는 것이었는데, 겨우 잠들었다고 생각하고 그녀가 일어나서 방을 나가려고 하면 에디는 항상 그녀가 문을 나가기 전에 깼다. 그를 엄하게 대해도, 또 그에게 괜찮다고 말해주어도 아무 소용이 없었다. 어머니는 아이에게 끌려 다니지 않으려고 마음을 굳게 먹고 에디와 대결하였으나, 그 결과는 양쪽 모두가 극도로 피로해질 뿐이었고, 다시 회복되었을 때에도 상황은 다시 원점으로 돌아가곤 했다. 그가 아무리 울어도 어머니가 끝까지 버티자, 에디는 어머니에 대한 희망을 포기하고 악을 쓰며 아빠를 찾았다. 반시간 후에 어머니가 들어갔을 때 아이는 옷에 배설을 한 채 공포에 질려 있었다. 그는 어머니 품에서 지쳐 잠에 떨어질 때까지 계속 흐느껴 울었다. 그러나 이 싸움은 한두 시간이 지난 뒤에 다시 시작되었다. 부모는 의사를 불렀고, 그는 에디에게 이가 나고 있다며 아스피린을 주었다. 3일 밤 동안 이 약은 신통하게 잘 들었지만, 그후 에디의 증상은 다시 악화되었다. 이 시기에 에디는 낮에는 즐거워했고 얌전하였으며 사랑스러웠다. 그는 온순하게 혼자 놀기도 하고, 아버지 어머니와 함께 놀기도 했다. 에디는 부모의 방에 유모차를 놓고 어머니에게 자기를 재워달라고 요구했다. 이렇게 하여 에디는 일시적이지만 부모의 방에서 잠을 잘 수 있게 되었다. 이때 어머니는 상황을 판단할 수 없는 상태여서 누군가의 도움이 필요했다. 어머니는 아이의 울음 소리가 위층에 사는 사람들에게 방해가 될까봐 그녀가 버텨야 하는 순간에도 버틸 수가 없다고 말했다. 한 달 안에 그 가족은 교외에 있는 집으로 이사하기로 되어 있었는데, 이사하기 전에 에디의 문제를 빨리 해결해야 했다. 왜냐하면 이사를 하게 되면 아이는 자신이 잘 다니던 유아원을 떠날 뿐만 아니라 집에서 자기를 돌봐주고 이해해주던 보모와도 헤어져야 하기 때문이었다. 그러나 아직도 에디는 잠을 잘 때 어머니를 그 방에서 나가지 못하게 했다. 어머니는 절망을 느낀다고 말했고, 자신의 노력이 모두 허사가 되었다고 느꼈다. 만일 어머니가 에디의 머리를 쥐어박으면서 '버릇없어' 라고 말하면, 아이는 자신을 쥐어박고 이를 갈았다. 그는 마치 모든 것을 다 알고 있으니까 자꾸 듣기 싫은 소리로 괴롭히지 말라고 말하는 것 같았다.

분석 결과, 에디가 어머니와 다시 편하게 만나지 못하는 것은 에디가 어머니와 헤어져 있던 시기에 어머니의 모습과 웃는 얼굴을 볼 수 없었기 때문에 어머니가 자신의 증오에서 살아남을 수 있다는 것을 확신할 수 없었기 때문인 것으로 드러났다.

도움을 받아서 문제를 해결했다 할지라도, 아이는 어머니와 분리되었을 때 생긴 외상을 쉽게 회복하지는 못했다.

공습으로 인해 아동이 신체적인 손상을 입을 수 있다는 것과, 성인이 되어도 그 두려움이 되살아날 수 있다는 것을 부인할 필요는 없다. 그러나 가정에는 안락함과 편리함보다 더 중요한 관심사들이 존재한다는 사실을 알 필요가 있다. 가정이라는 단위는 유아에게 반드시 필요한 자기 확신감을 제공해 준다. 걸음마기 아동이 그것을 잃는다면, 정서 발달에 장애가 생기고 인격이 황폐해지며 개성을 잃어버릴 것이다.

22장

케임브릿지 지역의 대피 계획에 관한 개관: 전시(戰時) 사회복지와 교육에 관한 연구

(수잔 아이작 편집, 1941.)

공습에서 아동을 보호하기 위해 대피는 불가피했다. 많은 사람들이 대피 계획은 좋은 것이고 필요한 것으로 전쟁에 대처하는 좋은 방법이라고 설명하였다. 그러나 나는 대피를 하나의 비극적인 사건으로 본다. 이로 인해 아동은 정서적으로 장애를 입을 수 있고 그 장애는 회복되기 어려울 수도 있다. 또는 아동은 행복한데, 부모만 고통을 받을 수도 있다. 이때 부모는 자신의 아이들에게조차 필요하지 않은 존재라고 느낄 수 있다. 내가 보기에 이 대피 계획은 기대하는 만큼의 성과를 얻기 어려울 것이다.

그러나 나의 과제는 이러한 실패와 비극에 대처하는 것이며 내가 어떠한 개인적인 견해를 갖고 있다 해도 그것은 별 의미가 없다. '케임브릿지 지역의 대피 계획에 관한 개관'을 통하여 시기

적절하게 이 문제를 체계적으로 조사한 연구팀이 여러 가지 견해를 제시하였다. 이 연구는 분명히 가치 있는 것이었다. 편집자와 9명의 저자들이 제시한 견해들이 신랄한 비판을 받기는 했지만 그렇게 비관적인 것은 아니었다.

이 책에 소개된 이론과 연구 내용 그리고 선별되고 분류된 자료의 양은 방대했다. 또한 이 책에서는 전쟁이 터진 뒤부터 마을에 폭격이 시작되기 이전까지 상황을 다루었다. 이 후에 재개된 대피 계획은 자료로서 가치가 없었다. 이 책에서는 통계를 효과적으로 잘 사용하고 있다. 그러나 우리는 아동, 부모, 임시 부모와 선생님을 전인적 존재(whole human beings)로 보는 관점을 결코 잃지 않았다. 이러한 까닭에 이 책은 읽을 만한 가치를 갖게 되었다.

다음 인용구에서 이 책에 대한 느낌을 얻을 수 있을 것이다.

'이것이 우리의 가장 포괄적이고 보편적인 결론이다. 즉 초기의 거대한 대피 계획이 인간의 본성과 평범한 부모와 아동이 느끼고 행동하는 방식에 대하여 충분히 이해하고 그것을 토대로 세워졌더라면, 실패는 훨씬 더 줄어들고 더욱 좋은 성과를 얻을 수 있었을 것이다.'

'특히 대피 계획의 책임자들은 가족 유대가 가지고 있는 장점이나 개별 아동을 전문적으로 이해할 필요성에 대해서는 전혀 관심을 두지 않았던 것 같다.' (p. 9)

' …개인이 이해와 도움 받기를 원하지 않는다고 해서 도움을 주지 않는 것은 옳지 않다.' (p. 155)

'방대한 인간의 문제, 즉 삶의 모든 측면을 다루는 일에 대해서 부분적으로 접근할 때에 생기는 비효율성과 낭비를 날카롭게 지적하였는데, 그것은 전쟁 기간 동안 도시의 주민을 분

산시키는 일시적 위기 상황에만 적용되는 문제가 결코 아니다.'(p. 11)

이 책은 주의 깊게 씌어졌으므로 그 내용을 깊이 생각하고 인과관계를 잘 이해하면서 읽어야만 한다.

'아동은 무엇을 말하는가'(What the Children Say)라는 장은 많은 것을 시사해주며 흥미롭기도 하다. 저자들은 당신은 케임브릿지에서 어떠했습니까?, 당신은 케임브릿지에서 무엇을 잃었습니까?라는 두 가지 간단한 질문에 대한 대답을 통계조사를 통해 얻어냈다. 때때로 그 대답은 해석할 필요가 있었지만, 명료한 느낌을 담고 있었다.

어떤 의사는 다음과 같이 아쉬운 마음을 표현하기도 하였다. 의료계는 대피로 인해 생기는 문제에 대응할 준비를 갖추지 못했고, 사람들은 신체의 건강 관리와 질병의 감염, 전염병에 대한 예방 치료 이외의 다른 질병은 의사에게 도움을 청할 수 없었다. 한편 교사들이 많은 짐을 짊어지게 되었다. 그들이 맡은 아이들을 특별히 잘 돌보아 주어야 하는 새로운 과제를 떠맡은 것이다. 이 연구팀에 속해 있던 존 보울비는 아동의 여러 가지 비정상적인 증상들을 6가지로 나누어 정의하고 분류하였다.

(A) 우울할 수도 있고 그렇지 않을 수도 있는 불안한 아동, (B) '마음을 닫고' 다른 사람과 관계 맺을 때 움츠러드는 아동, (C) 질투심이 많고 자주 싸우는 아동, (D) 과잉행동을 하고 공격적인 아동, (E) 감정의 기복이 심한 아동, (F) 비행 아동.

그는 '이러한 6가지의 반응 방식에 따라 아동을 분류하였다. 또 그는 아동을 장애의 정도에 따라 세 등급으로 나누었다. 첫번째 등급은 대체로 단순한 성향이 드러나는 정도로서 가정과 학교에서 사건의 경위를 이해하고 적절히 치료해준다면 좋아질 수 있는 가벼운 증상을 보이는 상태이다. 두 번째 등급은 꽤 심각한 부적응의 문제로서 임상 치료가 필요하지만, 전문적인 보호와 돌봄을 받으면 좋아질 것으로 예상되는 상태였다. 세 번째 등급은 깊게 자리잡은 정서장애로서 초기 단계 때 치료하지 않는다면 후에 심각한 정신의 붕괴가 초래될 수 있는 경우였다.'

보울비 박사는 분명히 임상적 관찰에 기초해서 이들 세 집단의 아동에 대해 설명했으므로, 이 설명이 경험을 통해서 수정될 부분이 있다 하더라도 그것은 가치 있는 것이었다.

아동 대피가 야기한 정서발달 장애에 대해서 뿐만 아니라 그것을 어떻게 계속 유익하게 사용할 것인지에 대해서는 아직도 연구할 과제가 많다.

이 책에서 직접 논의하지는 않았지만, 모든 인간관계의 문제에서 그렇듯이 무의식적인 감정과 요인들이 매우 중요하다.

이 책은 감상적이 아닌 객관적인 접근을 통해서 우리에게 필요한 작업이 어떤 것인지를 보여준다. 이 점에 대해 수잔 아이작 박사와 그녀의 동료들에게 감사드린다.

비록 저자 명단에는 들어 있지 않지만, 데오도라 알콕크 양에 대해 말해야 한다고 본다. 왜냐하면 우리의 동료 여러 명이 수년 동안 참여해온 알콕크 양의 아동 토론 집단에서 이 조사가 이루어졌기 때문이다.

23장

전쟁 중의 아이들

(교사들을 위한 글, 1940.)

전쟁이 아동에게 미치는 영향을 이해하기 위해서는 먼저 전쟁과 그 원인에 대해, 그리고 어른들이 그 싸움을 정당화하는 이유에 대해 아동이 어떻게 이해하는지를 알 필요가 있다. 어떤 사실을 한 연령 층에서 받아들인다고 해서 다른 연령 층에서도 똑같이 받아들이는 것은 아니다. 이것은 자명하면서도 중요하다. 나는 이것이 무엇을 뜻하는지에 대해 서술하고자 한다.

또한 연령 차이와는 별도로 아동과 아동사이에 개인차가 있다는 것 역시 중요한 고려사항이다. 이에 대해서도 서술하고자 한다.

연령에 따른 차이

나이가 아주 어린 아동들은 전쟁의 영향을 간접적으로 받는다. 그들은 총소리가 나도 거의 잠을 깨지 않는다. 그들은 친숙한 환경과 냄새 그리고 어머니와 분리되고 아버지와 접촉을 상실하는데서 가장 해로운 영향을 받는데, 이러한 일들은 종종 피할 수 없는 것들이다. 아동들은 평상시보다 더욱 어머니에게서 떨어지지 않으려고 하며 어머니가 두려움을 느낄 때 그 느낌을 알게 된다.

그러나 곧 아이는 전쟁에 대해 생각하며 이야기하기 시작한다. 아이는 읽고 또 읽던 요정이야기 대신에 주위에서 흔히 듣게 되는 어른들의 관심사를 이야기하며, 마음은 비행기, 폭탄, 폭격 받은 곳 따위의 이야기로 가득 찬다.

조금 더 나이를 먹으면 아동들은 폭력적인 감정과 생각을 갖는 시기를 지나 삶을 준비하는 시기, 즉 선생님에게 크게 영향 받는 시기에 들어선다. 5세에서 11세사이의 아이들 대부분은 무엇이 옳고 선한 것인지에 대해 듣고 배우려 하기 때문이다. 이 시기의 아동은 실제적인 전쟁의 폭력성이 아주 혐오스러울 수 있지만, 반면에 낭만적으로 채색된 그들의 놀이와 환상 속에는 대개 공격성이 나타난다. 많은 사람들이 이와 같은 정서발달 단계를 거치는데, 그것은 발달과정에 해로운 영향을 미치지 않는다. 오히려 그것은 발달과제를 성취할 수 있도록 이끌기도 한다. 그러나 실제 전쟁이 일어나면 이에 연루된 어른들의 삶은 심각한 혼란을 겪게 되는데, 이런 이유로 잠재기의 아동을 키우는 부모들은 자녀들에게 전쟁의 비폭력적인 면을 찾아 강조하게 되기도 한다. 지리 과목을 가르치는 한 교사는 이와 같은 전쟁의 비폭력 측면을 강조하는데, 전쟁소식이 어떻게 이용되는지 묘사하였다. 캐나다에 있는 이 마을은 대피하기 좋은 곳으로 관심을 모으고 있으며, 이 나라는 석유가 나고 좋은 항구를 가지고 있기 때문에 중요하며, 저 나라는 밀이 재배되고 망간이 공급되기 때문에 곧 중요하게 될 것이다 라는 식의 설명을 통해서 전쟁의 폭력성을 우회하고자 했다.

이 연령의 아이들은 자유를 위해 싸운다는 것을 이해하지 못하며, 이상화된 누군가의 통제나 명령을 통해 파시스트나 나찌 정권이 굉장한 혜택을 가져다줄 것으로 기대할 수 있다. 이것은 이 연령층 아동의 본성에서 일어나는 것이며, 그들은 자유를 곧 방종을 뜻하는 것으로 여길 수 있다.

대부분의 학교에서는 세계지도에 붉은 색으로 칠해진 지역인 대영제국(Empire)을 강조할 것인데, 잠재기 아동들에게 자신의 나라와 민족을 왜 이상화해서는 안 되는가를 알려주는 것은 쉽지 않다(그들에게 이상화해야 할 필요성이 있기 때문이다).

8, 9세의 아동은 '카우보이와 인디언,' 또는 '옥스포드와 케임브릿지'라는 게임의 변형으로 '영국사람과 독일사람'이라는 게임을 하고 놀 수 있다. 어떤 아이들은 한쪽 편을 들지만 편드는 상대가 날마다 변할 수 있으며, 대부분의 아이들은 자신이 어느 편이든 그리 상관하지 않는다. 그후 나이를 더 먹어서도 다시 '영국사람과 독일사람'류의 게임을 한다면, 그 아이는 자기네 나라와 동일시하는 것을 더 좋아하게 될 것이다. 현명한 교사는 조급하게 이러한 것을 알아내려고 서두르지 않는다.

12세가 넘는 아동의 사례를 토론하는 것은 좀더 복잡해지는데, 그것은 사춘기를 더디게 겪을 때 생기는 영향이 크기 때문이다. 이미 말했듯이 많은 사람들은 잠재기에 속한 특성들을 부분적으로 보유하거나, 보다 성숙한 발달을 성취한 후에 이 특성들을 다시 보여주기도 한다. 이들에게는 그들의 좀더 못된 행동들을 견뎌주어야 하는 것 외에는, 잠재기 아동에게 적용할 수 있는 것과 똑같은 원리가 적용된다. 예를 들어, 9세 아동이 이상화된 권위자에게 통제를 받고 지시 받는 것을 좋아하는 것은 아주 정상이라고 할 수 있는데 반해서, 14세의 아동이 그렇다고 한다면 그것은 다소 건강하지 못한 것이다. 종종 사춘기로 들어서는 것을 두려워하여 그 언저리를 맴도는 아동이 나찌나 파시스트 정권을 확고하고 의식적으로 동경할 수 있다. 그때에 그러한 동경은 이해심을 갖고 다루어야 한다. 정치적인 문제에 대해 보다 성숙한 판단을 할 수 있는 사람들도 청소년들이 그와 같은 독재자를 칭송하는 행동까지도 이해심을 갖고 대해야 한다. 많은 경우에 이러한 행동 유형이 영구적인 사춘기에 대한 대안으로 인격 안에 자리잡을 수 있다.

결국 독재정권은 근거없이 갑자기 튀어나온 것이 아니다. 어떤 의미에서 독재정권은 연령 집단에 맞지 않는 삶의 방식에서 오는 것으로 볼 수 있다. 성숙은 현실에 의한 검증을 거쳐서 확인된다. 독재를 이상화하는 것은 그 자체로서 이상적이지 않은 사실에 대한 암시, 즉 통제하고 지시하는 힘과 같은 두려운 어떤 것에 대한 암시이다. 제삼자가 볼 때에 옳지 않은 방향이라는 것을 알 수 있지만, 어린 숭배자는 맹목적으로 자신의 이상화된 지도자가 이끄는 대로 따르는 것만을 알 뿐이다.

사춘기와 그 시기에 나타나는 새로운 생각과 씨름하는 아이들은 개인적인 책임을 즐길 수 있는 새로운 능력을 발견하게 된다. 그들은 파괴하고 건설하기 위한 잠재력이 커지고 있음을 느끼기 시작하는데, 전쟁과 전쟁 소식을 통하여 어떤 도움을 얻을 수도 있다. 중요한 점은 어른들이 평화로울 때보다 전쟁 중에 좀 더 정직해진다는 것이다. 전쟁에 대해 개인적인 책임을 인정하지 않는 사람들조차도 자신들이 미워할 수도 싸울 수도 있다는 것을 보여준다. 타임즈 신문조차도 흥미로운 모험담처럼 즐길 수 있는 이야기들로 가득 찬다. B. B. C .방송은 독일군과 싸우는 전쟁 소식을 비행사의 아침식사, 저녁식사 그리고 차 마시는 시간과 연결시키고 싶어하며, 비록 죽음과 파괴를 가져왔지만 베를린 점령을 피크닉이라고 말한다. 전쟁 기간 동안 우리 모두는 꿈을 꾸고 있는 청소년만큼 나쁘기도 하고 좋기도 한데, 이것이 그들을 안심시켜 준다. 어른은 전쟁이 끝난 후에 온전한 정신을 회복할 수 있을 것이며, 한 개인으로서 청소년은 나중에, 그때는 그들이 더 이상 젊은 세대가 아니라 하더라도, 평화를 지키기 위해 노력할 수 있을 것이다.

따라서 청소년은 원한다면 성인들처럼 마음대로 전쟁의 속보 내용을 즐길 수 있게 될 것이다. 그는 그 내용들을 증오할 수도 있지만, 그때 어른들이 그렇게 갈망하는 것이 무엇인지를 알게 된다. 또 자신의 환상 속에서 일어난 것처럼 자신이 전쟁과 잔인성을 즐길 수 있는 능력을 가지고 있다는 것을 알게 되었을 때 양심의 거리낌을 없앨 수 있을 것이다. 같은 시기의 소녀에게도 이에 상응하는 무엇인가가 일어나는 것으로 보이며, 이 점에서 소년과 소녀의 차이점이 반드시 연구되어야 한다.

진단에 따른 차이

정상적인 아동들을 묘사하는 데에 진단이란 단어를 사용하는 것이 이상하게 들릴 수도 있다. 그러나 아동들은 서로 상당히 차이가 나며, 성격 유형을 진단하는데서 나타나는 차이점이 연령 집단으로 분류하는 데서 나타나는 차이점에 선행한다는 사실을 강조하기 위해 진단이란 단어를 사용하는 것이 편리하다.

나는 아동이 사춘기의 위험 속으로 뛰어들었는지, 혹은 그 위험에서 도피하여 보다 확실한 잠재기의 위치로 되돌아갔는지에 따라서 14세 정도의 아동에게 허용되어야 하는 엄청난 차이를 지적함으로써 이미 이러한 생각을 제시해왔다. 여기서 우리는 심리적인 질병의 경계선과 접촉하고 있다.

건강과 질병을 구분하지 않더라도, 아동의 특별한 경향성이나 아동 자신이 투쟁하고 있는 문제에 따라 분류할 수 있을 것이다. 분명히 반사회적인 경향성을 가진 아동은 나이와 관계없이 전쟁 소식을 기대하며, 그것을 갈망하는 경향이 있다. 그러한 아동들은 감히 상상조차 할 수 없는 무서운 생각을 하며, 그들이 현실에서 행동화를 통해 해소하는 것보다 훨씬 더 무서운 내용의 꿈을 꾼다. 그 무서운 꿈에 대한 대안은 다른 사람의 모험담을 듣는 것이다. 그들에게 무서운 이야기는 수면제이고, 무시무시한 전쟁 소식도 마찬가지이다.

또 다른 집단은 아주 소심한 아동들이다. 이 아동들은 지나치게 수동적이고 피학적 성향이 강하며, 박해받는다는 느낌 때문에 고통을 겪는다. 이런 아동들은 주로 좋은 것을 잃어버릴 것이라는 생각에 고착되어 있어서, 전쟁 소식과 그에 대한 생각으로 불안해한다. 그는 자신을 패배자라고 느낀다. 이런 아동들의 꿈속에서는 적이 자기네 동포를 쏘아 죽이고 이기기 어려운 전투가 그치지 않으며, 그 꿈은 점점 더 잔인하고 파괴적으로 변한다.

또 다른 집단은 세상의 짐이 모두 자신의 어깨에 놓여 있는 것처럼 느끼고, 자주 우울에 빠지는 아동들이다. 이 집단의 아동들은 자신보다 어린아이들을 돌보거나, 예술적인 가치가 있는 창작물을 만드는 행위를 통해 값진 결과를 가져올 수 있다. 그 아동들에게 전쟁이란 두려운 것이지만, 이미 자신 안에서 그것을 경험해왔기 때문에 그것에 의해 압도당하지 않는다. 그들에게 절망은 새로운 것이 아니며, 희망 또한 그러하다. 그들은 부모의 헤어짐이나 할머니의 병환에 대해 염려하는 것과 똑같이 전쟁에 대해 염려한다. 또 자신들이 전쟁을 바로 잡아야 한다고 느낀다. 뉴스 내용이 아주 심각할 때는 두려워하고, 안도감을 줄 때에는 기분이 좋아지는 모습을 보인다. 이 아동들이 갖는 내면세계에 대한 절망이나 희망적인 느낌은 현실 세계의 여건에 관계없이 단지 기분으로 나타나곤 한다. 이 아동들은 전쟁 그 자체의 변화보다는 어른들이 보여주는 기분의 변화에서 더 큰 고통을 겪는다.

여기서 모든 성격의 유형을 나열하는 것은 너무 방대한 작업이며, 그럴 필요도 없다. 나는 이미 아동에 대한 진단이 학교에서 전쟁 뉴스를 다루는 문제에 어떻게 영향을 미치는지를 충분히 설명한 것 같다.

뉴스에 대한 심리적 배경

우리는 전쟁 소식이 아동에게 영향을 줄 것이라는 것뿐만 아니라, 아동이 이미 가지고 있는 자연스러운 생각과 감정에 대하여 가능한 한 많이 알아야 한다는 것을 서술했다. 그러나 이러한 사실은 불행히도 문제를 상당히 복잡하게 만든다. 그리고 그 복잡성이 실제로 존재한다는 사실은 어떤 식으로도 바꿀 수 없다.

아동은 개인적인 세계를 가지고 있고, 그 세계는 제한된 의식의 범위 안에 있으며, 많은 관리를 필요로 한다는 사실은 누구나 알고 있다. 아동은 마음속에 있는 자신만의 전쟁을 치르며, 외적으로 나타나는 그의 품행이 문명사회의 판단 기준과 조화를 이룬다면, 그것은 지속적이고 힘든 투쟁의 성과인 것이다. 이러한 사실을 잊는다면, 그는 반복해서 이 문명화된 사회 구조의 붕괴 앞에서 당황하거나 아주 단순한 사건 앞에서조차 예상 밖의 격렬한 반응을 보일 것이다.

사람들은 종종 아이들의 머릿속에 전쟁에 대한 생각이 주입되지만 않는다면, 결코 전쟁이라는 것을 생각하지 않을 것이라고 상상한다. 그러나 아동의 마음속에 일어나고 있는 것을 알아내고자 노력하는 사람은 아동이 사랑과 후회, 좋은 일을 하고자 하는 갈망과 슬픔을 갖는 것만큼 탐욕과 증오 그리고 잔인함도 가지고 있다는 것을 알게 될 것이다.

어린 아동들도 좋고 나쁘다는 말을 잘 이해하고 있다. 그러한 생각들이 그들의 환상 안에만 존재한다고 말하는 것은 의미가 없다. 왜냐하면 그들에게는 상상의 세계가 외적인 세계보다 더 현실로 느껴질 수 있기 때문이다. 여기에서 나는 광범위한 의미의 무의식적 환상에 대해 이야기하고 있는 것이지, 공상이나 백일몽, 혹은 의식적으로 만들어지는 이야기에 대해 말하는 것은 아니다.

먼저 각 아동의 무한히 풍부한 내면 세계를 연구함으로써 전쟁 소식에 대한 아동의 반응을 이해할 수 있게 되었다. 아동의 내면 세계에 그려지는 그림은 날마다 보는 외적 현실에 따라 그 배경을 형성한다. 아동은 성숙해감에 따라서 자신의 개인적인 내적 현실로부터 외적 현실 또는 공유된 현실을 점점 더 구분할 수 있게 되며, 서로를 풍부하게 만들게 된다.

교사는 아동을 개인적으로 진실하게 이해할 때에만 아동의 교육을 위해 전쟁과 전쟁 소식을 적절히 사용할 수 있게 될 것이다. 그러나 교사가 아동을 이해할 수 있는 범위는 한계가 있으므로 아동에게 독서나 도미노게임과 같은 다른 것을 하게 하거나, B. B. C. 전쟁 뉴스가 방송되는 동안 모두 함께 산책을 나가는 것도 좋은 계획이 될 것이다.

이 보고서들은 우리가 광범위한 문제에 대한 연구를 시작하는데 참고할 수 있는 유용한 자료이다. 아마도 우리의 첫 임무는 그 문제의 광범위함을 실감하고 인식하는 일일 것이다. 그 주제는 확실히 가치 있는 것이다. 왜냐하면 다른 많은 경우처럼 그것은 일상적인 교육과정을 넘어서 우리를 전쟁 그 자체의 기원과 인간의 정서발달의 기초에 도달하게 하기 때문이다.

24장

아동과 분리되는 박탈을
겪은 어머니

(첫 대피 계획의 실시에 관한 방송강연, 1939.)

부모는 아동을 돌보는 일에 적합하도록 특별히 조율된다. 우리가 자녀가 부모 곁을 떠나 대피 중일 때 어머니가 겪게 되는 문제를 이해하려면, 무엇보다도 먼저 사회 일반에서 아동에 대해 갖는 감정이 부모가 자녀에 대해 갖는 특별한 감정과 같지 않다는 것을 인식해야 한다.

결혼해서 처음 10년간의 경험은 남성과 여성의 삶에서 많은 가치를 갖는다. 이 기간에 가정이 만들어지고 부모의 도움을 받아 아동의 인격과 개성이 형성된다. 이것은 특히 일하는 사람을 두고 경제적으로 여유있는 생활을 하는 사람들보다 스스로 집안일을 꾸려나가야 하는 사람들에게는 더욱 그렇다. 이처럼 늘 같이 지내던 자녀와 어느날 갑자기 헤어지게 될 때 부모는 심각한 시련에 빠질 것이다.

한 어머니는 말한다. '3개월 동안은 아이와 떨어지는 것을 참을 수 있습니다. 그러나 더 길어져서 3년 씩이나 떨어져야 한다면, 그런 삶에 무슨 의미가 있겠습니까?' 또 다른 어머니는 '이제 내가 할 일은 고양이나 돌보고, 술집에 가는 것밖에 없어요'라고 말한다. 우리는 이런 말들을 경청하고 응답해야만 한다.

아이들을 대피시켰던 부모들에 관한 이야기는 대부분 이와 같은 단순한 사실에 대한 이해가 결핍되어 있다. 예를 들면, 어머니들은 마음껏 자유로운 시간을 보내고 늦게 일어나며, 영화를 보러가거나 돈벌이를 하는 등 좋은 시간을 갖고 있다는 것이다. 또 그들이 자녀들과 다시 함께 지내기를 원하지 않을 것이라는 견해도 있다. 이러한 말들과 일치하는 사례가 있는 것이 사실이지만, 대다수의 어머니들은 그렇지 않다. 이러한 말들이 표면적으로는 사실처럼 보일는지 모르나 더 깊은 의미에서는 결코 사실이 아니다. 인간은 견딜 수 없는 슬픔에 직면하게 될 때 더 즐겁게 사는 것처럼 보이려고 하는 특성을 가지고 있기 때문이다.

아동을 잉태하고 양육하는 일이 늘 즐거운 일만은 아니다. 대부분의 사람들은 인생에서 쓴 맛없이 달콤한 맛만 기대하지 않는다. 그들은 자신이 선택한 것 중에 어느 정도 쓴 부분이 있다는 사실을 받아들인다.

도시에 사는 어머니는 자녀를 떼어놓도록 요구받고 설득되었으며, 압력을 받기까지 하였다. 어머니들은 종종 폭격과 같은 실제적 위험에 대해 잘 알지 못했기 때문에 강요당하는 느낌을 받기도 하였다. 어떤 어머니는 사람들의 비평에 놀라울 정도로 예민했다. 그들은 아동(또는 어떤 가치 있는 것)을 테리고 있는 것에 대한 죄책감이 지나치게 강해서 대피계획에 대해 어떤 확신이 없으면서도, 자신의 감정과는 관계없이 그저 하라는 대로 따라하려는 경향을 보였다. 어떤 어머니는 다음과 같은 말을 하였다. '그래, 물론이야. 아이들을 보내야지. 나는 아이들에게 해줄 것이 전혀 없어. 공습만 위험한 것이 아니야. 나 혼자서는 아이들에게 마땅히 해주어야 할 것을 해주지 못해.' 어머니는 이러한 것들에 대해 차분하게 생각하지 못하고, 단지 혼돈과 당혹감을 느낄 뿐이라는 것을 알 수 있다.

이런 저런 이유로 이 대피 계획에 순순히 따른 어머니들의 생각이 계속 유지되리라고 기대할 수는 없었다. 세월이 흘러 어머니들이 초기의 충격에서 회복되면서 맹목적인 순응이 협력으로 변화하기까지 많은 과정을 거쳐야만 했다. 시간이 흐름에 따라 환상은 변했고, 현실은 점차 명확하게 드러났다.

만일 우리가 어머니의 입장에서 생각해 본다면, 우리는 금방 다음과 같은 질문을 하게 될 것이다. 왜 공습을 피하는데 이렇게 많은 비용과 고통을 치르면서 아동을 데려가야 하는가? 왜 부모들은 이렇게 큰 희생을 치러야 하는가?

이 질문에 대해서는 두 가지 대답이 있다.

그 하나는, 부모들이 자신의 감정과는 상관없이 자녀가 위험에서 벗어나기를 원하기 때문에 행정 기관은 단지 부모 편에 서서 그 일을 실행하는 것뿐이라는 것이다. 또 다른 하나는, 정부는 부모의 감정이나 욕구, 바램과는 상관없이 현재보다 미래에 더 가치를 두고 부모 대신 아동을 보호하고 관리해주기로 결정했다는 것이다.

이 두 가지 대답 중에 사람들은 민주주의의 자연스런 속성에 따라 첫 번째 대답이 타당성을 지닌 것으로 받아들였다.

이러한 이유로 아동 대피계획은 자발적으로 추진되었고, 어느 정도 실패가 예상되었다. 사실 미온적이긴 했지만 이 문제를 어머니 편에 서서 이해하려고 노력한 일이 있었다.

아동을 돌보고 교육하는 것은 단지 그들에게 좋은 시간을 주는 것만이 아니라 그들을 성장하도록 돕는 것이라는 사실을 기억해야 한다. 그들 또한 나중에 부모가 될 것이다. 부모는 아동만큼 중요하다. 아동의 복지와 행복을 위해 부모의 감정은 희생되어도 좋다는 생각은 감상적인 것에 지나지 않는다. 그 무엇도 부모가 아동과 떨어져 접촉을 상실한 것과, 아동이 신체적, 지적 발달을 이루는데 부모가 책임을 지지 못하게 된 것을 보상해줄 수 없다.

숙소를 정하는 일에서 부모들의 할일이 제한된 것은 집단적으로 대피를 해야 하는 과제와 또 그것을 실행하는 조직의 규모가 너무 컸기 때문이라는 비판을 받았다. 대부분의 부모들은 이것을 알고 수 있었다. 이 논문의 목적은 관계 당국이 아무리 규율을 만들고, 그 법규를 일반적으로 적용시키려고 노력한다고 해도, 대피는 개인마다 서로 다르고 누군가에게 절대적으로 중요한 존재인 수많은 사람들에게 개인적인 문제들을 남기게 된다는 사실을 지적하는 것이다. 예컨대, 한 어머니가 대피 문제에 대해 연구하고 대피에 따른 많은 어려운 문제들을 다루더라도, 자녀와 헤어져 지내는 어려움을 견디는 데에는 그러한 지식이 별로 도움이 되지 못할 것이다.

아동은 빠르게 변한다. 전쟁이 끝나면 많은 아동들이 이미 아동이 아닐 것이며, 모든 걸음마 아동들은 빠른 정서 발달 단계를 거쳐서 지적 발달과 정서적 특성이 뚜렷해지는 시기로 들어갈 것이다. 따라서 아동, 특히 어린 아동에 대해 이해하고자 하는 노력을 연기한다는 것은 말이 안된다.

더욱이 어머니들은 아동과 가깝게 접촉해보지 않은 사람들이 쉽게 잊어버리는 사실을 잘 알고 있는데, 시간은 그것을 경험하는 나이에 따라 아주 다르게 경험된다는 사실이다. 성인이 별 생각없이 지낸 하루의 휴일이 아동에게는 거대한 삶의 덩어리처럼 느껴질 수 있다. 아동에게 3년이라는 대피 기간이 얼마나 긴 것일지를 성인에게 설명하기란 거의 불가능하다. 그것은 실로 아동의 삶의 커다란 부분이며, 아마도 사오십 세 된 어른의 25년과 맞먹을 것이다. 이러한 생각은 모성의 기회를 상실하는 것을 염려하는 어머니를 훨씬 더 불안하게 한다.

따라서 대피 계획에 따른 전반적인 문제 가운데 어느 한 부분만을 조사하더라도 중요하고 심지어 그 나름대로 절박한 개인적인 문제들을 찾아낼 수 있을 것이다.

행정당국이 부모의 궁극적인 소망을 대신해서 수행하고 있다는 가정 아래 진행되는 이 대피 계획에 대해 연구해 본다면, 후에 어떤 복잡한 문제가 생길 수 있는지 예상할 수 있을 것이다.

일반적으로 부모 자신들조차도 자기 자녀만 잘 보살필 수 있다면, 모든 것이 잘 될 것이라고 믿는다. 만일 아동이 부모와 헤어지는 것을 견딜 수 있을 만큼 정서적으로 충분히 발달되어 있다면, 아동은 그러한 변화로부터 혜택을 얻을 수도 있다. 즉 새로운 가정을 경험하고 관심의 폭을 넓힐 수 있으며, 아마도 도시나 도시 근교에 사는 아동들이 경험할 수 없었던 시골 생활을 경험할 수 있을 것이다.

그러나 상황은 그리 간단하지 않으며, 부모는 자녀가 잘 있다는 소식을 들어도 늘 의혹을 갖게 된다.

이미 잘 알려져 있는 일이지만, 이것은 가정을 떠나온 아동을 돌보는 사람의 처지에서 보면 혼란스럽고 당혹스러운 이야기이다. 부모들은 자녀가 집을 떠나 있는 동안 대우를 잘 받지 못했다고 불평한다. 자녀가 그곳에서 학대를 받았고, 음식이 좋지 않았다고 꾸며대더라도 그 말을 쉽게 믿는다. 아동이 대피했던 가정에서 아주 건강한 모습으로 집으로 돌아왔을 때에도 아이가 소홀한 대우를 받았다는 어머니의 불평을 막을 수는 없다. 이러한 불평을 추적하여 조사해 보았는데, 실제로 나쁜 대피 가정은 좀처럼 찾아보기 힘들었다. 임시 수용소에 대피했을 때에는 불평들이 더 많을 것이며, 이것은 어머니의 의심과 공포를 참작한다면 충분히 있을 수 있는 일이다. 어머니는 자녀를 무성의하게 대하는 사람도 좋아하지 않지만, 자신보다 더 잘 돌보는 사람도 좋아하지 않을 수 있다. 왜냐하면 이러한 좋은 돌봄은 어머니의 시기심이나 질투심을 일으키기 때문이다. 한마디로 어머니는 아이가 자신의 아이이며, 자신은 아이의 어머니이길 원한다.

어떤 일이 일어날지는 쉽게 상상할 수 있다. 휴일에 집에 온 아동은 어머니가 뭔가를 자세하게 물으려 할 때 긴장된 분위기를 금방 알아차릴 것이다. '아무개 여사가 자기 전에 우유를 주었니?'라고 물었을 때 아동은 '아니오'라고 대답하여 그 긴장감에서 풀려나는 느낌을 갖거나 또는 어머니의 비위를 맞추려고 할 수도 있다. 아동은 이 상황에서 충성심에 대한 갈등을 느끼며 당황하게 된다. 어느 것이 더 좋은가, 집인가, 떠나 있는 것인가? 어떤 경우에는 이러한 갈등에 대한 방어로 임시 숙소에 들어간 첫날과 마지막 날에 음식을 거부하는 것으로 나타나곤 하였다. 만일 어머니가 아동의 말을 듣고 안심하는 것처럼 보인다면, 아동은 몇 가지 이야기를 상상하여 덧붙이고 싶어질 것이다. 여기에서 어머니는 아이가 정말로 소홀한 대우를 받았다고 느끼게 되어 아동에게서 더 많은 정보를 끌어내려고 하고, 점점 더 긴장이 높아지면서 아동은 자신이 무엇을 말했는지 돌이켜 생각해 볼 여유가 없어진다. 아동은 몇 가지 일만 정해 놓고, 반복해서 이야기하는 것이 더 편해진다. 그렇게 해서 어머니는 불평과 함께 끊임없이 의심을 하게 된다.

문제는 두 가지 원인 때문에 생겨난다. 아동은 자신이 잘 지냈고 맛있는 음식을 잘 먹었다고 어머니에게 말하는 것이 어머니에 대한 효도가 아니라고 막연하게 느낀다. 그리고 어머니는 임시 부모가 아동에게 자신보다 더 잘해 줄 수 없을 것이라는 생각을 갖고 있다. 여기에 친부모는 의심하고 임시 부모는 분개하는 악순환이 일어나는 순간이 있다. 그러나 그런 순간이 지나가고, 이러한 무언의 경쟁자들이 서로 이해하고 우정을 쌓을 수 있는 길이 열리지 않으면 안된다.

이것은 다른 사람들에게는 매우 비합리적인 것처럼 보일 수도 있지만, 어머니가 자신의 아이를 떼어놓는 문제에는 논리(무의식적 감정과 갈등이 있다는 사실과 그 중요성을 부인하는)가 잘 적용되지 않는다. 아이를 떼어놓은 어머니가 진심으로 그 계획에 협조하기를 원한다 할지라도, 그 마음속에는 이러한 무의식적인 감정과 갈등이 자리잡고 있다.

어머니들은 의심을 하면서도 곧 임시 숙소가 믿을 만한 좋은 시설이라고 과대평가하는 경향이 있고, 실제 사실을 잘 알지 못하면서도 자녀가 안전하고 잘 지내고 있다고 믿으려 한다. 이것이 인간의 본성이다.

자녀가 특별히 좋은 보살핌을 받는 것만큼 어머니에게 질투심을 일으키는 것은 없을 것이다. 어머니는 자신에게조차 질투심을 숨길 수 있을 것이다. 자녀가 소홀한 대우를 받지 않을까 걱정하는 것이 당연한 것처럼 아이가 돌아 온 후에 임시 부모의 양육 환경에 익숙해진 아동이 가정에 불만을 갖게 될까 걱정하는 것도 당연하다. 그 양육 환경이 가정의 환경보다 조금만 더 높아도 그럴 것이다. 만약 그 숙소가 영국의 유서 깊은 성들 중의 하나였다면, 그곳에서 경험한 모든 일은 마치 꿈에서나 있었던 것처럼 이상화될 것이기 때문이다.

다음 사건은 작은 일이 큰 문제로 확대되는 과정을 보여준다. 한 어머니가 임시 부모에 대해 다음과 같이 불평을 했다. 임시 부모는 관대하였고 사탕 가게를 하고 있었는데 반해, 어머니는 아동에게 사탕을 사줄 여유가 없을 뿐만 아니라 이가 상한다고 생각했기 때문에 사탕을 사주지 않았다.

이러한 문제들은 일상 생활에서 쉽게 나타나는 문제이다. 친척이나 친구가 아동에게 지나치게 관대하게 대할 때, 어머니는 자녀를 엄격하고 모질게 대할 수 있으며, 이러한 상황은 종종 아동이 어디든 바깥에서 엄격함에 부딪힐 때 쉽게 해결된다.

아동은 대피 가정에서 좋은 음식을 먹고 있고, 대피 가정이 자기 집보다 더 좋은 점들이 있어도 그것을 어머니에게 말하지 않는 것이 현명한 일임을 알게 될 것이다. 또 집에서 지내는 것보다 숙소에서 지내는 것이 더 행복하다고(특히 이것이 사실일 때) 말하는 것은 슬기롭지 못한 일이다. 이러한 보고 뒤에는 많은 성과가 숨겨져 있다.

그러나 부모들은 아동의 미래에 대한 책임을 공유하기 위해 그러한 성과에 대해 기록한 보고서를 기대하지 않을 것이고 분명히 성과를 빼고 기록한 보고서를 받을 것이다. 만일 현실을 바로 인식하지 못한다면, 보고서 내용은 **환상**을 토대로 **한** 상상력으로 채워질 것이다.

박탈을 경험한 어머니에 대한 추후 연구에서는 어머니 자신이 알고 싶어하는 것 이상의 것이 밝혀졌다. 그 중에서 중요한 것은 어머니가 아동을 원할 뿐 아니라 아동을 **필요로 한**다는 것이었다. 어머니는 가족을 형성하기 시작하면서 자신의 관심 뿐 아니라 불안을 조직화하여, 자신의 정서적 욕동을 최대한으로 활용하고자 한다. 어머니는 자녀가 울고 졸라대면서 끊임없이 귀찮게 굴어도 거기에서 가치를 발견하며, 이것은 그녀가 공공연하게 가족이 귀찮다고 불평할 때조차도 사실이다.

어머니는 자녀가 떠난 후 승무원 없는 배의 선장처럼 조용한 부엌의 주인인 자신을 발견하기 전에는 어머니로서의 자신의 경험에 대해 생각해 본 적이 없을 것이다. 그녀가 이러한 새로운 상황에 잘 적응할 수 있는 유연한 성격을 갖고 있다 하더라도, 관심을 전환시키는 데에는 시간이 필요하다.

어머니는 아마도 자신의 삶에서 무엇이 중요한지 다시 생각해볼 겨를도 없이 아이를 떠나보내고 휴가를 얻게 된 것이다. 그러나 마음을 쓰고 지치면서도 가치를 찾게 해주는 어떤 사람이나 일이 없다면, 그녀에게 그 휴가는 더 이상 아무 소용이 없는 시기일 수 있다. 그때 어머니는 자신의 힘을 유용하게 발휘할 수 있는 어떤 대안을 찾기 시작할 것이다.

일반적으로 어머니는 아동이 성장함에 따라 점차 새로운 관심거리에 마음을 기울이게 된다. 그러나 전쟁 중에 어머니는 이 어려운 과정을 몇 주안에 해야만 한다. 어머니들이 우울해지거나, 아동의 귀환을 감정적으로 요구함으로써 이러한 과정에 잘 적응하지 못하는 것은 놀라운 일이 아니다.

이 문제는 또 다른 측면을 가지고 있다. 어머니들이 자신의 관심과 불안을 재조직화한 후에 집에서 평화롭고 한가하게 시간을 보내는데 적응하게 되었을 때 자녀가 돌아올 경우, 이와 유사한 어려움을 다시 겪게 된다. 다시 한번 시간이 주어져야 한다. 이 두 번째의 재조직화는 처음보다 더 어려울 수 있다. 왜냐하면 아동의 귀환과 함께 마치 어머니 자신이 아이들을 돌볼 준비가 되어 있으며, 아이들이 떠나기 전에 그랬던 것처럼 그들을 원하는 것처럼 보이려고 꾸미는 기간이 짧을 것이기 때문이다. 어머니는 무엇보다도 돌아온 아이들을 돌볼 준비가 되지 않았다고 느끼기 때문에 자신의 진실된 모습을 숨기려고 할 것이다. 어머니가 그들을 받아들이는데는 가정 환경의 준비뿐 아니라 자신의 내적 사고에 적응하는 일이 필요하며, 이 일에는 시간이 든다.

한 예로, 대피해 있는 동안 아이들은 변한다. 아이들은 나이를 더 먹고, 새로운 경험을 한다. 또 어머니는 아이들이 떠나있는 동안 그들에 대해 여러 가지 생각을 하게 된다. 어머니는 아이들과 다시 살기 전에 잠깐씩 그들과 함께 지내볼 필요가 있다.

많은 어머니들은 실패의 위험 부담을 안은 채 힘들게 적응을 해야 하는 것이 두렵기 때문에, 아동의 이익을 위해 모든 것을 인내해온 사람들의 감정은 개의치 않고 자녀를 데려오려는 충동을 느낀다. 이때 어머니들은 마치 자신을 아이들을 훔쳐간 귀신으로부터 구해내는 신성한 임무를 부여받은 놀이 속의 인물이라고 믿는 것 같다. 그들은 이 구조자의 임무를 통해서 부모 사랑의 존재와 힘을 확인한다.

끝으로, 더욱 비정상적인 어머니들의 특수한 태도에 대해 말해보겠다. 아이가 자신의 통제아래 있을 때만 착하다고 느끼는 어머니가 있다. 그 어머니는 아이의 타고난 긍정적인 특성을 알지 못한 채, 장래의 임시 부모에게 아이가 말썽을 일으킬 것이라고 경고를 하기도 하고, 아이가 정상적으로 행동할 때 그것을 이해하지 못한다. 한편 자신의 그림을 과소평가 하면서 그림을 파는 자신을 아주 나쁜 사람으로 보는 어떤 예술가처럼 아이를 비난하는 어머니가 있다. 어머니는 그 예술가처럼 칭찬 받고 비난 받는 것을 두려워하며, 비난을 미리 막으려고 자신의 소유물을 스스로 낮게 평가한다.

요약

이 논문에서 나는 아이와 부모가 떨어졌을 때 부모에게 매우 강렬한 감정이 일어난다는 것을 보여주고자 했다.

아동의 대피 문제에 관련되어 있는 사람들이 자신이 하고 있는 일을 잘 이해하려면, 임시 부모의 문제뿐 아니라 어머니의 문제도 알아야만 한다.

아동을 돌보는 것은 어렵고 힘든 일이며 전쟁처럼 느껴질 수도 있다. 그러나 아동을 부모에게서 떼어놓는 것은 형편없는 전쟁 전략이다. 이 전략은 어느 어머니, 아버지에게도 호소력이 없는 것이며, 그에 따른 불행을 참아내기란 아주 어렵기만 할 뿐이다. 이런 까닭에 자녀와 떨어져 있는 어머니가 무엇을 느끼는지에 대해 연구할 필요가 있다.

25장

대피 계획에 참여한 아동

(임시 부모를 위한 방송 강연, 1945.)

아동들의 첫 대피가 시작된 이래 오랜 시간이 흘렀고, 대피에 따른 심각한 문제들이 지금은 대부분 해결되었다고 볼 수 있다. 그러나 이 강연에서 나는 특별히 임시 부모들이 경험한 것 몇 가지를 다시 생각해 보고자 한다.

모든 사람이 함께 경험한 어려움의 결과 아동을 양육하는데 필요한 이해가 널리 확산되었다. 영국의 거의 모든 가정들이 대피 계획의 영향을 받았으며, 실제로 그 모든 사건의 경험을 종합한 자신들의 대피 이야기를 갖고 있다. 만일 이러한 모든 경험이 활용되지 않는다면, 그것은 불행일 것이다. 나는 주로 대피 기간 동안에 대피한 아동을 잘 돌본 사람들에 대해 이야기할 것이다. 왜냐하면 여러분이 한 일을 말로 정리해 봄으로써 가장 큰 도움을 얻을 수 있는 사람은 바로 여러분이라고 생각하기 때문이다.

아이를 성공적으로 잘 돌보았을 때 여러분은 그 아이가 자기 집으로 온 것을 행운이라고 생각할 것이다. 그런 아동은 사람에 대해 어느 정도 믿음이 있다. 또 여러분은 그 아동의 성장을 돕기 위해 어떤 노력을 해야 했을 것이다. 그러나 아동이 많이 아프거나, 정신적으로 불안정하거나 또 믿음이 없어서 여러분이 제공하는 것에서 좋은 것을 발견할 수 없다면, 그런 노력은 열매 맺기 어렵다.

여러분이 정서 발달이 만족스럽게 이루어진 아동을 맡았다고 가정해보자. 여러분이 오랜 기간 그 아동을 양육했다면, 그것은 그 아동이 여러분의 가정에 오기 전에 이미 정서 발달이 잘 이루어졌기 때문이다. 이때 여러분은 음식을 해주고 아동의 신체가 자라게 한 것처럼 인격이 계속 성숙할 수 있게 돌볼 수 있었을 것이다.

아동의 신체를 돌보는 것 그 자체도 큰 일이다. 아동이 건강하고 병에 걸리지 않게 하려면 끊임없이 잘 돌보아야 한다. 대피 기간이 길어서 신체적인 병을 앓는 아이를 책임지고 돌보아야 했던 시기도 있었을 것이다. 자신의 아이가 아닐 때 그 일을 하는데 훨씬 더 힘이 든다. 대피 기간에 많은 사람들은, 가정의 일이란 사랑과 상상력 있는 이해를 끊임없이 필요로 한다는 사실을 실감하게 되었다. 여러분은 음식을 해주고 옷을 사주며, 따뜻함을 주는 것보다 훨씬 더 많은 것을 해왔음을 아는 것이 중요하다.

그러나 이것만으로는 충분하지 않다. 아동은 한 가정을 떠나 여러분의 가정으로 들어왔다. 가정의 배후에는 사랑이라는 생각이 놓여있는 것 같다. 누군가가 아동을 사랑해주어도 아동이 집에서처럼 편하게 느끼지 못하면 그는 결핍감을 느낀다. 중요한 것은 여러분이 한 아동에게 가정을 제공한다는 것은, 사랑이 부족한 것 같이 보일 때에도 아동이 안정감을 느끼고, 신뢰할 수 있는 작은 세계를 제공하는 것이라고 나는 생각한다. 아동이 초조해하고, 귀찮게 하며, 화낼 때가 종종 있는데, 아주 건강한 성인도 초조한 기분을 느낄 때가 있다. 이때 냉정하게 그 상황을 다루기가 쉽지 않을 수가 있다. 그러나 그곳에 가정이라는 느낌이 있다면, 아동과 성인 사이의 관계는 오해의 기간에도 살아남을 수 있다. 그러므로 여러분이 오랫동안 대피 아동을 돌보려면 여러분의 가정으로 아이를 데려와야 한다. 그것은 단순히 집에 아이가 와 있도록 하는 것과는 다른 일이다. 아동은 가족의 일원으로서 반응하며, 여러분의 가정을 사용한다. 여러분의 가정에서 아동은 여러분을 믿게 되고, 점점 자신의 어머니와의 관계에서 형성된 어떤 감정들을 여러분에게 전이시키게 된다. 따라서 일시적으로 여러분은 그 아이의 어머니가 된다. 그리고 이 일에 성공한다면, 여러분은 실제 부모와의 관계에서 생겨난 아주 미묘한 문제를 다루는 방법을 찾아야만 한다. 상호간에 오해가 생겼을 때 다시 회복할 수 있으려면, 임시 부모와 부모는 서로 연합해야 한다.

갑작스럽게 삶의 뿌리가 뽑힌 아이, 그리고 자신의 가정에서 쫓겨나 낯선 삶 속으로 던져진 아이의 처지를 생각해 보라. 그들을 특별히 이해할 필요가 있다.

처음에 아동이 위험한 지역에서 옮겨올 때는 이미 그들을 잘 알고 있는 선생님이 함께 왔다. 이 선생님은 아동의 고향과 연결되었고, 대부분의 경우 그들 사이는 일반적인 선생님과 학생 사이의 유대보다 훨씬 더 강한 유대가 있었다. 실제로 대피 계획은 이들 선생님과 함께 대피하는 것을 전제로 하였다. 이처럼 한편으로는 흥미로우면서도 다른 한편으로는 비극적인 대피가 있은 후, 처음 몇 시간과 며칠에 관한 이야기는 자세히 기록될 필요가 있다.

곧 모든 아동들은 가족과 헤어져 혼자라는 것을 실감하면서 냉혹한 현실에 직면할 수밖에 없었다. 이 시점에서 일어나는 문제는 아동의 성향이나 아동이 자란 가정뿐 아니라 나이와 밀접하게 관련되어 있었다. 그러나 본질적으로 모든 아이들은 같은 문제를 겪어야 했다. 즉 새로운 가정에 정착하고 적응해야 했다. 물론 어떤 아동은 임시 부모 가정을 아주 긴 휴가 동안 머물러야만 하는 장소로 생각하면서 자신의 가정에 대한 생각에 매달리기도 하였다.

많은 아동은 잘 적응했고 전혀 문제가 없는 것 같았다. 그러나 모든 아동이 다 그런 것은 아니었다. 우리는 아마도 이러한 상황에 별 무리없이 잘 적응한 아동의 사례보다는 어려움을 겪은 아동의 사례에서 더 많은 것을 배울 수 있을 것이다. 예를 들면, 곧바로 적응하여 자기 집 걱정을 전혀 하지 않는 것처럼 보이는 아이가 반드시 좋은 심리 과정을 거치고 있는 것은 아니다. 아동이 새로운 환경에 쉽게 잘 적응하거나 향수병에 걸리지 않았다고 해서 반드시 좋은 것은 아니다. 결국에는 다른 부적응 현상이나 환각 증상으로 나타나기도 한다. 아이가 자기 집이 가장 좋으며, 어머니가 만들어주는 음식을 가장 맛있다고 느끼는 것은 아주 자연스러운 것이다. 일반적으로 여러분이 보호하고 있는 아동이 새로운 환경에 적응하는데 긴 시간이 걸렸을 것이다. 이것은 좋은 일이다. 아동이 적응하기까지는 시간이 필요하다. 아동이 자신의 집과 부모를 걱정하며 불안을 드러내놓고 표현했다 하더라도 그것은 당연한 것이다. 왜냐하면 집이 위험하다는 것은 분명한 사실이었고, 폭격에 대한 이야기를 들으면서 가족을 걱정하는 것은 당연한 것이기 때문이다. 폭격 받은 지역에서 온 아이들은 시골에서 온 아이들과 다르게 보였고, 모든 놀이에 잘 섞이지 못하는 것 같았다. 그들은 한쪽 구석에 떨어져서 집에서 온 편지나 소포, 그리고 이따금 찾아오는 방문객을 기다리며 사는 것 같았다. 사실 그 방문객이 왔다 간 뒤 아동들이 아주 혼란스러워지기 때문에 임시 부모는 그들의 방문을 달가워하지 않을 때도 있었다. 임시 부모는 아동이 몹시 혼란스러워하거나, 음식을 잘 먹지 않으려 하고, 또 그 가정에서 즐거움을 얻지 못하고 부모를 걱정하면서 많은 시간을 집에서 울적하게 지내는 것을 달가워하지 않았다. 그러나 이 모든 것이 불건강한 것은 아니며, 그것을 이해하기 위해서 우리는 좀더 깊이 생각해보아야 한다. 아동을 우울하게 하는 요소는 폭격에 대한 염려가 전부는 아니다.

아동은 사랑하는 사람과 마주보고 대화할 기회가 없을 때, 그 사람에 대한 생각을 생생하게 유지시킬 수 있는 능력에 한계를 갖고 있다. 바로 여기에 실제적인 고통이 있다. 한동안은 모든 것이 잘 되어간다. 나중에 아동은 어머니에 대한 생생한 느낌을 가질 수 없다는 것을 알게 되며, 아버지나 형제, 자매가 자신에게 해를 끼치러 올지도 모른다는 생각을 갖기도 한다. 이것은 아동의 마음속에 있는 생각이다. 아동은 여러 가지 형태로 격렬하게 싸우는 꿈을 꾸는데, 이는 마음속에 있는 강한 갈등들을 나타낸다. 더 나빠지면 곧 아동은 생생한 감정을 가질 수 없다는 것을 발견할 것이다. 지금까지의 아동은 생생한 사랑의 감정으로 모든 삶을 살아왔고, 그 감정은 당연한 것이었으며, 그 감정으로 힘을 얻고 그 감정에 의지해왔다. 낯선 곳에서 아동은 생생한 느낌에 대한 지원이 전혀 없다는 것을 깨닫고는 갑자기 공포를 느끼게 된다. 아동은 때가 되면 생생한 느낌이 다시 회복될 것이라는 것을 알지 못한다. 그는 자신에게 어떤 느낌을 지속적으로 갖게 해주는 집에서 가져온 곰 인형이나 인형, 옷가지 따위를 매우 소중하게 여기게 될 것이다.

사랑하는 모든 것으로부터 아주 멀리 떨어져 있는 아동들은 감정 상실로 인해 생기는 위협 때문에 종종 소동을 일으키기도 한다. 아이들은 문제 거리를 찾기 시작하며, 누군가가 화가 나있을 때 비로소 안정감을 얻는다. 그러나 이 안정감은 지속되지 않는다. 대피 기간 동안 아동은 집에 갈 수 없기 때문에 생기는 의심과 불확실성의 고통스러운 기간을 견뎌야만 하는데, 이는 휴일에만 집에 오는 일종의 기숙 학교에 머무는 것과는 다른 경험으로 기억될 것이다. 아동들은 멀리 떨어진 곳에서 새로운 가정을 찾아야만 한다.

여러분은 아동의 보호자로서 다음과 같은 증상들을 다루어야만 한다. 이미 잘 알려진 야뇨증, 여러 종류의 통증들, 피부염, 아동이 현실감을 다시 얻기 위한 행동인 머리 찧기 들이 그것이다. 사람들이 이러한 증상 밑바닥에 놓여 있는 고통을 인지한다면, 그러한 행동을 하는 아동에게 벌을 준다는 것이 얼마나 무모한 것인지를 알 수 있을 것이다. 좋은 치료는 항상 여러분이 할 수 있는 것, 즉 적극적으로 사랑을 표현하고 상상력 있는 이해로 돕는 것을 통해 이루어진다.

여러분의 집으로 대피해온 아동은 새로운 현실을 맞이해서 여러분과 여러분의 가정을 살펴보는 시간이 필요하다. 여러분이 없다면 아동은 실제로 위험한 집으로 돌아가야 하거나, 정신 장애가 생기거나 정신이 왜곡될 수밖에 없을 것이다. 그때가 여러분이 아동에게 가장 큰 도움을 줄 수 있는 때이다.

이제 아동은 여러분을 알고, 여러분의 집을 사용하고, 여러분이 주는 음식을 먹기 시작했을 것이다. 그리고 여러분에게서 사랑을 찾고, 자신이 사랑 받고 있다는 느낌을 갖게 되었을 것이다. 아동과 같이 살면서 여러분은 아동을 위해 일할 뿐 아니라 아동을 이해하고 아동의 가족에 대한 기억을 생생하게 유지할 수 있도록 도왔을 것이다. 또한 낯선 주위 환경과 낯선 아이들을 보고 두려움을 느끼는 아이를 보호하는 등, 여러분이 아동을 위해 한 일에 대해서 아동은 여러분에게 무엇인가를 돌려주었을 것이다. 조만간 아동은 여러분이 가정을 꾸려나가는 것을 보면서 자연스럽게 확신을 얻게 되었을 것이다. 그리고 나서 마침내 아동은 가족의 일원이 되며, 그 지역의 방언을 쓸 수 있을 정도로 그 마을에 친숙한 아이가 되었을 것이다. 많은 아동들이 이러한 경험을 하면서 성장해 왔지만, 이 성장은 일련의 복잡한 사건 속에서 최선의 결과로 얻어진 것이다. 물론 여기에는 많은 실패의 순간들도 있었을 것이다.

이제 여러분은 가능한 최선의 방법으로 양육해온 아동과 함께 있다. 여러분이 해온 것이 단순하거나 쉬운 일이 아닌 섬세하고 복잡한 건축작업이라는 것은 이미 잘 알려져 있다. 이 모든 것이 한 아동에게 실제적으로 좋은 보살핌을 주었다는 것 이상의 가치는 없는 것인가? 대피(그 자체로 비극적인 것)에서 얻은 한가지 분명한 가치는 대피한 아동을 지속적으로 보살펴온 여러분 모두가 다른 사람의 아동을 돌보면서 보상을 얻었을 뿐 아니라, 그들의 어려움을 이해할 수 있게 되었다는 것이다. 또 여러분이 그들을 도와주었기 때문에 그들 또한 다른 사람을 도울 수 있었다. 결핍된 아동은 항상 있어왔고, 여러분처럼 그런 일을 잘 감당해내는 임시부모가 있다. 한 아동을 전적으로 보살펴주는 일은 아주 소중한 경험이다. 만일 여러분이 전쟁 후에도 다른 임시부모들의 마음을 이해할 수 있는 이웃이 될 수 있다면, 위탁아동이 자기 부모에게 돌아간 후에도 여러분의 일은 끝나지 않은 것이라고 나는 생각한다.

26장

대피 계획에 참여했던
아동의 귀가

(방송 강연, 1945.)

앞장에서 말했듯이 대피 계획이 성공했던 것은 우연이 아니라, 각 상황마다 성과를 얻기 위한 알맞은 노력이 있었기 때문이었다. 여러분은 대피했던 아동의 귀환이 단순하고 간단한 문제가 아니라는 것을 이미 예상하였을 것이다. 실제로 대피 계획은 단순한 문제가 아니다. 오랫동안 집을 떠나 있던 아동이 집으로 돌아가는 문제에 대해 깊이 생각해 보아야만 한다. 결정적인 시기에 아이를 양육하는 일이 소홀해질 때 틀림없이 부모, 자녀 모두가 고통을 겪을 수 있기 때문이다.

그러나 나는 깊이 생각하려고 하지 않는 사람들도 마찬가지로 존중해야 한다고 생각한다. 그들은 직관에 따라 행동한다. 그들은 다음 주간 중에 일어날 수 있는 어떤 일을 의논할 때, 설령 난관이 예상되어 실제로 겁을 집어먹지는 않는다 하더라도 그 일을 자신없어 한다. 게다가 느낌이나 행동을 대신하는 대체물이 말이라면 그 말은 쓸모 없는 것보다 더 나쁜 것이 된다. 반면에 세상에는 토론하고 경청하면서 자신의 경험을 넓혀가는 사람들이 있는데, 나는 이런 사람들에게 말하려고 한다.

아동들이 다 다르고 그들이 임시로 살았던 곳, 그리고 그들의 가정이 모두 다르기 때문에 어디서부터 말을 시작해야 할지 모르겠다. 한쪽 끝에는 집에 돌아오자마자 금방 적응할 수 있는 아동이 있는가 하면, 반대쪽 끝에는 임시 부모 가정에서 아주 만족스럽게 잘 지냈기 때문에 귀가 통보를 충격으로 받아들이는 아동이 있을 것이다. 모든 문제들은 이 두 가지 극단 사이에 놓여 있다. 이 자리에서 이 모든 문제를 다 설명할 수는 없으므로 핵심적인 문제만을 다루어 보겠다.

이제 아동들의 대피 생활은 대부분 끝났다. 나는 머지않아 가정에서 아이를 맞이해야 할 부모들에게 이 경험의 몇 가지 결과들을 전하고자 한다. 나는 부모들이 자녀와 새롭게 사귀는 것이 결코 순조롭지만은 않을 것이라고 생각한다.

만일 아동의 부모들이 임시 부모와 좋은 관계를 맺고, 이 관계를 유지할 수 있다면, 문제는 간단해질 수도 있다. 그러나 그것은 결코 쉬운 일이 아니다. 대체로 부모들은 누군가가 자녀들을 잘 돌보아주는 것을 소홀하게 돌보아주는 것만큼이나 달가워하지 않는다. 여러분이 좋은 어머니라고 하더라도 자녀들이 어떤 낯선 여성과 함께 있으면서 그녀가 요리한 음식을 맛있게 먹는 것을 본다면 화가 날 것이다. 그런데도 어떤 부모들은 자기 아이가 잘 따르는 시골에 사는 임시 부모와 친구처럼 지내기도 한다. 만일 이것이 자녀가 여러분이나 형, 누나 그리고 다른 친척들을 자주 생각하며 지냈다는 것을 의미한다면, 여러분은 자녀와 훨씬 더 쉽게 관계를 회복할 수 있을 것이다. 나는 어머니를 기억하지 못하고, 오빠와 언니의 이름만을 겨우 기억하는 아동들을 보기도했다. 그런 아동은 몇 년 동안 그가 가장 사랑하는 가까운 사람들에 대해서 말해주는 사람이 아무도 없었기 때문에, 자기 집과 지나간 삶에 대한 기억을 내면 깊은 곳에 숨겨야 했던 아동이다.

대개는 아동들이 자기 집으로 돌아오기 위한 준비 기간을 갖게 되겠지만, 더러는 그런 기간이 전혀 없을 수도 있다. 어떤 경우든 어려움은 있다. 사람들이 서로 떨어져 지내게 될 때 가족과 재결합하기 위해서 그들의 삶을 계속하는 것은 아니다. 누구도 그것을 원하지는 않을 것이다. 사람에게 이별의 고통에서 회복할 수 있는 능력이 조금도 없다면, 그들은 무기력해질 것이다.

아동이 사랑하는 사람과 접촉하지 않을 때 그 사랑하는 사람에 대한 생생한 생각을 유지할 수 있는 능력에는 한계가 있다. 아동은 그래서 사랑하는 사람이 부모든 그 누구든지 어느 시간 이상 보지 못하면 그를 알아보지 못할 수 있다. 이러한 점에서 어머니들도 자녀들만큼이나 많은 어려움을 겪는다. 어머니들은 자녀를 의심하거나, 그들이 위험에 처해있다는 느낌, 아무런 까닭 없이 자녀들이 아프거나 슬퍼하고 있다는 느낌, 심지어 그들이 냉대 받고 있다는 느낌을 갖기 시작한다. 자신이 사랑하고 걱정해줄 사람을 가까이 보고 곁에 있기를 원하는 것은 아주 자연스러운 일이다. 집에서 아이와 함께 사는 경우에 일상 속에서 아이가 걱정되면, 어머니는 큰 소리로 아이를 부를 수도 있고 또 다음 식사 시간까지 기다릴 수도 있다. 그리고 아이가 어머니에게 다가와서 안심하도록 입맞춤을 한다. 사람들 사이에서 친밀한 접촉은 꼭 필요한 것이다. 이것이 갑작스럽게 단절될 때 사람들은 두려움과 의심으로 고통을 받으며, 회복될 때까지 계속 고통을 겪는다. 넓은 의미에서 회복이란 어머니가 적당한 시기에 자녀를 책임지는 일에서 벗어나는 것을 의미한다. 바로 이것이 부모와 자녀 모두를 힘들게 했던 점이다. 즉 대피 때문에 부모가 자녀에게 관심을 가질 수 없게 되었던 것이다. 만일 부모들이 아이에게 집착한다면, 그리고 아이가 백마일 이상 떨어져 있는 동안에도 부모의 책임을 다하려고 한다면, 그런 부모들은 아마도 지옥 같은 삶을 살 것이다. 게다가 이런 경우, 아동을 부모 대신 돌보아주는 임시 부모의 책임감이 약화될 것이다. 이 시기에 임시 부모는 아주 유용한 존재이다. 이제 보통의 좋은 부모의 마음 속에 일어나는 갈등을 상상해 보자!

어머니는 다른 관심거리들로 자신의 마음을 채우는 수밖에 다른 도리가 없다. 아마도 공장에 일하러 가거나, 민간 방위대 일을 하는 등 깊은 슬픔을 순간적으로나마 잊게 해줄 만한 일을 찾을 것이다. 자녀에 대한 걱정에 더하여 종종 군대에 가 있는 남편을 걱정하며, 언제 돌아올지 모르는 남편을 기다리면서 자신의 본능을 충족시킬 방법을 찾아야만 한다. 이 모든 것과 비교해 볼 때 폭격의 위협이란 얼마나 작은 일인가!

아동이 떠났을 때 어머니의 마음에는 커다란 구멍이 생겼지만 시간이 흐름에 따라 그 틈새는 메워지고 잊혀지기 시작했다. 대부분의 사람들은 시간이 흐르면서 되살아났으며, 새로운 관심거리를 찾아냈다. 많은 여성들이 일하러 나갔고, 어떤 여성들은 아기를 갖기도 했다. 심지어 아이가 어디에 있는지 잊어버린 사람들도 있었다. 만일 여러분이 여러 자녀를 둔 부모에게 바로 편지하지 않는다면, 아마도 이곳저곳에 흩어져 있어서 자기 자녀들이 사는 곳을 추적하기가 쉽지 않을 것이다.

내가 지금 말하고자 하는 것은 아동이 집으로 돌아오고 그래서 구멍이 메워졌다고 해서 그들이 떠날 때 만들어진 구멍 안으로 딱 맞게 다시 들어온 것이 아니라는 점이다. 어머니와 아동은 서로가 없어도 지낼 수 있게 되었을 것이며, 다시 만난 후에는 서로를 알기 위해서 서로에게 상처를 주기 시작할 것이다. 이러한 과정은 시간을 필요로 한다. 어머니가 아이의 반응은 생각하지도 않고서 아이에게 달려나와 목을 껴안는다면, 아이는 무엇을 느낄까. 아동은 불쾌할 정도로 신중하고 조숙한 아이일 수 있으며, 아이의 냉정함은 어머니에게 상처가 될 수 있다. 한편 시간을 두고 기다리면 아이의 감정이 자연스럽게 우러나올 수 있으며, 어머니는 기다린 보람이 있게 아이의 진심에서 우러나오는 애정어린 포옹으로 보상받을 수도 있다. 가정은 이제 아동의 가정이 된 것이다. 그리고 어머니가 기다려준다면, 시간이 흐름에 따라 아동은 자기 집에서 사는 것을 즐거워할 것이다.

2-3년간 헤어져 있던 어머니와 아동이 모두 변하였다. 특히 아동의 삶에서 3년은 아주 중요한 시기이다. 많은 부모들이 쏜살같이 지나가는 자녀의 아동기를 놓친 것은 커다란 비극이다. 세 살을 더 먹어 9세가 된 아동은 6세 때의 성격이 어떠했는지에 대해 이미 잊어버렸을 것이다. 더구나 아동이 집으로 돌아왔을 때 집이 폭격에 피해를 입지 않고 그대로 남아 있다 하더라도 아동이 훨씬 더 컸기 때문에 그 집은 아동에게 훨씬 작게 보일 것이다. 더구나 아동은 도시에 있는 자기 집보다 더 큰 집에서 지냈을 수도 있으며, 그 집에는 마당이 있거나 농장이 있어서 젖을 짜는 동안 자유롭게 뛰놀 수도 있었을 것이다. 농장에서 방 한두 개 짜리 아파트로 돌아오는 것은 아이들에게 어려운 일임에 틀림없다. 그러나 나는 대부분의 아동이 자기 집에서 지내는 것을 더 좋아하며, 점차 시간이 지나면서 익숙해질 것이라고 믿는다.

처음에 아동은 불평을 할 수도 있다. 아동이 불평을 하면 어머니는 아이가 자신을 임시 부모와 비교하는 것으로 느낄 수 있다. 아동은 뭔가에 실망했을 목소리의 억양으로 그 실망감을 표현하기도 한다. 그러나 일반적으로 아동은 자기 집과 대피 기간 동안 살던 집을 비교하지 않으며, 그보다는 집을 떠나 있는 동안 마음속에 그리던 집과 다시 돌아와서 발견한 집을 비교한다는 것을 알아야 한다. 부모와 떨어져 있는 동안 자신의 집을 계속 이상화하고 이상화가 클수록 불협화음은 더 클 것이다. 가정환경이 좋지 않아서 계속 보살핌과 보호를 받아야 하는 소년 소녀들은 어딘가에 아주 좋은 자신의 집이 있다고 상상한다. 이러한 까닭에 그들은 그 가정을 찾으려고 집에서 달아나려 하는 것이다. 그들은 그 가정을 찾으려 한다. 가정의 기능 중 한 가지는 아동의 삶에 긍정적인 어떤 것을 제공하는 것인 반면, 또 다른 하나의 기능은 현실의 한계를 보여줌으로써 아동이 상상하는 그림을 수정하도록 돕는 것임을 여러분은 아는가? 아동이 환상에 가까운 기대를 가지고 집으로 왔을 때, 그는 자신의 가정을 재발견함과 동시에 환멸을 느끼고 고통을 겪는다. 다시 말하지만, 이 모든 것은 시간이 필요하다.

따라서 집으로 돌아온 후 아동이 하는 불평을 들어보면, 종종 그들이 집을 떠나있는 동안 상상 속에서 더 좋은 가정을 만들어 왔다는 것을 알 수 있다. 그 가정은 자신이 요구하는 것은 무엇이든지 들어주며, 경제적인 어려움도 없고, 공간도 부족하지 않다. 단지 한 가지, 즉 그것은 현실이 아닐 뿐이다. 그러나 실제 가정은 그 나름의 좋은 점을 갖고 있으며, 아동이 점차 가정을 있는 그대로 받아들이게 된다면, 그 아동은 그 가정의 모든 장점을 얻을 수 있을 것이다.

대피했던 아동의 귀가는 대피 계획의 전체 과정 중에서 큰 부분을 차지한다. 대피시키는 일을 하면서 어려움을 겪어온 사람들은 마지막 단계에서의 부주의함으로 인해 크게 상심할 수 있다. 아동들은 안전하게 각 가정에 적응해야 하는데, 이를 위하여 아동, 임시 부모, 그리고 아동의 가정에 대해 이해하고 있는 누군가가 책임을 갖고 그 과정을 도와야 할 것이다. 때때로 월요일에 돌아간다면 어려움이 따를 수도 있으나, 수요일에는 모든 것이 순조로울 수도 있다는 것을 알 수 있을 것이다. 아마도 어머니가 아프거나, 어머니 곁에 새아기가 있거나, 아직 지붕과 창문의 수리가 다 끝나지 않았기 때문에 한 두 달은 모두가 양보하며 지내야 할 수도 있다. 집으로 돌아온 아동을 위해 한동안 노련한 전문가의 지도를 받아야 할 필요가 있거나, 때로는 노련한 전문가가 관리하는 호스텔로 가야 하는 사례가 적지 않을 것이다. 특히 아동의 아버지가 아직 집으로 돌아오지 않았을 경우는 문제가 될 것이다. 왜냐 하면 아버지가 없는 가정은 혈기왕성한 소년소녀에게 알맞은 곳이 아닐 수 있기 때문이다.

마지막으로 우리는 문제를 가진 어머니와 함께 사는 아동에게 대피 기간은 하늘이 주신 뜻밖의 기회라는 사실을 기억할 필요가 있다. 이 아동들에게 집으로 돌아가는 것은 긴장 속으로 돌아가는 것을 의미한다. 그러나 만약 사회가 뒷받침해주기만 한다면, 이 아동들이 가정으로 돌아간 후에도 어떤 도움을 받을 수 있을 것이다.

아동이 다시 자기 집으로 돌아간다는 것을 알고 있는 것은 아주 좋은 일이다. 저녁식사를 하러 그리고 차를 마시러 집으로 돌아가고, 집에서 부모와 잠을 자는 아동들로 가득한 거리와 공원을 다시 보는 것은 기쁜 일이다. 학교 교육이 다시 시작될 것이며, 어른들이 전쟁터에서 돌아오면 보이스카웃과 걸스카웃이 다시 생길 것이고, 휴일에는 캠프가 열리고 소풍을 갈 것이다. 이 모든 가정마다 각각 다른 귀가의 순간이 있다. 만남을 새롭게 하는 데에는 시간이 필요하며, 각 아동이 자기 집으로 돌아가 적응하는 일에는 개별적인 지도가 필요하다.

27장

가정으로 돌아온 아동

(부모를 위한 방송 강연, 1945.)

나는 9세 된 한 소년을 알고 있다. 그는 어렸을 때 많은 시간을 런던에 있는 자기 집을 떠나 먼 곳에서 보냈다. 전쟁이 끝났고 대피했던 사람들이 집으로 돌아간다는 이야기를 들었을 때 그 아동은 무엇인가를 생각하고, 그 생각에 골몰하면서 계획을 세우기 시작하였다. 갑자기 아동은 '나는 런던에 있는 집에 가면 매일 아침 일찍 일어나서 소젖을 짤거야'라고 말했다.

대피 계획이 마무리되면서 그리고 공장에서 일하던 어머니들이 가정으로 돌아오면서, 많은 부모들은 큰 도시로 돌아오는 자녀들을 환영하고 있다. 이것은 가족이 몇 년 동안 기다려 온 순간으로, 모든 아버지들 또한 이때 집으로 돌아올 수 있었다면 더 말할 나위 없이 좋은 순간이 될 것이다.

지금 많은 사람들이 자녀들을 보면서, 자녀들이 무엇을 생각하고 느끼고 있는지, 자신은 자녀들이 바라는 것과 필요로 하는 것을 해줄 수 있는지를 생각하고 있을 것이다. 나는 여러분과 함께 이러한 문제에 대해 생각해보고자 한다.

이제 아이들이 다시 집으로 돌아왔다. 오랫동안 거의 죽어 있던 우리의 귀는 쟁쟁한 소리들로 가득 차게 되었다. 사람들은 아동이 시끄러운 존재라는 것을 잊었다가 다시 기억해냈다. 학교가 다시 열렸다. 공원은 옛 손님들—어머니와 유모차, 몸집과 모습과 색깔이 모두 다른 아이들—을 환영하며 기쁨에 들떠 있다. 거리의 뒷골목은 차츰 교통이 혼잡한 도시 생활에 적응하기 시작한 아이들의 크리켓 놀이터가 되었다. 또 거리의 모퉁이를 돌면, 다른 아이들이 지나가는 사람은 안중에도 없이 나찌 무리의 흉내를 내고 막대기 총을 쏘면서 전쟁 놀이를 하고 있다. 어린 소녀들은 넘기 놀이를 하려고 분필로 길 위에 금을 긋기도 하고, 한가한 길가에서는 소년 소녀들이 벽에 기대어 물구나무서기를 하기도 한다.

이 모든 것 중에서 식사 시간이 되면 어머니가 준비해놓은 음식을 먹으러 집으로 뛰어 들어가는 아이들의 모습은 아주 흥미롭다. 집에서 식사하는 것은 음식을 만들기 위해 수고를 아끼지 않은 어머니에게나 음식을 먹는 아이 모두에게 아주 큰 의미가 있다. 이제 아동은 자기 전에 목욕을 하고, 잠자리에 누워 이야기를 듣고, 어머니는 아이에게 잘 자라고 입맞춤을 할 것이다. 이런 모습들은 남이 직접 볼 수 없는 사사로운 것들이지만, 매우 소중한 것들이며, 이것들이야말로 가정을 가정답게 만드는 요소이다.

아동이 발휘하는 풍부한 상상력은 모두 자기 집과 집 주위에 있는 작은 것에서 나온다. 어른들은 권태에서 벗어나기 위해 더 넓은 세계를 필요로 하겠지만, 대부분의 아이들은 그가 있는 자리에서도 심심해하지 않는다. 그들은 집안이나 또는 집 앞마당에서 다양한 느낌을 즐길 수 있는 감성을 가지고 있다. 만일 집

앞마당이나, 뒷마당을 벗어나 더 넓은 세상을 만난다면, 그 세상
은 아이에게 아주 소중하고 만족스러운 세계가 될 것이다.

　일부의 낙천적인 사람들은 대피를 가난한 도시의 아이들에게
새로운 삶을 가져다줄 수 있는 어떤 기회라고 홍보했다. 그들은
아이들을 대피시키는 일을 커다란 비극으로 보지 않고, 오히려
전쟁 속에 숨겨진 축복으로 보았다. 그러나 평범하고 순탄하게
자란 아이들을 가정에서 떼어놓는 것은 결코 좋은 일일 수 없
다. 잘 알다시피, 가정은 현대의 모든 편의 시설을 갖춘 좋은 집
만을 의미하는 것이 아니다. 집이란 아이의 마음속에서 어머니,
아버지, 다른 형제들과 고양이와 함께 사는 곳을 의미한다. 그리
고 그 집은 장난감을 올려놓는 선반이 있고 장난감 장이 있는
그런 곳이다.

　그렇다. 아동의 상상력은 집과 집밖의 길 거리에서 만나는 작
은 세계로 가득 차 있다. 집 그 자체가 주는 실제적인 안도감을
느낄 때 아이는 놀이할 수 있으며, 스스로 세계를 풍요롭게 하는
자신의 능력을 자유롭게 즐길 수 있다. 우리가 이런 면들을 깊이
생각해볼 때 대피 계획은 심각한 문제점을 안고 있었다는 것을
알 수 있다. 그리고 나는 지금 그것이 무엇인지를 설명하고자 한
다. 아동이 집에 있으면서 감정이 풍부해지는데, 이것은 좋은 일
이다. 반면에 아동이 오랫동안 집에서 떠나 있으면서 집만 생각
하는 것은 다행스러운 일이 못된다. 아동이 집에 있을 때, 아동은
가정이 진정 어떤 것인지를 잘 안다. 그렇기 때문에 아동은 놀이
에서 원하는 것이면 무엇이든 자유롭게 상상할 수 있다. 놀이는
꼭 즐거움만을 위한 것이 아니다. 놀이는 아동이 건강한 삶을 살
아가는데 꼭 필요한 것이다. 한편 집을 떠나 있을 때 아동은 자
신의 집에 대해 순간마다 확인할 수 없기 때문에, 아동의 생각은
스스로도 두려워할 정도로 현실 감각을 잃어버리게 된다.

아동이 자기 집 근처에서 전쟁놀이를 하다가 오후 1시가 되면 집으로 들어가 식사를 하는 것과, 대피한 아동이 현실감각을 잃어버린 채 부엌에서 살인이 일어나는 공상을 하는 것은 같은 것이 아니다. 집으로 들어가기 전에 자신의 집을 거꾸로 보는 재미를 느끼려고 길거리에서 물구나무서기를 하는 것은, 이백 마일 밖에서 집이 화염에 싸여 산산조각이 나고 있다는 환상에 사로잡히는 것과 결코 같은 것이 아니다.

만일 자녀가 돌아와서 자신의 가정이 생각한 것만큼 좋지 않다고 불평한다면, 여러분은 무척 당황할 것이다. 그러나 그것은 그렇게 나쁘지만은 않은 것으로 안심해도 좋다. 아동이 불평을 한다면, 그것은 그가 떠나 있을 때보다 집에 있을 때가 훨씬 더 자유롭다는 것을 뜻한다. 현실을 생생하게 느낄 수 있도록 아이에게 시간을 준다면, 집으로 돌아온 아동은 자유롭게 사고하고 상상할 수 있는 새로운 단계를 맞이할 수 있다. 이때 여러분은 아동이 천천히 믿음을 쌓아갈 수 있도록 시간을 두고 기다려야만 한다.

아동이 좋아하는 것을 생각하는 자유, 머리 속에 떠오르는 생각을 가지고 놀이하는 자유, 자신의 잃어버린 부분을 찾고자 하는 자유들을 느끼기 시작할 때, 어떤 일이 일어나는가? 분명코 아동은 그가 떠나 있는 동안 잠들어 있던 충동을 발견하기 위해 제멋대로 **행동하기** 시작할 것이다. 아이는 건방지게 행동하기도 하고 짜증을 부리고, 음식을 낭비하거나, 걱정거리를 만들고, 여러분의 다른 일을 방해하기 시작할 것이다. 아동은 여러분이 자신의 어머니인지, 따라서 여러분의 것을 자신의 것이라고 주장할 수 있는지 시험하기 위해서 아마도 무엇인가를 훔칠는지도 모른다. 여러분이 보기에 이러한 아이의 행동이 미친 짓 같아 보일 수도 있으나, 그것은 발달을 위해 한 발을 내딛는 신호일 수 있으며, 안정감을 얻기 위해 한걸음 나아가는 첫 단계일 수 있다. 아동은 떠나 있을 때에도 자신을 통제해줄 수 있는 엄격한 어머니와 아버지를 필요로 했다. 아동이 견디기 힘든 긴장 속에서도 그가 지내던 곳에서 문제를 일으키지 않았다면, 그는 스스로 조심하기 위하여 지나칠 정도로 엄격하게 자신을 통제해온 것이 분명하다. 그러나 이제 아이는 그와 같은 자기 통제로부터 벗어나 여러분과 함께 집에서 쉴 수 있게 되었다. 왜냐하면 자기 통제라는 과제를 여러분에게 떠넘겼기 때문이다. 어떤 아동들은 몇 년 동안 지나치게 자기를 통제하면서 자연스럽게 살지 못했기 때문에, 그 통제라는 과제를 어머니에게 다시 넘겨줄 때 종종 소동을 일으킬 수도 있다. 이런 까닭에 이 시기에 아버지가 집에 함께 있을 수 있다면 더 바랄 것이 없을 것이다.

어떤 어머니들은 푸른 들판에 꽃이 피고, 젖소와 돼지를 기르고, 채소가 싱싱하게 자라고 닭이 알을 낳는 시골집에서 아이들에게 주었던 것을 자신이 살고 있는 도시에서도 줄 수는 없을까 진지하게 생각해 본다. 가정이 노련한 전문가가 경영을 맡은 호스텔보다 더 나을 수 있을까? 호스텔에는 놀이 기구가 잘 갖추어져 있고, 궂은 날에는 목공 일을 할 수 있는 시설이 갖추어져 있으며, 손수 만든 우리 속에서 토끼가 번식하고 있고, 주말에는 시골 주변으로 소풍을 가는 시간이 있다. 그리고 아동의 몸과 마음을 관리해주기 위해 외래의사들이 방문한다. 그러나 임시 부모 가정과 호스텔에서 아이들을 위해 이런 모든 것들을 잘 갖추어 놓았다 하더라도, 그곳이 평범한 좋은 가정을 대신할 수 있다고 보는 사람은 그렇게 많지 않을 것이다. 대체로 아동 자신의 가정은 다른 어떤 곳보다 큰 가치가 있는 곳임에 틀림없다.

가정은 먹을 음식과 주거 공간을 제공해주는 곳만이 아니다. 이러한 것들이 중요하다는 것은 누구나 알고 있다. 부모나 임시 부모 또는 보호자가 아동의 발달에 책임을 지지 않는다면, 아이에게 아무리 많은 것을 풍부하게 주었다 하더라도 아동의 발달에 꼭 필요한 것들이 빠진 셈이다. 여기에 아동이 스스로를 통제하지 않아도 되는, 휴식이 필요하다고 언급했던 문제가 놓여 있다. 아동이 자신의 가장 깊은 내면을 발견할 수 있으려면, 그가 누가 됐든 아동이 도전할 수 있고 미워할 수 있는 사람이 있어야 한다. 하지만 관계가 완전히 깨지는 것을 걱정하지 않으면서 아이가 미워할 수 있는 사람이 부모 외에 또 누가 있겠는가?

몇 해 동안 아동과 떨어져 힘들게 지내면서 간신히 가정을 지켜온 부모들은 아동이 돌아왔을 때, 자녀 양육의 연속성이 깨어지면서 아동이 입은 손상을 치유하기 위해 부모로서 해결해야 할 과제를 감당하기 시작할 것이다. 여러분은 아이들에 대한 공동의 책임을 가지고 있다. 나는 지금 여러분이 다시 한번 이 공동의 책임을 잘 감당하기를 바라고 있다. 이때가 바로 아동들이 좋은 시민으로 성장할 수 있도록 도울 수 있는 시기이다.

우리가 알다시피 웃음 짓고 입맞춤하는 것이 가정에서 가족이 하는 일의 전부는 아니다. 아들이 돌아오는 것은 여러분을 위해 쇼핑을 해줄 누군가가 생겼다는 것을 의미하지 않으며, 딸이 돌아오는 것 또한 여러분을 위해 세탁을 해줄 누군가가 생겼다는 것을 의미하지 않는다. 아이가 돌아오면서 여러분의 삶이 더 풍요로울 수 있지만, 여러분은 자신의 삶을 다소 희생할 수밖에 없다는 것을 의미한다. 즉각적인 보상은 많지 않을 것이다. 종종 여러분은 아동들이 다시 임시로 지냈던 가정으로 돌아갔으면 하고 생각할 수도 있을 것이다. 우리는 그러한 심정에 공감할 수 있으며, 때로는 누군가의 도움이 필요할 수도 있다는 것을 알고 있다. 알다시피, 대피 때문에 아주 큰 상처를 입어서 부모의 힘만으로는 감당하기 어려운 아이들도 있을 것이다. 그러나 만일 이 어려움을 잘 극복하여 자녀가 건강한 시민으로 성장하도록 도울 수 있다면, 여러분은 최선을 다한 것이다. 자녀는 성장하여 독립하고, 자신이 좋아하는 일을 하며, 가정을 이룰 뿐 아니라 자신이 보존하고 전해야 할 풍요로운 문화를 즐길 수 있을 것이다. 여러분은 아동을 이해하고 사랑하는 것뿐만 아니라 그들을 대하는 태도 또한 강해야 한다. 그리고 여러분이 강한 부모가 되기를 바란다면, 처음부터 강하게 나아가는 것이 좋을 것이다. 아동이 여러분을 믿을 수 있는지 시험하기 시작했을 때는 이미 늦었기 때문에 갑자기 강하게 대응한다면 오히려 사태가 악화될 수 있다.

런던에 있는 집으로 가면 소젖을 짜겠다고 한 소년의 말을 어떻게 이해할까? 그가 도시와 도시의 삶에 대하여 많은 것을 기억하지 못한다는 것을 쉽게 알 수 있지만, 문제가 크다고는 생각하지 않는다. 그가 하는 말을 들었을 때 나는 그가 마음속에 아주 좋은 생각을 가지고 있다고 생각하였다. 그 소년은 직접 느낄 수 있는 자신만의 어떤 것을 가지고 집으로 가는 것을 상상하였다. 그는 호스텔 근처에 있는 농장에서 소젖을 짜는 것을 보았지만, 직접 젖을 짤 수는 없었다. 이제 전쟁이 끝났으며, 임시 부모와 헤어져서 집으로 갈 것이다! 이제는 내가 직접 소젖을 짜보자! 가정으로 돌아갈 아동들에게 이것은 꽤 좋은 표어가 될 것이다. 로날드를 기다리는 아버지와 어머니가 있다고 생각하자. 로날드가 그러하듯이, 그들은 자녀에게 사랑을 솔직하게 표현하고 편하게 그를 안아줄 준비가 되어 있다고 생각하자. 그들은 로날드에게 힘든 세상을 헤쳐나갈 수 있는 새로운 기회를 줄 수 있을 것이다.

28장

다루기 힘든 아동을 위한 치료 방법으로서의 시설 보호

(클레어 브릿튼과 공동으로 쓴 '인간관계'에 실린 글, 1947.)

우리는 런던과 다른 큰 도시에서 대피한 아동에게서 나타나는 문제들을 다루기 위하여 영국의 한 지역에서 진행되었던 전시(戰時) 계획의 한 부분을 책임맡았다. 공습을 피해 대피한 아동의 일부는 임시 숙소 생활에 잘 적응하지 못하였다. 그들 중 일부 아동은 공습이 계속되고 있던 자신의 집으로 돌아갔고, 나머지 대다수 아동은 그대로 그곳에 머물렀는데, 많은 아동들이 특별한 보살핌과 지도를 받지 못한다면 문제아가 될 것 같았다. 우리는 외래 정신과 의사와 정신과 사회복지사로서 우리 지역에서 계획을 세운 일을 책임맡게 되었고, 소규모의 정신치료팀을 구성하였다. 우리의 임무는 문제가 발생했을 때 문제를 해결하기 위해 필요한 자원들을 활용하는 것이었다. (우리들과 같이 일한 위니캇은 주로 런던에서 일해온 소아과 의사이자 정신과 의사였는데, 그는 전쟁 상황에서 생겨난 대피 아동의 문제들을 평화시에 자신이 경험한 아동의 문제들과 연결시켜 문제 해결에 도움을 주었다.)

수립된 계획은 복잡한 것이었고, 톱니바퀴의 어느 한 톱니가 다른 것보다 더 중요하다고 말하기 어려운 것과 같이 모든 것이 서로 연결되어 있었다. 따라서 우리는 진행된 일만을 서술할 것이다. 우리는 그렇게 하라는 요청을 받아들였고 그 일의 성과에 대해서는 특별한 책임을 지지 않기로 했기 때문이다. 따라서 이 글에서 표명된 견해는 우리 두 사람의 것으로서 그 계획에 참여한 다른 사람들의 영향은 받지 않은 것이다.

우리에게는 전체 상황을 지켜보면서 문제가 생긴 아동들을 돌보고 치료하는 것이 중요했다. 각 사례마다 생각했던 것보다 실제로 더 많은 도움을 필요로 했기 때문에 전체 상황을 평가하는 일은 중요한 실천적 의미를 갖고 있었다. 우리는 여기에서 각 아동에게 했던 치료와 전체 상황 사이의 관계에 관해 서술할 것이다.

우리는 이 계획을 하나의 특수한 사례나 시험적 모델로 만들려는 생각은 없었다. 또 어떤 연구기관에서 지원금을 받고 하는 일도 아니었다. 우리가 우연히 관여하게 된 이 계획이 특히 훌륭했거나 성공적이었다고, 혹은 우리가 다른 지역의 사람들보다 이 계획을 더 잘 추진했다고 주장하는 것도 아니다. 어느 한 지역에서 좋은 성과를 얻었다고 해도 다른 지역에서 그 방식을 그대로 따라하기에는 알맞지 않을 수 있으며, 한 지역에서 얻은 성과는 지역 상황에 맞는 계획을 자연스럽게 추진한 결과로 받아들일 수 있을 것이다.

이 전시 계획의 중요한 특징은 그 계획의 틀이 대체로 경직된 어떤 것이 아니었다는 것이다. 보건성(각 지역마다 주 단위에 있는)은 지역의 욕구에 맞게 계획을 추진하였다. 전쟁이 끝났을 때 우리는 이 계획을 실시한 지역의 수만큼이나 많은 유형의 계획이 있었다는 것을 알 수 있었다. 이것은 전체적인 계획이라는 측면에서는 실패한 것으로 볼 수도 있겠으나, 우리는 실제 상황에 알맞게 적용할 수 있는 기회가 있었고 이는 미리 예측하여 그대로 실시하는 것보다 더욱 가치가 있는 것이었다고 생각한다. 만약에 고정된 틀에 맞춘 계획이 세워지고 그 계획대로 일을 해나갔다면, 그것은 지역 상황에 맞게 조정할 수 없는 융통성이 없는 계획이 되었을 것이다. 더욱이 중요한 것은, 이미 세운 계획을 그대로 적용하려는 사람들은 하나의 계획을 스스로 발전시켜 가려는 사람들과 아주 다르다는 사실이었다. 이 일은 보건성이 책임을 맡았다. 보건성은 독창성과 진정한 관심을 갖고 있는 사람들에게 이 일을 맡기려고 하였고, 따라서 이 일은 지역의 욕구에 맞게[1] 계획이 세워지고 진행되었다.

사람을 돌보는 일과 관련된 일을 하는 사람은 독창성과 책임감이 있어야 한다. 특히 좋지 않은 환경에서 자란 아동을 돌보아야 할 경우에 실무자가 짜여진 계획만을 고수하는 융통성 없는 사람이라면 이 일에 적합치 않다. 따라서 적절한 가정 환경이 박탈된 아동들을 돌보기 위한 계획은 지역에 맞게 실시할 수 있도록 허용되어야 하며, 자유로운 생각을 가진 사람들이 흥미를 가질 수 있는 일이 되어야 한다.

---

1 보건성은 한 지역에 일의 책임을 맡겼고 그 결과를 지켜보았으며 그에 따라 행동하였다고 볼 수 있다. 이는 '지도자 없는 집단들'이라는 영국 육군 장교 조직 원리를 생각나게 했다.

발생하는 문제

큰 도시에서 대피한 아동들은 일반 가정으로 보내졌다. 어떤 가정은 대피 가정으로서 적당하지 않다고 판명되었으며, 그와는 별개로 일부의 소년 소녀들이 대피 가정에서 지내는 데에 어려움이 있다는 것이 곧 드러났다.

이러한 대피 가정에서 생활하는데 실패한 아동은 곧 반사회적 행동을 나타냈다. 한 곳에서 잘 지내지 못한 아동은 집으로, 즉 위험한 곳으로 돌아가거나 대피 가정을 바꾸기도 하였다. 대피 가정을 자주 바꾸는 것은 상황이 점차 악화되는 것을 뜻하였으며, 곧 반사회적인 행동으로 가는 전주곡이 되었다. 이 시점에서 여론은 그런 상황에 대해 큰 영향을 끼쳤다. 이 문제에 대한 대중적인 경각심이 일어나게 되었고, 법정은 비행 문제를 전과 다름없는 태도로 다루었다. 다른 한편 보건성은 이 아동들에 대해 조직적인 관심을 기울이게 되었다. 그들이 법정에 서지 않도록 대안을 마련하기 위하여 지역 차원의 관심을 끌어냈다.

대피 가정 생활의 실패로 인해 아주 여러 가지 징후들이 나타났다. 야뇨증과 유뇨증이 가장 많았고, 집단으로 훔치기, 건초더미에 불지르기, 철도 파괴, 학교와 대피 가정에서 난동 부리기, 군인들과 어울리기와 같은 여러 가지 문제가 나타났다. 또한 감정의 폭발, 우울증, 부루퉁한 감정 상태, 비정상적인 이상 행동, 옷을 입거나 씻는데 관심이 없는 것과 같은 인격의 황폐화뿐 아니라 불안의 징표들이 뚜렷하게 나타났다.

그 증상은 진단적인 의미를 가진 것은 아니었고, 단지 새로운 대피 가정에서 적응하지 못함으로써 나타난 고통의 징표라는 특징을 갖고 있었다. 또 당시의 환경과 전혀 관계가 없는 깊은 정신내적 장애에서 오는 심리적인 질병은 대피라는 비정상적인 조건에서는 두드러지게 드러나지 않았다. 이러한 상황은 심리적으로 건강한 아동들을 좋은 대피 가정으로 보내기 위한 상호 선택 과정으로 인해서 복잡해졌다.

문제 아동 집단이 출현하자 초기에 행정 당국은 그 아동들에게 개인 심리치료를 하였고, 치료를 받는 동안 지낼 수 있는 시설을 마련하였다. 그러나 점차 이런 일이 성공하기 위해서는 한 집에 살면서 아동을 관리해줄 필요가 있다는 사실이 더욱 분명해졌다. 나아가, 그러한 관리 자체가 치료라는 사실을 알게 되었다. 또한 치료로서의 적절한 관리는 실제에 바탕을 두어야 한다는 것이 중요한 사실로 인식되었다. 이러한 관리는 정신치료팀에게서 정보를 얻고 감독과 지원을 받는 심리치료 훈련을 받지 않은 비전문가가 맡았다.

기본적인 조처로서, 문제를 겪고 있는 대피 아동을 위한 호스텔을 세웠다. 우리 지역에서는 우선 비어 있던 큰 건물을 사용했다. 그러나 초기에 경험한 어려움들을 바탕으로 지방 행정 당국은 개인이 운영하는[2] 여러 개의 작은 호스텔을 세울 것을 계획하였다. 한편 이 지역에서 일할 정신과 사회복지사를 뽑았는데, 그것은 여러 호스텔의 업무에 협력하고 전체 계획이 잘 추진되도록 경험을 체계화할 필요성이 있기 때문이다.

초기 단계의 치료는 각 아동을 대피 가정에 재배치하는 것이었다. 그러나 그러한 생각은 문제의 심각성을 과소평가한 것이라는 사실이 경험을 통해서 입증되었다. 정신과 의사로서 해야 할 일은 이 아동들이 대피 생활에서 심각한 영향을 받았다는 사실과, 그들 대부분은 자신이 지내고 있는 좋은 거처를 좋은 곳으로 느낄 수 없는 개인적인 이유를 가지고 있다는 사실에 관심을

---

2 아동보호에 대한 커티스 보고서, 1946, 런던, 참고.

기울이는 것이었다. 즉 실제로 대피생활에 적응하지 못한 아동은 대부분 원래 안정되지 않은 가정에서 자랐거나 자기 집에서 좋은 환경을 경험해보지 못한 아동들이라는 사실이 밝혀졌다.

보호 시설의 관리를 통한 치료는 장기적인 정책을 필요로 하였고, 따라서 아동들이 짧게는 2-3년, 길게는 4년이라는 긴 기간 동안 생활할 수 있도록 호스텔의 원래의 목적을 수정해야만 했다. 대피 가정에서 적응하는데 어려움을 겪은 대부분의 아동은 그들 자신의 가정생활이 만족스럽지 못했거나, 가정이 깨어지는 것을 경험했거나, 혹은 대피하기 바로 전에 가정이 해체 위기에 놓여있던 아동이었다. 따라서 그들에게 필요한 것은 자신의 원래 가정과는 다른 만족스러운 대리 가정의 경험이었다.

유아나 어린 아동이 자신의 특별한 욕구를 맞추어주는 환경을 경험하는 것은 어렸을 때 원래 가정에서 가졌던 경험과 같은 의미를 지닐 것이며, 이러한 경험은 바로 정신건강의 토대가 될 수 있다. 유아의 욕구를 특별히 이해해주는 누군가가 없다면, 유아는 외부 세계와 좋은 관계를 맺을 수 없다. 본능적인 만족감을 충족시켜줄 수 있는 누군가가 없다면, 유아는 자신의 몸을 느낄 수도 없고 인격을 통합시킬 수도 없다. 사랑하고 미워할 누군가가 없다면, 유아는 자신이 사랑하는 사람과 미워하는 사람이 같은 사람이라는 사실을 알 수 없게 되며, 따라서 죄책감을 느낄 수 없고, 치유하고 회복하려는 소망을 가질 수도 없다. 유아가 친숙한 사람들과 함께 있는 안전한 물리적 환경을 경험하지 못한다면, 유아는 자신의 공격성이 실제로 어느 정도 파괴할 수 있는지 그 범위를 깨닫지 못하며, 그 결과 환상과 현실의 차이를 분간할 수 없게 된다. 유아와 함께 하면서 책임을 감당하는 어머니와 아버지가 없다면, 유아는 그들과 분리될 때에 긴박함을 느낄 수도 없고 그것을 표현할 수도 없을 뿐 아니라 그로 인한 안도감 또한 느낄 수 없다. 생후 첫해의 정서 발달은 복잡한 과정을 거치는 것이며, 그 중의 어느 것도 결코 건너 뛸 수 없다. 모든 유아가 이 첫 단계를 잘 극복하기 위해서는 반드시 어느 정도의 좋은 환경이 필요하다.

늦게나마 호스텔에서 제공해주는 이러한 일차적인 가정의 경험들이 가치 있는 것이 되려면, 그 경험이 몇 개월이 아니라 몇 년 동안 안정적으로 주어져야 한다. 그리고 그 성과도 좋은 일차적인 가정의 경험에서 얻을 수 있는 보편적인 성과만큼 좋을 수 없다는 것을 이해해야 한다. 그러므로 호스텔 계획의 성공여부는 아동이 자신의 가정에서 경험한 실패를 감소시킨다는 측면에서 이해해야 한다.

결과적으로 호스텔에서 아동을 잘 관리하려면, 아동이 자신의 가정에서 경험한 것 중에서 아동에게 남아있는 가치있는 면들을 잘 활용해야 할 것이다.

과제

당면한 과제들은 다음과 같다.

(1) 대피 가정에서 지내기 어려운 아동들이 끼치는 '폐해'에서 대중을 보호하기.

(2) 초조해하고 염려하면서 갈등하는 대중의 감정을 해소하기.

(3) 비행을 예방하기 위한 대책 마련.

(4) 이러한 '폐해'를 끼치는 아동들의 병리에 대한 이해를 토대로 그들을 관리하고 치료하는데 필요한 대책 마련.

　(5) 아동의 숨겨진 고통에 대해 도움을 주기.
　(6) 특수한 전시 상황과 상관없이 정신과 치료가 필요한 사례를 잘 관리하고 치료할 수 있는 방법을 발견하기.

　그 성과는 무엇인가?라는 질문에 대해 다음과 같은 몇 가지 관점에서 대답할 수 있다.

　(1) 어려움을 겪고 있는 아동들이 끼치는 '폐해'를 줄인다는 측면에서 285명의 아동을 호스텔에 수용하고 관리하였다. 이것은 달아난 12명을 제외하고는 그 결과가 좋은 편이었다.
　(2) 불안을 느끼는 대중의 처지에서 볼 때, 많은 사람들은 아동들의 위법 행동이 처벌의 기준이 아닌 고통의 신호로 본다는 사실에 종종 좌절감을 느끼는 것 같았다. 한 예로 비행 청소년이 불을 질러서 건초더미가 타버린 농부는 반사회적인 행동을 저지른 범인들이 손해를 보기보다는 오히려 이득을 얻고 있다고 불만을 터뜨릴 것이다. 그러나 이 일이 진행되는 상황에 진심으로 관심을 갖고 염려해온 수많은 사람들은 그들의 문제 행동이 사라지게 되었다는 사실에 안도감을 느꼈다. 호스텔에서 한 일은 대중에게 알려질 만큼 충분히 가치 있는 일이었다.
　(3) 청소년 비행의 발생율은 확실히 떨어졌다. 그 계획이 잘 추진된 결과 소년 법원에서 판결을 받았을 아동들이 보호 관찰을 받지 않고도 큰 문제없이 청소년기를 거쳐 직업을 가질 수 있었다. 다시 말하면, 그 문제들은 대중의 (무의식적인) 보복감정이라는 측면에서가 아니라, 개인과 사회의 건강이라는 측면에서 다루어졌다. 청소년의 비행은 치료를 필요로 하는 질병으로 다루어졌다.

(4) 만일 그러한 문제를 질병으로 생각하고 대처한다면, 적은 수이지만 어떤 아동들은 건강하게 회복될 것이고 그 밖에 많은 아동들은 심리 상태가 안정될 것이다.

(5) 아동-부모의 관점에서 볼 때 많은 아동들이 숨겨진 또는 드러난 광증으로 인해 극심하게 고통을 겪고 있음이 드러났다. 규칙에 따라 생활을 하면서 상당한 고통을 함께 나눌 수 있었고 또 어느 정도 고통을 덜 수 있었다. 몇몇 사례에서만 개인 심리치료가 추가되었고, 그것 또한 필요한 만큼 충분히 제공될 수는 없었다.

(6) 사회학의 관점에서 볼 때 전체 계획을 추진하는 과정에서 잠재된 반사회적 아동과 비정상인 아동을 치료[3]하는 방법에 대해 터득하게 되었다. 이러한 아동의 대피 계획을 통해서 전쟁 때문이 아니라 자신들이 입은 장애 때문에 고통을 겪고 있는 아동들이 있다는 사실이 대중에게 널리 알려졌다.

계획의 진행 과정

그 계획은 긴박한 지역적 요구와, 문제를 해결할 수 있다면 얼마가 들던 그 비용을 치르겠다는 전쟁기의 정서 속에서 생겨났다. 전쟁 중에는 정부가 집들을 접수할 수 있었기 때문에 장소가 마련되었고, 다른 시설들과 긴밀한 협조 관계를 맺을 수 있게 되었다. 불과 몇 개월만에 그 지역 내에 다섯 개의 호스텔이 생겨났다. 물론 신체에 병이 든 대피자들을 치료하기 위해 과분할

---

3 미친(insane)이란 말은 알맞은 다른 말이 없고, 공식적으로 쓰는 '부적응의' (maladjusted)라는 말은 논점을 뚜렷이 설명하지 못하기 때문에 이 글에서 조심스럽게 사용하고 있다.

정도의 '병동'이 제공되었는데, 그곳에서는 호스텔에 있는 아동들 중 마음의 병을 앓고 있는 아동의 치료를 맡기도 하였다.

그 계획은 다음과 같은 절차를 거쳐 확립되었다.

보건성은 이 일을 하는데 필요한 예산을 100% 지역 의회에 지원해주었다. 지역 의회는 상부 기관에 보고하고 권고할 뿐 아니라 계획을 집행할 권한을 부여받았고, 주민 위원회(의회 서기관을 서기로 두는)를 만들었다. 상주할 수 있는 정신과 사회복지사와 주 1회씩 방문하는 외래 정신과 의사를 뽑았다. 이후로 소규모의 정신치료팀이 이 일의 본질적인 측면인 개인의 문제에 대한 책임을 떠맡았다. 위원회는 정기적인 회의를 통해서 당시의 광범위한 행정적 업무와 접촉을 유지할 수 있었다. 이 단계에 접어들었을 때, 보건성이 가지고 있던 광범위한 전망은 비로소 구체적인 내용으로 나타날 수 있었다.

이러한 절차를 검토해보면 하나의 순환이 확립되었음을 알 수 있다.

문제 아동이 세상을 성가시게 만드는 것은 그것 자체로 가치 있는 일이기 때문에 그들을 지원해주어야 한다는 쪽으로 대중의 여론이 모아졌다.

사람의 역사에서, 필요하다고 해서 그것이 꼭 주어지는 것은 아니다. 아동이 필요로 한다고 해서 그것이 좋은 치료 결과를 가져오는 것도 아니다. 전쟁 중에는 그랬지만, 전쟁이 끝난 지금 똑같은 것을 필요로 하는 아동들을 위해 호스텔과 같은 시설을 제공한다는 것은 아주 어려운 일이다. 평화로울 때에는 고통받는 아동이 성가시게 말썽을 부려도 그다지 관심을 끌지 못하게 되고, 여론은 다시 잠을 자듯 이 문제에 무관심해진다. 전쟁 중에는 성가시게 말썽을 부리는 아동의 문제가 대피를 통하여 시골로 확산되었는데, 그때 지역 사회의 정서가 긴장되어 있었고 물자와 인력이 부족했기 때문에 이런 문제는 과장되었으며, 도둑을 맞지 않기 위해 많은 노력을 해야 했고, 경찰의 일이 더 많아지는 반갑지 않은 일이 벌어지고 있었다.

아동이 고통받는다고 해서 아동 보호가 저절로 주어지는 것은 아니다. 오히려 반사회적 행동에 대하여 사회가 갖고 있던 두려움이 좋지 않은 시기를 만나면서 일련의 사건들을 만들어냈다. 그 사건이란 아동이 오랫동안 시설에서 살면서 적절한 소양을 갖춘 직원들의 개인적인 보살핌을 받으며 치료받은 것을 말한다.

정신치료팀

정신치료팀은 두 가지 과제를 갖고 있었다. 그 하나는 보건성의 의지를 실현해야 하는 것이며, 다른 하나는 아동에게 필요한 대책을 마련하고 연구해야 하는 것이다. 다행히도 위원회가 치료팀에 대한 직접적인 책임을 지고 있었고, 위원회는 모든 구체적인 내용을 이해하기 위해 노력했다.

이 위원회의 위원은 계속 스스로 참여했고, '일의 진행 과정'에 대한 인식을 치료팀과 공유했다. 그 위원들은 성공한 사례와 실패한 사례들을 보편적으로 적용하고, 모든 호스텔의 유익한 경험을 모아서 체계화하도록 도왔다.

그 계획이 발달할 수 있었던 것은 아주 일반적인 이유 때문이었다. 그것을 모두 예시하는 것은 불가능하지만 몇 가지 예를 제시해 보겠다.

(1) 위원회는 결혼한 사람을 호스텔에서 아동들과 함께 지내

는 보호사로 채용하자는 안을 받아들였다. 이 안이 처음으로 도입되었는데, 보호사 자신의 가족 문제와 호스텔 아동과의 관계에서 일어날 수 있는 문제들 때문에 상호이해의 분위기에서만 가능한 일이었다.

(2) 위원회는 체벌에 대한 문제를 위원회의 토론에서 다루었다. 적절한 상황에서 약속에 따라서만 체벌할 수 있도록 분명한 정책으로 체벌 문제를 공식화[4]하였다.

(3) 위원회는 나온 의견을 점진적으로 채택하였고, 한 사람(여기서는 정신과 사회사업가)이 전체 계획의 중심을 책임지고 맡아 주관하게 했다. 그 까닭은 담당 행정 부서에서 책임을 나누어 맡을 경우에 전체 경험을 통합하기가 어렵고, 이에 따라 경험이 중복되고 낭비되는 결과를 가져올 수 있기 때문이었다.

(4) 정신과 의사는 원래 치료를 위해서 임명하였다. 그러나 차츰 정신과 의사는 아동이 호스텔에 들어오기 전에 사례별로 분류하고 알맞은 호스텔을 선정하는 일을 맡게 되었다. 결과적으로 정신과 의사는 보호사와 관련된 직원과 함께 정기적

---

4 저자의 기록—체벌문제는 위원회가 채용한 보호사에게 위임하고, 체벌하는 권리도 보호사에게 준다는 것이 규칙이었다. 만일 위원회가 보호사가 일하는 방식이 좋지 않다고 판단하면, 그 대책으로 새로운 보호사를 채용했다. 그러나 구체적인 사항에 직접적으로 간섭하지는 않았다. 체벌이 갖는 문제점은 아동을 통해서 곧 밝혀졌으며, 이로 인하여 위원회가 제재하게 되었고, 이것은 보호사에게 상당한 약점이 되었다.

위원회가 의혹을 갖는 경우에 대비하여 보호사는 주마다 체벌의 내용을 일지에 기록해야 했다.

이러한 정책에 따라 될 수 있는 대로 체벌을 피하기 위해 직원 교육이 필요하다는 의견이 제기되었다. 그러나 각 아동의 개인적인 문제를 좀더 깊이 이해하게 되면서 체벌을 예방할 수 있었고, 몇몇 시설에서는 오랜 기간 동안 체벌이 거의 없었다.

인 토론을 통하여 간접적으로 아동들의 치료자 역할을 했다.

위원회와 정신치료팀은 헌신적으로 이 일을 해나갔고, 융통성을 갖고 함께 적응해 나갔다.

이러한 상황을 보건성의 상황과 비교해 본다면, 그것의 중요성은 아무리 강조해도 지나치지 않다는 것을 분명히 인식하게 될 것이다. 영국의 공무원들은 정부 부처의 여러 분야를 두루 경험하도록 되어 있었다. 따라서 어떤 공무원이 정부 부처의 어떤 책임자와 깊이 있는 관계를 형성하더라도 연수를 받으러가거나 진급으로 인사 이동이 있을 때마다 부득이하게 책임 맡은 직원이 교체되기 때문에, 그 책임자는 새로운 사람과 함께 그 일을 다시 시작하지 않으면 안된다. 이런 일이 자주 일어나게 되면, 그는 그 업무 분야에서 자신은 성장하는데 반해 행정부서의 책임자는 성장하지 못한다고 느낄 수밖에 없으며, 그 일의 자세한 내용을 이해할 수 있는 사람을 기대할 수 없게 된다. 이러한 상황은 거대한 중앙 조직에서는 피할 수 없는 현상이다. 그러한 부서에서는 일반적인 지침만을 내려줄 수 있을 뿐 구체적인 일을 통해 현장과 접촉하는 것은 어렵다. 이런 까닭에 이 계획에서는 항상 실무자들의 주요 관심사에 귀를 기울여주고, 실무자와 거대한 상부 조직을 대표하는 사람들이 관계 맺을 수 있도록 ‘연결고리’ 역할을 담당하는 위원회가 꼭 있어야만 했다.

정신과 사회복지사가 중요한 책임을 맡았다는 것은 커다란 의미를 갖는다. 이것은 위원회와 정신과 의사의 지원 아래 이루어졌다. 정신과 의사는 직접적인 문제와 떨어져 지냈기 때문에 정서적으로 깊이 개입하지 않으면서 시설에서 생기는 문제의 자세한 내용을 토론할 수 있었으며, 동시에 의사로서 아동에 대해 최선을 다할 수 있었다.

여기에 기술적인 지원 문제는 책임 소재를 분명히 밝히는 것이 유익하다는 것을 보여주는 사례가 있다. 보호사가 사회복지사에게 전화를 걸어 다음과 같이 말했다. '한 소년이 지붕에 올라갔는데, 어떻게 할까요?' 보호사는 정신병리에 대한 전문 훈련을 받지 않았기 때문에 이런 문제를 책임질 수는 없었고, 그 소년에게 자살할 가능성이 있다는 것을 알고 있었다. 사회복지사는 그 보호사에게 '그 소년의 행동을 무시하고 내버려두시오'라고 말했는데, 이 순간에 그는 자신이 정신과 의사의 지지를 받고 있다는 것을 알기 때문에 그런 결정을 내릴 수 있었다. 보호사도 이것이 최선의 조치라는 것을 알고 있었다. 그러나 정신과 의사의 지지가 없었다면, 보호사는 자신이 하던 일을 포기하고 다른 아동들을 돌보기보다는 구조대를 부르고 그 소년의 행동에 관심을 집중시킴으로써 오히려 그 소년에게 해를 입혔을 수도 있다. 실제로, 사회복지사가 보호사에게 해주었던 그 말 한마디 덕분에 그 소년은 다음 식사 시간에 자신의 자리에 앉아 있을 수 있었고 아무런 말썽도 없었다.

정신과 사회복지사와 외래 정신과 의사는 수가 작았지만 오히려 더욱 단결된 정신치료팀을 구성하여 여러 현장의 일을 책임질 수 있었다. 그들을 임명했고 그들이 하는 일에 대해 직접적인 책임을 졌던 위원회는 모든 문제를 신속하게 결정했고, 실천했다. 위원회가 겪었던 몇 가지 중요한 경험을 제시해 보겠다.

(1) 우리는 각 아동의 지난 날 경험의 단편들을 하나로 모으고, 어느 한 사람이 한 아동에 관해 모든 것을 알고 있다는 사실을 아동이 인식할 필요가 있다는 사실을 깨달았다.

(2) 호스텔의 직원은 중요하지 않은 사람이 한 사람도 없었다. 아동은 정원사 또는 요리사로부터 특별한 도움을 받고 있을

지도 모른다. 이러한 까닭에 호스텔의 직원을 뽑는 일은 우리에게 아주 중요한 일이었다.

(3) 보호사가 순간적으로 어떤 아동을 너그럽게 대할 수 없을 때가 있었고, 그때 우리는 그 문제를 객관적으로 평가하기 위해 상황에 대한 구체적인 정보가 필요했다. 우리는 그 보호사가 책임 있는 누군가에게 자신의 감정을 표현해야 한다는 원칙을 세웠다. 그때 그 책임자는 그 순간에 필요한 행동을 취하고 또 그 일이 불필요한 위기 상황으로까지 악화되는 것을 막기 위해 알맞은 조처를 취해야 했다.

아동 배치를 위한 분류 기준

여러 가지 유형의 정신과적 개입을 위해서는 그에 맞게 환자가 분류되어야 했다. 이 아동들을 호스텔에 만족스럽게 배치하는데 아동들을 증상에 따라 분류하는 것은 도움이 되지 않았다. 이를 위해 다음과 같은 원칙들을 세웠다.

1. 대부분의 경우, 아동을 일정한 기간동안 집단 안에서 관찰하고 나서야 비로소 제대로 진단을 내릴 수 있다.

관찰 기간이라는 점에서 볼 때 일주일이라는 기간은 없는 것보다는 낫고, 3개월의 기간은 일주일보다 훨씬 유용하다.

2. 아동의 발달 내력을 수집할 수 있을 경우, 가정이 안정되어 있었는지 아닌지가 가장 중요한 요소가 된다.

안정된 가정에서 성장한 아동은 가정생활의 경험을 유용하게 활용할 수 있고, 호스텔에서 자신의 가정을 다시 느낄 수 있으며, 가정에 대한 생각을 넓힐 수 있다. 그렇지 못한 경우,

호스텔은 아동에게 일차적인 가정을 제공해야 한다. 그때 아동은 자신이 갖고 있는 이상적인 가정에 대한 생각을 비교적 빈약한 곳인 호스텔과 비교하면서, 차츰 현실적인 것으로 바꾸어가기 시작한다.

3. 어떠한 가정이든 그 가정이 갖고 있는 비정상적인 요소를 이해하는 것이 중요하다.

예컨대 부모 중의 한 사람이 정신과적 장애를 가졌는지, 혹은 지배적이거나 반사회적인 형제나 자매가 있는지, 주거 환경 자체가 위협적인 요소를 가지고 있지는 않은지 따위를 알 필요가 있다. 시간이 지남에 따라 아동은 호스텔의 생활을 통하여 이러한 좋지 않은 경험을 조금씩 바로 잡아가게 되며, 점차 자신의 가정을 객관적이면서도 호의적으로 볼 수 있게 된다.

4. 보다 상세한 자료를 얻을 수 있다면, 아동이 생후 초기에 만족스러운 유아-어머니 관계를 가졌는지, 혹은 그렇지 못했는지를 알아보는 것은 매우 중요한 의미를 갖는다.

초기에 관계 경험이 좋았다면, 설령 그 경험을 잃어버렸을지라도 아동과 호스텔 직원간의 인격적인 관계를 통하여 되살아날 수 있다. 그러나 초기의 좋은 관계경험이 없었다면, 호스텔에서 그러한 관계 경험을 창조할 수는 없다. 이러한 중요한 문제는 종종 정도의 문제라고 볼 수 있다. 그러나 그렇다고 해도 그것은 추적해볼 만한 가치가 있다. 대부분의 경우에 믿을 만한 초기의 내력을 수집하기는 쉽지 않다. 따라서 수개월 동안 아동의 호스텔 생활을 관찰하면서 그의 과거 내력을 재구성해야 한다.

5. 호스텔에서 생활하는 동안 아동은 특별히 가치 있는 지표들을 나타낸다. 그것들은 놀이할 수 있는 능력, 희망을 가지고

꾸준하게 노력할 수 있고 친구를 사귈 수 있는 능력들이다.

아동이 놀이할 수 있다면, 그것은 매우 좋은 징조이다. 만약 아동이 엄격한 개인지도나 격려를 받지 않고도 희망을 가지고 스스로 꾸준하게 노력할 수 있다면, 호스텔 생활은 그에게 희망적인 성과를 가져다 줄 것이다. 그리고 그 가운데 가장 가치있는 지표는 친구를 사귈 수 있는 능력이다. 불안한 아동은 친구를 아주 쉽게 바꾸고, 심각한 장애가 있는 아동은 또래 집단에 겨우 들어갈 수 있을 정도의 능력밖에 없다. 대개 그러한 집단의 결속력은 박해 상황에 의해 강요된 것이다. 대피 호스텔에 온 아동들은 처음부터 놀이를 할 수 없거나, 희망을 가지고 꾸준히 노력할 수 없거나, 친구를 사귈 수 없는 아동들이었다.

6. 정신의 결함도 물론 중요한 요인이다. 다루기 힘든 아동을 수용하는 호스텔은 지능이 낮은 아동을 위한 시설을 별도로 갖추어야 한다.

이것은 그 아동들에게는 특별한 관리와 교육이 필요할 뿐 아니라 직원들이 지치고 절망감을 느끼기 때문이다. 문제를 가진 아동을 다루는 힘이 많이 드는 일에는 실제로 보상이 주어지지는 않더라도 최소한 보상에 대한 희망은 있어야 한다.

7. 기괴하거나 '미친 듯한' 행동을 보이는 아동은 호스텔의 관리만으로는 거의 치료할 수 없는 경우로서 다른 아동과 구분된다.

어떤 아동들은 호스텔 직원을 당황스럽게 하고 미치게 만든다. 이런 아동 중에는 개인 심리치료를 하더라도 좋은 결과가 바로 나타나지는 않는 경우가 많다. 그들은 분석가의 심리치료 사례는 될 수 있겠지만, 호스텔을 필요로 하는 아동들은 아니다.

위에서 요약한 분류 기준은 아동을 배치하기 위한 근거가 되었다. 그러나 이러한 기준은 항상 호스텔과 보호사들과 아동 집단이라는 세 가지 요소들과의 관련성 안에서 탄력적으로 적용되어야 한다. 단순히 아동에게 보살핌이 필요하고, 호스텔에 공간이 있기 때문에 아동을 받아들이기로 결정하는 것은 옳지 않다는 것이 곧 밝혀졌다. 대피 가정에서 문제를 일으켰던 아동이 새로 들어올 때마다 호스텔에서도 문제가 일어났고, 결코 호스텔의 소중한 가족이 될 수 없었다. 이 아동들은(거짓말 같고, 진짜 같지 않은 처음 한두 주간을 제외하고) 어떤 점에서도 집단에 기여하지 못하며, 정서적 에너지를 고갈시킨다. 그러나 만약 집단에서 그들을 받아들이면, 어느 정도 집단을 위해 기여하기 시작한다. 그러나 이것은 호스텔 직원과 잘 적응하고 있는 아동들의 힘든 노력을 통해서만 얻을 수 있는 결과이다.

다음과 같은 절차는 보호사에게 큰 도움이 된다. 새로운 아동을 배치할 때 그의 배치를 확정하기 전에 미리 보호사에게 그 아동을 보여주고 나서 보호사가 그 아동을 받아들이든 거절하든 선택하게 하는 것이다. 보호사가 이 아동을 받아들일 수 있다고 판단하면, 그를 요청할 것이다. 그러나 만약 사전에 이런 과정을 거치지 않고 단순히 배치된 아동을 돌보아야 한다면, 보호사는 그 아동에 대해 부정적인 감정을 가지고서 시작할 수 있고, 시간이 지나면서 그것도 운이 좋아야 아동에 대한 다른 감정을 가질 수 있을 것이다. 아동을 어느 특정한 호스텔에 수용할 것인가를 결정하는 합동 면담은 현실적으로 실천하기가 아주 어려운 일이었다. 이 두 가지 방법에는 실천 방법상 큰 차이점이 있기 때문에 될 수 있는 대로 규칙에 예외를 두지 않도록 하기 위해 세심한 노력이 필요했다.

치료에 대한 중심 개념

우리 계획의 중심 목표는 아동이 깨닫게 되고, 시험해 보고, 점차 믿을 수 있고, 즐길 수 있는 안정된 환경을 제공하는 것이다. 이러한 안정된 환경은 본래 아동들이 개별적으로 또는 집단적으로 만들어 내거나 유지할 수 없는 것이다.[5]

아동은 환경의 안정성을 대개 공동체로부터 전수 받는다. 보건성은 주 의회(County Council)를 통해 이 일을 뒷받침해 주었고, 다행히도 위원회는 이러한 뒷받침에 힘입어 경험과 책임감을 갖춘 믿을 만한 사람들로 이루어져 있었다. 그리고 이 안정성을 높이는데 건물과 마당, 일반적인 정서 분위기가 중요할 뿐 아니라 호스텔의 실무자들도 큰 몫을 차지한다. 정신치료팀이 할 일은 이 환경의 안정성이 정서적인 안정성으로 전환될 수 있도록 중재하는 것이었다. 보호사들이 즐겁고 만족스럽고 안정감을 가져야만 아동들과 관계를 맺고 아동을 도와줄 수 있다. 보호사는 이해해주고 지지해주는 사람을 필요로 하는 어려운 직업이다. 보호사에게 이러한 지지를 제공해주는 것이 정신치료팀의 할 일이었다.

비록 완전할 수는 없었지만, 무엇보다도 중요한 일은 호스텔 직원들의 안정성, 특히 그들의 정서적인 안정성을 지원하는 일이었다. 따라서 이 목표를 이루기 위해 꾸준한 노력이 이루어졌다. 이미 언급했듯이 위원회에서는 아동들이 안정된 정서적 토대를 형성하도록 돕기 위하여 결혼한 부부 보호사를 고용하는

---

5 줄곧 아동들이 스스로 자치기구를 만드는 것을 시험하였다. 만일 학생들이 자치기구를 만들게 된다면, 초기의 가정 경험이 좋았던 아동들이 만들 수 있지 않을까? 박탈을 경험한 아동들이 희망이 없다고 느끼는 바로 그 일을 그들에게 하라고 하는 것은 잔인한 일이라고 생각한다.

정책을 채택하였다. 여기에는 그들 자신들의 자녀로 인해 많은 어려움이 뒤따를 수도 있었다. 그러나 호스텔 공동체 안에 가정다운 가정이 있을 때 얻을 수 있는 풍부함은 이러한 문제를 충분히 보완해줄 수 있었다.

'마치 호스텔이 그 실무자들을 위해 만들어진 것 같다'는 비판이 있었다. 그러나 우리는 그 비판이 꼭 옳다고 보지 않는다. 만약 문제가 있는 반사회적 아동들을 치료해야 한다면, 실무자들이 만족스러운 생활을 해야 한다. 그들에게는 휴식 시간과 알맞은 휴가가 필요하며, 평화시에는 월급이 충분해야 한다. 실무자가 좋고 호스텔이 멋진 것만으로는 충분치 않다. 이러한 보호시설에서 좋은 결과를 얻으려면, 호스텔의 직원이 일정 기간 동안 계속 아동들과 '함께 지내야' 한다. 그들은 아동들이 학교를 졸업하고 일을 할 수 있을 때까지 아동들을 충분한 시간을 갖고 돌볼 수 있어야 한다. 아동들이 점차 세상으로 나아갈 수 있을 때까지 직원들이 할 일은 계속되는 것이다.

1

호스텔의 보호사를 교육하기 위한 특별한 훈련 과정은 없었다. 그런 과정이 있었다하더라도 보호사로서 일하기에 알맞은 사람을 가려 뽑는 일이 훈련보다 더 중요했을 것이다. 좋은 보호사가 될 수 있는 사람의 유형을 일반화시킬 수는 없었다. 일을 훌륭하게 해낸 보호사들은 교육 수준에서 차이가 났고, 지난날의 경험과 관심사가 많이 달랐고, 각각 다른 삶을 살아왔다. 그들의 지난 날 직업을 보면, 초등학교 교사, 사회복지사, 훈련받은 교회 활동가, 상업 미술가, 비행 청소년을 교육하는 특수 학교에서 가르치던 교사와 사감, 가정 지배인, 공공 기관에서 일한 경험이 있는 실무자, 교도관 등이다.

우리는 새로운 경험에 적응해가면서 생활 속에서 일어나는 사건들을 스스로 다룰 수 있고 진실한 인간 관계를 맺을 수 있는 능력이 이전에 받은 훈련 내용이나 경험의 종류보다 훨씬 중요하다는 사실을 알게 되었다. 중요한 사실은 자신에 대해 확신을 가지고 자연스럽게 행동할 수 있는 사람만이 하루하루를 일관성 있게 행동할 수 있다는 것이다. 또한 호스텔은 자신을 지탱할 수 있는 보호사들만이 견뎌나갈 수 있는 어려운 곳이었다. 이곳에 온 아동들은 보호사를 혹독하게 시험한다. 보호사는 배우가 자연스럽게 연기를 하듯이 '자연스럽게 행동'해야 할 때가 종종 있다. 이것은 특히 아픈 아이를 대할 때 그러하다. 만일 한 아이가 와서 '손을 베었어요'라고 호소할 때 마침 보호사가 소득세 보고서를 작성하고 있던 중이거나, 요리사에게 지시를 내리고 있던 중이라도 아동을 편안한 마음으로 대해야 한다. 이 아동들은 불안이 아주 많고 어려움을 겪고 있기 때문에 자기 자신에 관한 것 외에 보호사 개인의 어려움까지 이해하기는 어렵다.

우리는 일관성 있고, 자연스럽게 행동할 수 있는 능력을 아주 중요한 요소로 간주했기 때문에 그러한 능력을 지닌 사람을 우선적으로 뽑았다. 또한 음악, 미술, 도예 등의 재능을 가진 사람을 중요하게 생각했다. 그러나 보호사의 중심 요건은 무엇보다도 아동에게 진실한 사랑을 느낄 수 있는 능력에 있다. 그것만이 호스텔 생활에서 겪을 굴곡을 견뎌낼 수 있게 하는 요소이다.

설령 그 보호사가 한번도 아이들과 관련된 일을 한 적이 없다 해도 하나의 호스텔을 잘 조직하고 그 지식을 다른 호스텔 보호사에게 전해줄 수 있는 명석한 사람이라면, 더욱 바람직할 것이다. 가정의 변치 않는 특징은 그 안에서 일어나는 일을 가치 있는 것으로 만드는 것이며, 이는 그 일을 현명하게 처리하는 것보다 더 중요한 요소이다.

우리는 보호사가 기존의 관리 방식을 따르거나 합의한 계획에 무조건 따르기를 기대하지 않았다. 중요한 것은 각 개인이 자연스러운 방법으로 적절한 시기에 행해야 했기 때문에 무엇을 해야 할지를 물어보는 보호사는 필요치 않았다. 보호사와 아동의 관계는, 아동이 유일하게 경험하는 실제 관계이기 때문에 매우 중요했다. 보호사는 가정과 공동체 생활을 이루어 가는데 최선을 다하도록 격려 받았다. 그리고 그것은 보호사들이 갖고 있는 신념과 삶의 방식에 따라 이루어지는 것이었다. 그러므로 모든 호스텔은 각각 독특한 모습을 갖게 되었다.

어떤 보호사는 아동을 대집단으로 조직하기를 좋아하고, 또 다른 보호사는 작은 수의 아동들과 사적이고 친밀한 관계를 맺는 것을 좋아했다. 또는 비정상적인 문제를 가진 아동을 선호하거나 정신적 결함이 있는 아동을 선호하는 보호사도 있었다.

이미 정신과 의사와 정신과 사회복지사의 업무에 관한 부분에서 논의했듯이 보호사를 위한 실무 교육은 매우 중요한 문제였다. 이러한 교육은 발생된 문제를 토론함으로써 가장 잘 이루어진다. 만약 보호사가 심리학적으로 사고할 수 있으면서 신념을 가지고 다른 보호사나 경험 많은 사람들과 그 문제를 토론할 수 있다면, 커다란 도움이 된다.

특히 아동들이 반사회적일 때, 보호사가 아닌 다른 직원들도 그 나름대로 어려움을 겪게 된다. 정상 아동이라면 나중에 보호사로 일하고 싶은 젊은이들을 뽑아서 보조원으로서 일을 할 수 있도록 가르치고 책임을 지는 법과 주도적으로 행동하는 법을 훈련시킬 수 있었을 것이다. 그러나 반사회적 아동인 경우라면 엄하게 관리를 해야 하기 때문에 때때로 보호사는 무조건 자기 말을 따르도록 지시할 수 있으며, 이때 보조원은 자신이 주도적으로 일을 하고 싶더라도 보호사의 지시에 따라야 하기 때문에 쉽게 싫증을 낼 수 있고, 또 자신이 좋아하지 않는 일은 마지 못해 하기 쉽기 때문에 특별한 어려움을 겪게 된다. 이러한 문제는 본래부터 이러한 일 안에 포함된 것이었다.

2.

아동의 안전에 대한 감각이 부모와 아동의 관계와 얼마나 깊이 연결되어 있는지를 인식한다면, 아동에게 그렇게 많은 것을 줄 수 있는 사람은 부모밖에 없다는 사실도 깨닫게 될 것이다. 아동이라면 누구나 좋은 가정에서 성장할 권리가 있고, 아동이 그러한 가정을 박탈당한다는 것은 큰 불행이다.

따라서 우리는 호스텔에서 아무리 잘 해주어도, 좋은 가정이 아동에게 줄 수 있는 것만큼 아동에게 줄 수 없다는 것을 인식했다. 우리는 단지 대체 가정을 제공할 뿐이었다.

호스텔은 아동에게 가정 환경과 비슷한 환경을 만들어주려고 노력했다. 이것은 삶을 살아가는데 필요한 좋은 요소들, 즉 거처, 음식, 옷, 인간적인 사랑과 이해, 일, 학업, 놀이 등을 포함하였다. 호스텔은 또한 대리 부모 및 다른 사람들과 다양한 인간 관계를 맺을 수 있도록 도와주고자 했다. 그러나 호스텔에서 아무리 좋은 것을 주고 잘 해주더라도, 아동은 자신이 갖고 있는 불신의 정도와 자신의 가정에서 상실을 경험하면서 느낀 절망감의 정도에 따라서 부모에게 하듯이 호스텔 직원들을 계속 시험하려고 했다. 어떤 경우에는 자신이 직접 나서지 않고 주로 다른 아이를 조종하여 간접적으로 시험하기도 했다. 중요한 것은 그들이 이러한 시험을 통해서 무엇을 얻으려는 것이 아니었다는 사실이다. 항상 누군가가 문제를 일으켰다. 종종 직원들은 다음과 같이 말했다. '톰이 아니었더라면 괜찮았을 텐데 …' 그러나 사실 다른 아동들이 잘 지낼 수 있었던 것은 호스텔이 톰의 시험을 견디어 냈고, 따라서 다른 아동들의 시험도 견딜 수 있음을 입증했기 때문이다.

좋은 호스텔에서 지내는 아동이 나타내는 일반적인 반응을 세 단계로 서술해 보겠다. 첫 단계는 아동이 극히 '정상'인 상태인데, 그 기간은 아주 짧다(다시 정상으로 될 때까지는 긴 시간이 걸린다). 아동은 새로운 희망을 갖게 되면서도, 사람들을 왜곡된 눈으로 보기 시작한다. 이 단계에서 직원과 다른 아동들은 아직 그의 환상 세계를 깨뜨릴 기회를 갖지 못한다. 대부분의 아동은 처음 호스텔에 들어 왔을 때 짧은 기간이지만 좋은 행동을 보인다. 이 시기의 아동은 보호사와 다른 직원을 이상적인 부모 상으로 여기고 그렇게 반응한다. 사람들은 '이 아이는 우리를 좋게 받아들이고 쉽게 믿는군요'라고 말하기 쉽다. 그러나 아동들은 보호사와 직원들이 좋은 사람인지 아직 알 수 없으며 그들에 대해 전혀 모른다. 단지 좋을 것이라고 상상할 뿐이다. 100% 좋다고 믿는 것은 증상이다. 아동은 산산이 부서져야 할 이상을 가지고 그 곳에서 생활을 시작한다.

아동은 곧 이상이 붕괴되는 다음 단계로 들어간다. 그는 시설과 사람을 물리적으로 시험하면서 문제를 일으킨다. 그는 자신이 어떤 손상을 입힐 수 있는지, 또 처벌을 받지 않고 얼마나 문제를 일으킬 수 있는지를 알고 싶어한다. 그리고 나서 시설과 직원이 자신의 행동을 두려워하지 않는다는 것을 깨닫게 되면, 교묘한 방법으로 시험하기 시작한다. 직원들을 이간시키기도 하고, 서로 싸우고 등을 돌리게 만드는 등 아동은 자신이 원하는 모든 일을 꾸민다. 호스텔의 관리가 불만족스럽게 이루어지는 것은 바로 이 두 번째 단계에서이다.

호스텔이 이러한 시험을 견뎌낸다면, 아동은 세 번째 단계로 들어선다. 아동은 안심하면서 정착하기 시작하고, 호스텔의 다른 아동들처럼 집단 생활에 참여하기 시작한다. 이때 그 아동이 다른 아동과 처음으로 갖는 생생한 접촉은 아마도 싸움이나 공격의 형태를 띨 것이다. 그리고 새로 들어온 아동의 공격을 받은 그 아동이 나중에 첫 친구가 되는 것을 종종 볼 수 있을 것이다.

간단히 말해서, 호스텔은 좋은 것들을 제공해주고, 아동은 계속해서 그것을 시험해 봄으로써 가치 의식과 현실감을 발견할 수 있는 기회를 갖는다. 감상주의는 아동을 관리하는 데에 도움이 되지 않으며, 아동에게 관대한 환경을 제공한다고 해서 궁극적인 선이 반드시 실현되는 것이 아니다. 아동은 신중하면서도 엄격한 관리를 통해서만 점차 자신의 파괴적인 행동을 책임질 수 있게 된다. 아동이 호스텔에 있는 동안 좋은 환경을 경험한다면, 그는 이러한 상황을 잘 견디어낼 것이다. 즉 그가 진정으로 믿을 만한 사람을 발견하고 그들과 자신에 대한 믿음을 형성하게 되면, 그는 성장할 것이다.

이 아동들에게는 법과 질서가 반드시 필요하다는 사실을 기억해야 한다. 호스텔이 유지되기 위해서는 호스텔에서의 생활이 지닌 좋은 점들이 보존되어야 하며, 그것은 아동에게 안도감을 줄 것이다.

이 아동들을 24시간 돌보는 일에서 오는 엄청난 긴장감을 상부 조직에서 이해하기란 쉽지 않다. 시설을 구경하러 온 방문객이나 정서적으로 참여하지 않은 사람들은 이러한 사실을 쉽게 잊는다. 아마도 보호사는 왜 아동들에게 정서적으로 참여해야 하는지를 스스로 물을 것이다. 그 답은 일차적인 가정의 경험을 필요로 하는 이 아동들에게 누군가가 정서적으로 돌보아 주지 않는다면, 다른 어떤 곳에서도 그러한 경험을 얻지 못하기 때문이라는 것이다. 아동들이 희망을 갖기 시작할 때 처음에 나타나는 현상은 누군가의 속을 썩이는 것이다. 이러한 경험들은 호스텔 치료의 핵심을 이룬다.

따라서 호스텔은 그 크기가 작아야 한다. 무엇보다도 보호사는 한번에 한 명 이상과 씨름해서는 안된다. 보호사에게 너무 많은 부담을 준다면, 보호사는 아직 준비되어 있지 않은 그의 감정을 의식으로부터 몰아냄으로써 자신을 보호하려 할 것이다. 인간이 한번에 진지하게 관여할 수 있는 사람의 수는 제한되어 있다. 이러한 사실을 무시한다면, 보호사는 표면적이고 의미없는 일을 하도록 강요받게 되며, 사랑과 힘이 있는 건강한 요소 대신에 독재적인 관리를 하도록 강요받게 된다. 그렇게 되면 보호사는 좌절하여 더 이상 일을 할 수 없게 된다. 보호사가 자주 바뀌면 아동은 좋지 않은 영향을 받게 되는데, 이는 호스텔의 자연스런 치료 과정을 저해한다.

29장

전시(戰時)와 평화시의
아동 호스텔

('아동 정신의학의 과제'라는 제목의 심포지엄,
1946. 2. 27. 영국 심리학회 의학분과회의에서
발표. 1948년 개정되어 출판되었음)

대피에 따른 문제가 생겼고, 전쟁 중에는 그 문제에 대한 그 나름의 해결책이 마련되었다. 우리는 전쟁 기간 동안 심한 스트레스와 위험 속에서 지내면서 얻은 경험의 성과물을 평화시에도 활용할 수 있을까 라고 질문하게 된다.

아마도 대피 경험에서 새롭게 발견한 심리학 이론은 거의 없을 것이다. 그러나 대피로 인하여, 그렇지 않았더라면 무관심하게 지나쳤을 많은 사람들이 아동의 심리에 대해 많은 것을 알게 되었다는 사실에는 의심의 여지가 없다. 특히 보통 사람들이 오줌싸기에서부터 기차 선로를 파괴하기까지의 광범위한 반사회적인 행동의 실상을 알게 된 것은 커다란 소득이었다.

반사회적 행동은 본질적으로 사회에 안정을 주는 요소라고 말해왔으며, 그것은 억압되었던 것이 다시 드러나는 것이요, 개인의 자발성이나 충동을 나타내며, 사회의 거절로 인해 무의식 속에 처박힌 본능세력이 표현되는 것이라고 인식되어 왔다.

다행스럽게도, 대피 가정에서 어려움을 겪고 있는 아동들을 위해서 호스텔 연합체가 만들어졌을 때, 주 의회에서 이 일을 나에게 맡겼다(1939년에서 1946년까지). 나는 이 일을 하는 동안 그 지역을 주마다 방문하였고, 285명의 아동에 대해 자세하게 알게 되었는데, 그들 대부분은 몇 년간 관찰된 아동이었다. 우리는 다급한 문제를 처리했고, 지역의 대피 계획을 맡은 사람들을 돕는 일에 성공하기도 하고 실패하기도 했다. 이제 전쟁은 끝났지만, 우리가 경험해온 것을 통해서 가치 있는 통찰을 발견해내야 하는 과제가 남아 있다. 더구나 심리 현상으로서 나타나는 반사회적 경향성에 대해 새롭게 인식하게 된 데서 귀중한 가치를 발견하게 된다.

물론 우리는 호스텔(지금은 공식적으로 부적응 아동을 위한 기숙학교라고 말하는)을 아동의 정서장애를 치료하는 만병통치약으로 생각하는 것은 아니다. 아이를 호스텔에서 관리하도록 한 것이 심리치료사가 없는 상태에서 다른 아무런 대안이 없었기 때문이라고 생각하는 경향이 있다. 그러나 이러한 생각은 잘못된 것이다. 아동들 중에는 꼭 가정과 같은 곳에서 돌보아야 할 필요가 있는 아동이 있다고 말할 수 있다. 지금 내가 일하고 있는 패딩턴 그린 소아 병원에도 호스텔에서 보살핌을 받는 것이 절대적으로 필요한 사례가 일정 비율을 차지하고 있다.

평화시에 이러한 아동들은 커다란 두 가지 범주로 분류된다. 하나는 가정이 없거나 부모가 안정된 환경을 만들어줄 수 없는 아동이고, 다른 하나는 가정은 있지만 정신적으로 병든 부모를 가진 아동이다. 평화시에 병원에서 볼 수 있는 이런 아동도 대피 가정에서 어려움을 겪었던 아동에게 필요했던 것과 똑같은 것을 필요로 한다는 사실을 알 수 있다. 그들은 안정된 가정 환경을 경험해보지 못한 아동이고, 그들에게 필요한 것은 **안정된 환경**, **개인적인 관리**, 그리고 **지속적인 보살핌**이라고 말할 수 있다. 물론 여기에는 아동의 신체를 돌보는 것도 포함되어 있다.

개인적인 관리를 위해서는 호스텔의 직원이 이 일에 알맞아야 하는데, 더욱 중요한 것은 보호사들이 자녀의 정서적 긴장을 견디어주지 못한 가정에서 자란 아동들을 돌보는데서 오는 정서적 긴장을 견딜 수 있어야만 한다. 이 때문에 보호사들은 정신과 의사와 정신과 사회복지사[1]에게 끊임없이 지원을 받아야 할 필요가 있다. 넓은 의미에서 아동은 자신의 가정에서 제공해주지 못한 삶을 호스텔에서 제공해줄 것을 기대한다. 직원 구성이 적절하지 못할 경우, 아동에 대한 개인적인 관리를 할 수 없을 뿐 아니라 직원의 건강을 해치고, 직원의 정신이 붕괴될 수 있고, 이것 때문에 이 일에 꼭 필요한 요소인 개인적인 관계를 유지하는 데 방해가 될 수 있다.

호스텔에 아동을 의뢰한 정신과 의사는 책임감을 가지고 어느 정도 호스텔 일에 관심을 가져야 한다. 아동을 의뢰한 의사는 그 일과 관련해서 특별한 문제가 생길 때마다 참여해야 한다. 소년 법정의 판사도 마찬가지로 호스텔 위원회에 적극적으로 참석해야 한다.

---

1 호스텔 직원의 정신적 신체적 건강 상태는 치료에서 중요한 요소이기 때문에 직원을 뽑을 때 정신과 의사가 어느 정도 책임을 져야 할 것이다. 행정기관이 호스텔의 직원을 뽑고 관리하며, 그 직원에게 아동을 보호하게 하는 것은 성공할 것 같지 않다.

심리치료

병원에서 반사회적인 아동을 다룰 때에 곧바로 심리치료를 권하는 것은 좋은 방법이 아니다. 가장 중요한 것은 아동을 알맞은 호스텔에 배치하는 것인데, 이런 경우에 배치 그 자체로서 치료 효과를 거두는 경우가 많이 있다. 심리치료는 나중에 시작할 수 있다. 심리치료를 현명하게 도입하는 것이 아주 중요하다. 만일 심리치료사가 사용될 수 있고, 보호사가 아동을 돕기 원한다면, 개인 심리치료를 시작할 수 있다. 그러나 여기에는 그냥 지나칠 수 없는 복잡한 문제가 있다. 이러한 아동을 잘 돌보려면, 아동과 보호사가 서로를 자신의 일부라고 느낄 정도로 친밀해져야 한다. 그런데 만일 다른 치료사가 그 아동의 삶에 개입한다면, 아동은 보호사(또는 직원 중의 한 사람)와 맺은 관계에서 핵심적인 어떤 것을 잃을 수 있으며, 비록 심리치료사가 아동에게 깊은 통찰을 제공한다 하더라도, 이 손실을 쉽게 보충해줄 수 없다. 이러한 일을 잘하는 보호사들은 자신이 돌보고 있는 아동들이 심리치료를 받는 것을 좋아하지 않는 경향이 있다. 마찬가지로 좋은 부모들은 자신들이 원했고 또 잘 협조하면서도 자녀들이 분석 받는 것을 좋아하지 않는다.

이 계획에서 정신과 사회복지사와 나는 보호사 개인의 문제와 아동과 관련된 문제 그리고 다른 관리상의 문제들과 관련해서 보호사들과 친밀한 접촉을 유지하였다. 이는 아동 환자 및 부모들과의 직접적인 관계를 통해 치료하는 보통 병원에서 하는 치료 작업과는 아주 다르다.

호스텔의 제공

호스텔에 관한 계획을 세우는 행정부서가 있고, 또 호스텔이 필요한 아동들이 있으며, 호스텔의 일이 별다른 문제없이 진행되어 왔는데도 불구하고, 최근에는 문을 닫는 호스텔을 쉽게 찾아볼 수 있다. 호스텔의 존속 여부는 아동과 함께 살면서 경험하고 즐길 수 있는, 그리고 자신의 삶의 몇 해를 아동집단을 위해 기꺼이 헌신할 수 있는 성인이 있는가에 달려 있다. 이 아동들의 문제를 임상적으로 다루는 일에 참여하고 있는 우리들은 공식적인 정책, 보호사, 아동이라는 세 가지 요소를 결합시키는 일을 해야 했다. 우리 스스로 사려 깊은 노력을 할 수 없다면, 어떤 좋은 결과도 기대하기 어렵다. 주립 의료기관에서도 이론을 실제 임상에 적용하는 일은 전적으로 임상가의 몫이다.

배치

런던 지역 협의회와 같은 큰 기관에서 아동을 배치하는데 사용한 방법은 여러 호스텔과 연결되어 있는 중앙 사무국에서 보내온 사례를 분배하는 것이었다. 만일 나의 병원에 호스텔로 보낼 아동이 있다면, 나는 그 아동의 지능 검사 결과가 기재된 보고서와 학교 생활보고서를 중앙 사무국으로 보낸다. 그 다음에 각 사례들은 절차에 따라 배치될 것이다. 그러나 나는 아동의 문제가 아주 심각해서 아동을 즉시 호스텔로 보내는 것만이 유일한 해결책일 때를 제외하고는, 이런 문제에 개입하지 않았으며 또한 부모들도 그랬다. 그리고 한꺼번에 많은 아동을 관리해야 하는 상황에서 개인적인 것은 고려되기 어려웠다. 내가 아동을 보호하게 되었을 때 명단에 그의 이름을 올리는 것으로 내가 할 일을 다했다고 말할 수 없다. 의사와 부모는 아동이 배치된 뒤에도 계속 관심을 보여야 마땅하다. 그들은 아동에게 정말로 좋은 서비스가 제공되는지 직접 확인해야만 한다.

병원과 호스텔은 긴밀하게 연결되어 서로에 대해 잘 알고 있어야 한다. 서로를 잘 알지 못할 때 거기에는 의심이 자란다. 왜냐하면 **상상의 세계 안에는** 나쁜 부모, 나쁜 의사, 나쁜 보호사, 나쁜 호스텔, 심지어는 나쁜 정부 부서가 있기 때문이다. 여기서 나쁘다는 말은 악의가 있다는 것을 의미한다. 만일 의사나 보호사가 좋은 사람이라고 확인되지 않는다면, 그는 쉽게 나쁜 사람으로 간주될 수 있다.

이 아동들에게 요양시설은 적합하지 않다. 신체가 건강한 아이들은 정신과 사회복지사와 정신과 의사의 지원 아래 오랜 기간 보호사들의 관리를 받아야 할 아동이기 때문이다. 더구나 병원에서 훈련을 받은 간호사는 그들이 받은 전문적인 훈련 때문에 이러한 보호 치료에는 적합하지 않다. 소아과 의사들 중의 대부분도 심리학에 문외한이라는 점에서 이러한 보호 치료에는 적합하지 않다.

비행의 예방

이 사업은 내무성의 질병 예방사업 중 하나로, 주요 업무는 법을 집행하는 것이었다. 여러 가지 이유로 내무성에서 일하는 의사들은 이 계획에 반대했다. 그러나 이 나라 전역에 퍼져있는 대피자를 위한 호스텔은 많은 아동들이 법정으로 가는 것을 예방하는 일을 잘해냈다. 이 계획은 상습적인 범죄자 대신에 시민을 만들어냈을 뿐 아니라 막대한 예산을 절감하게 했다. 그리고 의사의 관점에서 볼 때 중요한 소득은 이 아동들에 관한 일을 보건성에서 책임을 맡게 된 것, 즉 이 아동들을 질병을 앓는 아동으로 인정하였다는 것이다. 사람들은 전쟁 이전에 내무성이 맡고 있던 질병 예방사업을 전시에 보건성이 맡았던 것처럼, 평화시에 그 일을 인계 받은 교육부(1945년에 인계됨)가 잘 담당하기를 기대하고 있다.

주요 논제

나는 한편으로 런던에서 그리고 다른 한편으로 대피가 이루어진 지역에서 호스텔의 필요성과 공급 문제에 관여했다. 그리고 이 경험을 통해서 나는 평화시에 골칫거리였던 반사회적 아동을 관리하는 문제가 전쟁 기간 동안에 행해진 노력에 의해 해결될 수 있었던 것에 대해 놀라지 않을 수 없었다.

나는 내가 방문하던 호스텔에 런던 병원의 외래 아동 16명을 배치했는데, 그것은 내가 두 가지 일을 동시에 했기 때문에 가능했다. 그 호스텔은 시설이 좋은 곳으로서 평화시에도 쓸 수 있는 곳이었다. 나는 내 자리에서 아동, 부모와 친척, 호스텔의 보호사 사이 그리고 아동의 과거, 현재, 미래 사이를 연결시킬 수 있었다.

이러한 일이 갖는 가치는 아동의 정신적 질병이 얼마나 완화되었는지에 의해서만 평가될 수 있는 것은 아니다. 그 가치는 아동들을 위해 의사가 돌볼 수 있는 장소를 제공했다는 사실에도 담겨 있다. 이러한 시설이 없었다면, 그 아동들은 병원이나 가정에서 점점 더 상태가 나빠져서 어른에게는 큰 고통을 주고, 다른 아동에게는 나쁜 영향을 끼치고 있을 것이다.

전쟁 동안에 세운 많은 호스텔이 문을 닫았고, 이제는 반사회적 아동을 위해 호스텔을 제공하려는 진지한 노력을 찾아볼 수 없다는 것은 슬픈 일이다. 미친 아동의 경우와 마찬가지로 반사회적 아동을 위해 사회가 실질적으로 제공해주는 것은 아무것도 없다. 공식적으로 그들은 존재하지 않는다.

역자 후기

이 글을 옮기면서, 나름대로는 쉽게 옮기려고 노력을 했지만, 본래 정신분석학이라는 것이 어디 그렇게 만만한 학문이던가. 사실 솔직히 털어놓는다면, 이 책을 번역하면서 암호해독을 하고 있다는 생각을 여러 번 했다. 그것은 글의 내용이 어려워서가 아니라 도널드 위니캇의 글쓰기 스타일이 워낙 독창적이기 때문이었다. 마치 선문답을 하듯이, 느닷없이 자기 혼자만 알아들을 수 있는 말로 중얼거리듯 말하는 그의 글쓰기 스타일 때문에 무더운 여름에 땀 깨나 흘렸다. 그러나 그 중얼거림 속에 생명을 살려낼 수 있는 진리가 담겨 있음을 발견하면서, 거듭 보람과 감사를 느끼곤 했다. 이 책을 우리말로 옮기면서, 아동들과 청소년들에 대한 위니캇의 열정적인 사랑과 희망을 함께 옮길 수 있다면 얼마나 좋으랴. 그의 글 속에 담긴 정신은 빼놓은 채, 메마른 개념만 옮겨놓는 어리석은 일을 했다는 평가만은 받지 말아야 할텐데 ….

이 책을 우리말로 펴내면서 원본의 순서를 바꾸었음을 밝혀둔다. 원본의 1부를 우리말 번역본에서는 4부로 옮겼다. 그 이유

는 1부의 내용이 전쟁시에 영국에서 행했던 대피 계획을 중점적
으로 다루고 있기 때문에, 행여 독자들이 이 책의 1부를 읽다가
중단해버리면 어떡하나 라는 염려 때문이었다.

  이 책을 옮기는 과정에서 해산의 수고를 함께 해준 박경애님
과 고승자님, 교정과 편집을 맡아주신 이은경님 그리고 이 모든
일이 가능하도록 도와주신 한국심리치료연구소 가족 여러분들
에게 깊은 감사를 드린다.

2001년 7월 30일
옮긴이를 대표하여
이 재 훈

현대정신분석연구소 수련 과정 안내

이 책을 혼자 읽고 이해하기 어려우셨나요? 그렇다면 함께 공부합시다!

현대정신분석연구소에서 이 책의 내용에 대한 강의를 들으실 수 있습니다.

현대정신분석연구소는 1996년에 한국심리치료연구소라는 이름으로 창립되어, 국내에 정신분석 및 대상관계이론을 전파하는 선구자적 역할을 해왔습니다.

정신분석을 연구하고 교육하는 기관으로서 주요 정신분석 도서 130여 권을 출판 하였으며, 정신분석전문가 및 정신분석가를 양성하고 있습니다. 또한 부설기관인 광화문심리치료센터에서는 대중을 위한 정신분석 및 정신분석적 심리치료를 제공하고 있습니다.

현대정신분석연구소에서는 미국 뉴욕과 보스턴 등에서 정식 훈련을 받고 정신분석 면허를 취득한 교수진 및 수퍼바이저들로 구성되어 있으며, 뉴욕주 정신분석가 면허 기준에 의거한 분석가 및 정신분석전문가 프로그램을 운영하고 있습니다. 프로그램에서는 프로이트부터 출발하여 대상관계, 자기심리학, 상호주관성, 모던정신분석, 신경정신분석학, 애착 이론, 라깡 이론 등 최신 정신분석의 이론에 이르는 다양한 이론들을 연구하는 포용적^{eclectic} 관점을 채택하고 있습니다.

프로그램에서 요구하는 요건들을 모두 충족하고 프로그램을 졸업하게 되면, 사단법인 한국정신분석협회에서 공인하는 'Psychoanalyst'와 'Psychoanalytic Psychotherapist' 자격을 취득하게 됩니다. 이와 동시에 현대정신분석연구소와 결연을 맺은 미국 모던정신분석협회^{Society of Modern Psychoanalysts, SMP}에서 수여하는 'Psychoanalyst'와 'Applied Psychoanalysis Professional' 자격증을 신청할 수 있습니다.

국내에서 가장 정통있는 정신분석 기관 중 하나로서 **현대정신분석연구소**는 인간에 대한 보다 심층적인 이해를 통해 한국사회의 정신건강에 기여하고자 합니다.

■ 문의 및 오시는 길

서울시 종로구 새문안로 5가길 28(적선동, 광화문플래티넘) 918호
- Tel: 02) 730-2537~8 / Fax: 02) 730-2539
- E-mail: kicp21@naver.com
- 홈페이지: www. kicp.co.kr (홈페이지를 통해 인터넷 강의도 수강이 가능합니다)

* 정신분석에 관한 유용한 정보들을 한눈에 보실 수 있는 **정신분석플랫폼 몽상**의
  SNS 채널들과 **현대정신분석연구소** 유튜브 채널을 팔로우 해보세요!

네이버 블로그: blog.naver.com/kicp21
인스타그램: @psya_reverie
유튜브 채널: 현대정신분석연구소KICP
페이스북 페이지: 정신분석플랫폼 몽상

QR코드로 접속하기